DAS GROSSE BUCH DER

MASSAGE

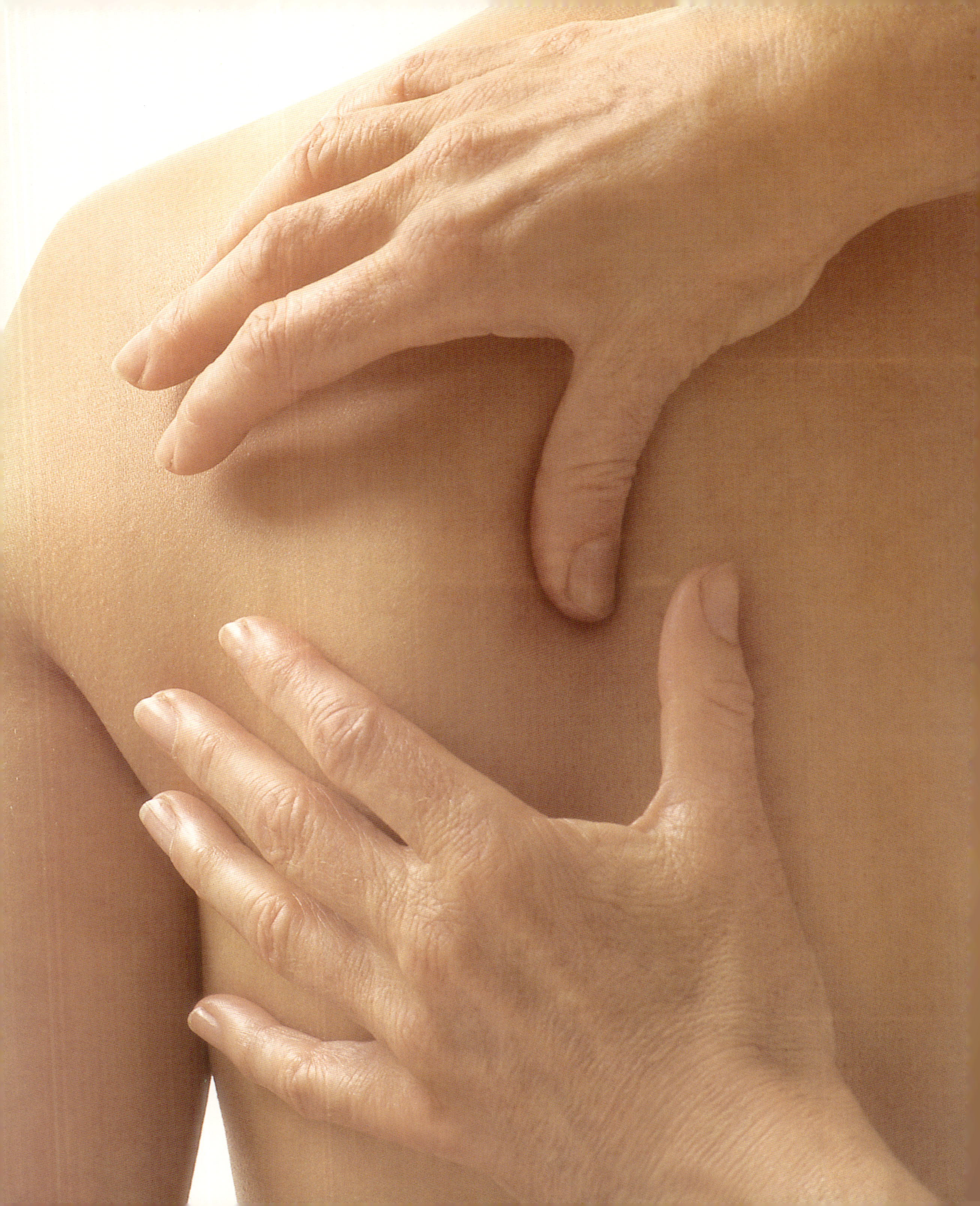

CLARE
MAXWELL-HUDSON

DAS GROSSE BUCH DER MASSAGE

Die besten Techniken aus aller Welt

Mosaik

EIN DORLING KINDERSLEY BUCH

Für Shah, Mina und Gill

Originaltitel
MASSAGE – THE ULTIMATE ILLUSTRATED GUIDE

Originalverlag
Dorling Kindersley Limited, London, 1999

Der Mosaik Verlag ist ein Unternehmen der Verlagsgruppe Bertelsmann

ÜBERSETZUNG UND PRODUKTION DER DEUTSCHEN AUSGABE:

Redaktionsbüro Kramer, Weißenfeld/München

Lektorat:
Rolf H. Kramer, Weißenfeld/München
Heike Kramer, Weißenfeld/München

Übersetzung:
Rita Penney, Portoferraio, Italien

Satz und dtp:
Anja Kramer, Weißenfeld/München

Umschlaggestaltung:
Heinz Kraxenberger, München

Umschlagfoto:
Sandra Lousada

Druck und Bindung:
Printed and bound in China by L.Rex Printing Co., Ltd.
Printed in China / 5 4 3 2 1

ISBN: 3-576-11319-3

WICHTIG

Beachten Sie bitte die Sicherheitshinweise auf den Seiten 14 bis 16, bevor Sie eine Massage ausführen. Bei den geringsten Zweifeln, ob Sie eine Massage ausführen oder ob Sie ein bestimmtes Gebiet massieren sollten, fragen Sie unbedingt vorher einen Arzt. Beachten Sie auch die Warnungen auf den Seiten 14 und 15, bevor Sie irgendein essentielles Öl einsetzen. Weder der Autor noch der Verlag können für Schäden, Verletzungen oder andere negative Folgen verantwortlich gemacht werden, die sich aus der Massage oder aus der Anwendung von essentiellen Ölen ergeben könnten.

INHALT

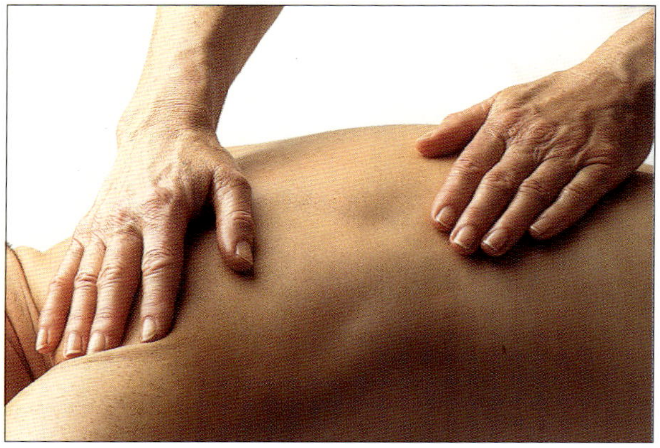

GALERIE DER GRIFFE

Selbstmassage

Massage Meisterklasse

Schönheits-massage

Schwangerschaft & Kinder

Massage und Gesundheit

EINLEITUNG

DIE MEISTEN MENSCHEN REISEN GERN und lassen sich auch gerne massieren. Ich bin sehr glücklich darüber, diese beiden schönen Beschäftigungen in meinem Leben vereinen zu können. Seit meiner ersten Ausbildung in London und Paris habe ich auf der Suche nach Massagetechniken die verschiedensten Teile der Welt bereist.

Eigentlich führte mich meine erste Reise in die Bibliothek des Britischen Museums, in der ich Tag für Tag nach Massagetechniken forschte. Ich wurde fündig in Polynesien und Persien, in Japan und auf den Sandwich-Inseln und über alle Jahrhunderte hinweg. Ich habe erfahren, daß Herodicus, der Lehrer von Hippokrates, der die westliche Medizin begründete, Massage und Körperübungen zu einem Grundstein seiner Medizin und damit der modernen Medizin machte. Ich habe gelesen, daß schon Cicero, der große Redner im alten Rom, gesagt hat, daß er seinem „Einsalber" genausoviel verdanke wie seinem Arzt, und daß Julius Cäsar von einem extra dafür ausgebildeten Sklaven jeden Tag „gezwickt" wurde, um seine neuralgischen Schmerzen zu lindern. Und ich habe entdeckt, daß schon im sechsten Jahrhundert der Arzt Aetius von Amide Frauen, die „nicht empfangen" konnten, bestimmte Massagen verordnete. Genau da sind wir auch heute wieder; ich bin auf zwei Fälle gestoßen, in denen Frauen, die wegen dieses Problems massiert wurden, später schwanger wurden.

Nachdem ich durch die Geschichte gewandert bin, begannen meine richtigen Reisen. Ich reiste in so unterschiedliche Gegenden wie Amerika und

Afghanistan, Neuseeland und Sansibar, zu den Hammam-Bädern in der Türkei und in die Bergdörfer Thailands. Ich lernte alles, was ich nur erlernen konnte. Ich stellte den Unterschied fest, daß wir uns im Westen der Anatomie und der Physiologie nur über den Verstand nähern, während die Menschen im Osten sich auf den Energieausgleich im Körper konzentrieren. Die Erfahrung hat mich dann gelehrt, daß beide Methoden sehr nützlich sind und daß wir durch das Reisen heute besser voneinander lernen können und sollten.

‹ In Indien ist es üblich, daß sich Kinder und Großeltern gegenseitig massieren, auch Babys werden massiert. ›

Ein Arzt in Afghanistan brachte mir bei, wie man Kontakt zum Patienten aufnehmen und ihn beruhigen kann, indem man Hand- oder Fußgelenk einige Minuten festhält und durch sanfte Streichbewegungen von der Stirn bis zu den Füßen eine vollständige Entspannung erreicht. Eine indische Hebamme zeigte mir Massagen für frisch entbundene Mütter. Neben anderen Techniken fand ich vor allem die indische Kopfmassage sehr nützlich, denn sie erfrischt und belebt sogar den erschöpftesten Reisenden ganz schnell.

In Sarawak wurde mir gezeigt, wie sanft Knetbewegungen sein können, was meinen Glauben bestärkte, daß alle Techniken miteinander verbunden werden können wie Noten zu einer neuen Komposition und damit unendliche Möglichkeiten bieten. Ich habe

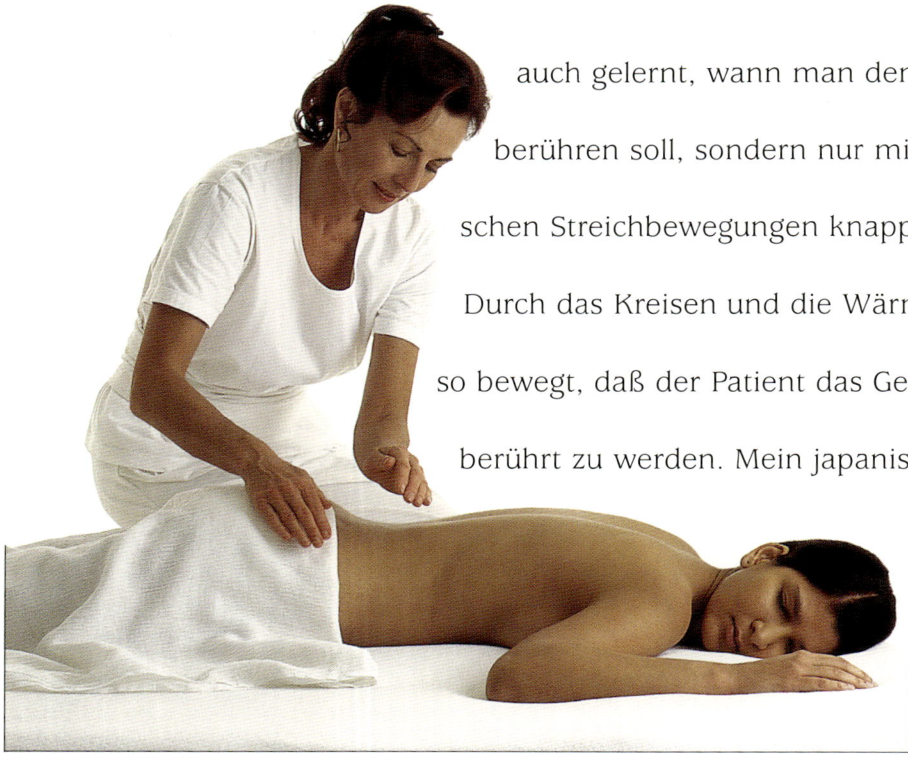

auch gelernt, wann man den Körper überhaupt nicht berühren soll, sondern nur mit fließenden, heilmagnetischen Streichbewegungen knapp über dem Körper arbeitet. Durch das Kreisen und die Wärme der Hände wird die Luft so bewegt, daß der Patient das Gefühl hat, von der Luft selbst berührt zu werden. Mein japanischer Shiatsu-Lehrer hat mir gezeigt, wie wohltuend ein langsamer, tiefer und anhaltender Druck wirkt, wobei der Masseur selbst vollkommen entspannt sein muß. In China habe ich gelernt, gleichzeitig einen Akupunkturpunkt zu behandeln und Muskelspannungen zu lösen. In Marokko und der Türkei habe ich eine gründliche und sehr wirksame Massage gesehen, die in nur 15 Minuten durchgeführt werden kann.

Während der Reisen wurde mir bewußt, daß sich überall auf der Welt aus dem Instinkt, eine schmerzende Stelle durch Reiben zu beruhigen, eine Wissenschaft und Kunst entwickelt hat.

„In jeder Kultur ist die Massage zu einer einzigartigen Technik geworden – mit einer eigenen Sprache und Vokabeln wie Kneten und Druck."

Die gegenseitige Befruchtung und das Ineinandergreifen der verschiedenen Systeme faszinierte mich. Die schwedische Massage, die wir im allgemeinen als die westliche Massage ansehen, kann ursprünglich durch die chinesische Massage beeinflußt und durch die westliche Auffassung von Anatomie und Physiologie systematisiert worden sein. Auch viele der sanften Techniken, die im Westen immer populärer werden, wurden durch den Osten beeinflußt. Bei jeder Massage müssen die Techniken allerdings der jeweiligen Situation angepaßt werden. Man kann schnell oder langsam massieren, eine leichte, sanfte Berührung anwenden oder tiefen, festen Druck ausüben. Es gibt nur soviel verschiedene Griffe, wie die Hand ausüben kann, aber die Vielfalt ist trotzdem erstaunlich. Man kann mit den Händen sowohl einen ängstlichen Menschen beruhigen und ihn in den Schlaf massieren, als auch seinen Kreislauf anregen, die Müdigkeit vertreiben und ihn so erfrischen, daß er fit ist für einen Marathonlauf. Eine bekannte thailändische Redewendung drückt es im Kern so aus: „Gleich und trotzdem anders".

Diese objektiven wissenschaftlichen Ergebnisse sind natürlich sehr nützlich und wichtig, aber sie bestätigen nur, was die Menschen in aller Welt durch Erfahrung und Überlieferung über Jahrhunderte gelernt haben.

In diesem Buch versuche ich, diese wunderbaren Techniken vorzustellen. Es ist das Wissen von sehr vielen Menschen, die mich ihre Fertigkeiten gelehrt haben, die ich seither anwende und auf den folgenden Seiten beschreibe. Ich hoffe, daß ich dieses Wissen weitergeben kann in Ihre Hände, in Ihr Herz und Ihren Geist. Ich würde mich freuen, wenn es Sie so bereichert, wie es mich bereichert hat.

Vor der Massage

Bestimmte Regeln gelten für alle Massagetechniken. Versuchen Sie eine ruhige Atmosphäre vorzubereiten: Sie sollten die Tür schließen, das Telefon abstellen und das Licht dämpfen. Sorgen Sie für einen warmen, gut gelüfteten Raum und ausreichend Platz für sich selbst. Wenn Sie sich eingezwängt fühlen und dadurch verkrampft werden, fällt die Massage schwer.

Wohlbefinden des Partners

Für die Massage ist jede feste Unterlage geeignet. Einige Menschen liegen lieber flach, andere müssen durch Handtücher oder Kissen unterstützt werden. Auf dem Bett kann schlecht massiert werden, da die Matratze den Druck vermindert, am besten ist ein Futon auf dem Boden oder eine Massagebank. Einige Techniken werden besser in sitzender Position ausgeführt. Wichtig ist, daß Ihr Partner sich in jeder Stellung wohlfühlt.

Wärme & Halt
Legen Sie ausreichend Kissen und Handtücher für einen besseren Halt bereit.

Wärme

Die beste Massage der Welt wirkt nicht, wenn Ihr Partner friert. Man kann sich nicht entspannen, wenn man fröstelt. Der Raum muß warm sein, und Sie sollten für genügend Handtücher sorgen.

Wenn Sie auf dem Boden arbeiten, legen Sie einen Futon, eine Yogamatte oder mehrere Decken aus. Man fröstelt leicht, wenn man längere Zeit stilliegt. Manchen Menschen ist es peinlich, wenn sie massiert werden; Sie sollten Ihren Partner also immer mit Handtüchern zudecken und nur die Stelle freimachen, an der Sie arbeiten. Verwenden Sie möglichst vorgewärmte Handtücher, das verstärkt das Wohlbefinden. Im Winter kann eine Wärmflasche oder ein elektrisches Heizkissen nützlich sein.

Gesicht oben
Ein kleines Kissen unter den Knien entspannt die Muskeln im unteren Rücken, im Bauch und in den Beinen: Ein gefaltetes Handtuch unter dem Kopf hält die Wirbelsäule gerade. Lassen Sie sich Zeit mit der Polsterung, damit Ihre Partnerin oder Ihr Partner sich später während der Massage richtig wohlfühlt.

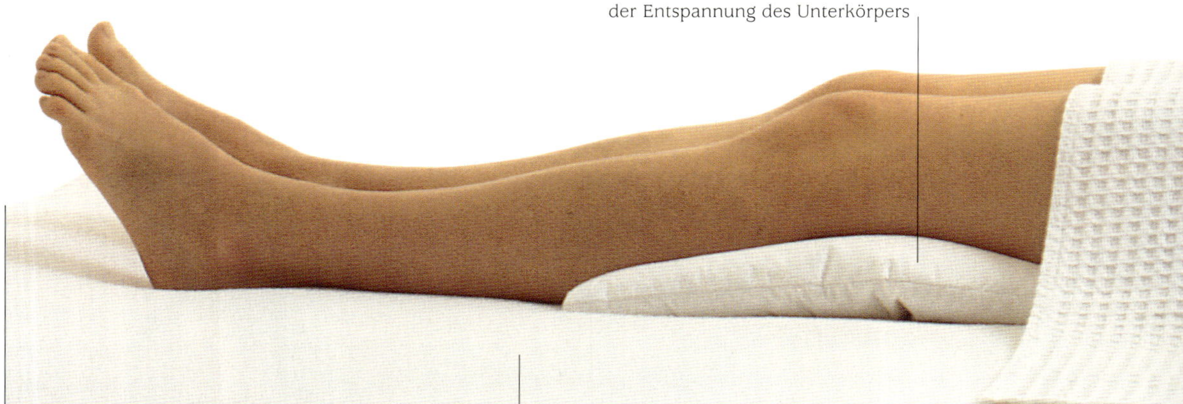

Gesicht nach unten
Ein Kissen unter den Knöcheln kann wohltuend sein, vor allem wenn die Partnerin zu Schmerzen in den Knien neigt. Wenn sie Schmerzen im Rücken hat, kann ein Kissen unter dem Bauch helfen. Eine Unterlage unter dem Kinn entspannt die Nackenregion. Manchmal hilft auch ein Polster unter den Schultern.

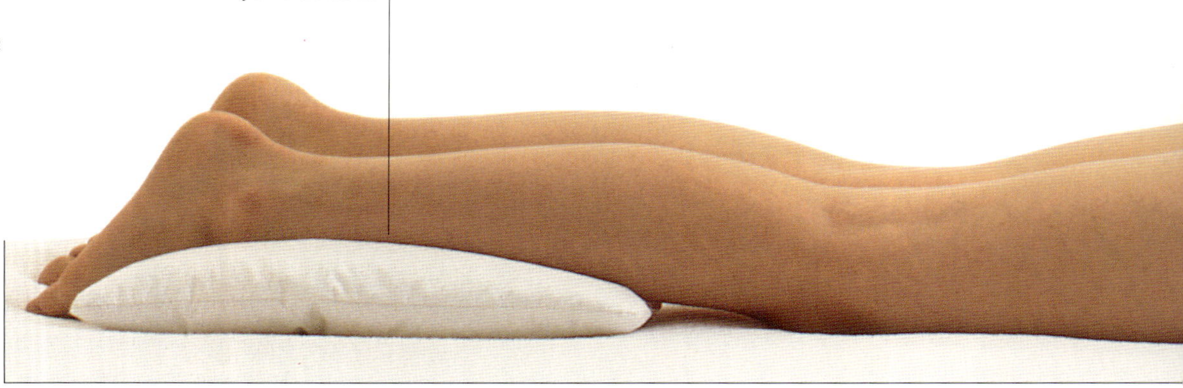

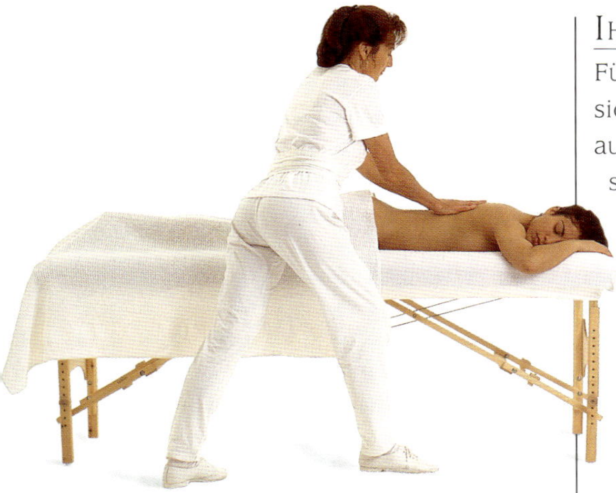

Entspannt bleiben

Sie sollten in jeder Stellung entspannt bleiben. Halten Sie Ihren Rücken gerade, und setzen Sie Ihren Körper ein, um Drucktechniken auszuüben.

Ihr Wohlbefinden

Für eine gute Massage sollten auch Sie sich wohl fühlen. Nur so können Sie sich auf Ihren Partner konzentrieren und sind nicht wegen eventueller Schmerzen mit sich selbst beschäftigt.

Eine gute Haltung kann Rückenschmerzen und Erschöpfung vermeiden. Stellen Sie sich nahe genug an Ihren Partner und direkt vor das Gebiet, das Sie behandeln wollen, damit Sie sich nicht unnötig strecken müssen. Verteilen Sie Ihr Gewicht gleichmäßig; wechseln Sie die Knie ab, wenn Sie auf dem Boden arbeiten und die Füße, wenn Sie stehend arbeiten. Halten Sie Ihren Rücken so gerade wie möglich, und arbeiten Sie mit Ihrem eigenen Körpergewicht, wenn Sie Druck und tiefe Bewegungen ausüben wollen. Grobe Gewalt tut Ihrem Partner weh und läßt Sie schnell ermüden. Wenn Sie Ihren Körper richtig einsetzen, unterstützt das den Massagefluß.

Atmung & Entspannung

Ich glaube, daß es genauso entspannend sein kann, eine Massage zu geben, wie eine Massage zu erhalten. Eine Massage muß nicht ermüdend sein, und wenn Sie Ihr Körpergewicht richtig einsetzen, werden auch Sie danach erfrischt sein.

Für mich ist Massage eine aktive Meditation: Ärger, Streß und Müdigkeit fallen ab, sobald man mit der Massage beginnt. Die wohltuenden, besänftigenden Streichbewegungen beruhigen nicht nur Ihren Partner, sondern geben auch Ihnen ein Gefühl der Erfrischung. Je entspannter Sie sind, desto besser wird die Massage sein. Finden Sie Ihre Mitte, und konzentrieren Sie sich dann auf Ihren Partner. Sie sollten während der Massage ganz bewußt tief und langsam atmen. Viele Menschen halten den Atem an, wenn sie sich konzentrieren; ich muß meine Schüler oft daran erinnern, regelmäßig zu atmen.

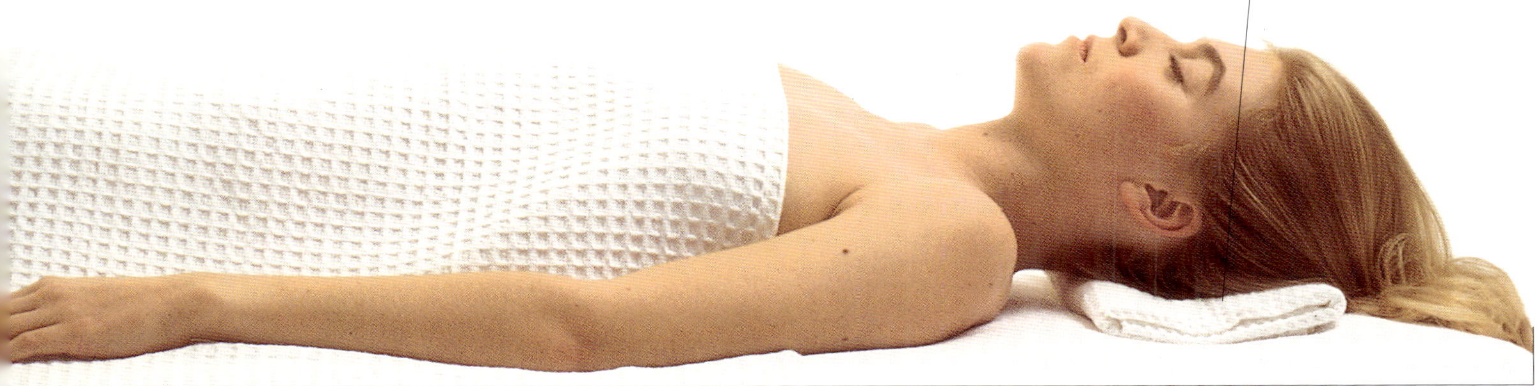

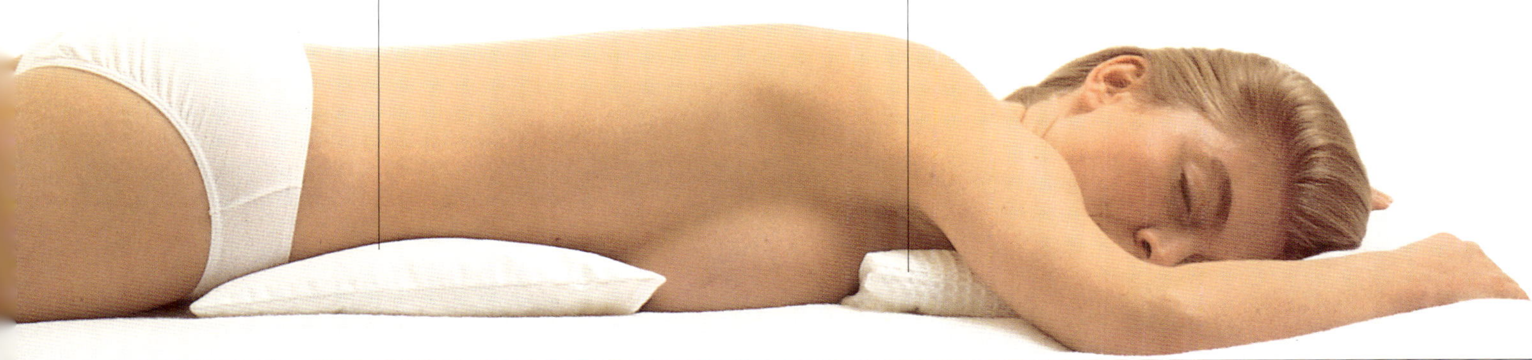

Erlernen der Massage

Das Geheimnis einer guten Massage ist das Zusammenspiel von Rhythmus, Druck, Stetigkeit und konzentriertem Kontakt. Sie sollte wie Musik sein, in der ein Griff in den nächsten übergeht. Oft sind die einfachsten Bewegungen die besten; wenn Sie nicht weiterwissen, fahren Sie einfach fort mit den Streichbewegungen. Die Wiederholung hilft, den Massagerhythmus zu erlernen. Rhythmus und Wiederholung wirken so entspannend, daß die Hände den Körper und den Geist quasi hypnotisieren.

Während einer Massage

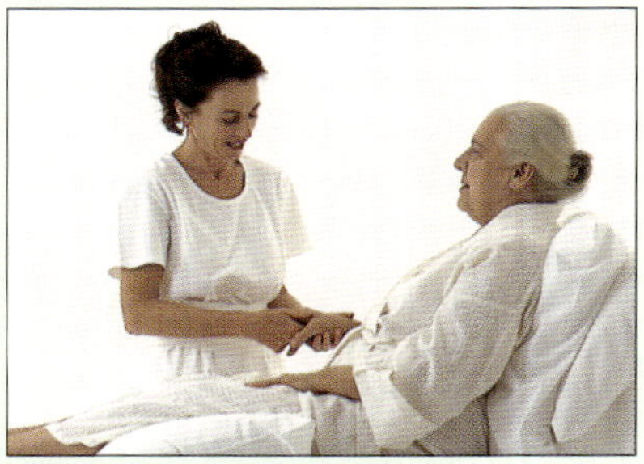

Während der Massage ist Ihre geistige Haltung genauso wichtig wie die körperliche, Sie sollten entspannt und konzentriert sein. Die folgenden Regeln helfen dabei.

Nehmen Sie sich Zeit, um sich auf die Bedürfnisse Ihres Partners einzustellen, schauen Sie, wie er geht, sitzt oder liegt und wie der Körper auf geistige oder körperliche Belastungen reagiert. Welche Muskeln werden vorrangig benutzt?

✦

Überlegen Sie, was Sie erreichen möchten, und wie Sie Ihrem Partner helfen können. Eine heilende Berührung kann Energie übermitteln, die der Partner spürt. Zur Heilung tragen beide bei, der Partner sollte sich mit einbezogen fühlen.

✦

Ihre Kommentare während der Massage sollten immer positiv sein; wenn Sie an einer Stelle Verspannungen spüren, versuchen Sie diese ohne Kommentar mit Ihren Händen zu lösen.

✦

Bevor Sie beginnen, wiederholen Sie die Massage im Kopf. So lernen Sie am besten die einzelnen Bewegungsabläufe.

Das Erlernen der Technik

Am einfachsten ist es, mit wenigen Griffen zu beginnen. Es ist besser, eine Bewegung gut zu machen und zu wiederholen, als von einer zur anderen zu springen. Im allgemeinen sollte eine Bewegung dreimal wiederholt werden; wenn Ihr Partner sie genießt, können Sie den Griff jedoch beliebig wiederholen. Experimentieren Sie mit den Bewegungen, und versuchen Sie, einen eigenen Stil zu entwickeln.

Die Geschwindigkeit

Passen Sie die Geschwindigkeit Ihrem Partner an. Wenn er hyperaktiv ist, beginnen Sie energisch, um dann sanfter und langsamer zu werden; ist er lethargisch, fangen Sie langsam an und steigern dann Druck und Geschwindigkeit. Im allgemeinen sind sanfte, langsame Streichbewegungen besänftigend und schnelle stimulierend. Wenn Ihr Partner einschläft, fahren Sie mit der Massage fort, denn in diesem entspannten Zustand können Sie die Muskeln noch besser bearbeiten.

Anwendung von Druck

Es gibt immer wieder Meinungsverschiedenheiten über die Anwendung von Druck. Der französische Arzt Lucas Championniere sagte im 19. Jh., daß der Druck nur „etwas stärker als ein Streicheln“ sein sollte, während sein Zeitgenosse, der Deutsche Dr. J.B. Zabludowski feststellte, daß „eine Massage, die nicht wehtut, keine Massage mehr ist“.

Ich glaube, daß der Druck immer dem Bedürfnis des Partners entsprechen sollte. Damit die Massage wirkt, muß ausreichend Druck ausgeübt werden, ohne allerdings weh zu tun. Allgemein sollte der Druck am Anfang leicht sein, dann tiefer werden und zum Ende der Massage wieder abnehmen. Zur Druckausübung bringen Sie Ihr Körpergewicht langsam auf die Stelle; je kleiner der Kontaktpunkt, desto tiefer die Wirkung. Halten Sie den Druck etwa fünf bis dreißig Sekunden, und lassen Sie dann langsam wieder nach. Ihr Partner kann einen leichten Schmerz empfinden, es sollte aber immer ein „wohltuender“ Schmerz sein. Vergewissern Sie sich immer bei Ihrem Partner, wieviel Druck Sie ausüben können.

Während einer Massage trifft man öfter auf Punkte, die sehr schmerzhaft sind, aber trotzdem massiert werden müssen. Es sind die Punkte, an denen man auch selbst gerne preßt, um Schmerzen zu lindern. Sie werden „Triggerpunkte“, Akupunkturpunkte“, „Shiatsupunkte“, „nerve motor points“ oder „connective tissue micro-adhesions“ genannt. Zuviel Druck kann dazu führen, daß der Muskel sich zum Schutz zusammenzieht und noch verspannter wird. In diesem Fall sollten Sie das Gebiet sanft streicheln und dehnen, bevor Sie tiefer gehen.

Kitzelnde Stellen

Empfindlichkeit ist oft ein Zeichen für Spannung. Wenn Ihr Massagepartner an einer Stelle kitzlig ist, sollten Sie erst Streichbewegungen mit der flachen Hand ausführen, denn schnelle Bewegungen sind eher kitzlig. Wenn das nicht hilft, soll der Partner selbst die Stelle massieren – oder Sie warten bis zum nächsten Mal.

HANDÜBUNGEN

DIE HÄNDE SIND IHRE MASSAGEINSTRUMENTE und sollten kräftig, geschmeidig und empfindsam sein. Durch Handübungen können Sie diese Eigenschaften erwerben. Laut einer Studie der Universität von Köln wird durch Handübungen auch der Kreislauf angeregt, was wiederum das Gehirn jung hält und das Gedächtnis stärkt. Bei der Massage sollten Sie Handgelenke und Hände locker lassen. Eine Massage mit angespannten Händen fühlt sich hart an, während entspannte Hände Fürsorge und Halt vermitteln.

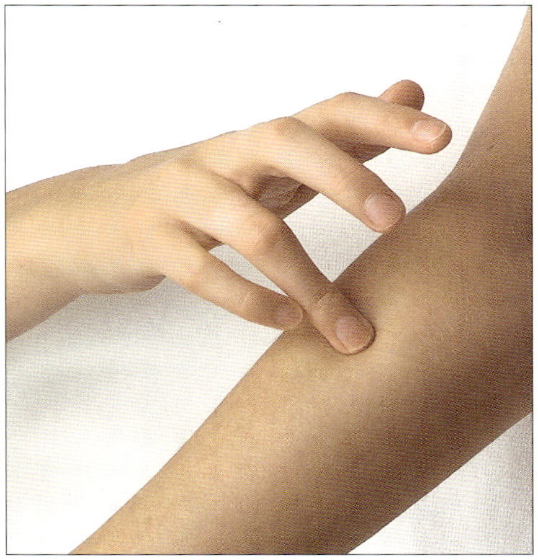

1 Trommeln Sie etwa 30 Sekunden mit Ihren Fingern den Unterarm rauf und runter, um ihre Stärke und Flexibilität zu fördern. Ändern Sie Tiefe und Geschwindigkeit der Bewegung, ohne die Hände dabei anzuspannen.

2 Um die Hände zu stärken und geschmeidig zu machen, bringen Sie die Hände in Bethaltung. Beim Heben der Ellbogen öffnen sich die Handflächen. Danach die Finger etwa 10 Sekunden gegeneinander pressen.

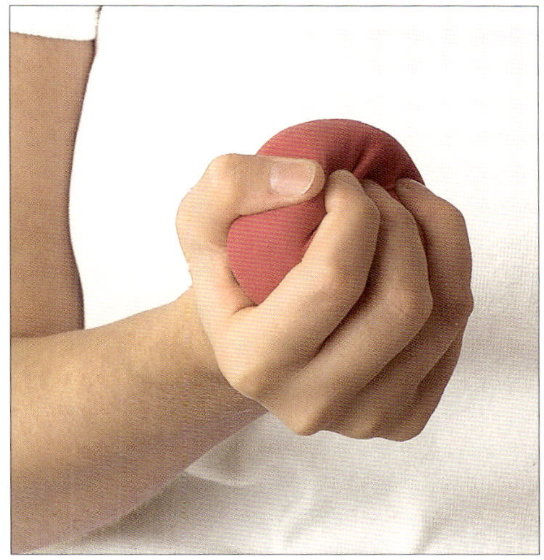

3 Die Hände werden gestärkt, wenn Sie einen Gummiball in der Hand halten und wiederholt die Finger drücken und wieder entspannen. Führen Sie diese Übung mit beiden Händen etwa 30 Sekunden durch.

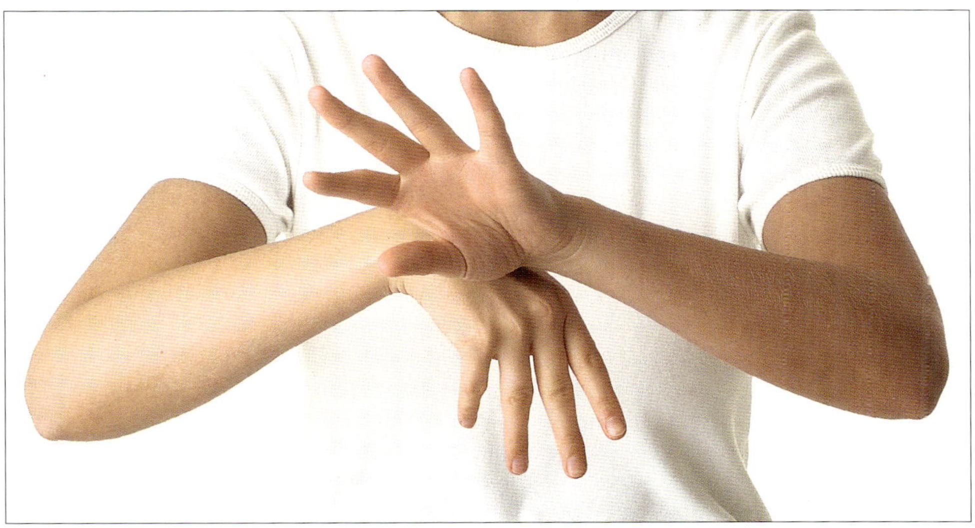

4 Die Geschmeidigkeit wird trainiert, wenn Sie ein Handgelenk auf das andere legen, die Ellbogen nach außen spreizen. Rollen Sie die Hände mit gestreckten Fingern etwa 10 Sekunden in einem großen Kreis.

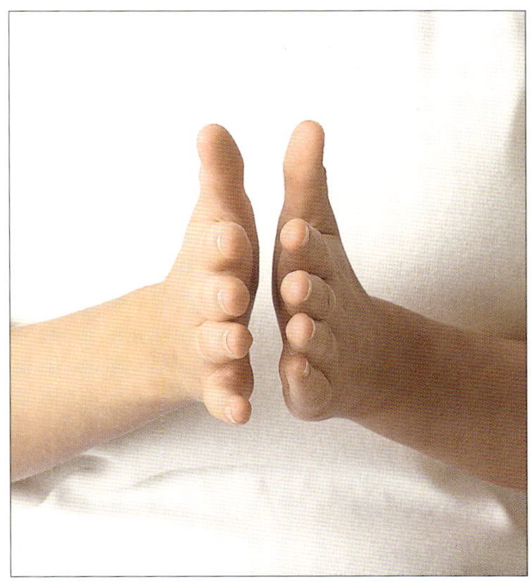

5 Erhöhen Sie die Empfindsamkeit, indem Sie die Hände eine Minute so nah wie möglich zusammenbringen, ohne daß sie sich berühren, und dann den Abstand wieder vergrößern. Die Hände werden warm oder kribbeln.

Wahl & Mischen der Öle

Das Öl läßt während der Massage die Hände besser über die Haut gleiten und stärkt das Wohlbefinden. Sie können die Trägeröle entweder allein oder gemischt mit aromatischen und therapeutischen Ölen benutzen. Ätherische Öle sind hoch konzentrierte Pflanzenextrakte, die unbedingt mit einem Trägeröl vermischt werden müssen.

Trägeröle

Diese Öle können direkt verwendet oder mit ätherischen Ölen vermischt werden.

Trägeröle

Sie sind reich an Vitaminen, Proteinen und Mineralien und halten die Haut feucht und geschmeidig. Am häufigsten verwendet werden Mandelöl, Aprikosenkernöl, Sonnenblumenöl. Sojaöl und Traubenkernöl. Zu empfehlen sind kaltgepreßte Öle, sie haben eine bessere Qualität als die Öle, die mit Hitze oder Lösungsmitteln extrahiert wurden. Geben Sie noch etwa 10 bis 20 Prozent eines speziellen Trägeröls wie Avocadoöl, Sesamöl, Weizenkeimöl oder Jojobaöl dazu, um die feuchtenden und nahrhaften Eigenschaften zu verstärken.

Ölmischungen

Vor dem Vermischen sollten Sie überlegen, ob Sie das Öl zum Verwöhnen und Befeuchten der Haut benutzen wollen, oder ob Sie mit ätherischen Ölen den Partner stimulieren oder beruhigen wollen (siehe Tabelle gegenüber). Bei der Verwendung von ätherischen Ölen sollten Sie auf die richtige Verdünung achten, sonst kann das Öl die Haut irritieren. Bei der normalen Verdünnung werden 2 Prozent zugemischt, bei der schwachen Verdünnung nur 1 Prozent. Im Leitfaden zur Mischung finden Sie Angaben, wieviele Tropfen Sie kalkulieren müssen. Es brauchen nicht mehr als zwei oder drei Öle zugesetzt werden. Für eine Vollkörpermassage benötigen Sie etwa 20 ml (4 TL) Öl, für eine Gesichtsmassage brauchen Sie etwa 10ml (2 TL).

Vorsichtsregeln

Die ätherischen Öle vor der Massage immer mit Trägeröl vermischen

✦

Vor der Anwendung eines ätherischen Öls einen verdünnten Tropfen auf das Handgelenk geben und nach 12 Stunden auf Hautreizungen überprüfen

✦

Bei einer Allergie auf Nußöle verzichten

✦

Wenn das Öl in die Augen gelangt, mit kaltem Wasser ausspülen

✦

Ätherische Öle nicht innerlich einnehmen! Es sei denn, es wird von einem medizinisch ausgebildeten Aromatherapeuten verordnet

✦

Bei Schwangerschaft und Krankheit immer vorher den Arzt konsultieren

✦

Zitronenöl erhöht die Lichtempfindlichkeit. 6 Stunden danach nicht Sonnenbaden

Leitfaden zum Mischen der Öle

Normale Verdünnung von 2 Prozent
Geben Sie 4 Tropfen ätherisches Öl auf 10 ml (2 TL) Trägeröl

✦

Schwache Verdünnung von 1 Prozent
Geben Sie 2 Tropfen ätherisches Öl auf 10 ml (2 TL) Trägeröl

✦

Sehr schwache Verdünnung von 0,5 Prozent für Kinder, Säuglinge und empfindliche Haut.
Geben Sie 1 Tropfen ätherisches Öl auf 10 ml (2 TL) Trägeröl zu – oder massieren Sie nur mit Trägeröl

Das Mischen der Öle

1 Für die Ölmischung gießen Sie die benötigte Menge an Öl in eine dunkle Glasflasche. Wählen Sie zwei oder drei ätherische Öle *(gegenüber)* aus, und fügen Sie die entsprechende Anzahl Tropfen zum Trägeröl.

2 Die Flasche verschließen, schütteln und auf das Etikett schreiben, welche Öle Sie in welcher Verdünnung verwendet haben. Auch das Datum eintragen, denn die Mischungen müssen in wenigen Wochen aufgebraucht werden.

Ätherische Öle

Die ätherischen Öle sollten zu Ihrem Massagepartner passen. Die Düfte werden nach Noten unterteilt: Die Spitzennote ist der erste Eindruck des Duftes, die Mittelnote ist der Duftkörper und die Basisnote entströmt zuletzt. Die Kombination dieser drei Noten ergibt meist ein abgerundetes Parfüm. Unten finden Sie einige meiner Lieblingsöle. Auf den gängigen Namen folgt die botanische Bezeichnung der Pflanze, aus der es gewonnen wurde. Außerdem ist die Hauptwirkung und vorherrschende Duftnote angegeben.

Leitfaden zu den ätherischen Ölen

Ätherisches Öl	Duft	Duftnote	Therapeutische Eigenschaften	Vorsicht
Eukalyptus *Eucalyptus globulus*	kampferähnlich, süß, holzig	Spitze	keimabtötend, schmerzlindernd, stimulierend, bei Atembeschwerden	stark verdünnen
Geranie *Pelargonium graveolens*	süß, blumig, krautartig	Spitze/Mitte	antidepressiv, antibakteriell, adstringierend	stark verdünnen
Ingwer *Zingiber officinale*	würzig, kampferartig	Mitte/Basis	wärmend, stimulierend	stark verdünnen
Jasmin *Jasminum officinale*	süß, kopfig, blumig	Spitze/Mitte/Basis	stimmungshebend, antidepressiv, bei Lethargie, belebend	bei Schwangeren und Babys vermeiden
Kamille *Matricaria recutita*	stechend, krautig	Spitze/Mitte	entzündungshemmend, beruhigend, geeignet für empfindliche Haut	
Lavendel *Lavandula angustifolia*	durchdringend, süß, blumig	Mitte	beruhigend, keimtötend, schmerzlindernd	
Neroli *Citrus aurantium*	Orangenblüte, leicht, süß, blumig	Spitze/Mitte	leicht beruhigend, antidepressiv, bei emotionalen Beschwerden	stark verdünnen, nach Gebrauch Sonne meiden
Orange *Citrus aurantium*	Orangenfrucht, frisch, zitronig, trocken	Spitze	stimmungshebend, entkrampfend, leicht adstringierend	6 Stunden danach kein Sonnenbad *(s. gegenüber)*
Pfefferminze *Mentha piperita*	minzig, frisch, grasig	Spitze	stimulierend, lindert Kopfschmerzen, wirkt entkrampfend auf den Darm	stark verdünnen
Römische Kamille *Chamaemelum nobile*	stechend, krautig	Spitze/Mitte	beruhigend, entkrampfend, geeignet für empfindliche Haut	
Rose *Rosa x centifolia/R. x damascena*	intensiv, blumig	Spitze/Mitte/Basis	antidepressiv, keimtötend, beruhigend	
Rosmarin *Rosmarinus officinalis*	durchdringend, frisch, krautig	Spitze/Mitte	stimulierend, schmerzlindernd, löst Stauungen	nicht bei Schwangerschaft, hohem Blutdruck, Epilepsie
Salbei *Salvia sclarea*	warm, nußig, krautig	Spitze	antidepressiv, wärmend, entkrampfend, stärkend	bei Schwangerschaft vermeiden, kein Alkohol
Sandalholz *Santalum album*	süß, holzig, balsamisch	Basis	beruhigend, keimtötend, bei Hautbeschwerden	
Wacholder *Juniperus communis*	holzig, frisch, süß	Spitze	schmerzlindernd, keimtötend, antirheumatisch, harntreibend	bei Schwangerschaft vermeiden
Weihrauch *Boswellia carterii*	balsamisch, üppig, süß	Mitte/Basis	beruhigend, schleimlösend, wirkt gegen Alterungsprozesse	
Ylang Ylang *Cananga odorata*	kopfig, blumig, exotisch	Mitte/Basis	antidepressiv, beruhigend, euphorisch	stark verdünnen
Zypresse *Cupressus sempervirens*	würzig, süß, erfrischend	Spitze/Mitte	entkrampfend, bei Atembeschwerden, adstringierend, antirheumatisch	nicht in den ersten drei Monaten einer Schwangerschaft

Die Kraft der Massage

Eine Massage übermittelt Mitgefühl und Fürsorge und hat eine tiefgreifende Wirkung auf Gesundheit und Wohlbefinden. Sie verschafft geistige und körperliche Entspannung, und ihre therapeutische Wirkung lindert viele Krankheiten. Die körperliche Stimulierung kann beruhigend auf die Psyche wirken. Die Forschung bestätigt die vielen therapeutischen Wirkungen.

Vorteile

Massage wirkt wohltuend auf viele physischen und psychischen Funktionen:

Sie stimuliert den Kreislauf und beschleunigt den Abbau von Abfallstoffen

✦

Sie schafft Erleichterung bei schmerzender und verspannter Muskulatur

✦

Sie erhöht die Beweglichkeit

✦

Sie erleichtert die körperliche Entspannung

✦

Sie verbessert das Wohlbefinden

✦

Sie erleichtert psychische Spannungen

✦

Sie verstärkt das Körperbewußtsein

✦

Sie fördert regelmäßigen Schlaf

Förderung der Heilung

Es wurde festgestellt, daß eine Massage hilfreich sein kann in der Behandlung der verschiedensten Beschwerden, einschließlich der Streßkrankheiten wie Spannungskopfschmerzen, Schlaflosigkeit, Bluthochdruck und Rückenschmerzen. Sie lindert Depression, Ängstlichkeit und Schmerzen. Aber sie verschafft auch Erleichterung bei Erkrankungen des Bewegungsapparats, etwa bei Arthritis und Rückenschmerzen und bei Verdauungsbeschwerden wie Verstopfung und Bauchschmerzen.

Aber nicht nur der Empfänger profitiert von einer Massage. Sie ist physisch und psychisch wohltuend für Geber und Empfänger – beide können nach einer Massage gleich entspannt und erfrischt sein.

Vorsicht!

Falls Ihnen Zweifel kommen, ein bestimmtes Gebiet zu massieren, sollten Sie es lieber lassen. Gegenanzeigen sind abhängig von der einzelnen Person, aber im allgemeinen sollten Sie bei folgenden Beschwerden ohne ärztlichen Rat eine Massage vermeiden:

- ✦ *Schwerer Krankheitszustand*
- ✦ *Erhöhte Temperatur*
- ✦ *Infektion oder ansteckende Krankheit*

Vorsicht im Falle folgender Beschwerden. Vermeiden Sie das betreffende Gebiet, und massieren Sie statt dessen eine andere, nicht betroffene Stelle:

- ✦ *Ödeme, akute Entzündung oder Bluterguß*
- ✦ *Offene Wunden, frisch vernarbtes Gewebe, Hautinfektionen, nässender Hautausschlag, aufgerissene Haut oder Ausschlag*
- ✦ *Akute Rückenschmerzen, vor allem wenn der Schmerz bei Rücken- oder Nackenmassage in die Beine oder Arme schießt*
- ✦ *Nicht diagnostizierte Schwellungen*
- ✦ *Krampfadern, Venenentzündung oder Thrombose. Thrombose ist schwer zu erkennen, achten Sie auf unbestimmte Schmerzen in einem Bein, und schicken Sie die Person zum Arzt.*
- ✦ *Wenn Ihre Massagepartnerin schwanger ist, massieren Sie während der ersten drei Monate sanft den Bauch und den unteren Rücken*
- ✦ *Wenn jemand unter starker Müdigkeit (etwa nach einer Krankheit) leidet, sollten Sie nur sanfte Griffe ausüben*
- ✦ *Im Falle von Osteoporose oder Gelenkschmerzen sollten Sie sehr vorsichtig und sanft massieren und tiefen Druck vermeiden*

Eine Massagefolge

Obwohl jede Massage unterschiedlich ist, gibt es doch ein Muster für die Bewegungsfolge. Nach dem kurzen Moment der ersten Berührung durch den Masseur beginnt man mit sanften Streichbewegungen. Tiefere Griffe wie Kneten und Pressen werden langsam eingeführt, unterbrochen von Streichbewegungen. Dauer und Art des Abschlusses hängt von der Wirkung ab, die Sie erreichen wollen. Eine Ganzkörpermassage dauert etwa eine Stunde.

Anwendung von Öl

Das Öl nie direkt auf die Haut geben, sondern etwa 5 ml (1 TL) in der Hand vorwärmen. Zusätzliches Öl auf den Handrücken tröpfeln und mit der anderen Hand verstreichen.

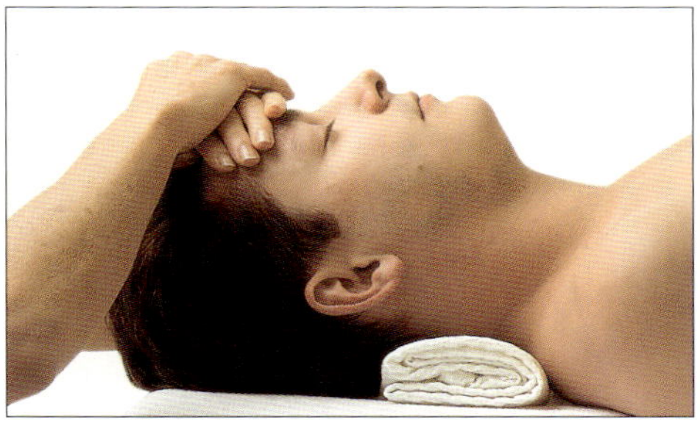

1 Handauflegen Legen Sie zu Beginn die Hände auf den Körper des Partners. So wird der erste Kontakt hergestellt, und Ihre Hände begrüßen Ihren Massagepartner.

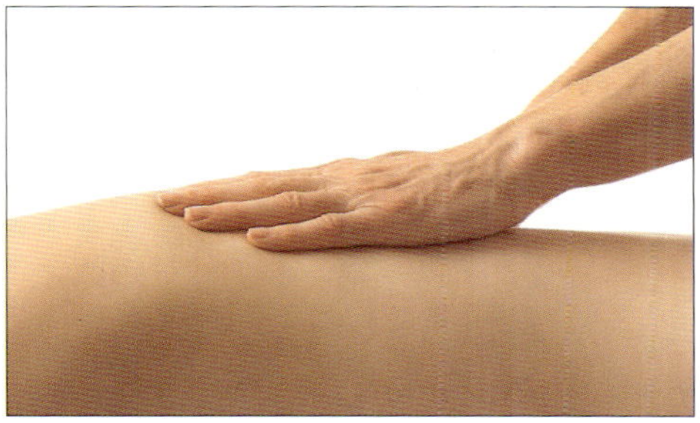

2 Öl Verstreichen Sie das Öl mit den Händen. Wenn Sie mehr Öl brauchen, tragen Sie es wie oben beschrieben auf, damit der Körperkontakt nicht verlorengeht.

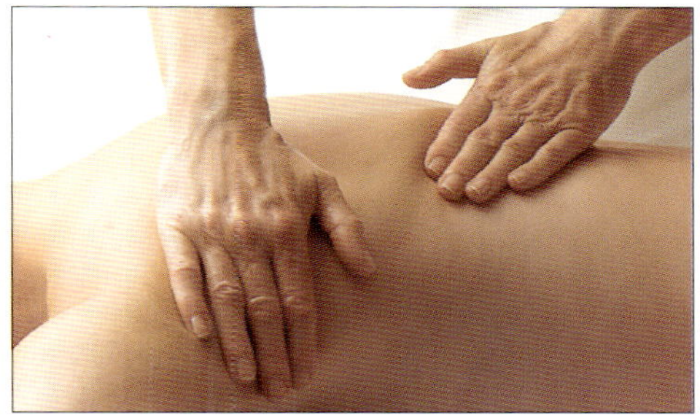

3 Tiefere Griffe Verstärken Sie langsam die Tiefe Ihrer Griffe. Zur Beruhigung und um Verspannungen zu entdecken, streichen Sie die Körperkonturen entlang.

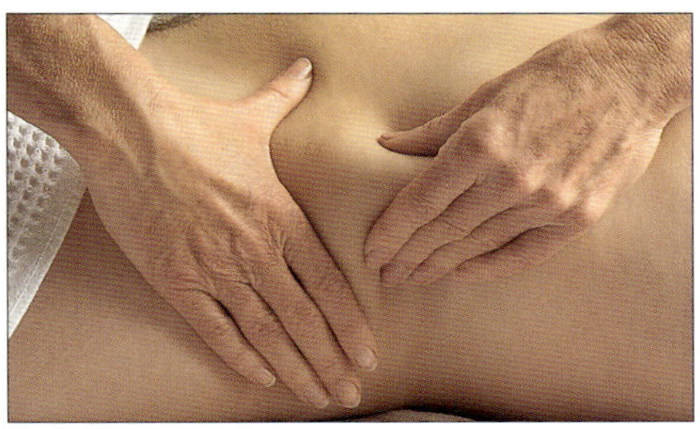

4 Kneten Mit den Knetgriffen wird das Gebiet erwärmt. Dieser tiefergehende Griff dehnt das Gewebe und löst Muskelverspannungen und Stauungen.

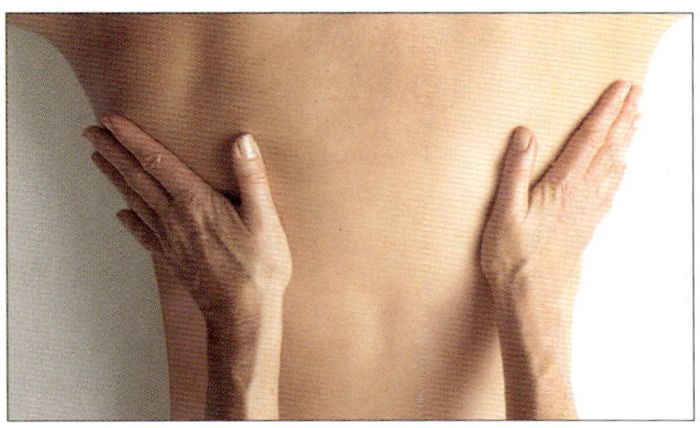

5 Verbindendes Streichen Streichen Sie als verbindende Bewegung noch einmal zur Entspannung und zum Abtransport von Abfallprodukten über den Körper.

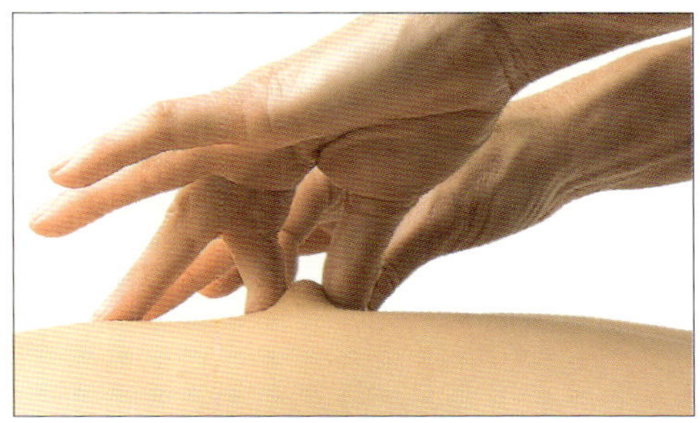

6 Kräftigere Griffe Nach dem Wärmen und Entspannen können tiefere Griffe wie Harken, Knöchelstreichen, kreisender Druck oder Hautrollen angewendet werden.

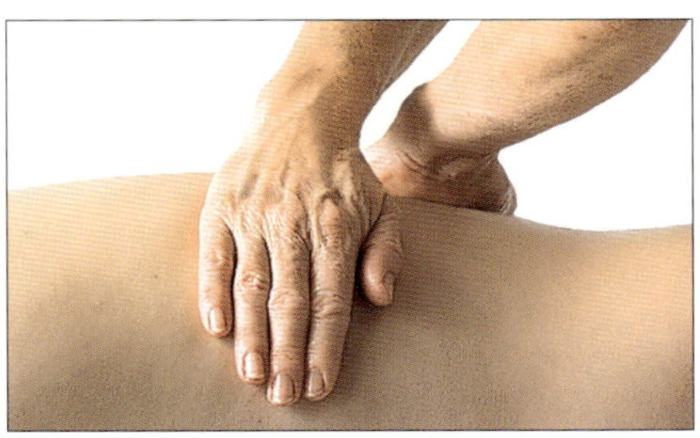

7 Streichen Nach der tiefen Massage wird der Körper durch rhythmisches Streichen der Hände wieder entspannt. So werden auch die einzelnen Körperteile wieder miteinander verbunden.

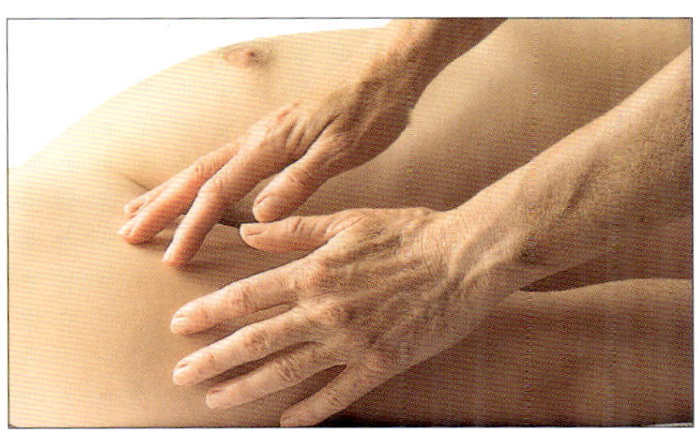

8 Federstriche Mit ganz leichten Bewegungen der Fingerspitzen wird die Körperoberfläche gestreichelt. Das behebt die letzten Verspannungen und bereitet den Partner auf das Ende der Massage vor.

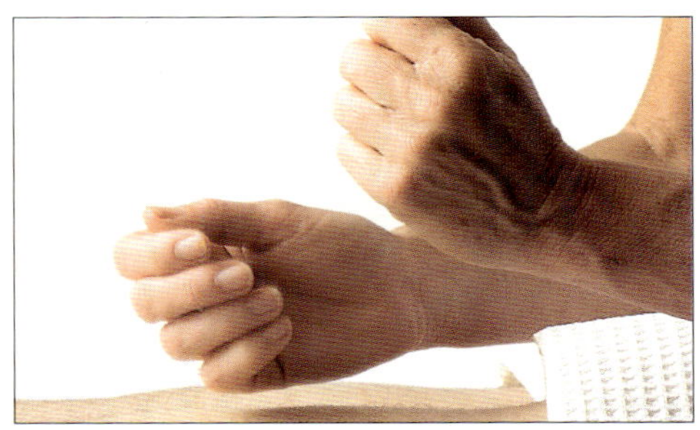

9 Klopfen Verabschieden Sie sich mit stimulierendem Klopfen, um Ihren Partner aufzuwecken, oder beenden Sie die Massage, wie Sie begonnen haben: mit dem beruhigenden Auflegen der Hände.

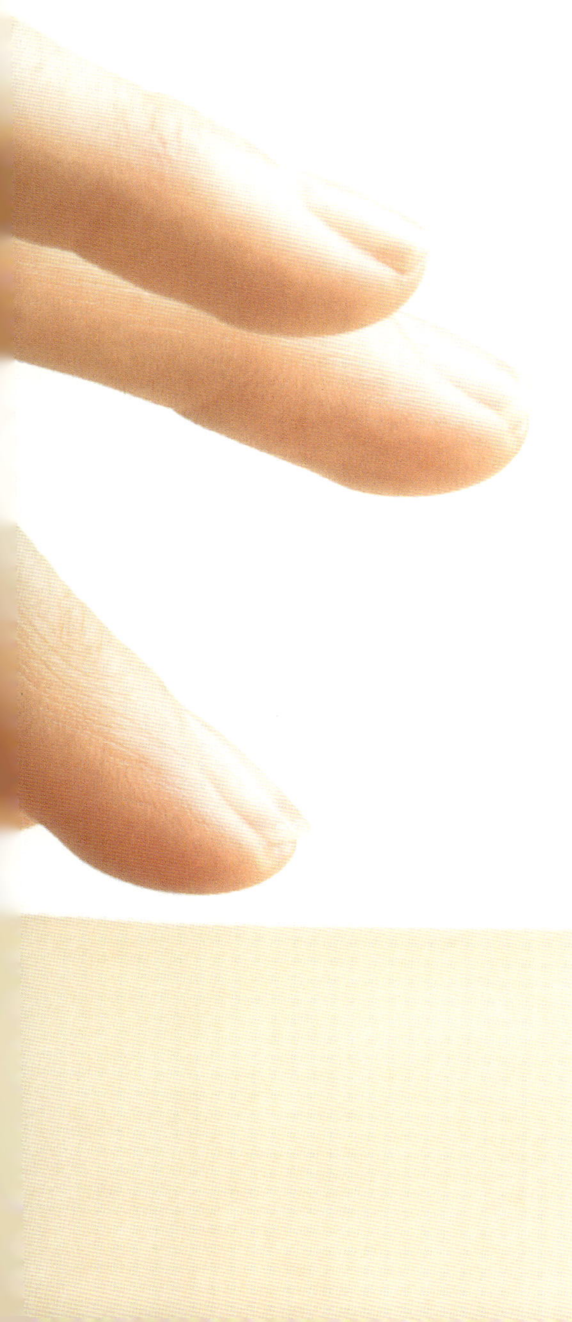

Galerie der Griffe

Die wortlose Kommunikation zwischen der Hand, die die Massage gibt, und dem Körper, der sie empfängt, ist sehr intensiv. Die Griffe reichen vom Streichen der Luft über der Haut bis zu starkem Druck und zu Schlägen, vom Kneten bis zum Muskelnrollen. Die einzelnen Griffe sind die Grundlagen einer Massage und können fast unendlich variiert und gemischt werden, bis Sie Ihren eigenen, persönlichen Stil finden.

Symbolschlüssel

Schwierigkeitsgrad ★ Leicht ★★ Mittel ★★★ Schwer
Öl (*siehe Seite 14–15*) ✓ Empfohlen ✗ Nicht empfohlen

STREICHEN

DIE STREICHBEWEGUNG IST DIE VIELSEITIGSTE MASSAGETECHNIK. Zu Beginn kann man mit dem Streichen ein Gefühl für den Körper des Massagepartners entwickeln, und während der Massage verbindet das Streichen die einzelnen Griffe. Nur durch Veränderung von Druck und Schnelligkeit kann man mit dem Streichen allein eine komplette Ganzkörpermassage durchführen. Leichtes Streichen beruhigt, während beim tieferen Streichen das Muskelgewebe gegen die Knochen gepreßt und der Kreislauf belebt wird. In Richtung Herz sollte der Druck erhöht und in die andere Richtung gemindert werden. Stellen Sie sich das Streichen so mühelos wie fließendes Wasser vor.

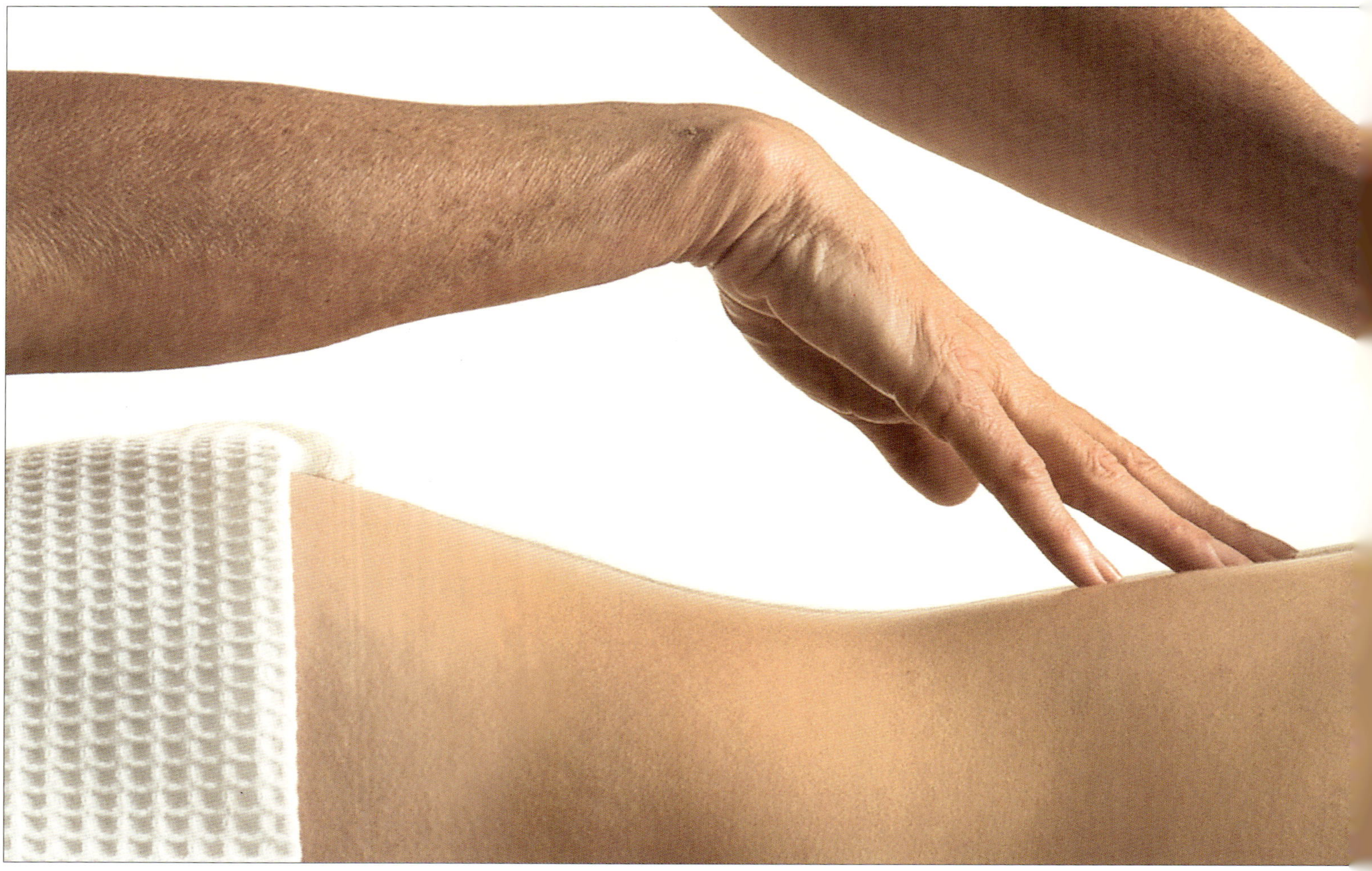

Leichtes Streichen

Sanftes Streichen mit der ganzen Hand oder nur mit den Fingerspitzen wirkt auf die Nervenenden in der Haut und beruhigt den ganzen Körper. Dies wird gewöhnlich zu Beginn oder am Ende einer Massage durchgeführt. Dazu gehört auch das Streichen der Aura, wenn die Hände sanft und rhythmisch über dem Körper bewegt werden, ohne ihn zu berühren.

Katzenstreicheln

Diese einfache Streichbewegung wird beim Auftragen des Öls oder als beruhigender Abschluß am Ende der Massage angewendet. Man legt eine Hand auf den Anfang der Massageregion und läßt sie sanft den Körper hinuntergleiten. Die Handflächen und Finger passen sich dabei den Körperkonturen an. Am Ende der Region angekommen, wird die Hand hochgehoben und sanft an die Anfangsposition zurückgebracht, während die andere Hand mit der Streichbewegung beginnt. Wiederholen Sie die Bewegung so lange Sie möchten – gerade durch die Wiederholung ist die Massage so beruhigend.

Katzenstreicheln

Gut für: *Rücken* Schwierigkeitsgrad ★ Öl ✓ Wirkung: *beruhigt die Nerven; einschläfernd*

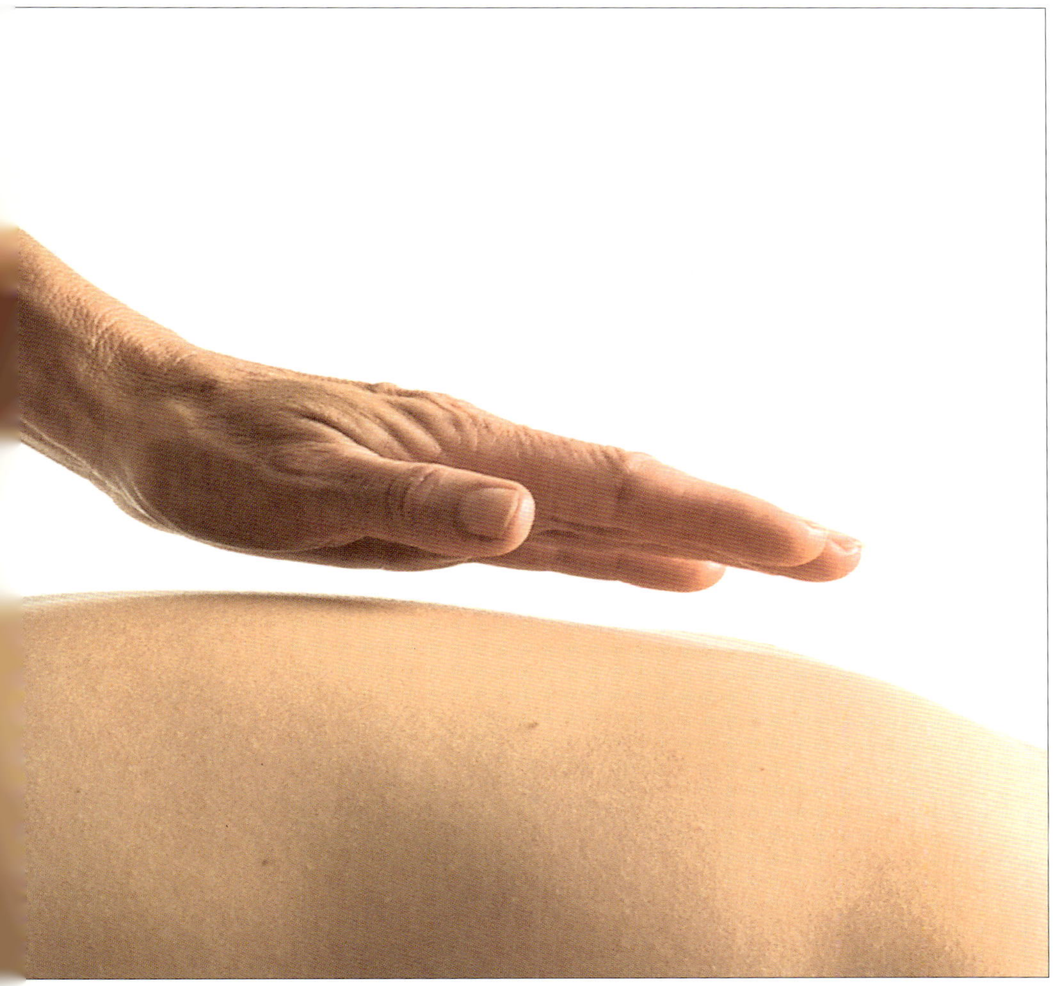

Federstrich

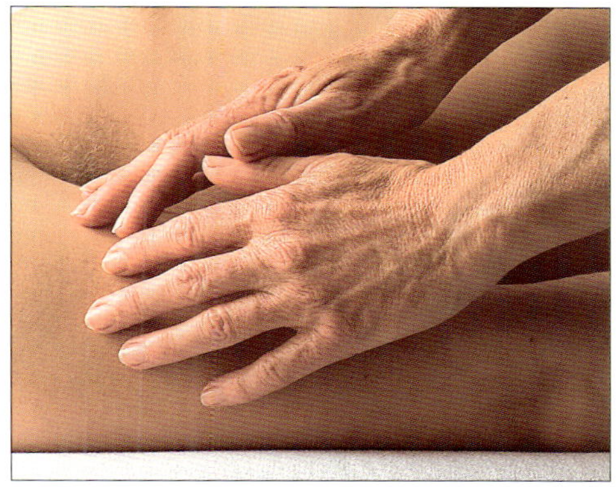

Bekannt auch als Streichen der Nerven, dieser Griff kann zu tiefster Entspannnung führen. Streichen Sie mit den Fingerspitzen beider Hände sehr leicht den Körper hinunter. Wiederholen Sie diese Bewegung und werden Sie dabei immer sanfter, bis die Finger die Haut kaum mehr berühren. Die meisten Menschen mögen dieses Streichen, aber einige finden es zu kitzelig.

Federstrich

Gut für: *ganzer Körper*
Schwierigkeitsgrad ★ Öl ✓
Wirkung: *besänftigend, beruhigend*

Aurastreichen

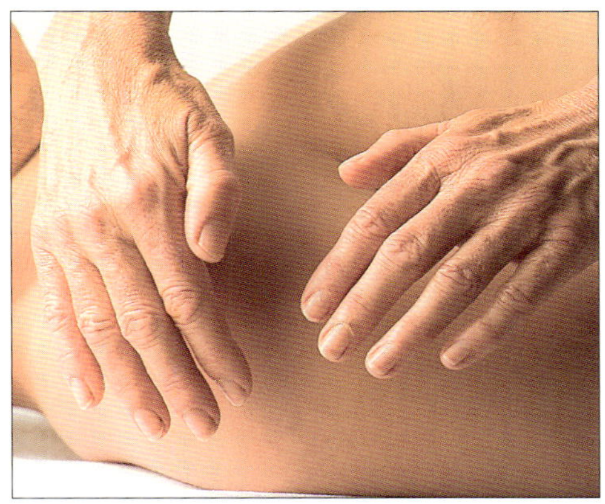

Halten Sie Ihre Hände knapp über der Oberfläche des Körpers nebeneinander, und bewegen Sie sie zusammen über das Massagegebiet. Da Ihre Hände Wärme ausströmen, spürt Ihr Partner vielleicht ein warmes Kribbeln. Das Aurastreichen wird von Heilern in traditionellen Kulturen wie in Indien, China und Afghanistan benutzt, um „Blockaden" im „Energiefeld" eines Menschen aufzulösen.

Aurastreichen

Gut für: *Rücken, Bauch, Beine, Arme*
Schwierigkeitsgrad ★ Öl ✗
Wirkung: *schafft ein warmes Kribbeln, entspannend*

Ventilator

Bei dieser flüssigen Bewegung folgen die Hände den Körperformen, ohne an der Haut zu zerren. Der Rhythmus ist gleichmäßig, die Länge der Bewegung kann variieren, aber die Hände dürfen nie den Kontakt zum Körper verlieren. Beim Wechselventilator *(siehe Seite 24–25)* werden beruhigende, diagonale Bewegungen ausgeführt. Um tiefer zu gehen, können auch die Daumen in einer schwingenden Bewegung eingesetzt werden.

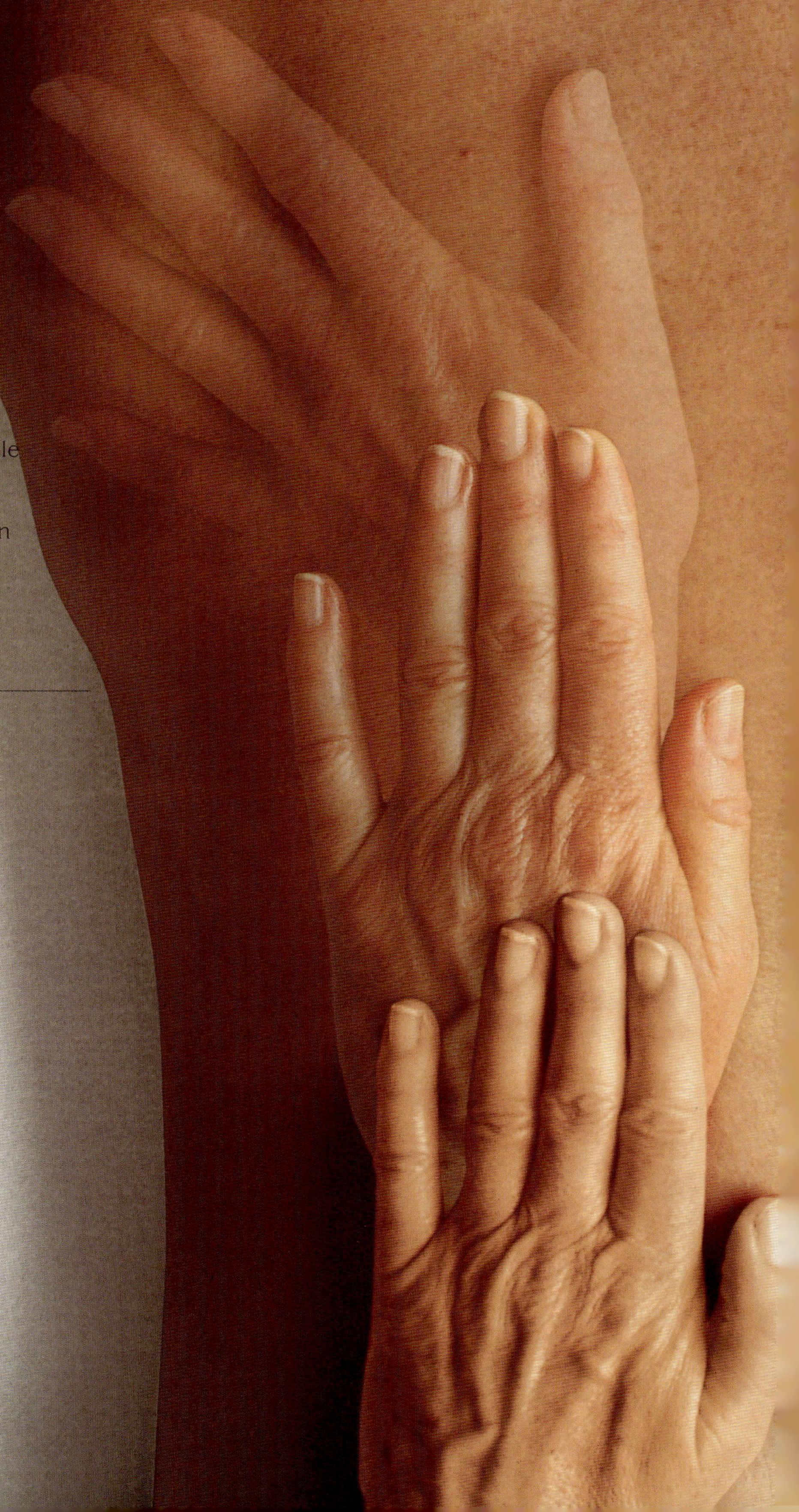

Ventilator auf dem Rücken

1 Legen Sie Ihre Hände auf den unteren Rücken rechts und links von der Wirbelsäule. Streichen Sie mit festem Druck der Handflächen nach oben.

2 Wenn Sie oben angelangt sind, öffnen Sie die Finger und bewegen Ihre Hände mit leichterem Druck von der Wirbelsäule nach außen.

3 Jetzt mit den Händen an den Körperseiten nach unten gleiten, die Handflächen und die Finger passen sich dabei den Konturen an. Beim Streichen nach unten weniger Druck anwenden.

4 An der Taille kurz einhalten, dann die Hände in die Anfangsposition bringen. Wiederholen Sie die Bewegung einige Male, damit sie flüssiger wird. Variieren Sie die Länge der Aufwärtsbewegung, um den ganzen Rücken abzudecken.

Ventilator

Gut für: *große Flächen wie den Rücken*
Schwierigkeitsgrad ★ Öl ✓
Wirkung: *beruhigend*

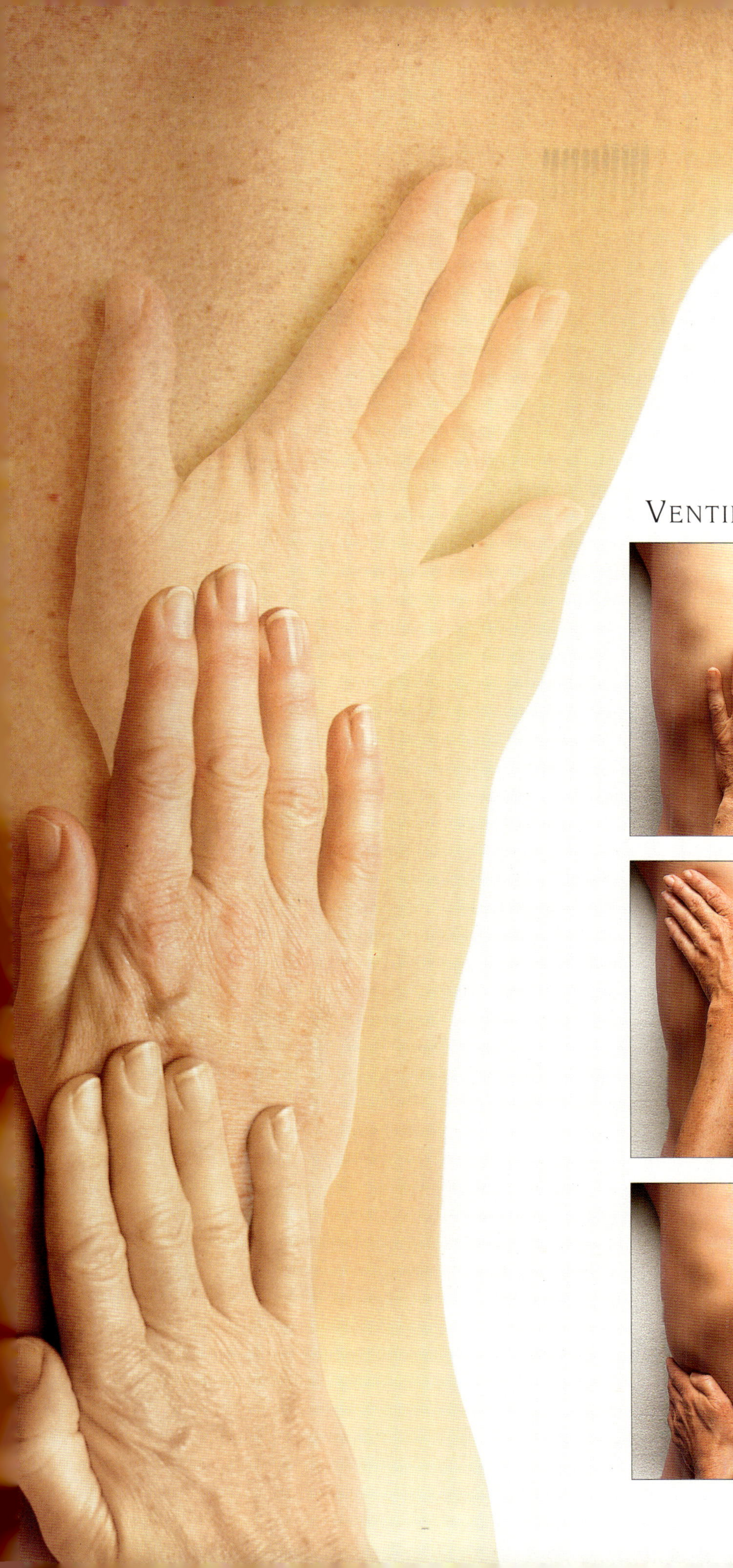

VENTILATOR AUF DEM BAUCH

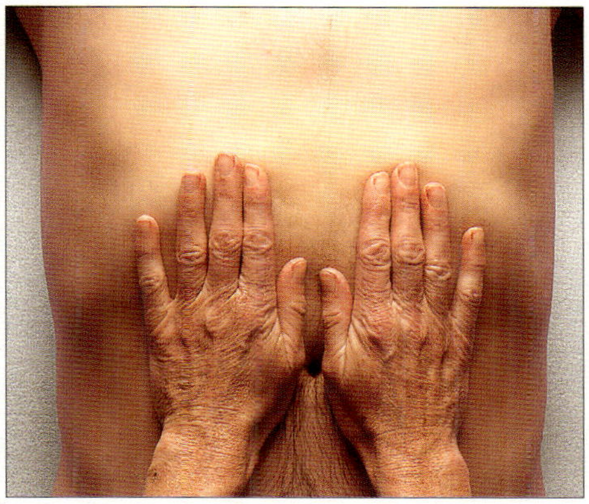

1 Legen Sie Ihre Hände nebeneinander auf den unteren Bauch, die Finger zeigen dabei zum Kopf des Partners. Streichen Sie sanft und vorsichtig die Rippen hoch.

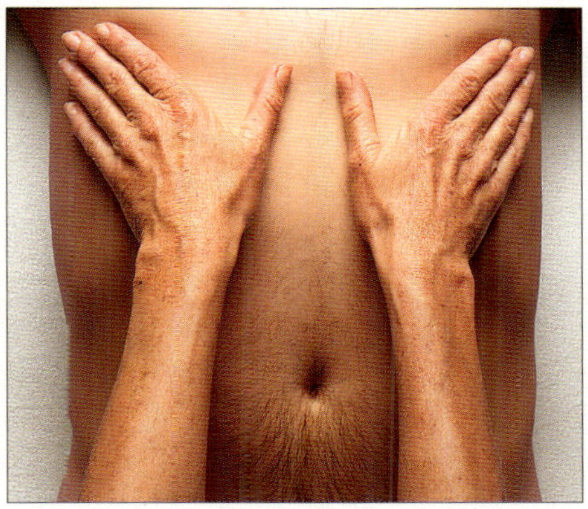

2 Wenn Sie die Rippen erreicht haben, die Finger nach außen richten und mit gleichmäßigem Druck über den Brustkorb streichen. Dann sanft an den Körperseiten hinuntergleiten und sich dabei den Körperkonturen anpassen.

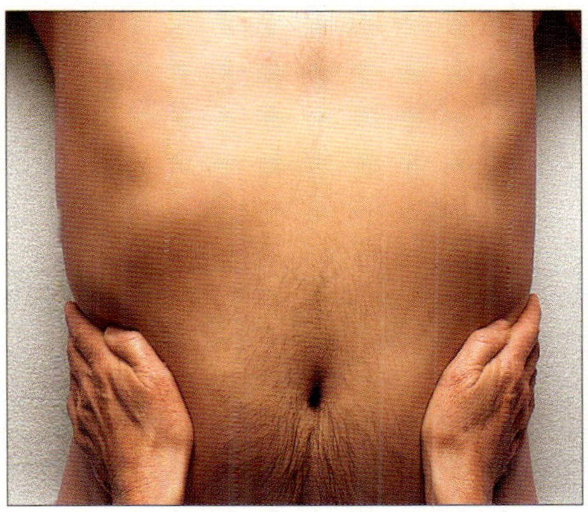

3 Streichen Sie danach fest die Taille hinunter, und kehren Sie zur Ausgangsposition zurück. Wiederholen Sie diese Bewegungsfolge mit unterschiedlicher Länge, um den ganzen Bauch zu massieren.

Wechselventilator

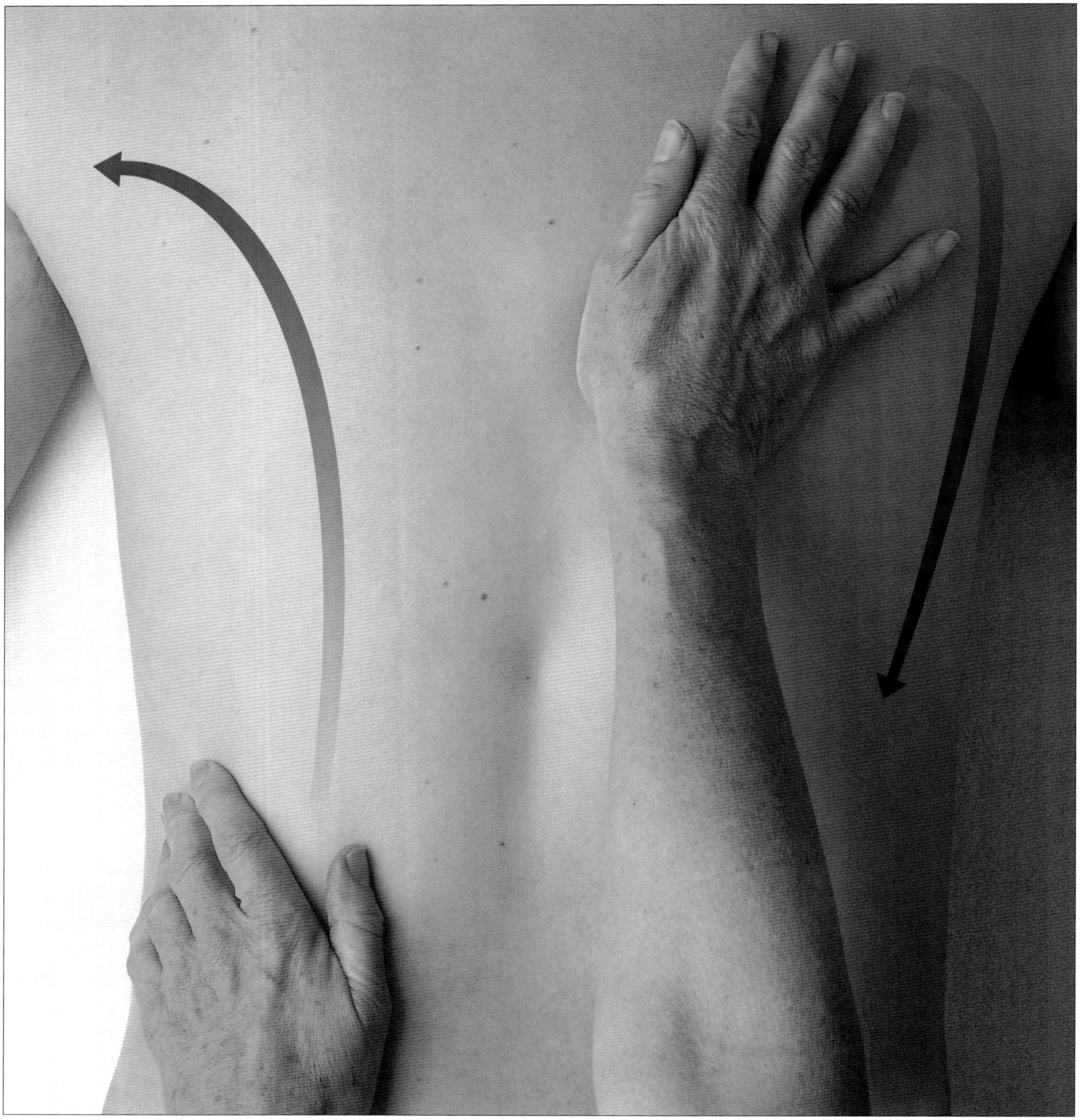

1 Für diese Variante des einfachen Ventilators legen Sie beide Hände nebeneinander, als würden Sie mit dem Ventilator beginnen *(siehe Seite 22–23).* Streichen Sie dann mit der rechten Hand den Körper hoch. Wenn Sie das Ende des Massagegebietes erreicht haben, richten Sie Ihre Hände nach außen und passen sie dabei den Körperkonturen an.

2 ▲ Mit der rechten Hand an der Körperseite hinuntergleiten, während die linke Hand mit der Bewegung beginnt. Es sollte immer eine Hand fest den Körper hochstreichen und die andere nach unten gleiten. Versuchen Sie, diese Bewegungen sehr rhythmisch auszuführen, dann wird sie mit einiger Übung zu einem wunderbar sanften Streichen.

Wechselventilator

Gut für: *Rücken, Beine, Arme*
Schwierigkeitsgrad ★★ Öl ✓
Wirkung: *schafft beruhigende diagonale Dehnungen*

Ventilator mit den Daumen

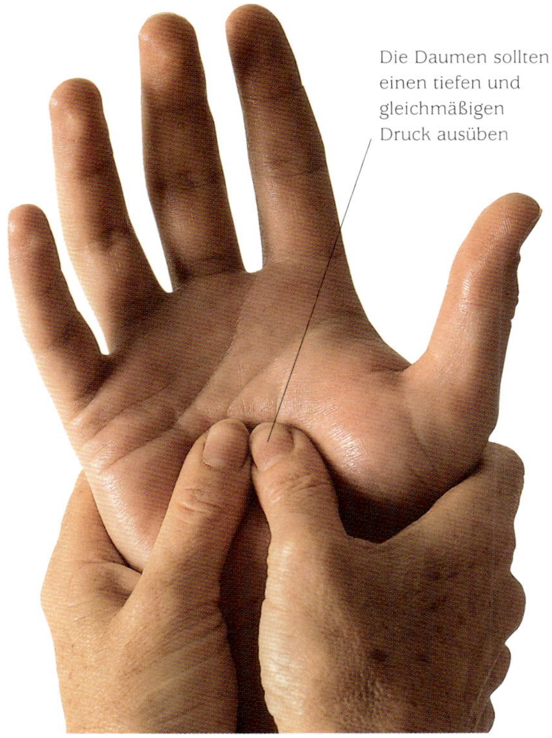

1 Halten Sie den Teil des Körpers, den Sie massieren, mit den Fingern, und streichen Sie mit beiden Daumen fest und so weit Sie können nach oben.

2 Oben den Druck reduzieren und dann mit den Daumen nach außen gleiten. Leicht zur Anfangsposition zurückstreichen und den Ablauf einige Male wiederholen.

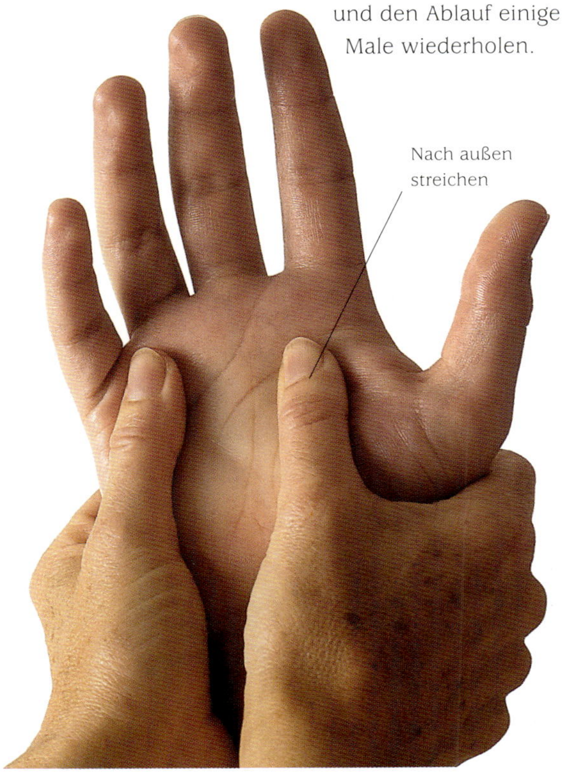

Wechselventilator mit den Daumen

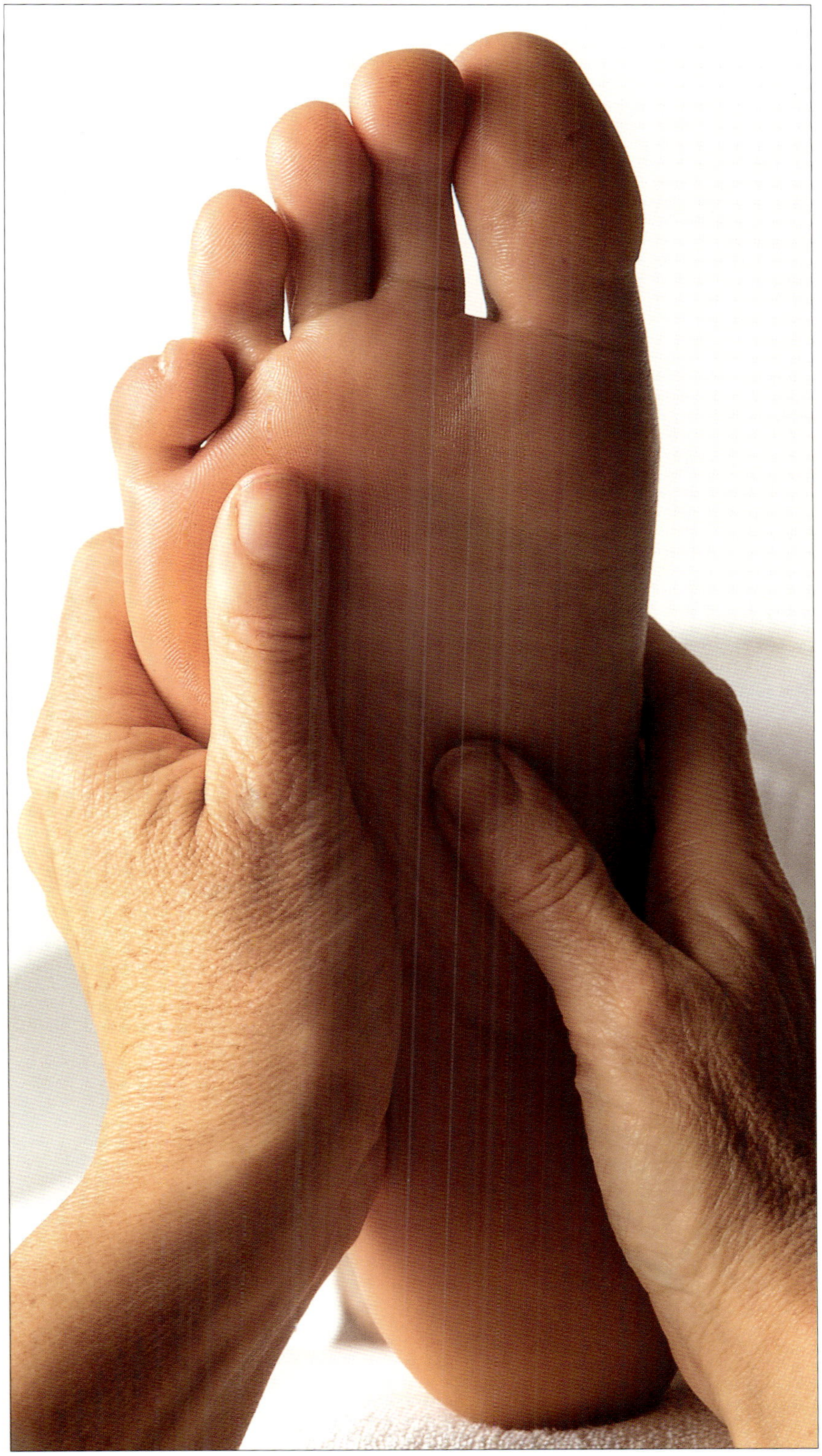

Halten Sie das Gebiet, das Sie massieren, mit den Fingern beider Hände, und streichen Sie dann mit einem Daumen fest nach oben und anschließend nach außen. Wenn Sie oben angekommen sind, beginnt der andere Daumen die Bewegung, und der erste kehrt zur Ausgangsposition zurück. Mehrmals wiederholen, möglichst weit nach oben streichen.

Ventilator und Wechselventilator mit den Daumen

Gut für: *Hände, Füße, Stirn*
Schwierigkeitsgrad ★
Öl ✓
Wirkung: *löst Spannungen auf*

Kreisstreichen

Das Kreisstreichen ist eine fließende Bewegung, mit der Öl auf dem Körper verteilt und einzelne Griffe einer kompletten Massage miteinander verbunden werden. Die Richtung des Streichens ist egal, aber auf dem Bauch im Uhrzeigersinn streichen, um die Arbeit des Darms zu unterstützen. Das leichte Kreisstreichen gleitet in sanfter, beruhigender Weise über die Haut. Das tiefe, langsame Kreisstreichen wird mit dem Körpergewicht verstärkt und auf Rücken, Schultern und Rückseite der Schenkel eingesetzt, um verspannte Muskulatur zu lösen. Verspannungen an kleinen, harten Stellen können mit den kreisenden Daumen gelöst werden.

Leichtes Kreisstreichen

1 Die Hände mit etwas Abstand voneinander auf den Körper legen. Mit der linken Hand einen großen Kreis streichen, entweder in oder gegen den Uhrzeigersinn. Mit der rechten Hand in die gleiche Richtung streichen.

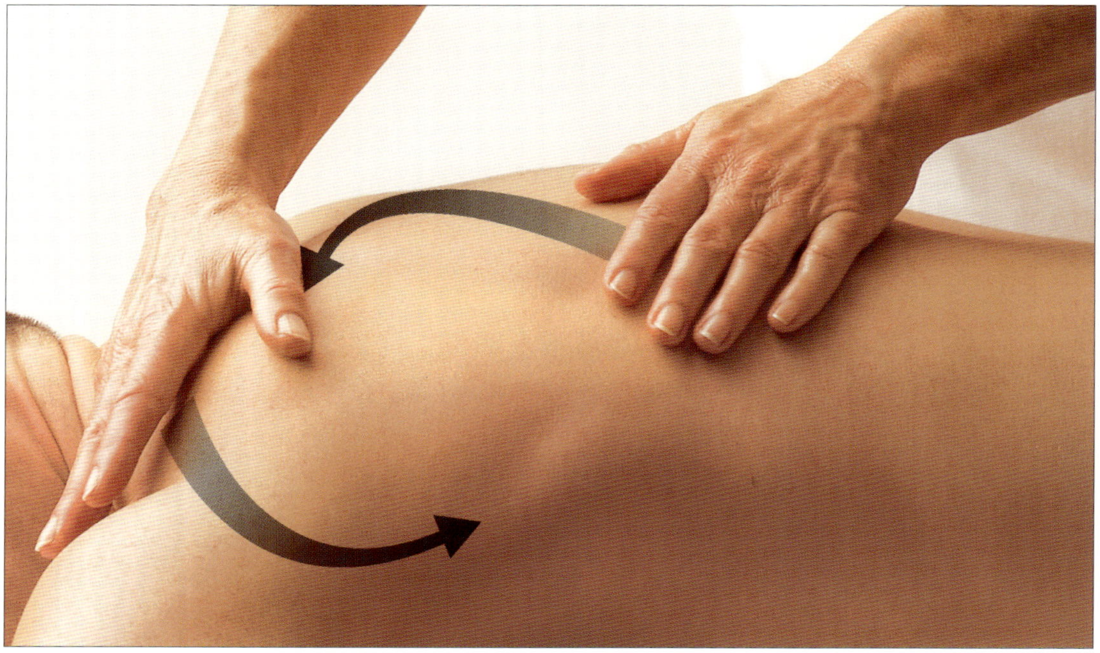

2 Wenn die eine Hand am Handgelenk der anderen angekommen ist, darüberheben, leicht auf die andere Seite legen und den Kreis vervollständigen, während die andere Hand weiterstreicht. Diese Folge wiederholen und dabei etwas mehr Druck bei der Bewegung nach oben und nach außen und weniger Druck nach unten und nach innen anwenden. Versuchen Sie, einen gleichmäßigen Rhythmus zu erhalten.

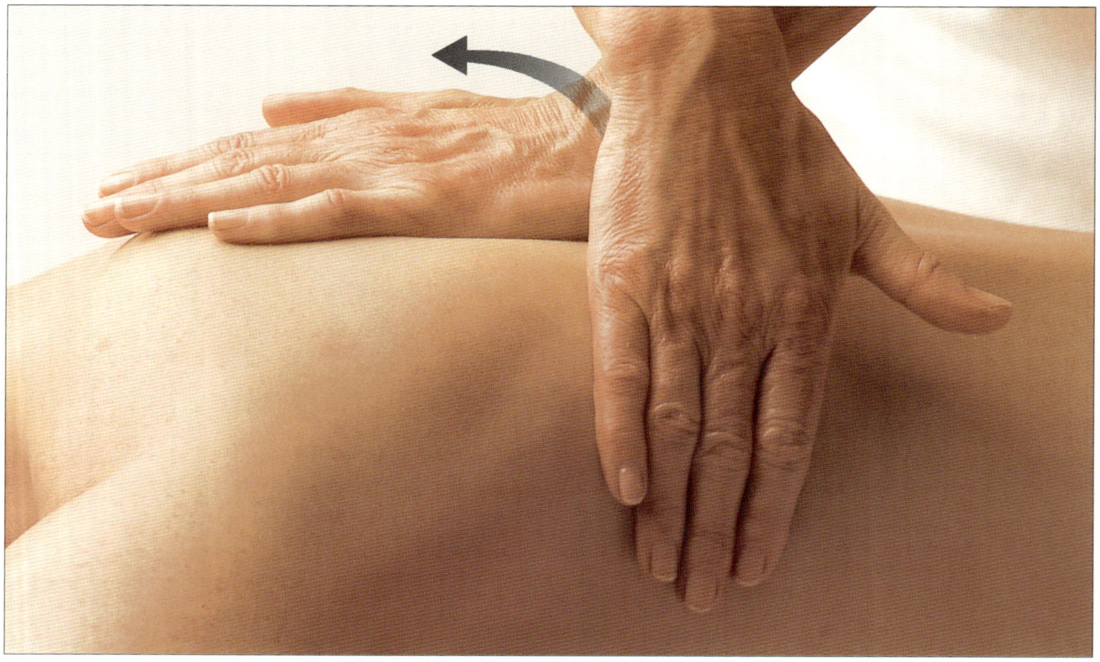

Leichtes & tiefes Kreisstreichen

Gut für: *Schultern, Bauch, Hüften*
Schwierigkeitsgrad ★★ Öl ✓
Wirkung: *leichtes Streichen beruhigt, tiefes Streichen dehnt*

Tiefes Kreisstreichen

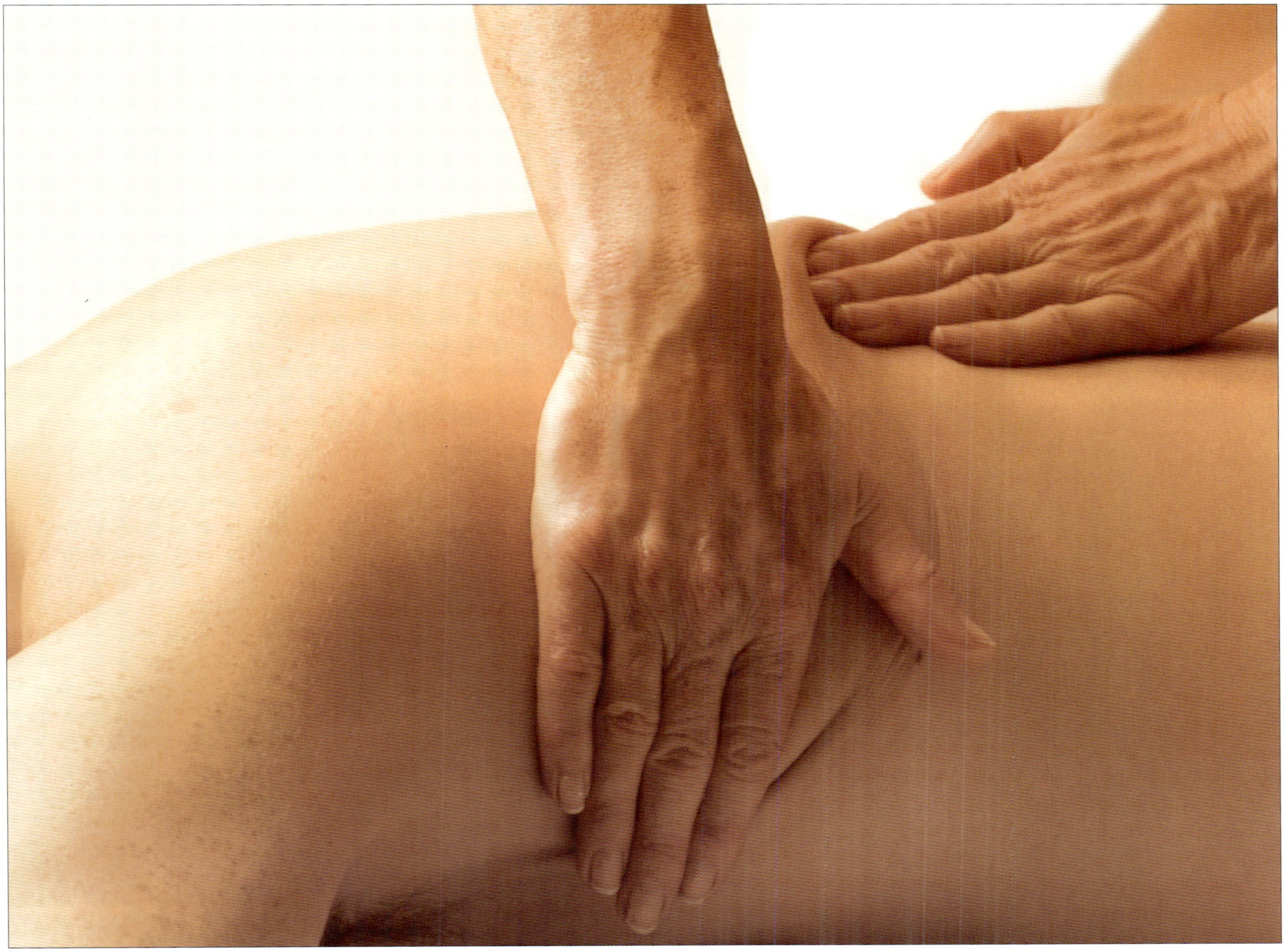

Für das tiefe Kreisstreichen folgen Sie der Sequenz für das leichte Kreisstreichen *(gegenüber)*, aber setzen bei der Bewegung das Körpergewicht ein und kneten mit den Fingern und Handballen das Fleisch. Bei der Massage des Rückens darf nicht auf die Wirbelsäule gepreßt werden.

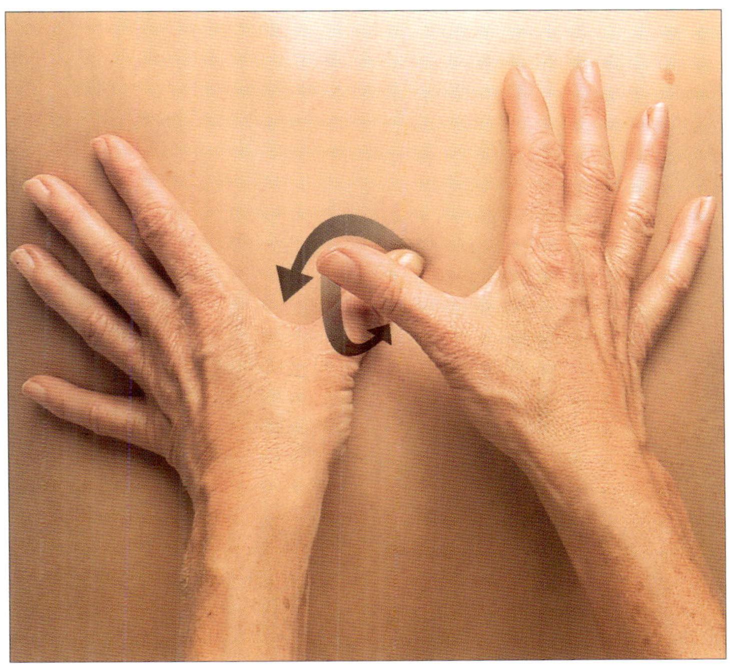

Daumenkreisen

1 Legen Sie beide Hände auf den Körper, die Daumen etwas voneinander entfernt. Die Finger bleiben liegen, und beide Daumen beginnen im Kreis zu streichen, ein Daumen folgt dem anderen. Beim Auf- und Abwärtsstreichen fest pressen.

2 ▸ Wenn ein Daumen auf den anderen trifft, darüberheben und den Kreis auf der anderen Seite vervollständigen. Den Druck bei der Abwärtsbewegung etwas mindern. Der andere Daumen führt nur einen halben Kreis aus. Achten Sie auf genaue Bewegungen.

Daumenkreisen

Gut für: *kleine, verspannte Zonen*
Schwierigkeitsgrad ★★ Öl ✓
Wirkung: *lockert verhärtete Zonen*

Seitliches Streichen

Dieses Streichen ist eine der einfachsten Massagetechniken. Sie ist gleichermaßen beruhigend für den Geber und den Empfänger. Die Wiederholungen haben eine geradezu hypnotische Wirkung, sobald der Partner sich entspannt, können Sie tieferen Druck ausüben. Das leichte seitliche Streichen wird mit entspannten Händen in einer fließenden Bewegung ausgeführt und wirkt auf die Nervenenden in der Haut. So können sich auch die Hände des Masseurs nach tieferen Techniken wie dem Kneten *(siehe Seite 34)* entspannen. Das tiefe seitliche Streichen wird mit ganzer Hand und dem Unterarm ausgeführt und dehnt das Muskelgewebe.

Leichtes seitliches Streichen

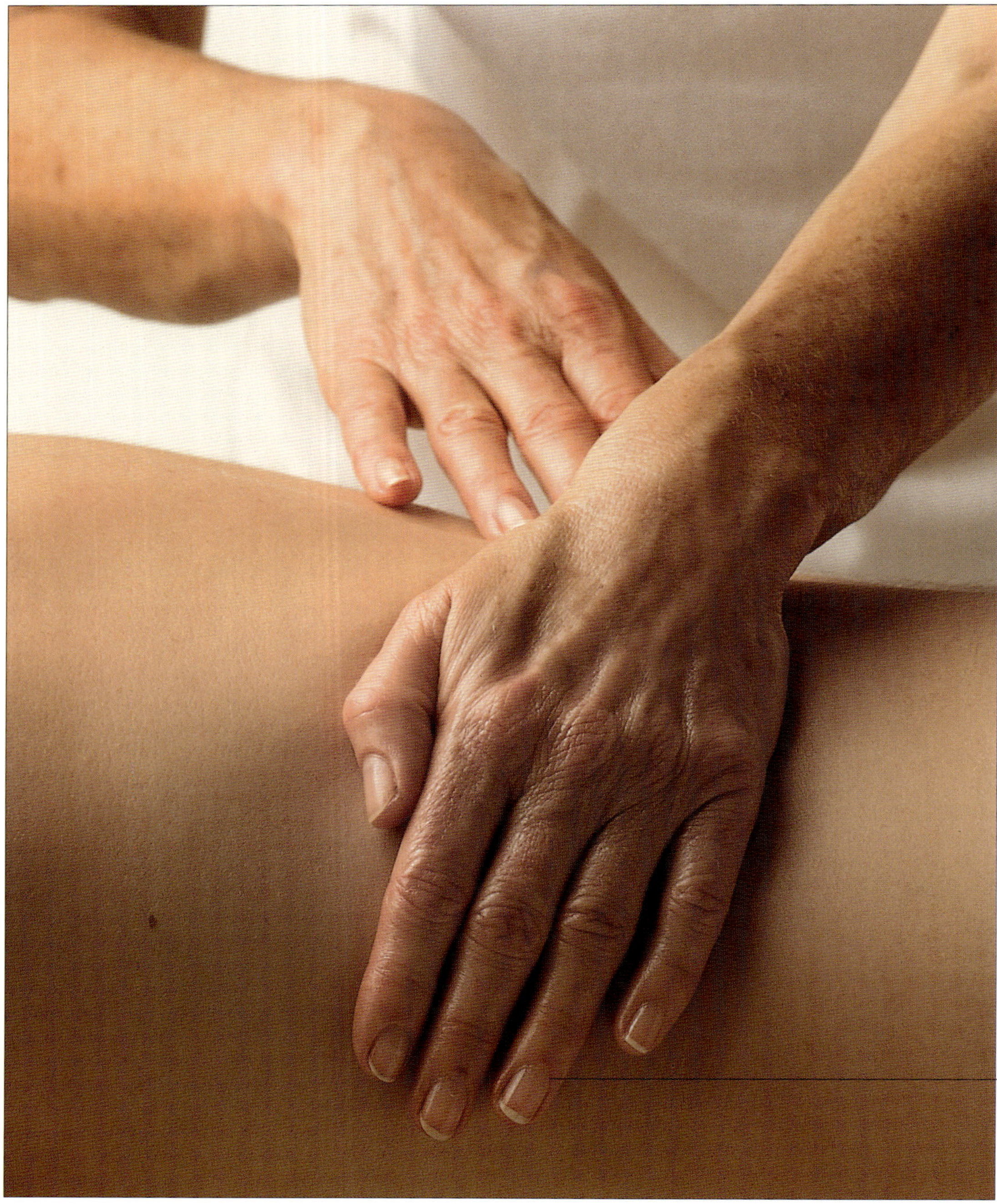

Mit entspannten Fingerspitzen leicht und sanft streichen

1 ◄ Stellen Sie sich seitlich zum Partner, und legen Sie beide Hände auf die andere Körperseite, die Finger zeigen nach unten. Streichen Sie mit der rechten Hand leicht und langsam nach oben zu sich hin, und folgen Sie dann mit der linken Hand.

2 Wenn Sie auf der Körpermitte angekommen sind, heben Sie die rechte Hand hoch und anschließend die linke Hand. Die Folge wiederholen, so daß eine Hand der anderen in entspannter, gleichmäßiger Bewegung folgt. Wenn Sie auf der Ihnen zugewandten Seite arbeiten, schieben Sie die Hände hoch oder Sie gehen auf die andere Seite, so daß Sie die Hände wieder zu sich ziehen können. Halten Sie den Rücken immer gerade dabei.

Leichtes seitliches Streichen

Gut für: *Rücken, Bauch, Schenkel*
Schwierigkeitsgrad ★ Öl ✓
Wirkung: *beruhigt die Nerven, hypnotisch*

Tiefes seitliches Streichen

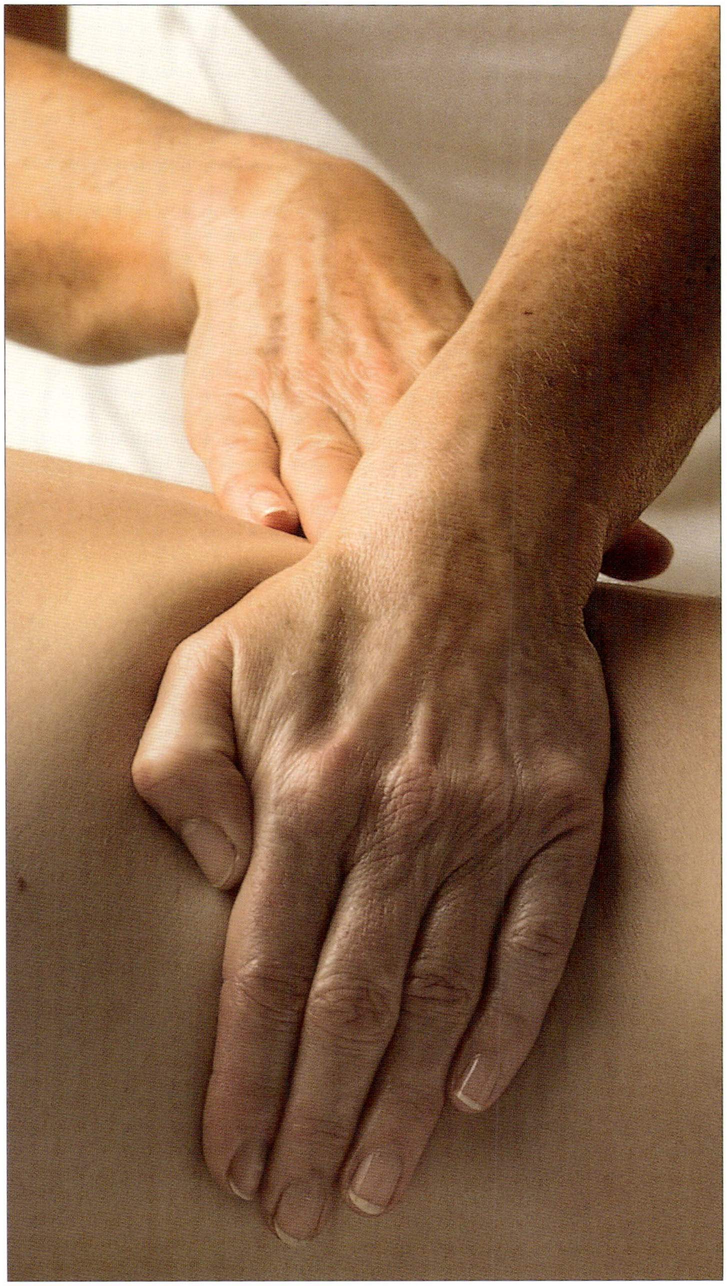

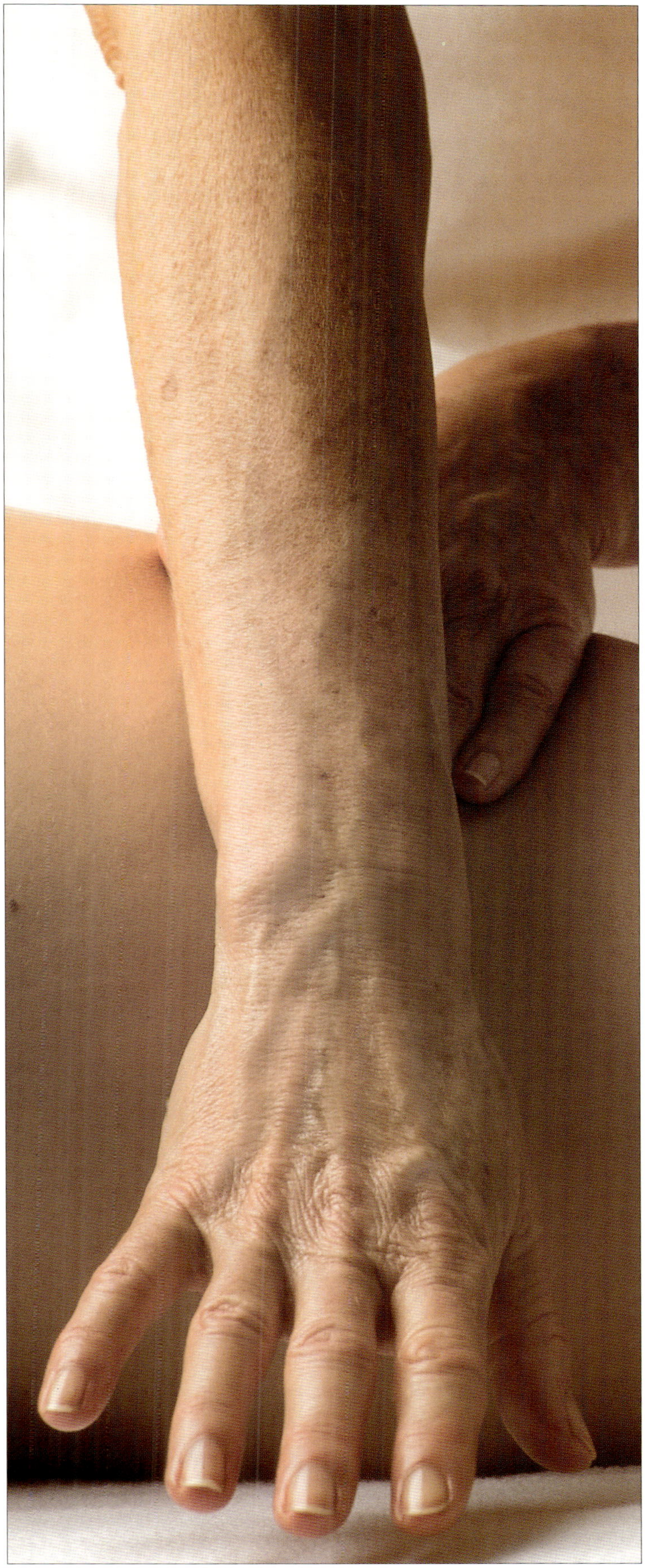

1 ▲ Seitlich zum Partner stellen und beide Hände auf die gegenüberliegende Seite legen, die Finger zeigen dabei nach unten. Mit Unterstützung Ihres Körpergewichts mit einer Hand fest nach oben streichen, dabei nach innen und nach oben ziehen. Das Fleisch mit den Handballen und den Fingern preßen.

2 ► Wenn die eine Hand auf der Körpermitte angekommen ist, hochheben und mit der anderen Hand beginnen. Mehrere Male wiederholen und dabei langsam tiefer gehen. Beim Streichen nicht nur die Hände, sondern auch die Unterarme einsetzen.

Tiefes seitliches Streichen

Gut für: *Rücken, Bauch, Schenkel*
Schwierigkeitsgrad ★ Öl ✓
Wirkung: *löst Muskelverspannungen*

Überkreuz streichen

Das Überkreuzstreichen verbindet eine geschmeidige, gleitende Bewegung mit sanftem Pressen. Beide Hände arbeiten gleichzeitig in einem fließenden Rhythmus, bei dem der Massierte sich entspannt. Das einfache Überkreuzstreichen ist leicht erlernbar und auf dem ganzen Körper anwendbar, nur auf der Wirbelsäule darf nicht gepreßt werden. Bei Krampfadern müssen Sie diese Technik vermeiden und bei den Beinen darauf achten, daß die Haut nicht gezwickt wird. Das Achterformen braucht Übung, bis eine geschmeidige Bewegung gelingt.

Einfaches Überkreuzstreichen

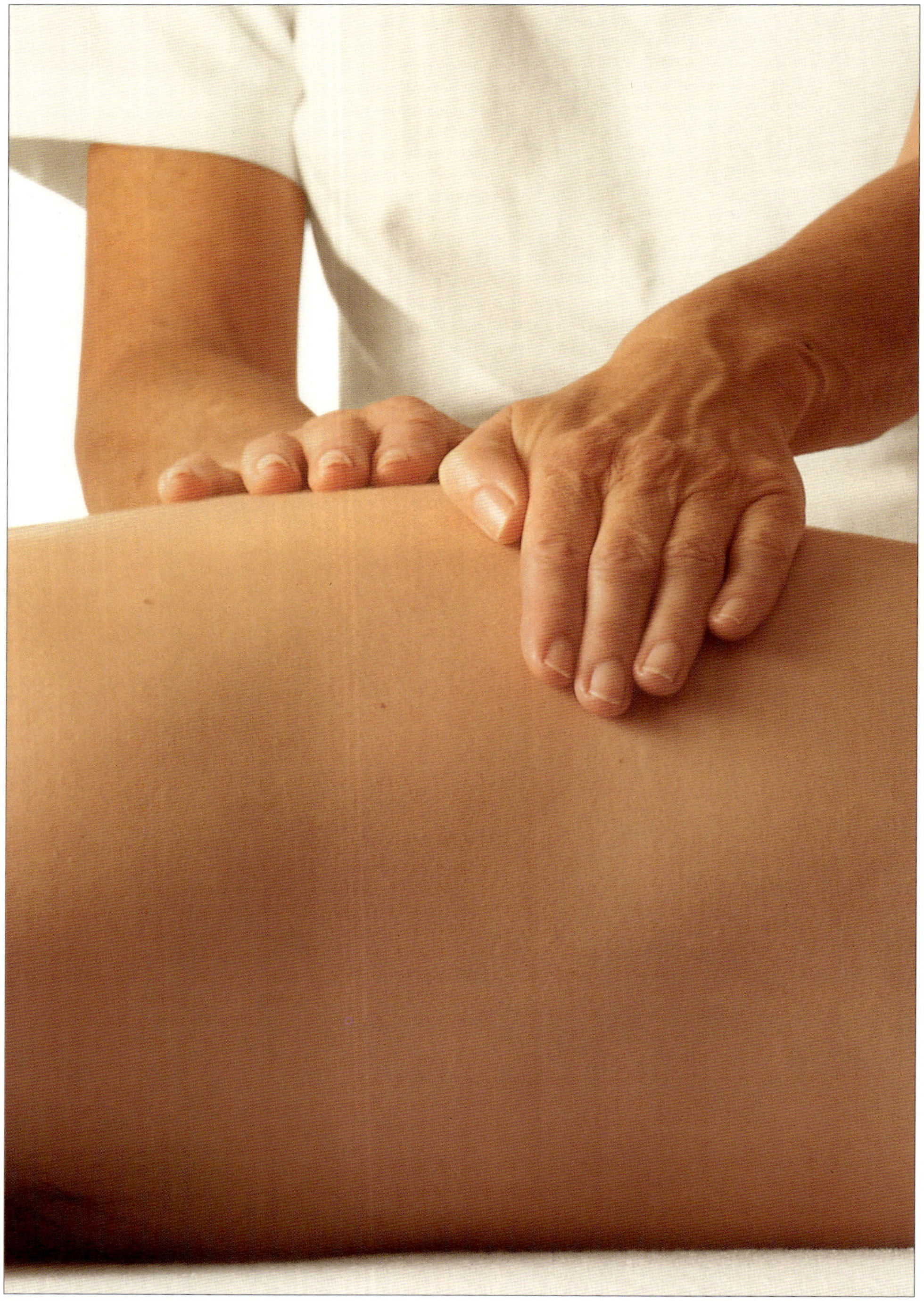

1 ◄ Seitlich zum Partner stellen und die Hände auf je eine Seite legen, die Finger zeigen nach unten. Eine Hand ziehen und die andere fest an den Seiten hochschieben und dann mit beiden geschmeidig über den Körper streichen.

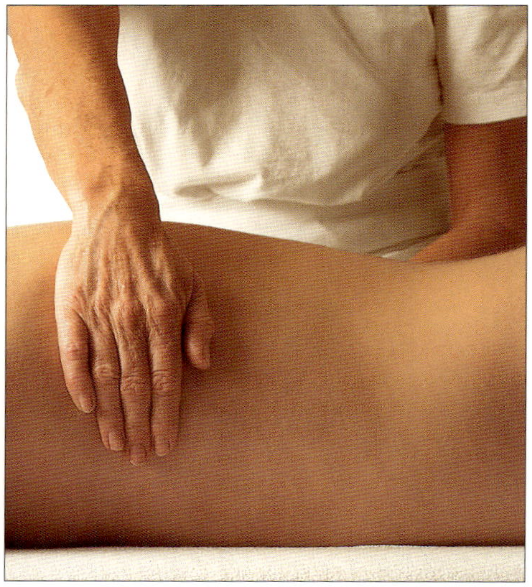

2 Gleiten Sie mit den Händen aneinander vorbei auf die andere Seite des Körpers. Achten Sie darauf, fest die Seiten hochzuziehen und dann sanft über den Rücken zu gleiten. Das Streichen wiederholen, und das ganze Gebiet massieren.

Einfaches Überkreuzstreichen

Gut für: *Rücken, Bauch, Beine, Arme*
Schwierigkeitsgrad ★ Öl ✓
Wirkung: *beruhigend und wohltuend*

Achter formen

Gut für: *Rücken, Schenkel*
Schwierigkeitsgrad ★★ Öl ✓
Wirkung: *verhilft zu tiefer Entspannung*

Achter formen

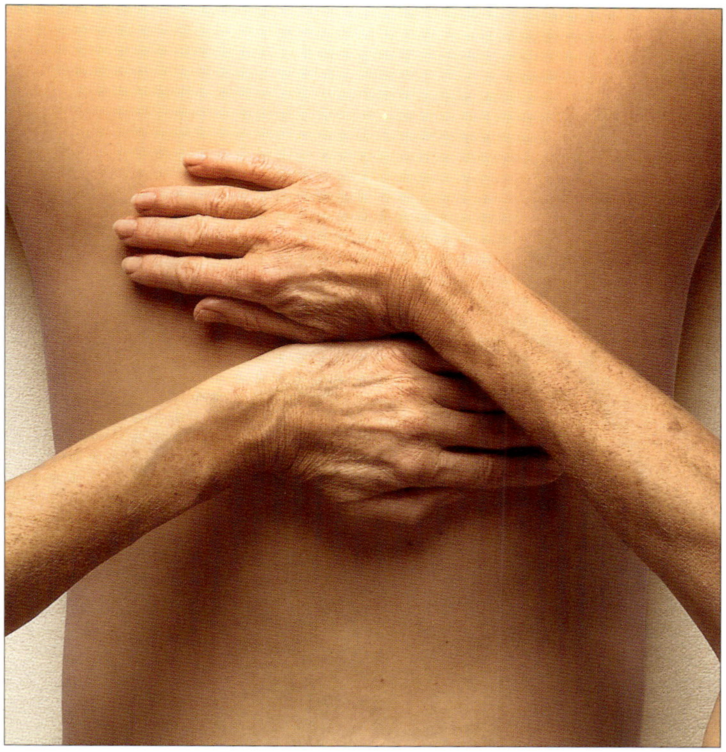

1 Die Hände Seite an Seite auf die Haut legen, so daß die Finger in die entgegengesetzte Richtung zeigen. Langsam mit den Händen zu den Seiten gleiten.

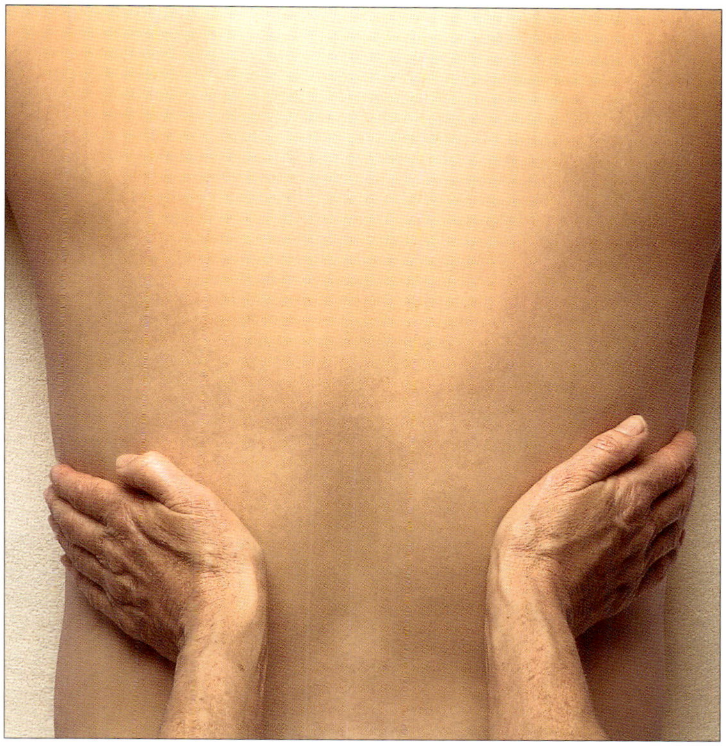

2 Wenn Sie an den Seiten angekommen sind, die Hände so geschmeidig wie möglich drehen und dann zueinander ziehen, so daß sie sanft die Körperseiten pressen.

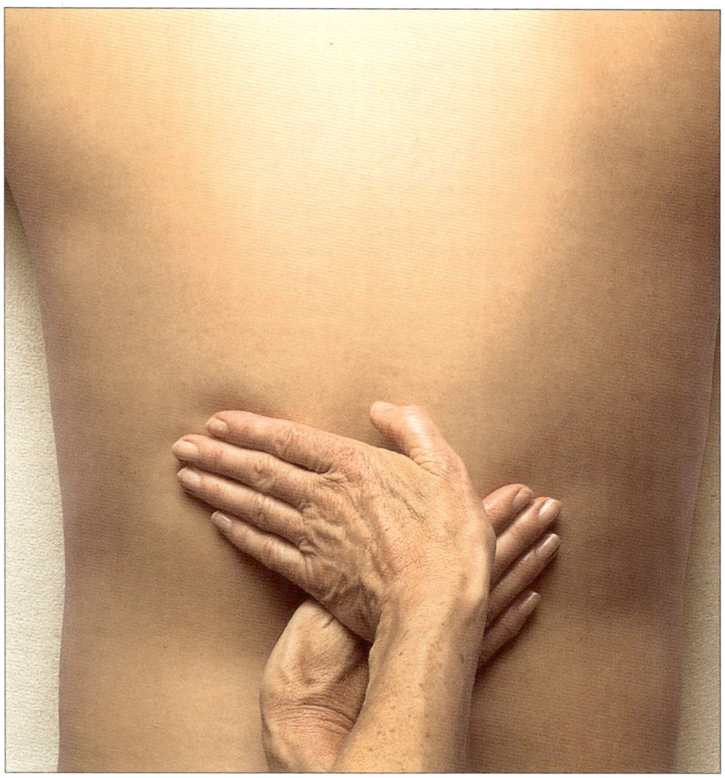

3 Den Druck mindern und wieder langsam mit den Händen über den Körper gleiten, etwas entfernt von der Ausgangsposition. Mit einer fließenden Bewegung die Hände aneinander vorbeiziehen.

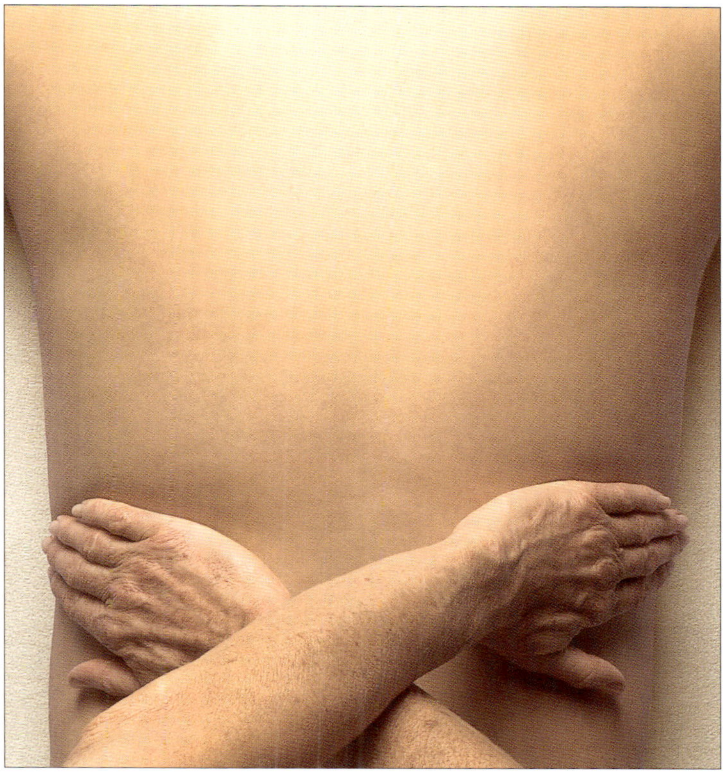

4 Dann die Finger wieder drehen, so daß sich die Arme überkreuzen und an den Seiten hochziehen. Mit diesem Achterformen fortfahren, bis das ganze Gebiet rhythmisch massiert wurde.

TIEFES STREICHEN

Das Streichen kann so tief gehen, daß das Muskelgewebe gegen den Knochen gepreßt wird. Diese Griffe wirken gut bei großen Muskelgruppen, sollten aber nur auf bereits durch leichtes Streichen entspannten Zonen angewendet werden. Das Streichen hat eine weitende und dehnende Wirkung und wird generell in Richtung der Muskelfasern ausgeübt. Auf dem Rücken sollten Sie intensiv hoch- und herunterstreichen, dabei aber auf die Wirbelsäule achten. Auf den Gliedern arbeiten Sie in Richtung Rumpf und folgen so dem Kreislauf.

STREICHEN MIT DEM UNTERARM

Seitlich zum Partner stehen und eine Hand oder einen Unterarm als Stütze auf den Körper legen. Mit dem anderen Unterarm fest über die Zone streichen, dabei langsam den Arm drehen, damit der Druck das Muskelgewebe weitet und preßt. Achten Sie darauf, daß die Hand entspannt bleibt und der Druck aus dem Unterarm erfolgt. Eine Massageart in Hawaii, das *Lomi Lomi,* beschreibt dieses Unterarmstreichen als „Bügeln". Sie können auch mit beiden Unterarmen in die entgegengesetzte Richtung streichen, um mehr Druck auszuüben.

UNTERARMSTREICHEN

GUT FÜR: *Rücken, Schenkel*
SCHWIERIGKEITSGRAD ★★ ÖL ✓
WIRKUNG: *bügelt Spannungen aus*

Mit dem Unterarm langsam kreisend über das Gebiet streichen

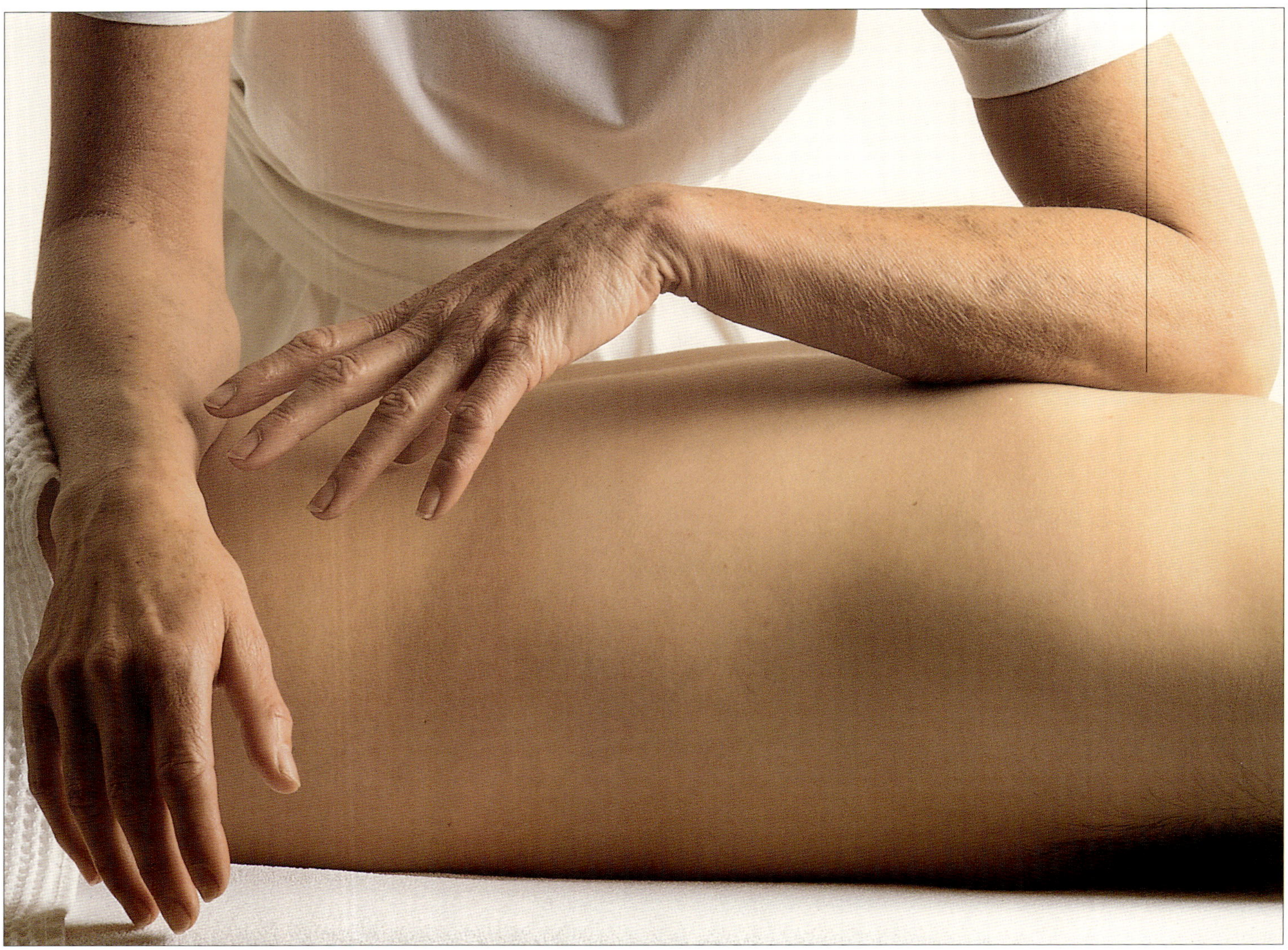

Knöchel streichen

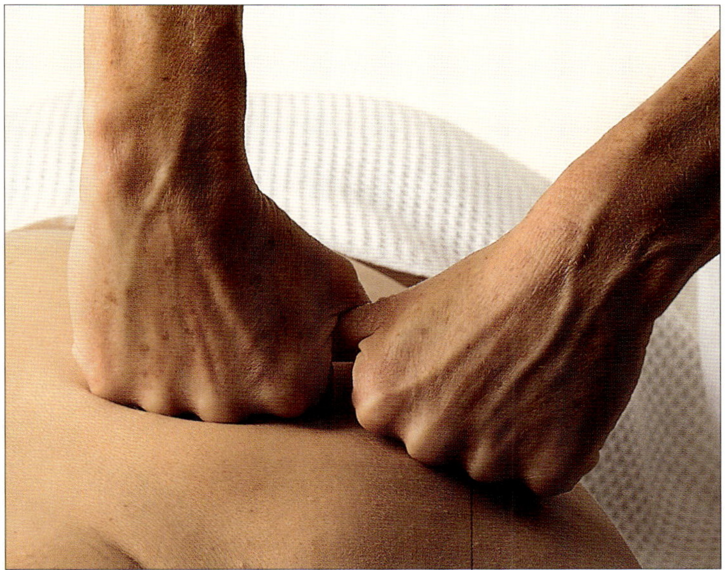

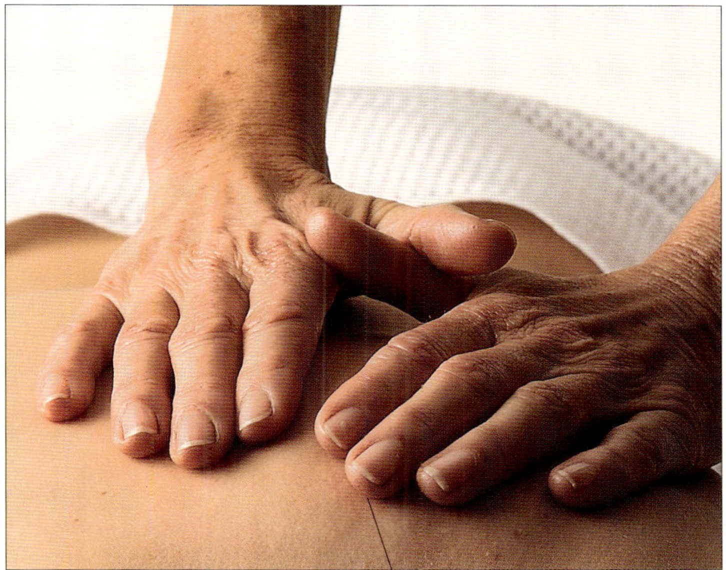

1 Lockere Fäuste ballen, und die Daumen dabei als Halt ineinander kreuzen. Mit den Knöcheln fest über das Gebiet streichen, dabei das eigene Körpergewicht einsetzen.

Mit den Knöcheln fest über die Haut streichen

2 Die Hände öffnen und mit den Handflächen sanft wieder zurück streichen. Dann erneut Fäuste ballen und den Griff wiederholen; Sie sollten dabei eine wellenförmige Bewegung anstreben. Dieser Griff ist für den Masseur sehr entspannend.

Mit den Händen zurück über das Gebiet streichen

Knöchel streichen

Gut für: *Seiten der Wirbelsäule, Arme*
Schwierigkeitsgrad ★ Öl ✓
Wirkung: *löst verspannte Muskeln*

Rechen

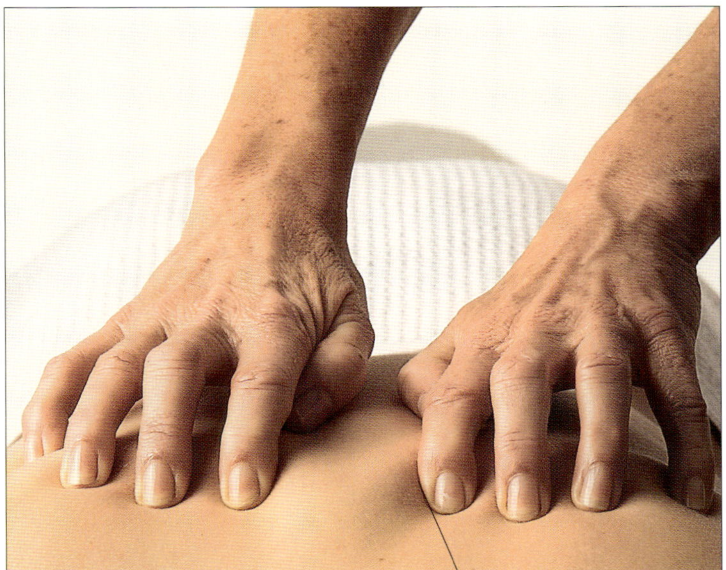

Die Finger krümmen, so daß sie richtig steif sind. Dann wie einen Rechen zu sich ziehen, entweder zusammen oder nacheinander. Wenn Sie am Ende der Zone ankommen, das Ganze wiederholen.

Tief und geschmeidig streichen

Rechen

Gut für: *Rücken (entweder parallel oder quer zur Wirbelsäule)*
Schwierigkeitsgrad ★ Öl ✓
Wirkung: *sehr entspannend*

V-Streichen

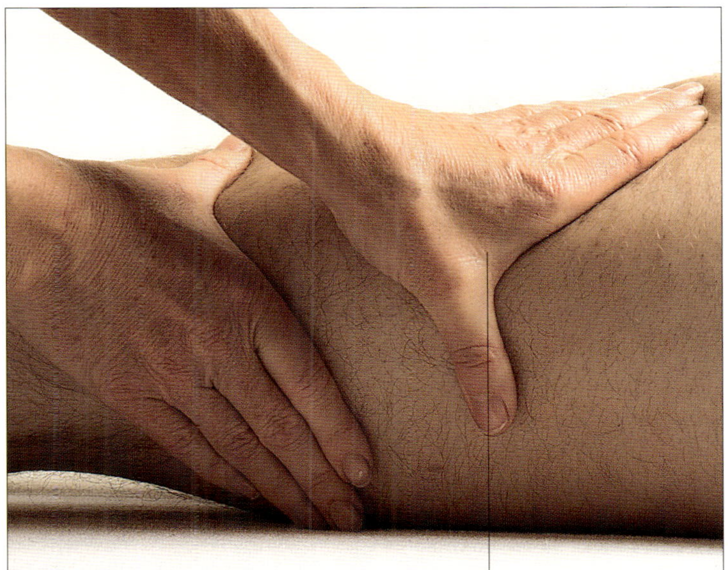

Nützen Sie die V-Form zwischen Daumen und Fingern, und streichen Sie fest mit einer Hand nach der anderen über die Zone. Die Hände passen sich der Körperform an und sind entspannt, der Druck entsteht durch den eigenen Körper.

Die Hände der Körperform anpassen

V-Streichen

Gut für: *große, muskuläre Zonen*
Schwierigkeitsgrad ★★ Öl ✓
Wirkung: *wärmt und entspannt*

KNETEN

BEIM KNETEN WIRD EINE ZONE durch Pressen, Anheben und Rollen des Fleisches entspannt. Um die Muskelfasern herum wird Raum geschaffen, so daß sie geschmeidiger werden und Spannungen im Bindegewebe, das jeden Muskel umgibt *(siehe Seite 161)* gelöst werden. Der Erfolg des Knetens liegt im gleichmäßigen Rhythmus; Tiefe und Geschwindigkeit der Bewegung kann verändert werden. Ein gleichmäßiges Tempo ist meist am besten; ich habe herausgefunden, daß schnelles Kneten sehr stimulierend wirkt, und langsames Kneten eine einschläfernde Wirkung hat. Manchmal sind die Muskeln so verspannt, daß es schwerfällt, die Haut anzuheben, in diesem Fall beginnen Sie mit der flachen Hand zu kneten; nach einiger Zeit wird sich die Zone so entspannen, daß Sie tiefer gehen können.

EINFACHES KNETEN

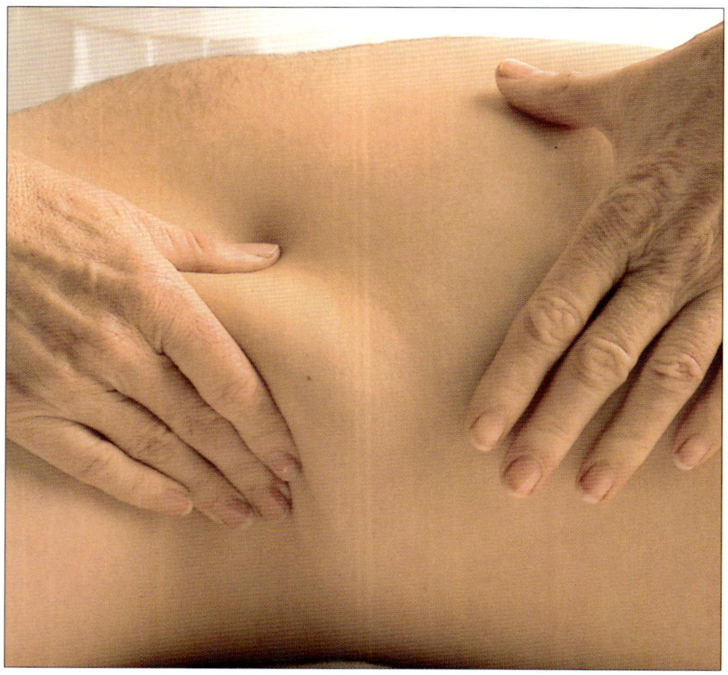

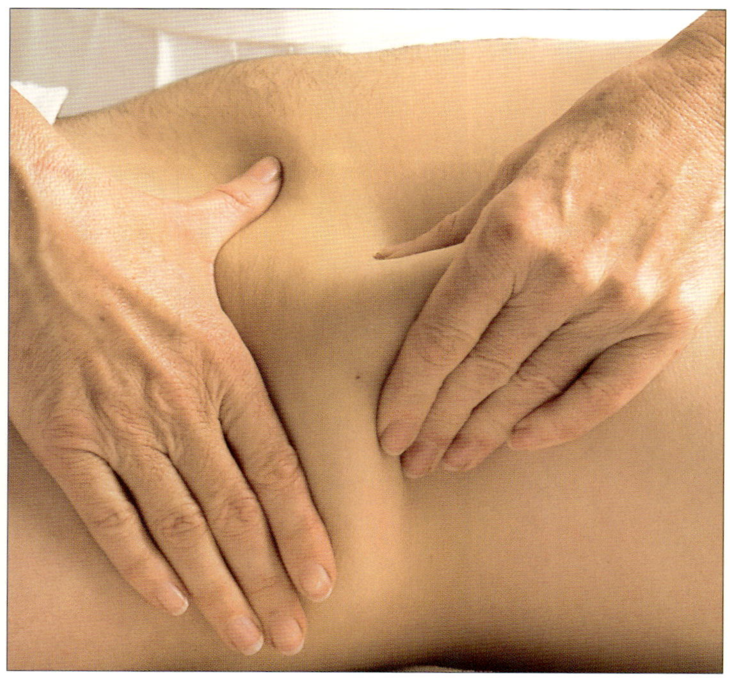

1 Legen Sie Ihre Hände flach auf den Körper, die Ellbogen zeigen zur Seite, die Finger sind zueinander gerichtet. Mit der rechten Hand sanft das Fleisch greifen und pressen, dabei soviel wie möglich fassen, um ein Zwicken zu vermeiden. Dann loslassen und das Fleisch zur linken Hand hinschieben. Wenn nicht viel Fleisch vorhanden ist, führen Sie den Griff an der Oberfläche aus.

2 Das Fleisch auf die gleiche Weise mit der linken Hand greifen und zur rechten Hand schieben. Mehrere Male wiederholen, und das Fleisch wie beim Teig kneten von einer Seite zur anderen schieben. Die Griffe sollten tief und rhythmisch ausgeführt werden.

EINFACHES KNETEN

GUT FÜR: *fleischige Zonen wie Hüften oder Gesäß*
SCHWIERIGKEITSGRAD ★★ ÖL ✓
WIRKUNG: *entspannt und dehnt verspannte Muskeln*

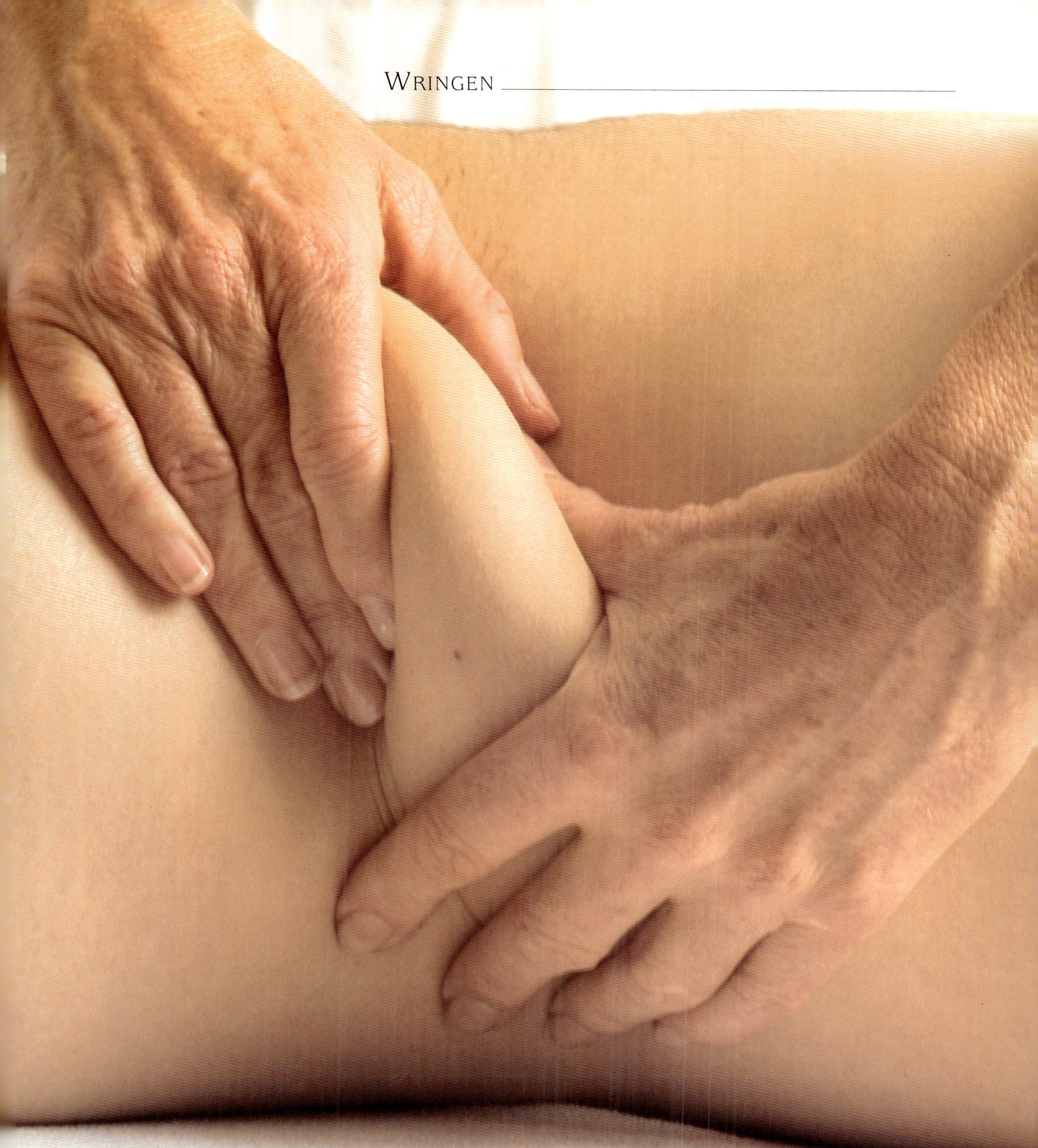

Dies ist ein tieferer Griff als das einfache Kneten. Das Fleisch mit einer Hand anheben, dann in die andere hineindrehen, dabei mit den Daumen pressen. Stellen Sie sich vor, Sie wringen bei der Bewegung ein Handtuch aus.

WRINGEN

GUT FÜR: *fleischige Zonen wie Hüften oder Gesäß* SCHWIERIGKEITSGRAD ★★ ÖL ✓ WIRKUNG: *lockert und stimuliert*

Kneten mit einer Hand

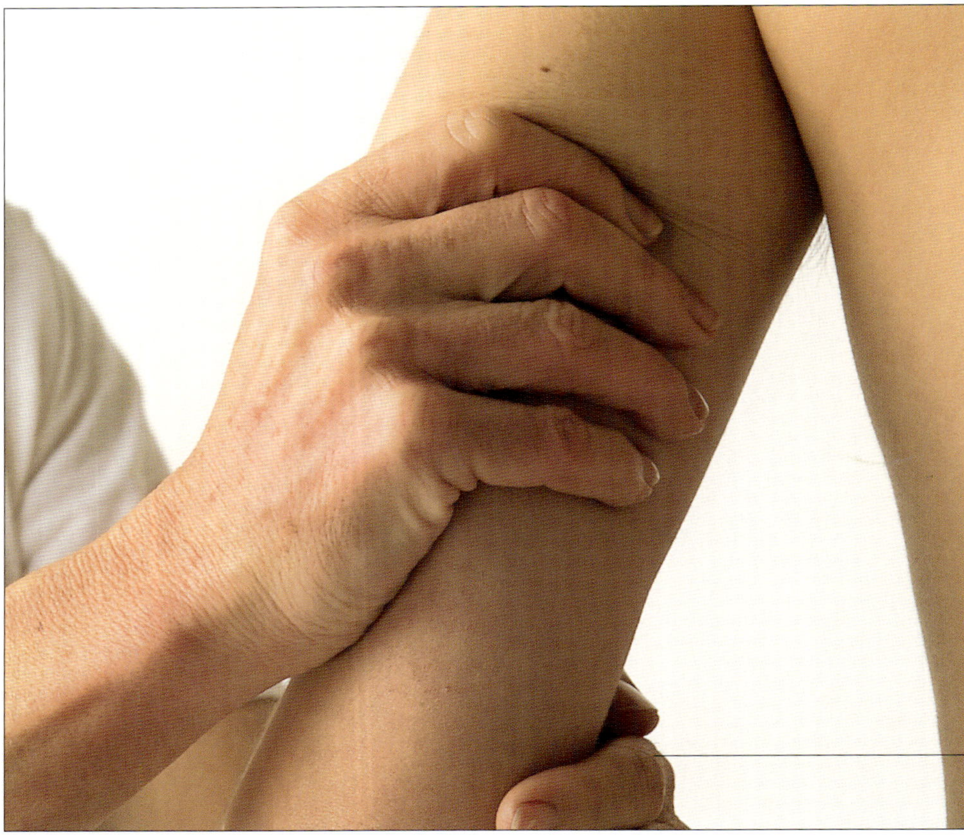

Die Zone mit einer Hand stützen

◂ **Dieser Griff eignet sich für Gebiete**, an denen man nicht mit zwei Händen arbeiten kann. Die Zone mit einer Hand stützen, mit der anderen das Fleisch pressen und wieder loslassen.

Kneten mit einer Hand

Gut für: *obere Schultern, Arme, Waden*
Schwierigkeitsgrad ★ Öl ✓
Wirkung: *macht weich und entspannt*

Kneten mit den Fingerspitzen

▸ **Dies ist ein minimaler,** aber sehr präziser Griff. Heben und pressen Sie das Fleisch mit dem Daumen und den Fingern einer Hand, und schieben Sie es dann zur anderen Hand hinüber. Diese Bewegung mit der anderen Hand wiederholen. Nicht vergessen, die Ellbogen nach außen zu drehen, um ein Zwicken der Haut zu vermeiden.

Kneten mit den Fingerspitzen

Gut für: *Gebiete mit wenig Fleisch wie Nacken und Oberarme*
Schwierigkeitsgrad ★★ Öl ✓
Wirkung: *entspannt die Haut und die obere Muskelschicht*

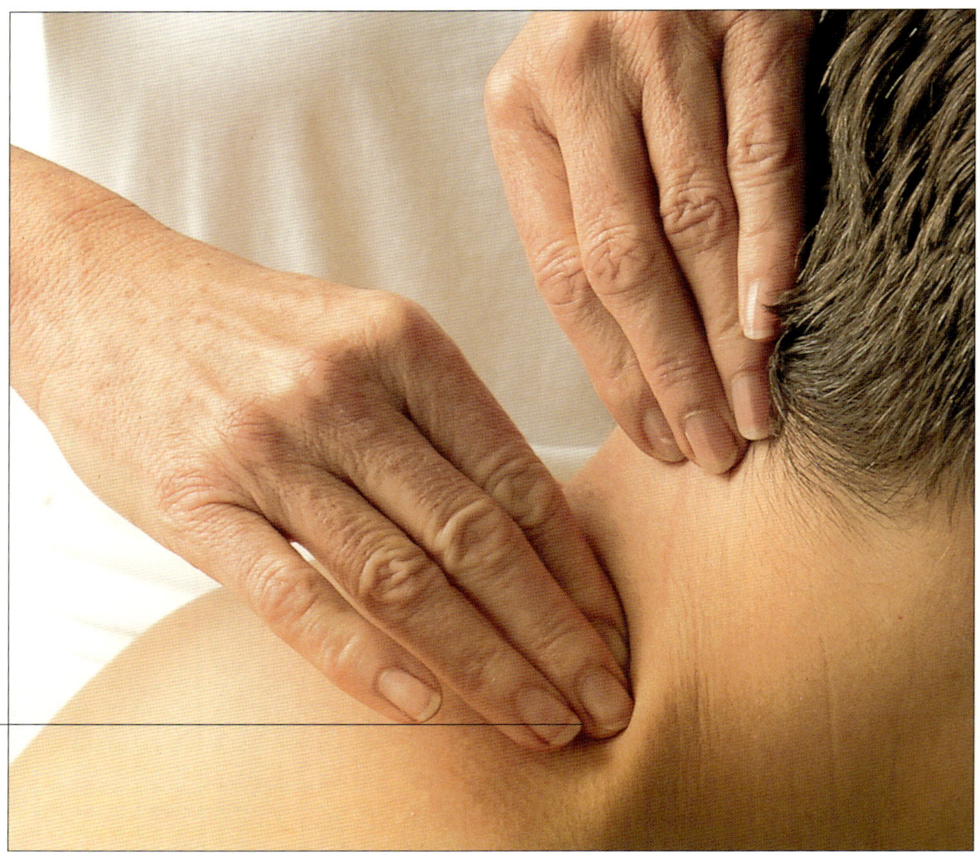

Pressen Sie das Fleisch mit Fingern und Daumen

HAUTROLLEN

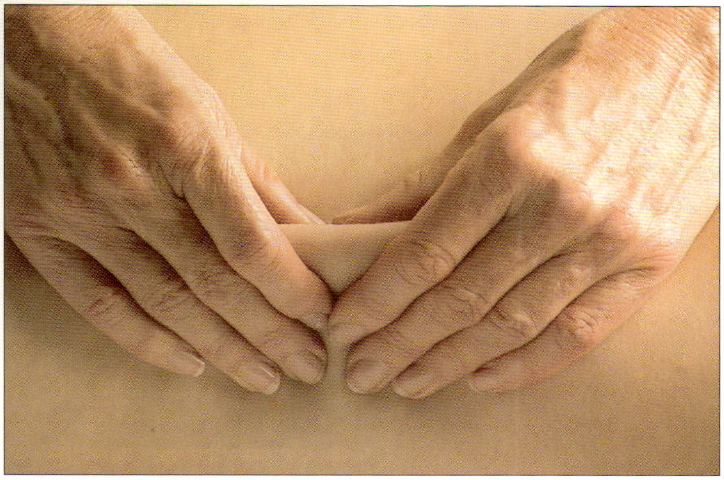

1 Die Hände so auf die Haut legen, daß ein Dreieck zwischen Daumen und Fingern entsteht. Dann das Fleisch in Richtung Daumen schieben, ohne die Finger auf der Haut gleiten zu lassen.

2 ◂ Die Daumen fest zu den Fingern schieben, und dabei das Fleisch rollen. Achten Sie darauf, nicht die Haut zu zwicken, wenn die Daumen auf die Finger treffen. Dann wieder nach vorne greifen, und die Bewegung rhythmisch wiederholen.

HAUTROLLEN

GUT FÜR: *Schultern, Rücken (entweder parallel oder quer zur Wirbelsäule)*
SCHWIERIGKEITSGRAD ★★ ÖL ✓
WIRKUNG: *lockert verspannte Zonen*

ALTERNATIVE METHODE

Bei einer anderen Form des Hautrollens gleiten Sie mit den Daumen zu den Zeigefingern, so daß das Fleisch gepreßt wird, dann gehen Sie mit den Fingern nach vorne, während die Daumen das Fleisch schieben.

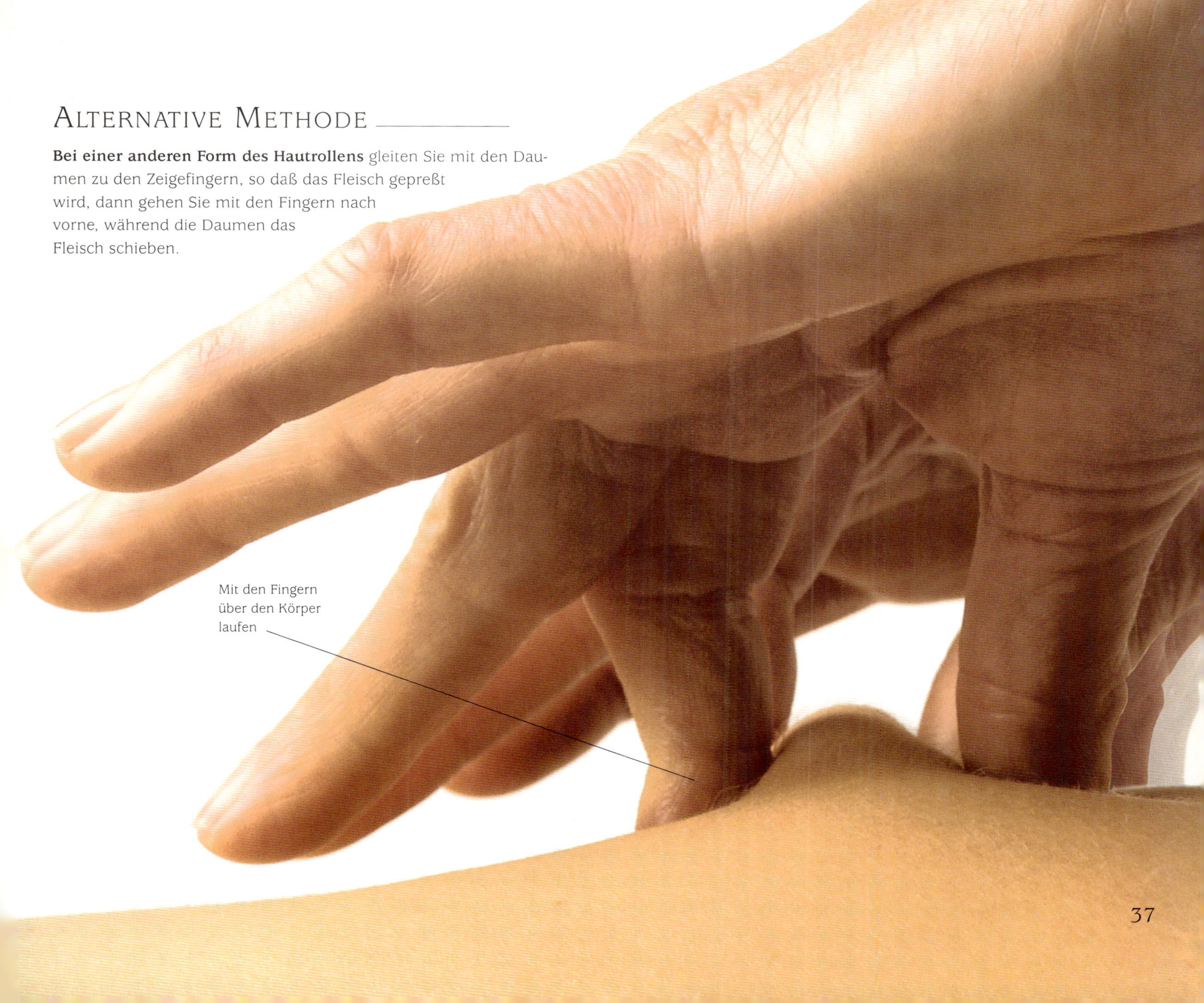

Druck

Der statische und der kreisende Druck reicht von einer tiefen, präzisen Bewegung mit Daumen oder Fingern bis hin zu einem breiten Druck mit dem Handballen: je kleiner die Druckstelle, desto tiefer die Wirkung. Ein leichter Druck wirkt beruhigend und hilft, verspannte Muskeln zu finden; tiefer Druck preßt die angespannten Muskelbänder und löst verklebte Muskeln. Mit Ihrem Körpergewicht können Sie den Druck vertiefen, tiefer Druck darf aber nur auf vorher massierten Zonen angewendet werden.

Statischer & kreisender Druck

► **Der statische Druck** sollte langsam angewendet werden. Mit dem Körpergewicht auf die Druckstelle lehnen, einige Sekunden halten, dann langsam loslassen und zur nächsten Zone gleiten. Sobald das Gewebe entspannt ist, kann tieferer Druck gegeben werden.

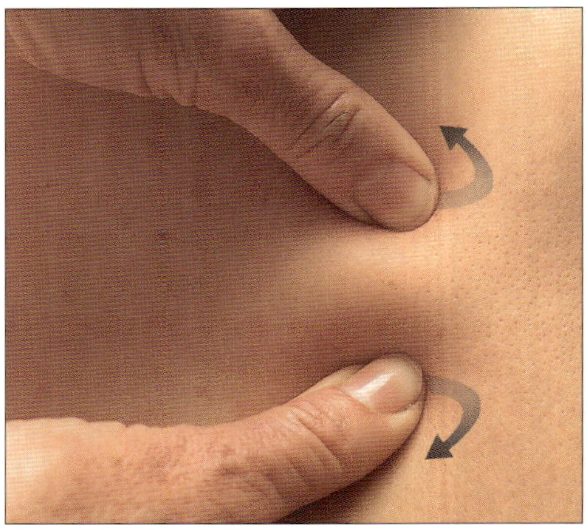

Beim kreisförmigen Druck, auch Friktion genannt, arbeiten Hand und Haut zusammen. Die obere Gewebeschicht wird in einer kreisförmigen Bewegung gegen das untere Gewebe gedrückt. Probieren Sie schnelles, oberflächliches und langsames, tiefes Kreisen aus. Nach tiefem Druck sollten Sie das Gebiet immer sanft streichen und beruhigen.

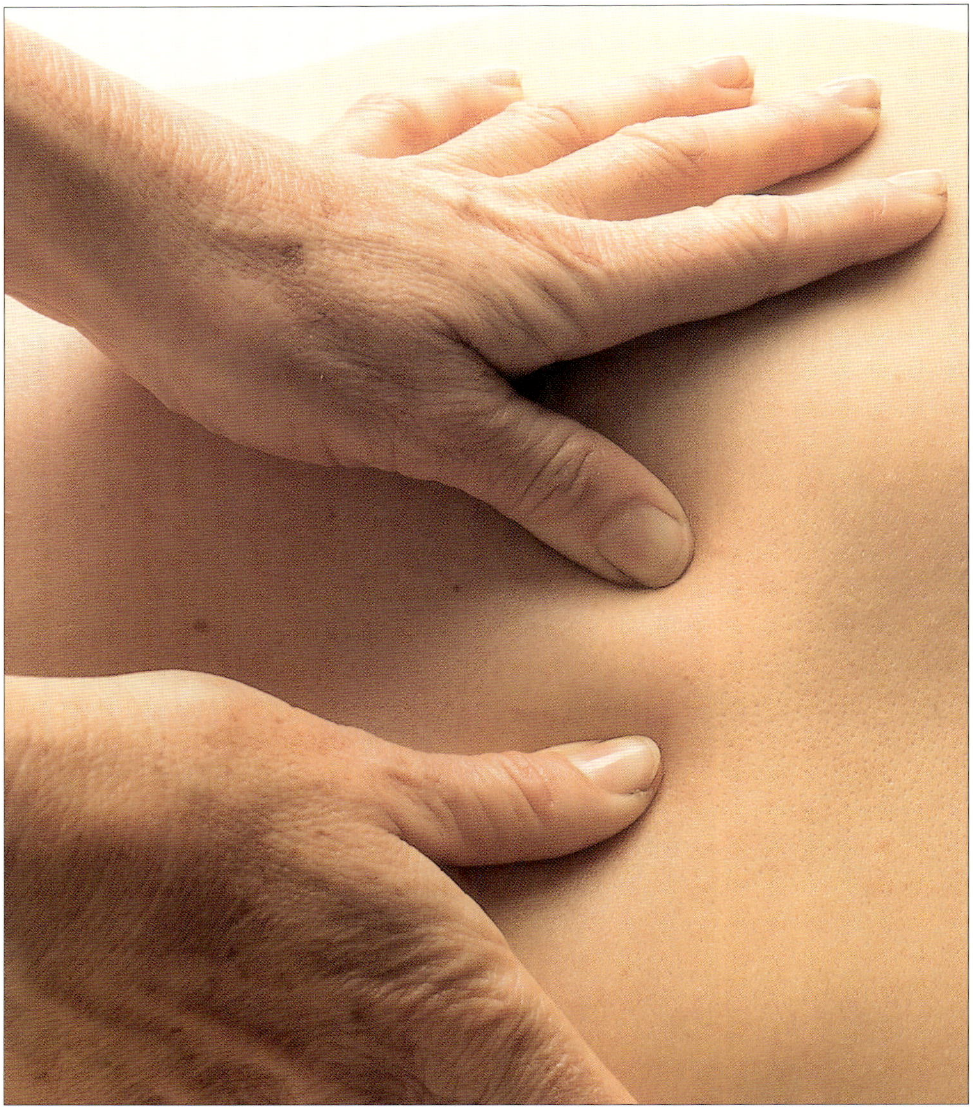

Statischer & kreisender Druck

Gut für: *verspannte, verhärtete Zonen*
Schwierigkeitsgrad ★★ Öl ✗
Wirkung: *kann Verklebungen der Muskeln auflösen*

Eine Auswahl der Drucktechniken

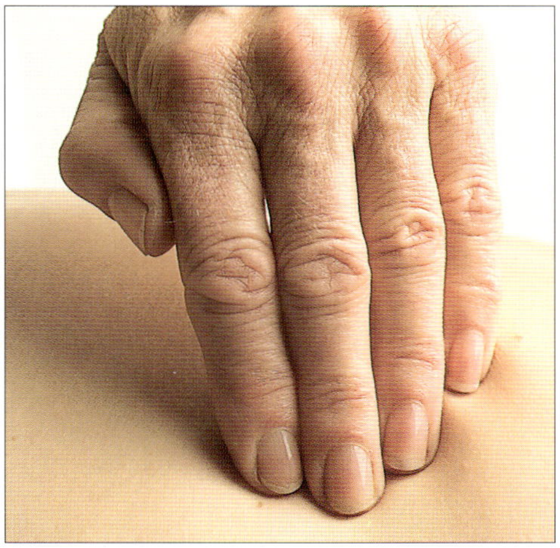

Fingerpressen kann statisch oder kreisend ausgeführt werden. Mit drei oder vier Fingern die Zone pressen.

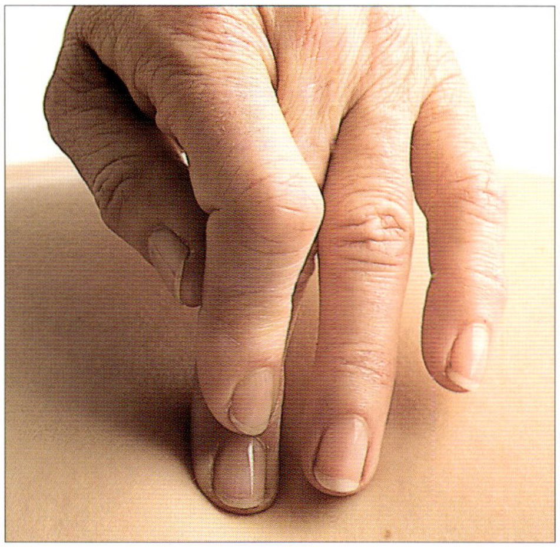

Mit dem Zeigefinger auf dem Mittelfinger einen tiefen, statischen Druck ausführen. Oder die Finger auf dem Punkt kreisen lassen.

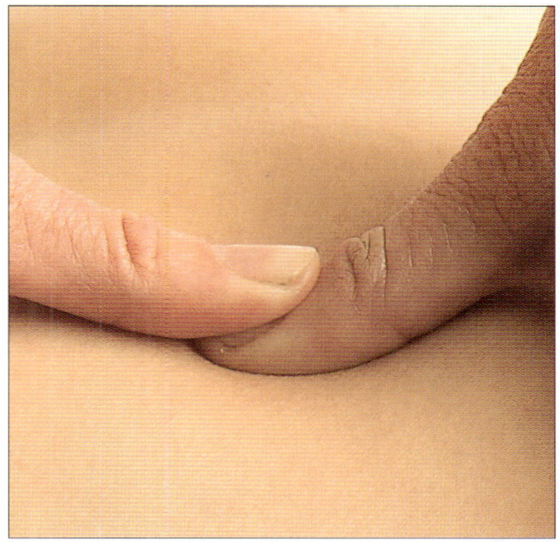

Mit einem Daumen auf dem anderen kann sehr tiefer Druck ausgeübt werden bei der Massage gegen die Muskelfasern.

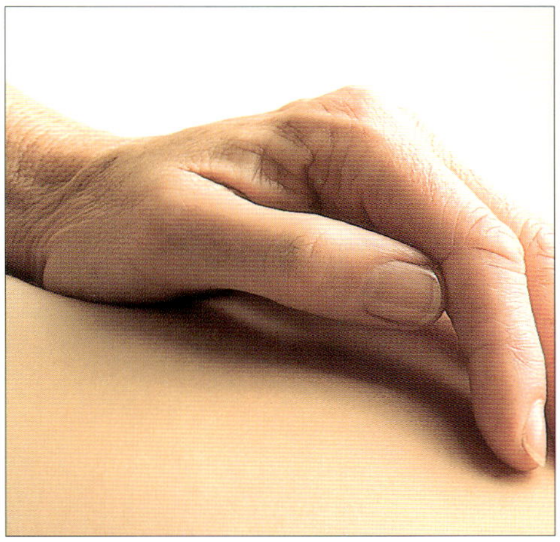

Der Handballen kann breitflächig, entweder statisch oder kreisend, Druck ausüben. Die Finger sollten dabei entspannt bleiben.

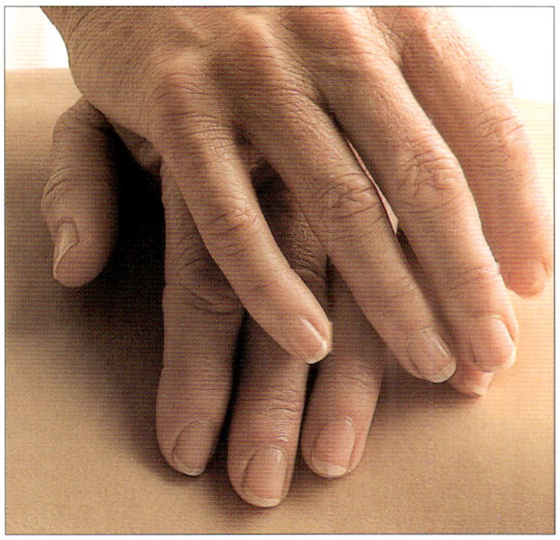

Eine Hand auf die andere legen, um tiefen Druck auszuüben. Auf die Hände lehnen und so den eigenen Körper einsetzen.

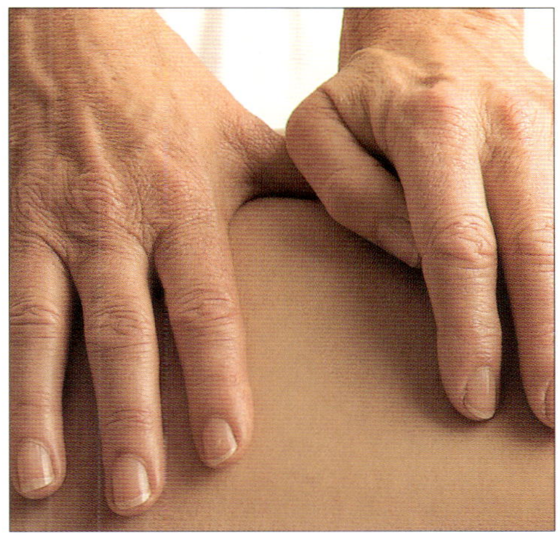

Den Handballen einer Hand auf den Daumen der anderen legen. Den Daumen flach halten, so daß der Daumendruck verteilt wird.

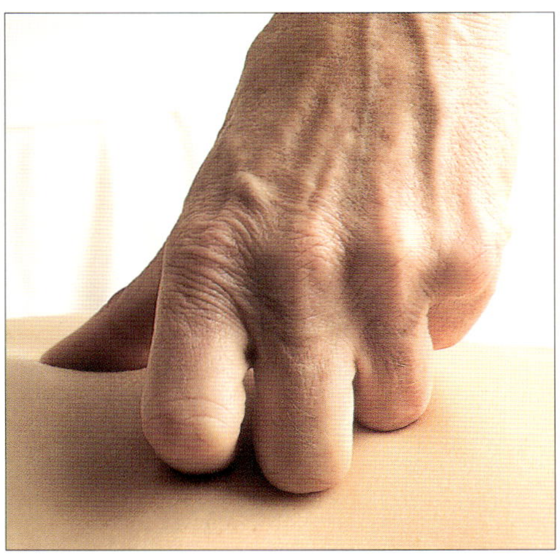

Die Fingerknöchel mit langsamen, kreisförmigen Bewegungen tief in das Fleisch rollen. Den Daumen als Unterstützung benutzen.

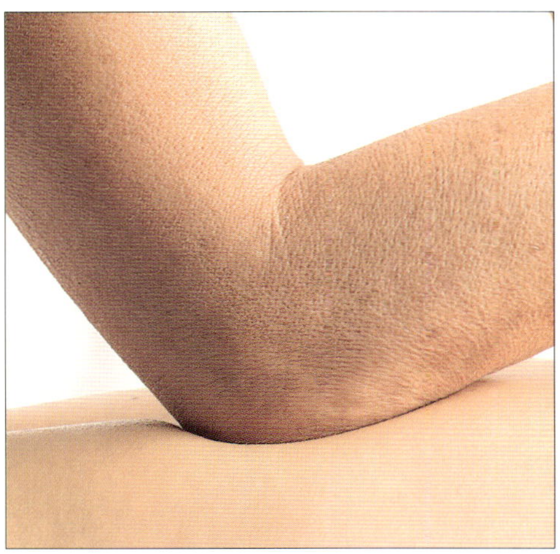

Mit dem Ellbogen können Sie extrem tief pressen. Den Arm entspannen und mit dem Körpergewicht arbeiten.

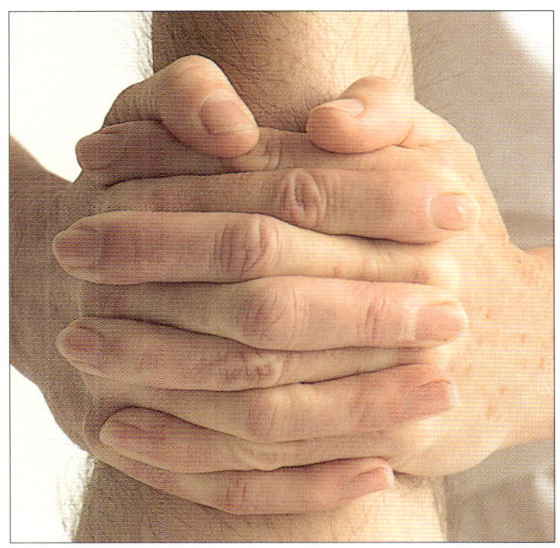

Die Finger ineinander schlingen und das Fleisch mit den Handflächen pressen. Diese Drucktechnick heißt auch „Kompression".

Perkussion

Leichte Trommelschläge fördern den Kreislauf, stimulieren und erfrischen. Sie verbessern die Spannkraft der Muskeln und die Haut und sind ideal, um jemanden nach der Massage wieder aufzuwecken. Die Bewegungen sollten leicht und locker erfolgen und nicht zu lange auf einer Stelle verweilen. Ich habe die Perkussion damals auf einem Tisch geübt, so konnte ich niemanden verletzen, spürte aber selbst, wann meine Hände zu schwer aufschlugen. Wenn die Trommelschläge leicht und langsam ausgeführt werden, können Sie sehr entspannend wirken. Sie werden hauptsächlich auf fleischigen Zonen angewendet: Diese Technik nie auf knochigen Zonen, Krampfadern, Blutergüssen, auf den Nieren und der Wirbelsäule ausüben.

Klopfen

Die Fäuste locker ballen und mit beweglichem Handgelenk sanft nacheinander mit den Händen auf den Körper schlagen. Sobald Sie die Haut berühren, die Hand wieder wegziehen und eine leichte, kräftige Bewegung anstreben. Etwa 30 Sekunden auf dem ganzen Gebiet klopfen.

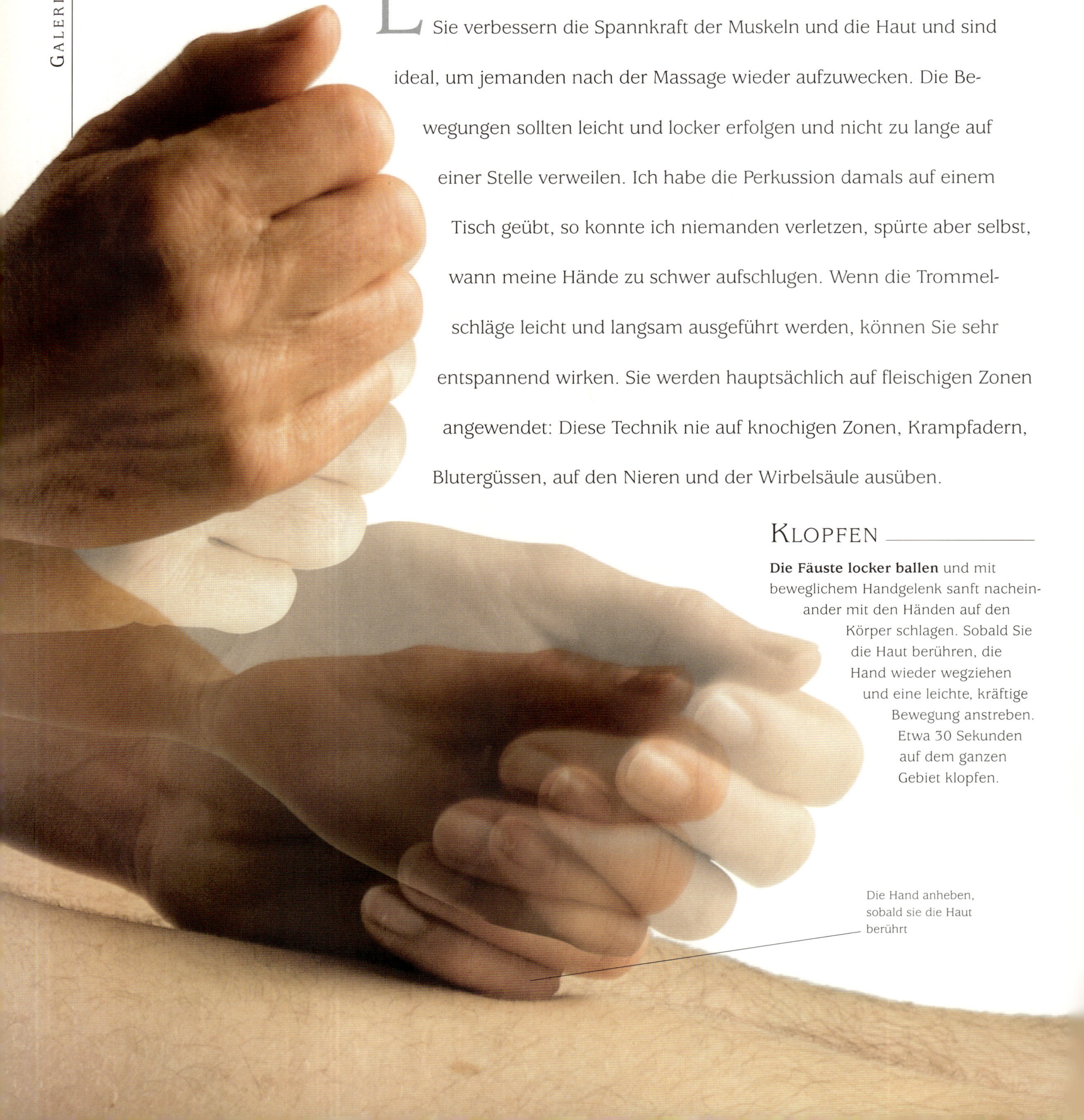

HACKEN

KLOPFEN & HACKEN

GUT FÜR: *Rücken, Hüfte, Schenkel*
SCHWIERIGKEITSGRAD ★★ ÖL ✗
WIRKUNG: *schnelle Massage stimuliert, langsame entspannt*

Mit den Handseiten leicht und kurz auf den Körper schlagen. Auf die Aufwärtsbewegung konzentrieren und die Hand sofort wieder anheben, sobald sie den Körper berührt. Die Hände locker halten, so daß die Finger aufeinanderschlagen. Etwa 30 Sekunden hacken und die Hände dabei schnell von einer Stelle zur anderen bewegen.

Die Finger locker lassen, so daß sie aufeinanderschlagen

Zupfen

Mit Daumen und Fingerspitzen beider Hände nacheinander die Haut kurz zupfen und kneifen. Das stimuliert die Nervenenden in der Haut und wirkt erfrischend und sehr entspannend. In einigen traditionellen Massageformen, zum Beispiel in Tunesien, wird der ganze Körper mit diesem zupfenden Griff massiert.

Zupfen

Gut für: *ganzen Körper*
Schwierigkeitsgrad ★★ Öl ✗
Wirkung: *leicht und erfrischend*

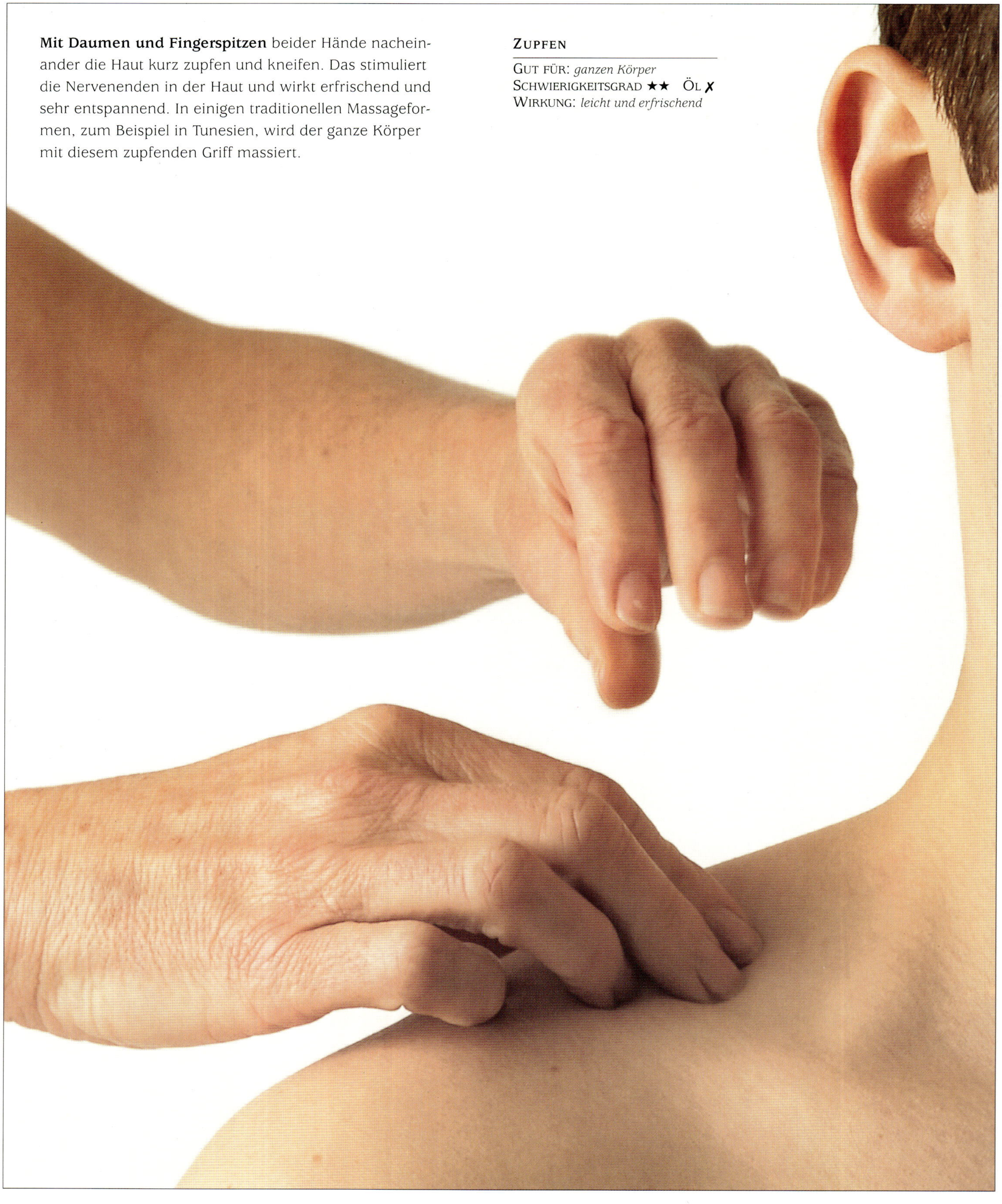

KLATSCHEN

Die Hände wölben, die Finger zeigen nach unten und dann abwechselnd mit den Händen auf die Zone klatschen. Dieser Griff ist sanfter als das Kopfen *(siehe Seite 40)* und kann Stauungen auflösen. Vor allem Kinder mögen das dumpfe Geräusch der Bewegung.

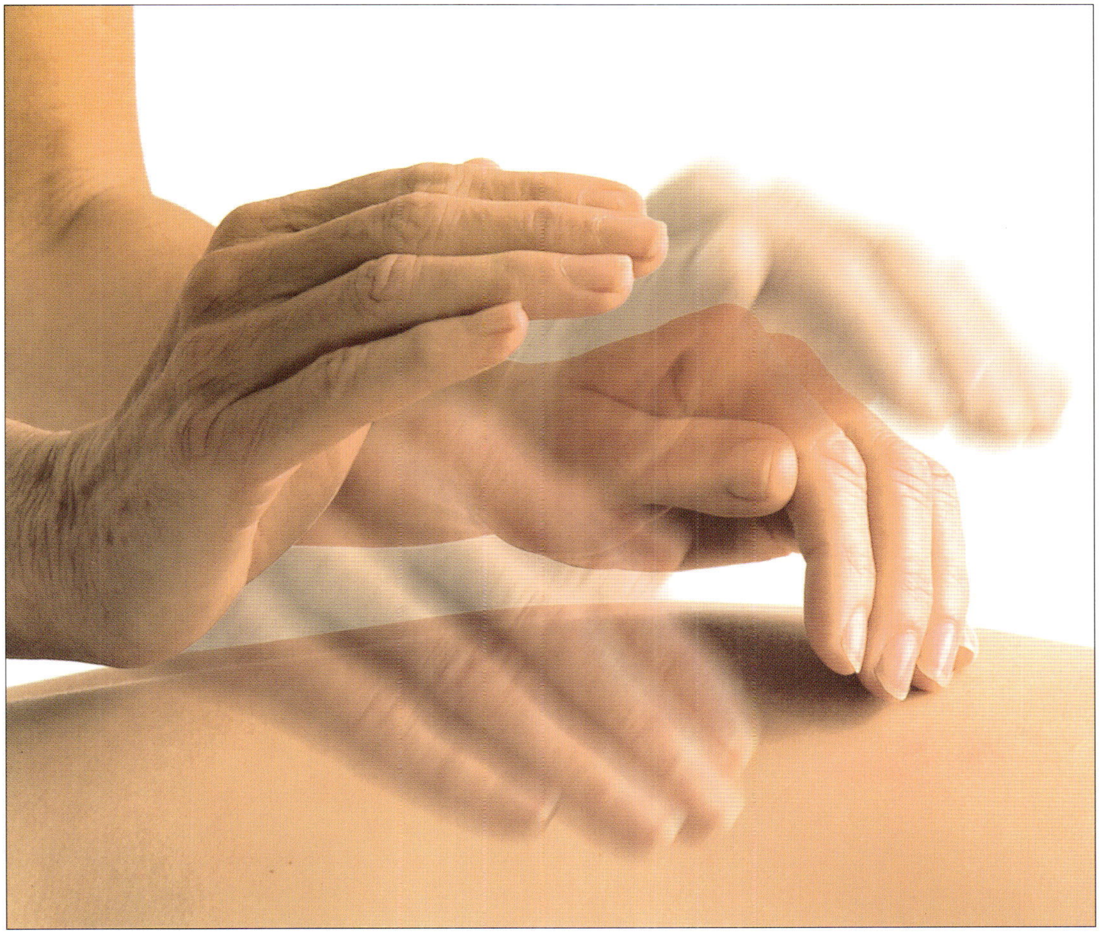

KLATSCHEN

GUT FÜR: *Rücken, Gesäß*
SCHWIERIGKEITSGRAD ★★ ÖL ✗
WIRKUNG: *stimuliert, löst gestaute Zonen auf*

FINGERKLOPFEN

Mit den Fingerspitzen beider Hände energisch und galoppierend über den Körper klopfen. Das Klopfen kann oberflächlich oder tief ausgeführt werden, aber es sollte nie schwer sein. Wenn Sie die Finger flach auflegen, verändert sich die Wirkung. Um die Augen herum sollten Sie die Massage sehr sanft gestalten.

FINGERKLOPFEN

GUT FÜR: *Gesicht, Kopf*
SCHWIERIGKEITSGRAD ★★ ÖL ✗
WIRKUNG: *energetisierend*

Vibrationen

Die folgenden Techniken lösen Verspannungen zu Beginn und am Ende einer Massage, indem Vibrationen durch den Körper gesendet werden. Das geschieht durch energisches Schütteln der Glieder, durch feine zitternde Streichbewegungen über die Haut oder durch wiegende Bewegungen. Das Schütteln und Wiegen ist leicht erlernbar und macht Spaß, die Vibrationen auf der Haut sind schwieriger und verlangen Ausdauer.

Schütteln

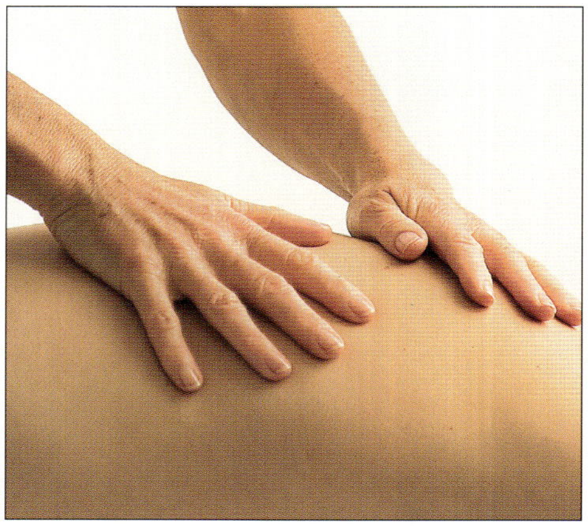

◄ **Um eine Zone** wie den Rücken zu schütteln, halten Sie den Körper mit einer Hand fest und schütteln das Gewebe sanft oder energisch mit der anderen Hand von Seite zu Seite.

► **Schütteln Sie Arme oder Beine**, indem Sie Knöchel oder Handgelenk festhalten, ohne die Haut zu zerren, und dann in alle Richtungen schütteln. Stellen Sie sich vor, entspannende Wellen durch den Körper zu schicken.

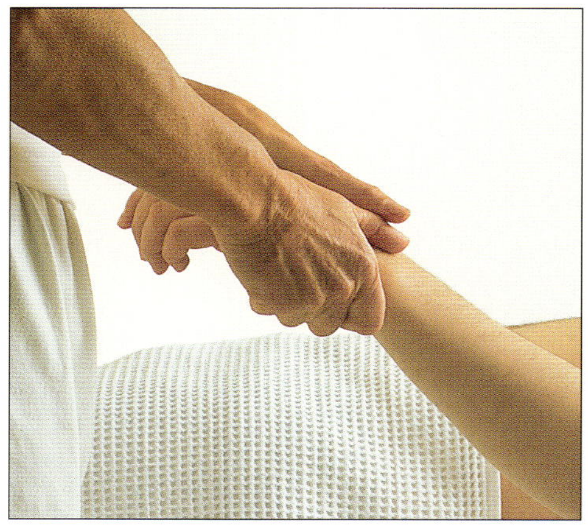

Schütteln

Gut für: *Rücken, Arme, Beine* Schwierigkeitsgrad ★ Öl ✗ Wirkung: *löst angestaute Spannungen*

Wiegen

Dieser beruhigende Griff gehört zu den entspannendsten Bewegungen. Legen Sie eine Hand auf den Rücken neben die Wirbelsäule und die andere auf den Oberschenkel. Auf die Muskeln pressen und dann sanft und gleichmäßig vor- und zurückwiegen.

Wenn Sie Arme oder Beine wiegen wollen, halten Sie sie mit einer Hand fest, die wiegende Bewegung erfolgt dann mit der anderen Hand. Das Wiegen sollte geschmeidig und rhythmisch ausgeführt werden.

Wiegen

Gut für: *ganzen Körper*
Schwierigkeitsgrad ★ Öl ✗
Wirkung: *löst physische und emotionale Spannungen*

Vibrationen auf der Haut

Dieser beruhigende Griff wird nur auf der Hautoberfläche ausgeführt, aber wirkt durch den ganzen Körper. Die feinen Schwingungen beeinflussen die Nerven und lösen Spannungen direkt unter der Haut. Die Finger der einen Hand mit der anderen zurückziehen und abwechselnd die Unterarmmuskeln kontrahieren und wieder entspannen und so eine feine Vibration erzeugen. Die Hände dann in einer sanften, zitternden Bewegung zu sich hinziehen. Es wird sicher etwas dauern, bis Sie diesen Griff vollkommen beherrschen.

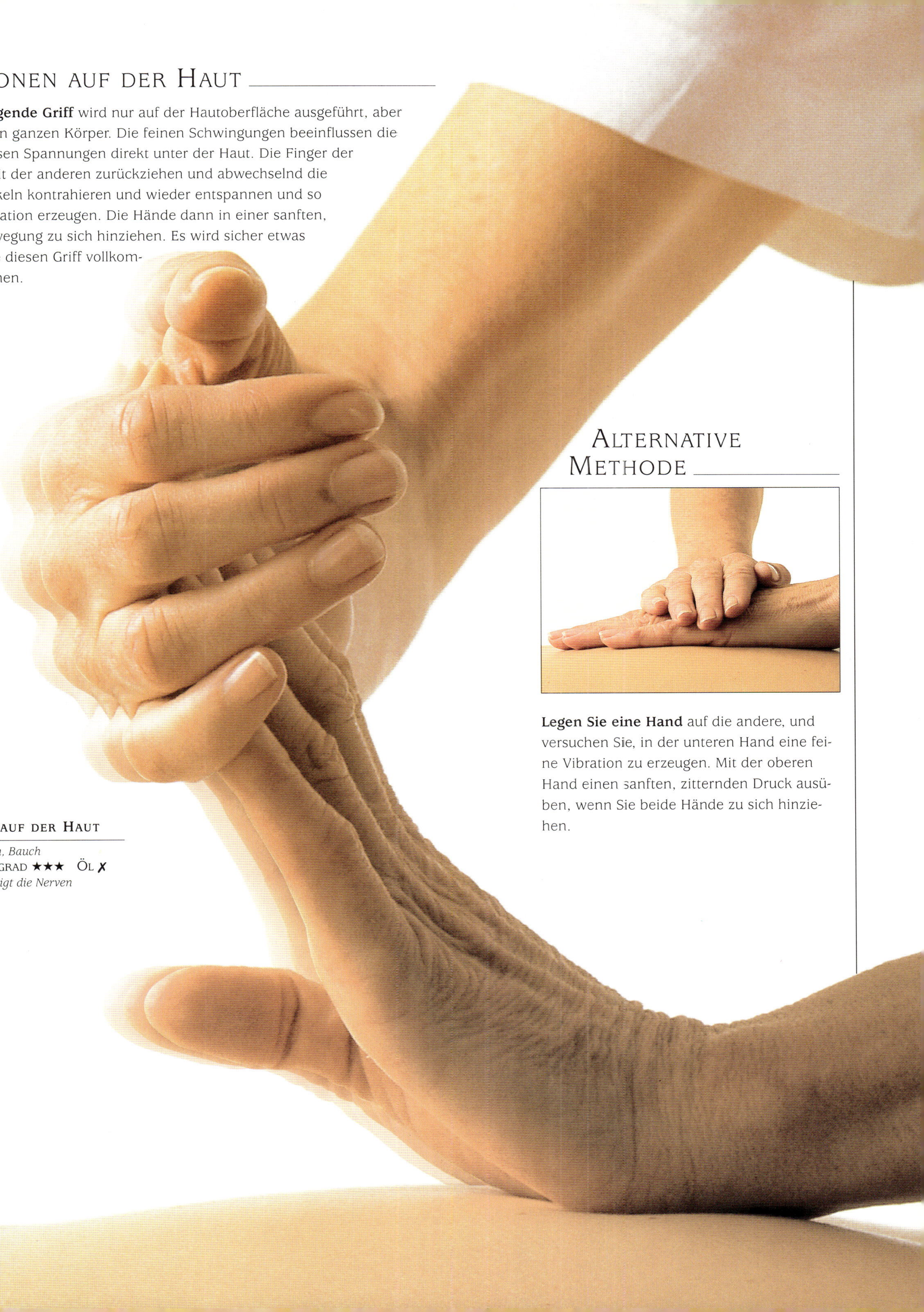

Alternative Methode

Legen Sie eine Hand auf die andere, und versuchen Sie, in der unteren Hand eine feine Vibration zu erzeugen. Mit der oberen Hand einen sanften, zitternden Druck ausüben, wenn Sie beide Hände zu sich hinziehen.

Vibrationen auf der Haut

Gut für: *Rücken, Bauch*
Schwierigkeitsgrad ★★★ Öl ✗
Wirkung: *beruhigt die Nerven*

HALTEN

EINFACHES, POSITIVES HALTEN verleiht der Massage einen Moment der Ruhe und vermittelt Mitgefühl und Unterstützung. Zu Beginn wird mit dem Halten der Körper begrüßt, während der Massage können dadurch Körperteile miteinander verbunden werden, und am Ende ist dies eine Abschiedsgeste. Selbstvertrauen ist sehr wichtig, denn der Partner bemerkt unbewußt jede unsichere Berührung. In Heiltherapien wie Reiki, die sich an östliche Traditionen anlehnen, wird so der Energiefluß im Körper ins Gleichgewicht gebracht.

HALTEN AM ANFANG

Legen Sie zu Beginn der Massage Ihre Hand etwa zehn Sekunden auf das Gebiet, mit dem Sie beginnen möchten, um den Partner so an Ihre Berühung zu gewöhnen. Entspannen, die Aufmerksamkeit auf den Partner richten und langsam die Hand wegnehmen.

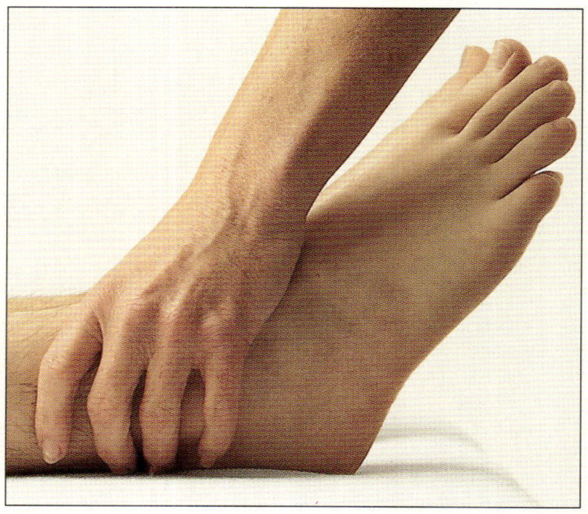

VERBINDENDES HALTEN

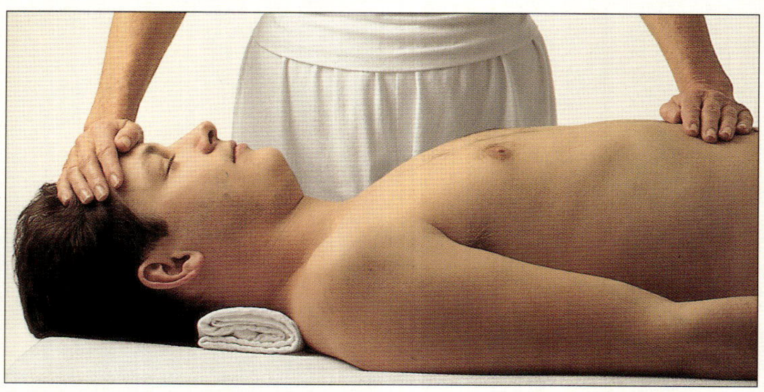

Legen Sie während der Massage Ihre Hände auf verschiedene Körperteile wie Stirn und Bauch, unterer Nacken und Kreuzbein oder Hüften und Knöchel – das ist sehr wohltuend für Ihren Partner.

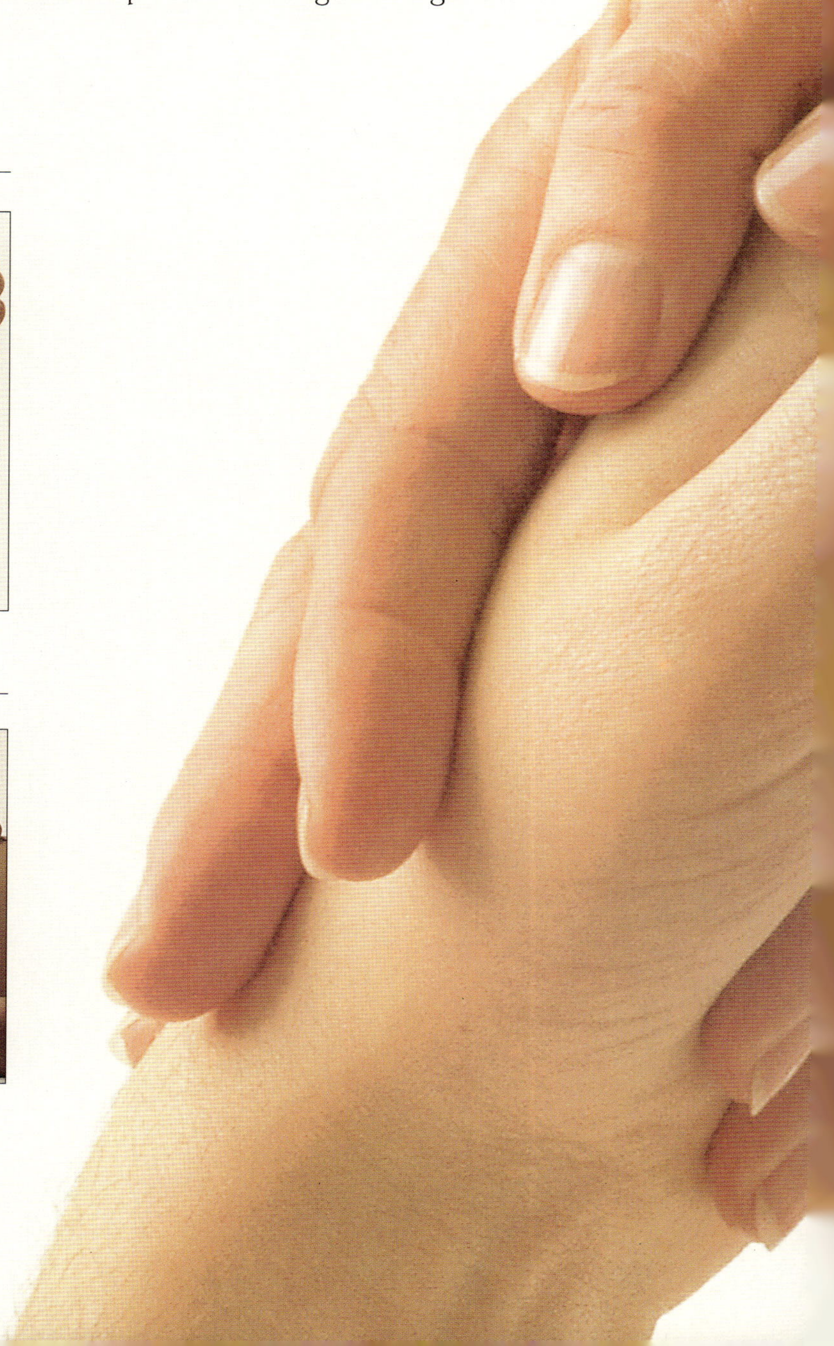

Halten am Ende

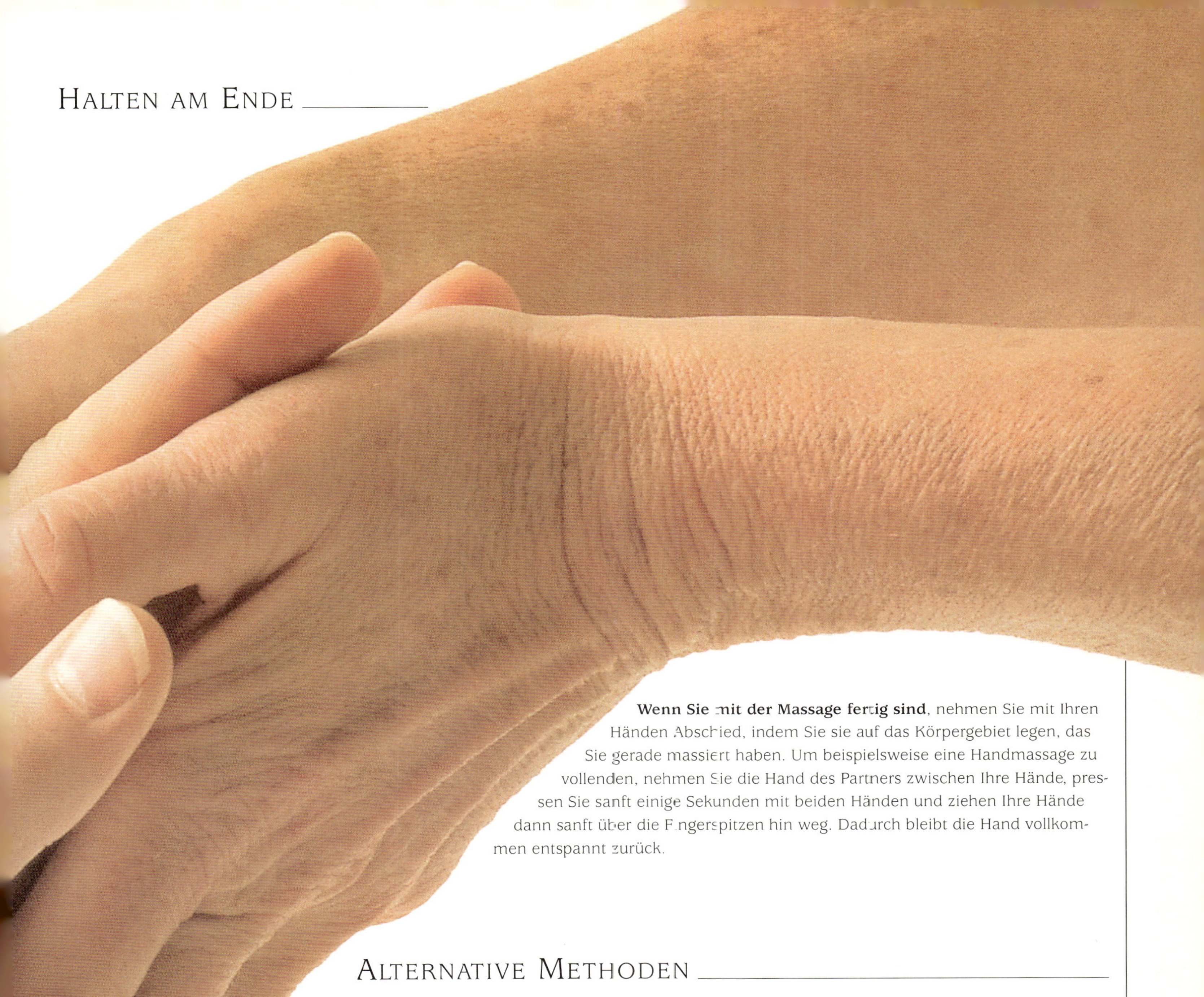

Wenn Sie mit der Massage fertig sind, nehmen Sie mit Ihren Händen Abschied, indem Sie sie auf das Körpergebiet legen, das Sie gerade massiert haben. Um beispielsweise eine Handmassage zu vollenden, nehmen Sie die Hand des Partners zwischen Ihre Hände, pressen Sie sanft einige Sekunden mit beiden Händen und ziehen Ihre Hände dann sanft über die Fingerspitzen hin weg. Dadurch bleibt die Hand vollkommen entspannt zurück.

Alternative Methoden

1 ▸ Wölben Sie Ihre Hände über der Stirn, den Bauch oder Rücken, und fühlen Sie die Hitze unter den Handflächen. Dann die Hände flach ausstrecken und die Hitze so in den Körper senden.

2 Danach die Hände so langsam wie möglich wegheben, so daß der Partner es nicht bemerkt. Zurück bleibt ein unglaubliches Gefühl der Leichtigkeit.

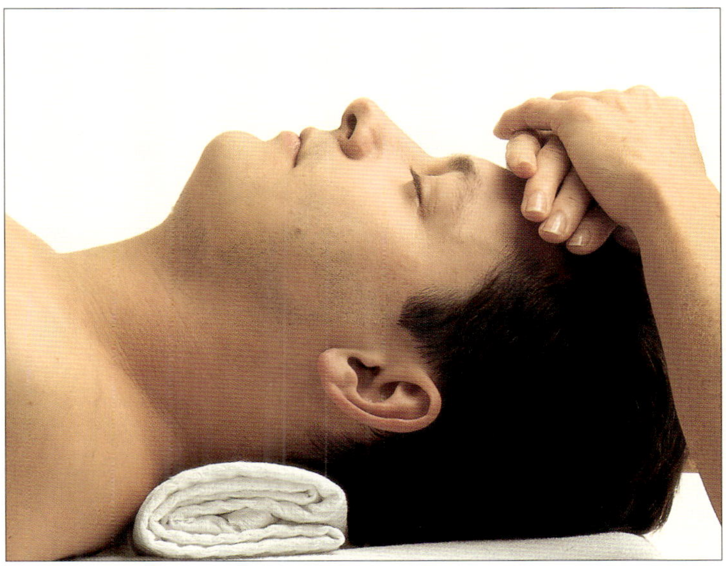

Halten

Anwendbar für: *ganzen Körper*
Schwierigkeitsgrad ★ Öl ✗
Wirkung: *verleiht Wohlbehagen und Halt*

Selbst-Massage

Die Massage ist für Sie selbst und für andere da. Probieren Sie an sich selbst die verschiedenen Griffe, Stile und Druckanwendungen aus. Dann werden Sie auch feststellen, wie Ihre Hände sich bei anderen anfühlen. Aber Sie können natürlich auch die eigenen Verspannungen und Schmerzen lösen, Kraft schöpfen für einen neuen Tag oder sich mit einer meditativen Massage vor dem Schlafengehen entspannen.

Selbstmassage

Obwohl sich die meisten Menschen lieber von jemand anders massieren lassen, kann die Selbstmassage genauso therapeutisch wirken und Ihnen zeigen, wie sich die Griffe anfühlen. Sie können sich damit ein wunderschönes Geschenk machen, neue Energie schöpfen, wenn Sie sich ausgelaugt fühlen, Schmerzen und Anspannungen des Tages wegmassieren und vor allem mit sich selbst alleine sein. Sie wissen selbst am besten, ob Sie Lust auf eine langsame, einschläfernde Massage haben oder lieber eine schnelle, stimulierende Behandlung wünschen; ob Sie sich damit auf den Schlaf vorbereiten oder danach in den Trubel stürzen wollen. Ich fordere meine Studenten immer auf, sich einmal wöchentlich selbst zu massieren, und meist sind sie überrascht, wie wohltuend es ist. Zuerst sollten Sie sich einen ruhigen Platz suchen, an dem Sie nicht gestört werden und sich dort auf einen Stuhl oder auf den Boden setzen oder sich hinlegen. Dann schließen Sie die Augen und massieren sich sämtliche Sorgen weg.

Schmerzkontrolle

Die Selbstmassage ist sehr hilfreich, wenn Sie unter Schmerzen leiden. Sie stimuliert die Ausschüttung von Endorphinen, den körpereigenen Schmerzmitteln, und lenkt Sie von den Schmerzen ab. Außerdem stärkt die Selbstmassage die Selbstkontrolle (siehe Seite 156–157).

GESICHT & KOPFHAUT

Gesicht und Kopfhaut eignen sich besonders für die Selbstmassage: Wir streichen instinktiv die Kopfschmerzen weg und halten uns die Stirn, wenn wir uns konzentrieren wollen. In der Kopfhaut können sich überraschend viele Spannungen ansammeln – wenn sie entspannt ist, läßt sich die Haut sehr leicht bewegen. Im Gesicht befinden sich sehr viele Nervenrezeptoren *(siehe Seite 162–163)*, deshalb kann die Gesichtsmassage eine tiefe Wirkung auf den ganzen Körper haben, die Stimmung verbessern, Entspannung fördern und Schmerzen reduzieren. Kontaktlinsen sollten Sie herausnehmen.

‚Wenn Sie mit der Massage am Gesicht beginnen und dann langsam den Körper hinunterarbeiten, wirkt sie beruhigend; wenn Sie an den Füßen beginnen und sich mit energischen Bewegungen hoch arbeiten, hat die Selbstmassage eine erfrischende Wirkung.‘

1 ◄ Das Gesicht sanft mit gewölbten Hände streichen. Dann mit den Fingern beider Hände langsam und fest von der Stirnmitte zu den Schläfen hin streichen. Danach unter den Wangenknochen von der Nase bis zu den Ohren hin streichen: Das hilft bei Stauungen in den Nasennebenhöhlen. Zuletzt vom Mund bis zum Kieferende streichen.

2 ► Entdecken Sie Ihr Gesicht, indem Sie mit kreisenden Fingern gegen die Muskelschicht drücken. Größe, Tiefe und Richtung der Kreise ändern; probieren Sie auch Spiralen aus. Nach verspannten, überarbeiteten Muskeln suchen und viel Zeit für die Kieferknochen verwenden, denn dort staut sich oft die Spannung an.

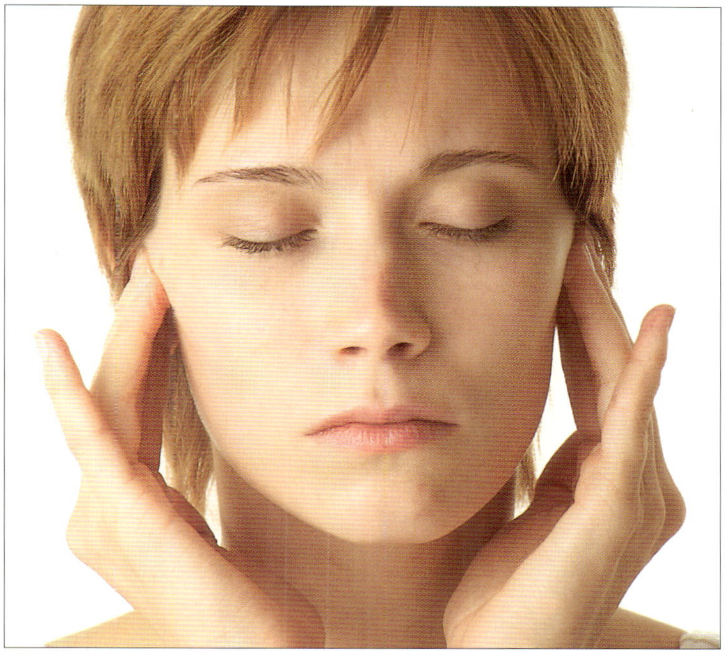

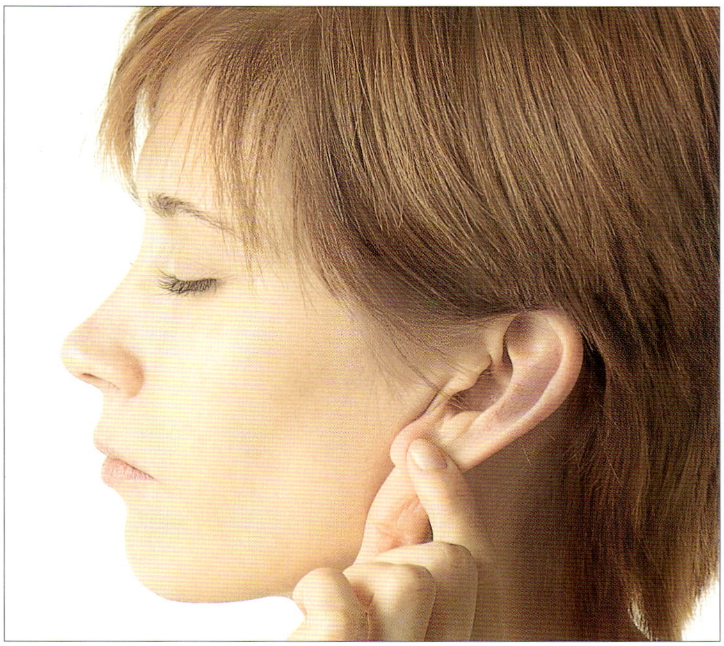

3 Die Ohren mit Daumen und Zeigefinger pressen und ziehen, alle Winkel bearbeiten. Laut der traditionellen chinesischen Medizin wirkt sich die Stimulierung der Reflexpunkte am Ohr auf den ganzen Körper aus.

4 Legen Sie die Hände auf die Ohren, kreisen Sie dann mit den Ohren nach unten und nach hinten, bei der Aufwärtsbewegung mit weniger Druck. Das Meeresgeräusch, das dabei entsteht, ist sehr beruhigend.

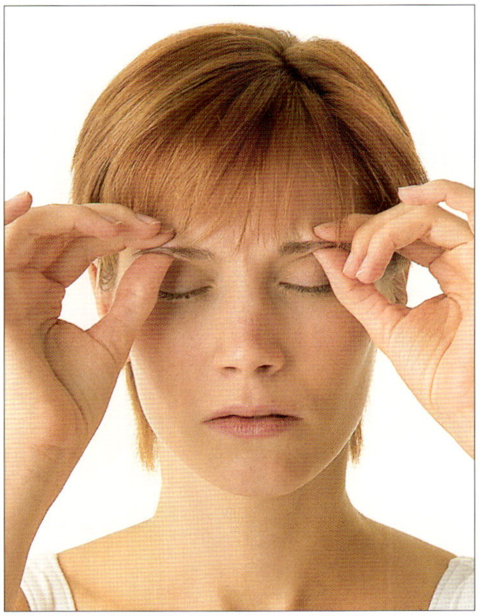

5 Sanft um die Augen herum streichen, dann die Augenbrauen von der Nase zu den Schläfen hin mit Daumen und Zeigefinger pressen. Empfindliche Punkte so lange pressen, bis der Schmerz nachläßt.

6 Mit den Fingerkuppen unter die Augen und auf das Augenlid klopfen. Dadurch werden Schwellungen und Stauungen in dieser Zone aufgelöst. Das Klopfen sollte an leichten Regen erinnern.

7 Die Handflächen auf die Schläfen legen, Finger auf dem Kopf. Je zehnmal auf den Schläfen in eine Richtung, dann in die andere kreisen. Danach mit den Handflächen überall auf der Kopfhaut kreisenden Druck ausüben.

8 Haarsträhnen fassen und um die Finger wickeln, dann sanft daran ziehen. Stellen Sie sich vor, Sie ziehen die Spannung heraus. Einige Sekunden halten, dann loslassen und mit einer Hand oder beiden Händen den ganzen Kopf bearbeiten.

9 Kämmen Sie Ihre Haare mit einer Hand von den Wurzeln bis zu den Spitzen. Versuchen Sie, einen gleichmäßigen Rhythmus zu finden. Versuchen Sie, die Bewegung langsam durchzuführen, sie kann sehr beruhigend wirken.

10 Mit trommelnden Bewegungen wecken Sie sich wieder auf und erfrischen sich. Mit Fingern und Daumen beider Hände abwechselnd die Kopfhaut zupfen oder mit entspannten Fäusten klopfen. Intensität und Geschwindigkeit variieren.

1 Den Kopf in den Nacken legen und mit Handflächen und Fingern das Fleisch auf beiden Seiten der Wirbelsäule drücken. Den Kopf langsam nach vorne rollen, weiterdrücken. Die Dehnung einige Sekunden halten, dann den Kopf wieder aufrichten. Je nachdem, wie entspannt Sie sind, können Sie viel oder wenig Fleisch pressen.

Nacken & Schultern

Die meisten Menschen leiden ab und zu unter Verspannungen in Nacken, Schultern und Brustkorb. Es ist schön, hier gleich ein Heilmittel tatsächlich bei der Hand zu haben! Unser Kopf ist sehr schwer, kein Wunder, daß der Nacken oft sehr verspannt ist. Eine schlechte Haltung und das Tragen schwerer Taschen verschlimmert das Problem. Konzentrieren Sie sich auf das Gebiet, das am verspanntesten ist, und arbeiten Sie langsam und tief. Die folgende Massage hilft, Spannungen zu lösen und kann überall durchgeführt werden.

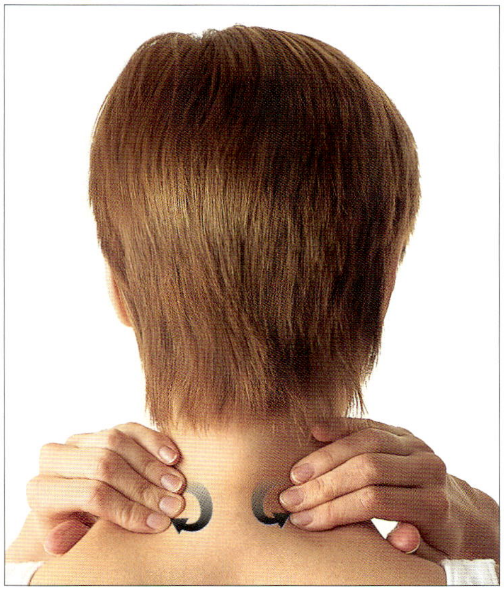

2 Zum Aufwärmen mit beiden Händen den Nacken hoch- und runterstreichen. Dann mit den Fingern tiefen, kreisenden Druck auf der ganzen Nackenzone ausüben. Achten Sie darauf, daß Sie keinen Druck auf die Wirbelsäule ausüben.

3 ▸ Die linke Hand auf die rechte Schulter legen und die Muskeln pressen. Weiterpressen und langsam die Schulter nach hinten bewegen. Ein knirschendes Geräusch weist darauf hin, daß die Muskeln verspannt sind und gelockert werden müssen. Mit der rechten Hand auf der linken Schulter wiederholen.

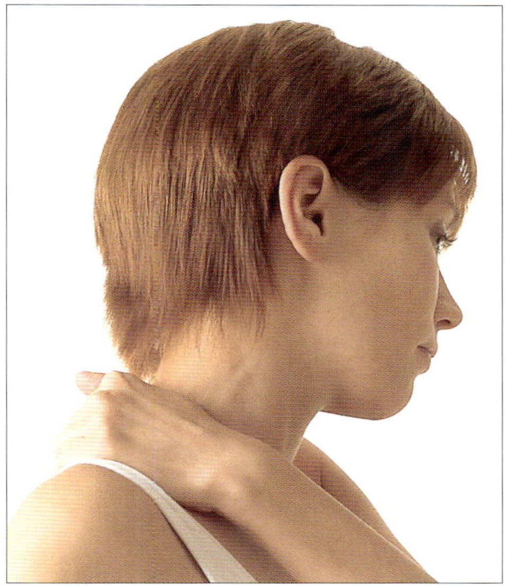

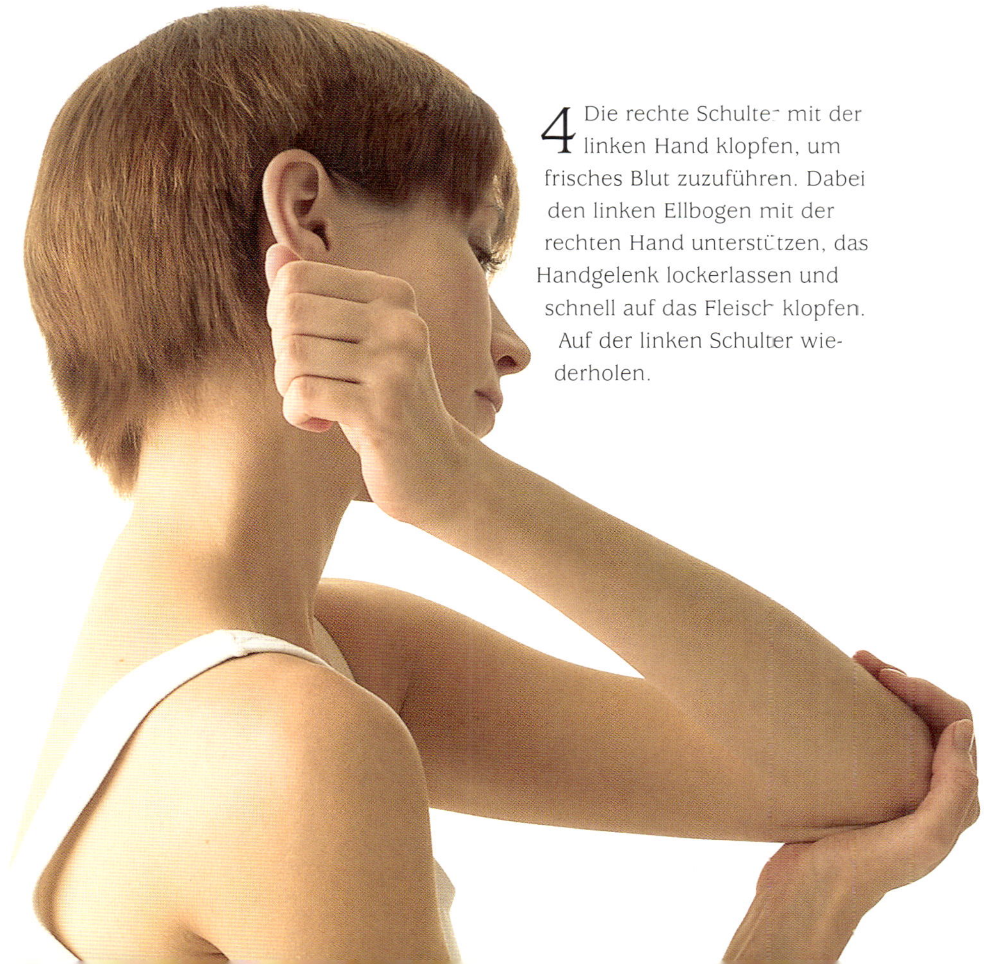

4 Die rechte Schulter mit der linken Hand klopfen, um frisches Blut zuzuführen. Dabei den linken Ellbogen mit der rechten Hand unterstützen, das Handgelenk lockerlassen und schnell auf das Fleisch klopfen. Auf der linken Schulter wiederholen.

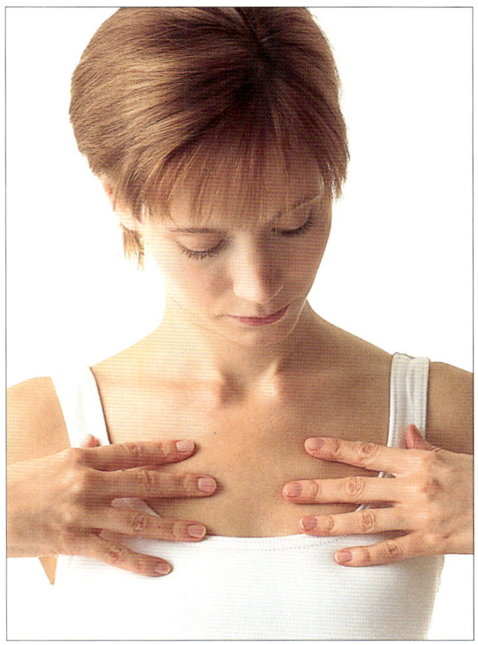

5 ▴ Mit den Fingern fest von der Brustmitte nach außen streichen, zwischen den Rippen tiefen Druck ausüben. Wenn Sie den Rand des Brustkorbs erreicht haben, wieder in der Mitte beginnen. Während der Massage auf verspannte Stellen achten.

Beine & Füsse

Mit hauttiefen Streichbewegungen können Sie den Lymphfluß anregen *(siehe Seite 74–77)* und mit tieferen Bewegungen den Blutfluß in den Venen fördern. In Richtung Körpermitte immer fester streichen und Öl für die Geschmeidigkeit benutzen. Die Fußmassage ist nicht nur unglaublich beruhigend, sondern soll laut Reflexzonentherapeuten den ganzen Körper stimulieren *(siehe Seite 98–99)*.

Beine

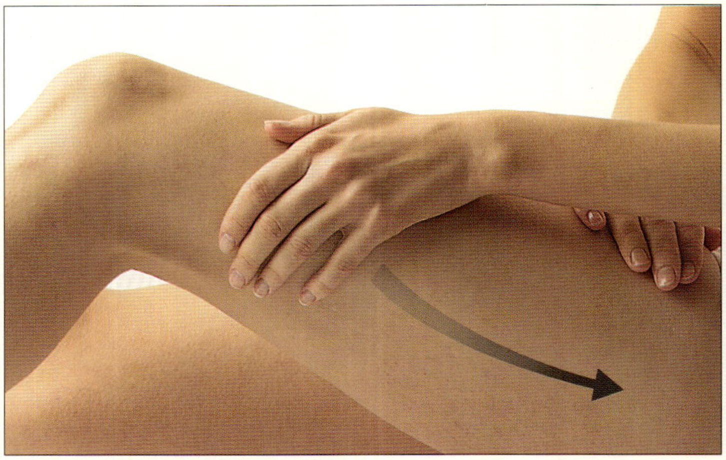

1 Beginnen Sie die Massage, indem Sie über das ganze Bein streichen, in Richtung Körpermitte tieferen Druck anwenden. Sie können mit den Händen entweder nacheinander streichen, wie hier gezeigt, oder je eine Hand auf die Seiten legen und zusammen streichen.

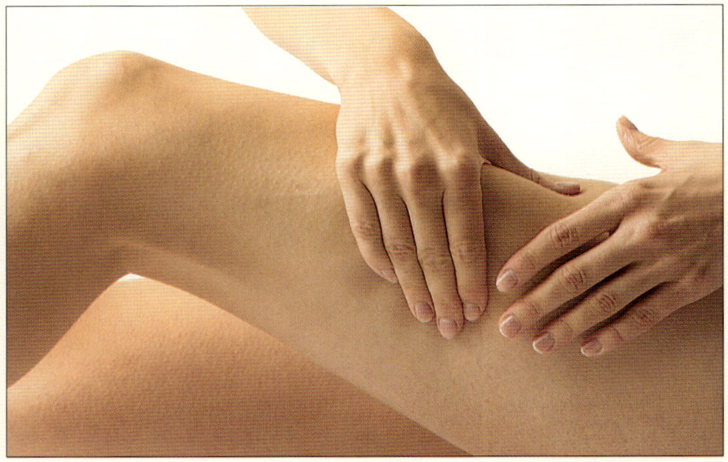

2 Jetzt das Bein kneten. Mit den Händen abwechselnd das Fleisch auf der Schenkeloberseite rhythmisch und gleichmäßig pressen und loslassen. Bis zum Knie hinunterarbeiten und auf der Unterseite wiederholen. Dann die Wadenmuskeln kneten.

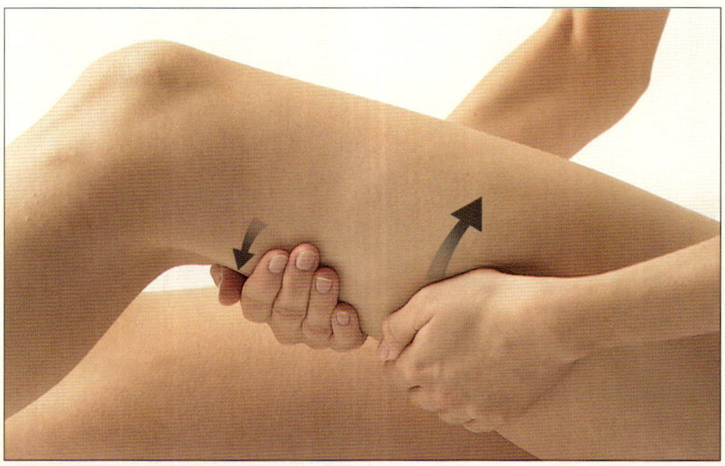

3 Das Bein mit überkreuzenden Streichbewegungen beruhigen. Je eine Hand auf die Schenkelseite beim Knie legen, nach oben ziehen und dabei das Bein pressen. Loslassen, die Hände überkreuzen und auf der anderen Seite hinuntergleiten. Dann die Hände wieder nach oben ziehen und wiederholen.

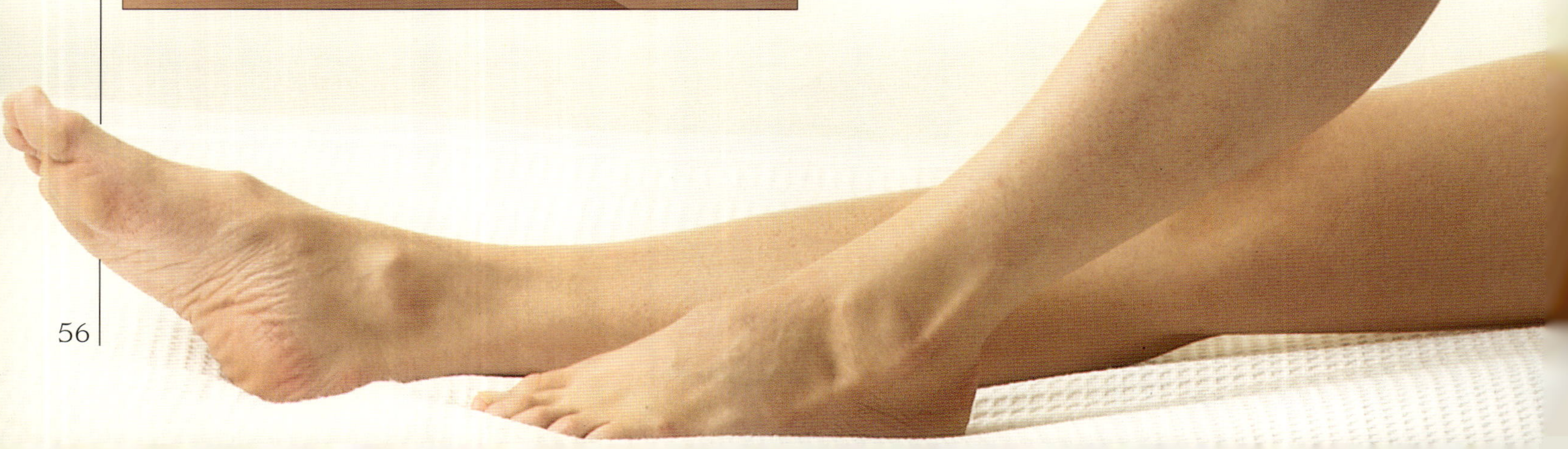

4 Um das Knie zu beruhigen und zu entspannen, üben Sie mit den Fingerspitzen auf der Kniescheibe kreisenden Druck aus. Dann sanft hinter dem Knie in Richtung Körpermitte streichen. Danach Schritt 1–4 auf dem anderen Bein wiederholen.

FÜSSE

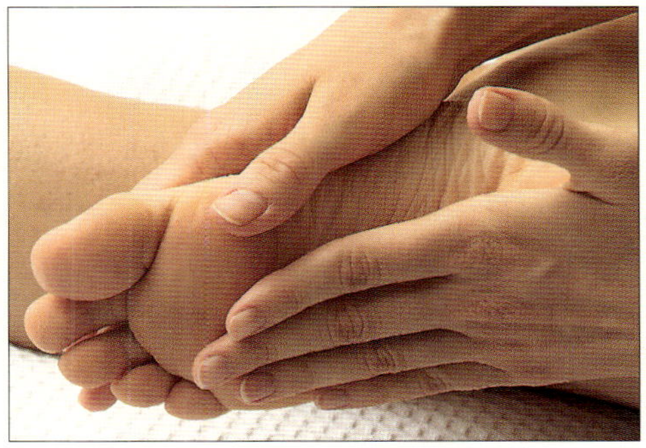

1 Legen Sei den rechten Fuß auf das linke Knie, und halten Sie ihn zwischen den Handflächen, die Fingerspitzen zeigen nach vorne. Mit den Händen nach vorn und hinten reiben, um die ganze Zone zu wärmen.

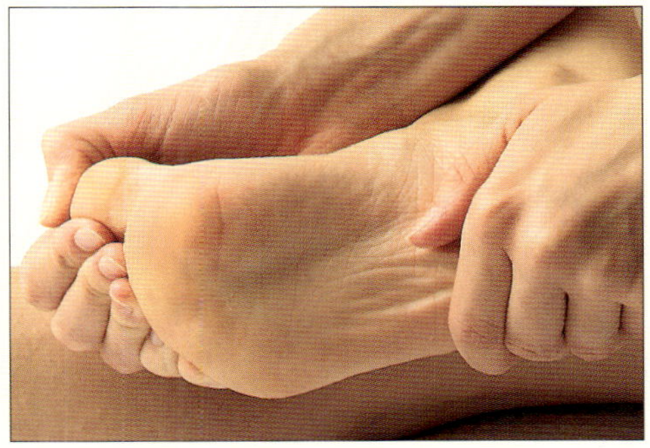

2 Die Ferse mit der linken Hand stützen, die Zehen mit der rechten Hand greifen. Energisch pressen, loslassen und die Zehen nach vorn ziehen, um die Flexibilität zu erhöhen.

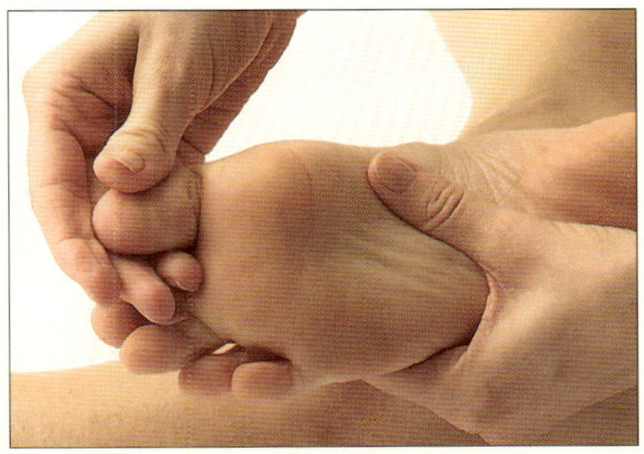

3 Den Fuß weiterhin mit der linken Hand stützen, und die Zehen mit den Fingern der rechten Hand pressen, herumdrehen und rollen.

4 Einen Daumen auf den anderen legen, den Fuß mit den Fingern unterstützen und dann tiefen, kreisenden Druck auf der Fußsohle ausüben. Danach die Zone sanft streichen und Schritt 1–4 auf dem linken Fuß wiederholen.

BAUCH & UNTERER RÜCKEN

Sie können den Bauch im Sitzen massieren, aber es ist viel entspannender, wenn Sie sich bequem hinlegen. Legen Sie ein Kissen unter die Knie, damit Bauch und Rücken entspannt sind. Den unteren Rücken können Sie, wie auf dem Foto gegenüber, sitzend und mit gekreuzten Beinen massieren. Sie können sich auch auf eine Seite legen, das obere Knie ist dabei angewinkelt. Die Massagegriffe, die unten gezeigt werden, lösen Spannungen in den Muskeln und unterstützen die Entspannung.

BAUCH

1 Streichen Sie mit den Händen nacheinander im Uhrzeigersinn über den Bauch. Rhythmisch massieren und eine Hand über die andere heben. Die Kreise langsam vergrößern, damit der ganze Bauch massiert wird, und anschließend wieder kleiner werden lassen. Diese Streichbewegung im Uhrzeigersinn unterstützt die Darmtätigkeit und entspannt den Bauch, was wiederum verdauungsfördernd wirkt.

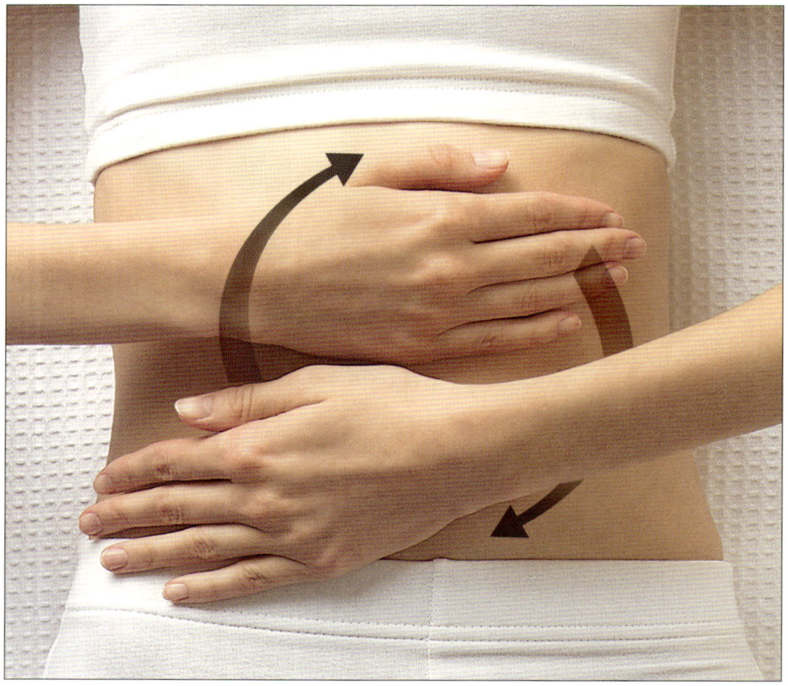

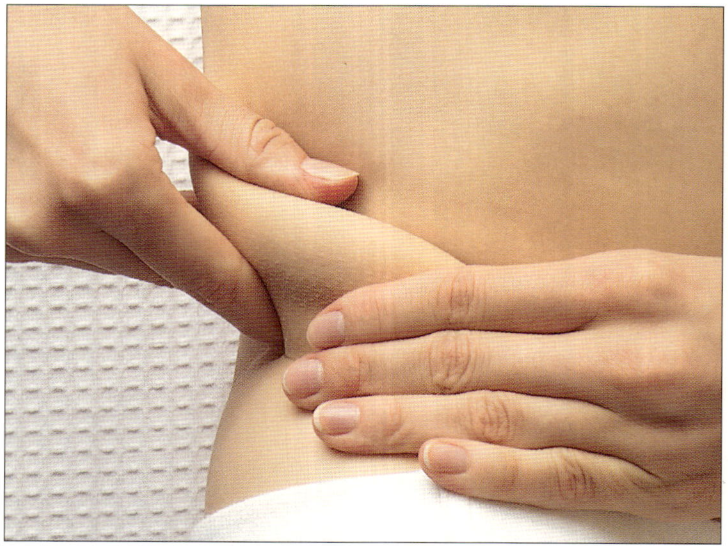

2 Beugen Sie Ihre Knie auf die linke Seite, und kneten Sie den rechten Bauch mit den Fingern und Daumen beider Hände. Das Fleisch rhythmisch greifen und wieder loslassen, anschließend die Knie auf die rechte Seite beugen und auf der linken Seite kneten.

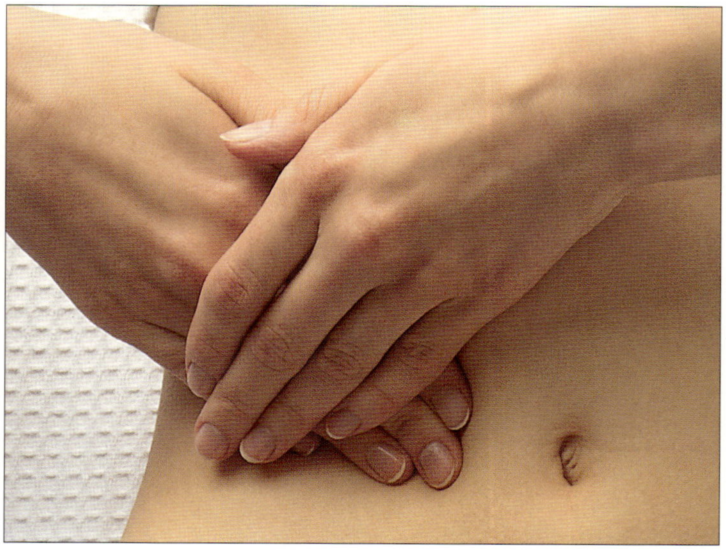

3 Überall auf dem Bauch statischen und kreisenden Druck ausüben, dabei den Streichbewegungen in Schritt 1 folgen. Sie können beide Hände aufeinanderlegen oder nur mit einer Handfläche arbeiten, je nachdem, wieviel Druck Sie ausüben wollen.

Unterer Rücken

1 Kräftig mit den Handflächen beider Hände den unteren Rücken hoch- und runterreiben, damit die Zone erwärmt und Muskelspannungen gelöst werden.

2 ▸ Die Hände zu Fäusten ballen und die Daumenseite der Hände auf das Kreuzbein pressen, der Teil der Wirbelsäule, an dem die einzelnen Wirbel verwachsen sind. Dann mit den Fäusten fest hoch- und runterstreichen.

3 ▴ Mit den Fingerspitzen und Daumen langsamen, kreisenden Druck um das Kreuzbein herum ausüben.

4 Anschließend das Gebiet mit lockeren Fäusten klopfen, die Nieren dabei auslassen. Mit sanften Streichbewegungen beenden.

Arme & Hände

Allen, die Hände und Arme häufig gebrauchen, zum Beispiel am Computer oder beim Tennis, wird diese Massage sehr guttun. Verspannungen in den Armen können zu Schmerzen in Schultern und Nacken führen; sie sollten also kräftig massiert werden, um die Verhärtungen in Ober- und Unterarmen zu lösen. In der Hand befinden sich viele Nervenenden, die Massage wirkt sich also auf den ganzen Körper aus. In der Reflexzonenbehandlung geht man davon aus, daß in den Händen alle Körperteile als Reflexpunkte vertreten sind *(siehe Seite 98–99)*.

Arme

1 Streichen Sie mit festen Bewegungen über den ganzen Arm, vom Handgelenk bis zur Schulter hoch, und gleiten Sie dann sanft wieder zurück.

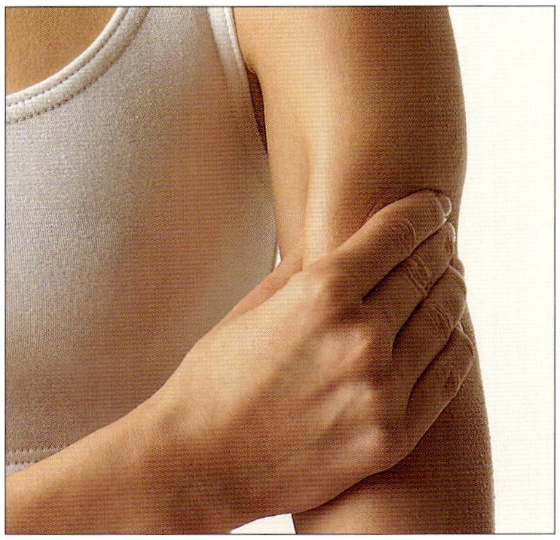

2 ▲ Jetzt probieren Sie das Ein-Hand-Kneten aus: Die Armmuskeln zwischen Fingern und Handballen drücken und rollen. Beginnen Sie beim Oberarm, und arbeiten Sie sich dann bis zum Handgelenk hinunter.

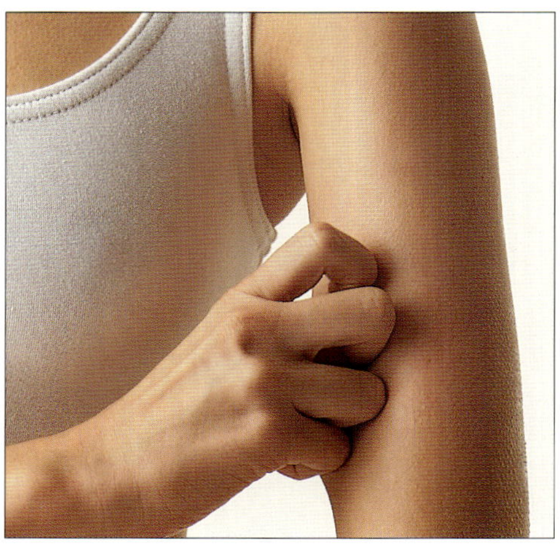

3 Mit den Fingerknöcheln kreisenden Druck auf dem ganzen Arm ausüben; so rhythmisch und tief wie möglich arbeiten.

4 Einen Unterarm mit dem anderen vom Ellbogen bis zum Handgelenk streichen, den vorderen Unterarm dabei langsam drehen. Hierbei werden beide Arme gleichzeitig massiert. Danach Schritt 1–4 auf dem anderen Arm wiederholen.

Hände

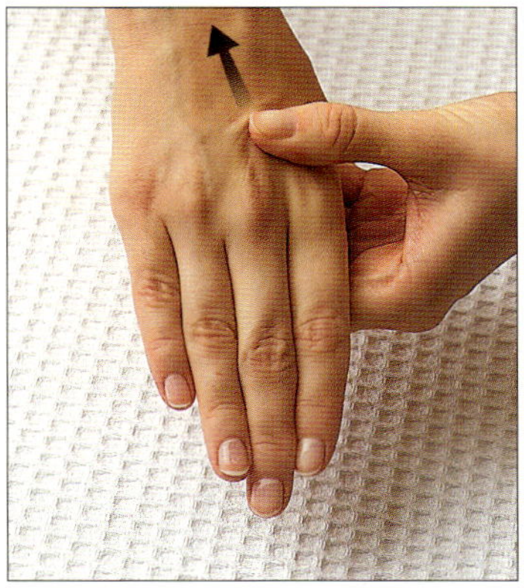

1 Zuerst die Handflächen zum Aufwärmen gegeneinander reiben, dann mit dem Daumen tief zwischen den Sehnen streichen, von den Knöcheln zum Handgelenk.

2 Mehrere Male in einer Ventilatorbewegung mit dem Daumen fest auf der Handfläche nach außen streichen. Dann tiefen, kreisenden Druck auf der ganzen Handfläche ausüben.

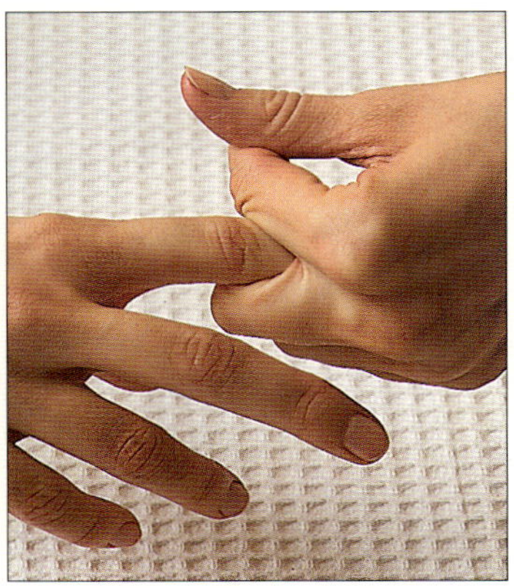

3 Jeden Finger mit den Knöcheln der anderen Hand ziehen und drehen. Bis zu den Fingerspitzen hocharbeiten. Dann Schritt 1–3 an der anderen Hand wiederholen.

Abschluss

Die Selbstmassage mit Federstrichen beenden. Bei der Stirn beginnen und mit den Fingerspitzen beider Hände über Gesicht und Nacken, die Arme hinunter und bis zu den Fingerspitzen streichen. Dann auf der Vorderseite des Körpers bis zu den Beinen und Füßen hinunterstreichen. Diese Bewegung hinterläßt ein erfrischendes, ruhiges Gefühl, Sie fühlen sich leicht wie eine Feder.

> *Oft bin ich ausgelaugt und müde, wenn ich mit der Massage beginne, aber danach fühle ich mich wie ein Schmetterling.*
>
> Massageschüler

Massage Meister-klasse

Die Berührung, das Gefühl, ist der Mittelpunkt der Massage und einer der fünf Sinne, mit denen der Mensch seine Umwelt entdecken kann. Durch Berührungen können wir Wohlbehagen vermitteln, Liebe ausdrücken, kommunizieren und Schmerzen heilen. Berührungen gehen sehr tief – in der Massage wurde sie überall auf der Welt im Laufe der Zeit zu einer Kunst entwickelt.

KLASSISCHE MASSAGE

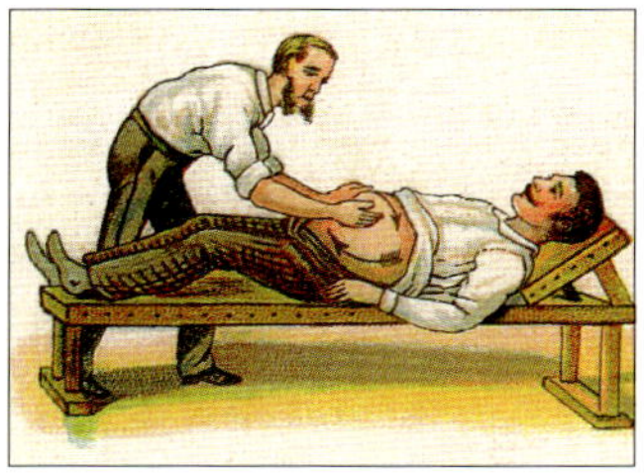

BEI EINER TRADITIONELLEN SCHWEDISCHEN MASSAGE DES BAUCHES SIND DIE BEINE LEICHT ANGEHOBEN, DAMIT DER BAUCH ENTSPANNT IST. DER MASSEUR ARBEITET IM UHRZEIGERSINN, UM DIE DARMTÄTIGKEIT ZU UNTERSTÜTZEN.

DIE MASSAGE WURDE während des 19. Jh. im Westen durch den Schweden Pir Henrik Ling (1776–1839) bekannt. Er verarbeitete seine Kenntnisse der Physiologie zu einem System, in dem er Massage mit Körperübungen kombinierte. Diese wurde als Schwedische Massage bekannt, und die französischen Bezeichnungen, die er einführte, sind immer noch gültig. Eine Massage beginnt meist mit *Effleurage*, dem folgen *Petrissage*, Reiben, Vibrationen, *Tapotement*, wieder *Effleurage* und dann passive Bewegungen.

> *„Das Ziel der Schwedischen Massage liegt darin, Gelenke und Muskeln, die schmerzen, durch sorgfältige Manipulation wieder in den ursprünglichen Zustand zu bringen."*
>
> KURRE W. OSTROM, MASSAGE AND THE ORIGINAL SWEDISH MOVEMENT, C.1885

SCHLÜSSELBEGRIFFE

EFFLEURAGE *Streichbewegungen mit Handflächen, Daumen und Fingerspitzen.*

PETRISSAGE *Knetende Griffe mit Händen oder Daumen und Fingern.*

REIBEN *Kreisender Druck mit Daumen, Fingern oder Handflächen.*

VIBRATION *Schwingende Bewegungen, die den Körper schütteln oder auf ihm vibrieren.*

TAPOTEMENT (PERKUSSION) *Schnelles Klopfen, Hacken oder Trommeln.*

PASSSIVE UND AKTIVE ÜBUNGEN *Bewegungen, die vom Massierten selbst ausgeführt oder an ihm angewendet werden. Dazu gehört Biegen, Dehnen und Kreisen.*

GRUNDSÄTZLICHES

Die Schwedische Massage wird traditionell auf einer Massageliege ausgeführt. Unabhängig davon, für welche Unterlage Sie sich entscheiden, ist es sehr wichtig, daß Ihr Rücken während der gesamten Massage aufrecht bleibt und daß Sie Ihr Körpergewicht einsetzen können. Die Massage beginnt meist bei den Füßen und Beinen, dann folgen Hände und Arme, Bauch und Brust, und zuletzt wird der Rücken massiert.

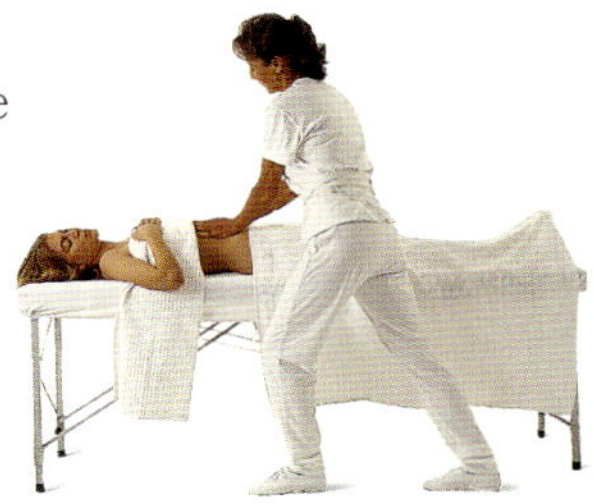

OBERSCHENKEL

1 ▼ EFFLEURAGE Der Partner liegt auf dem Rücken. Legen Sie eine Hand hinter der anderen knapp über dem Knie auf den Schenkel. Mit beiden Händen fest auf der Oberseite zur Hüfte streichen und dann sanft an den Seiten zurückgleiten. Mehrere Male wiederholen.

2 PETRISSAGE Den Schenkel kneten, indem Sie das Fleisch abwechselnd heben und wieder loslassen. In Reihen arbeiten, so daß das gesamte Gebiet massiert wird.

3 REIBEN Das Bein mit einer Hand festhalten. Dann mit Daumen oder Fingern der anderen Hand in Reihen kreisend und pressend auf der äußeren Seite der Schenkel von den Knien bis zu den Hüften hoch gehen.

4 TAPOTEMENT Mit den Seiten der Hände auf der Außenseite der Schenkel entlanghacken. Die Bewegung so leicht und kräftig wie möglich durchführen. Durch die Effleurage danach wird die Zone wieder beruhigt.

Unterschenkel

1 ▸ **Reiben** Mit einer Hand das rechte Bein unter dem Knie unterstützen und mit dem Daumen der anderen Hand kreisförmig Druck um das Knie herum ausüben.

2 **Effleurage** Fest die Wade entlangstreichen, vom Knöchel bis zum Knie, entweder mit einer Hand nach der anderen oder mit beiden zusammen.

3 **Petrissage** Zuerst die Innenseite der Wade mit beiden Händen kneten, dann das Bein mit der anderen Hand am Knöchel unterstützen und die Außenseite mit der anderen Hand kneten.

4 **Reiben** Das Bein weiterhin halten, und mit den Fingern der anderen Hand kreisförmig Druck auf die Außenseite ausüben. Wade und Knöchel ausstreichen.

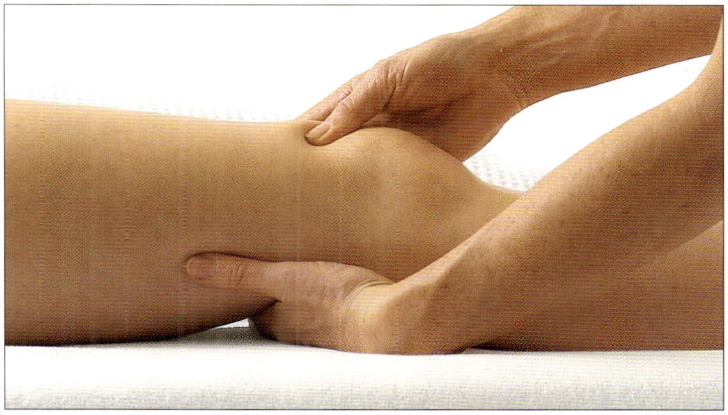

Fuss

◂ **Den Fuß zwischen** die Handflächen nehmen, dann fest nach unten streichen und sanft zurückgleiten. Mehrmals wiederholen. Anschließend kreisförmig mit dem Daumen auf den Fußrücken pressen, die Finger stützen die Fußsohle. Dann auf der Fußsohle pressen, während die Finger den Fußrücken stützen. Jeden einzelnen Zeh sanft streichen.

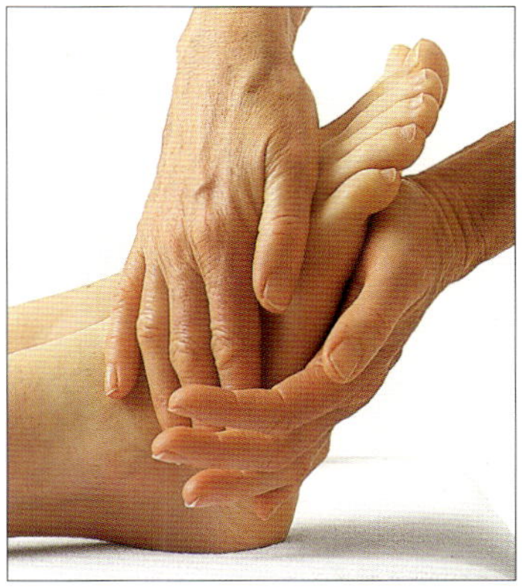

Passive Übungen

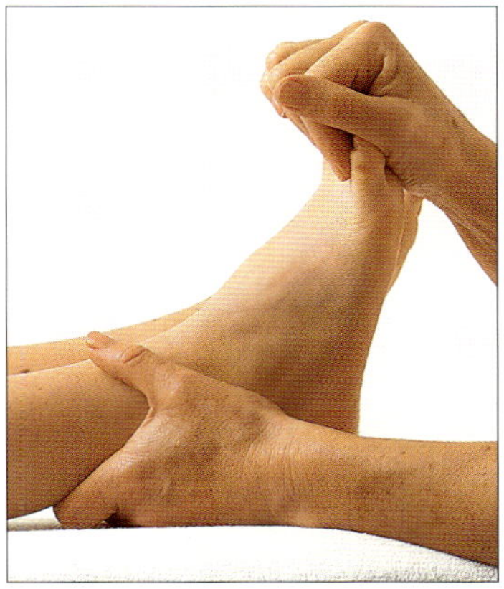

1 ▸ **Fussrotationen** Die Zehen mit einer Hand greifen, den Knöchel mit der anderen Hand stützen. Den Fuß langsam drehen, dann die Zehen nach vorn und nach hinten biegen.

2 **Beinbeugen** Den Knöchel mit einer Hand halten, das Bein anheben und das Knie beugen, während der Schenkel mit der anderen Hand gestützt wird. Bein strecken und mehrmals wiederholen. Dann die ganze Sequenz auf dem anderen Bein wiederholen.

Arme & Hände

Sie können den gleichen Ablauf wie für Beine und Füße anwenden, sollten jedoch die Bewegungen der kleineren Oberfläche von Armen und Händen anpassen. Beginnen Sie mit dem Oberarm, dann kommen Ellbogen und Unterarm und schließlich die Hand. Die passiven Übungen *(siehe oben)* können auch auf Arme und Hände angewendet werden.

BRUSTKORB

1 ◄ **EFFLEURAGE** Legen Sie Ihre Hände Seite an Seite auf den Brustkorb direkt unter das Schlüsselbein, Dann fest die Brust hinunterstreichen und zu den Seiten in Richtung Schultern gleiten. Die Hände hinter die Schultern schwenken und hinten am Nacken hoch bis zum Schädelansatz streichen. Dann wieder nach vorn gleiten und sechsmal wiederholen.

2 **PETRISSAGE** Mit Daumen und Fingern beider Hände den Brustkorb rhythmisch und sanft kneten. Darauf achten, daß die Haut nicht gezwickt und das Brustgewebe ausgelassen wird.

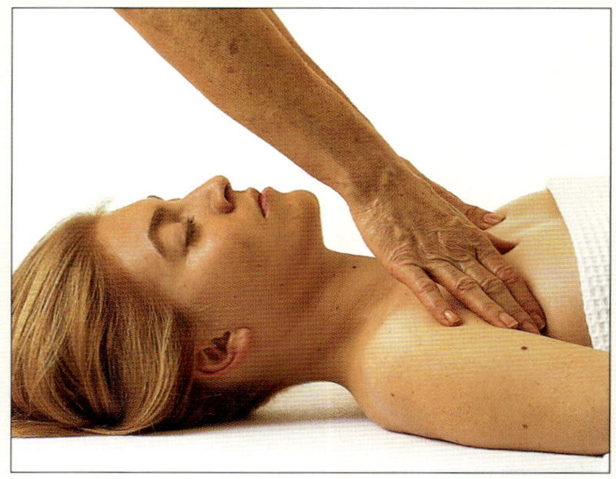

3 ▲ **REIBEN** Mit den Daumen kreisförmig die Muskeln zwischen den Rippen pressen. Beim Brustbein beginnen und dann in Richtung der Schultern arbeiten. Den Druck je nach Wunsch Ihres Partners variieren. Mit etwas *Effleurage* abschließen.

BAUCH

1 EFFLEURAGE Ein kleines Kissen unter die Knie Ihres Partnes legen, damit der Bauch entspannt ist. Eine Hand liegt unterhalb der Rippen, die andere unter dem Bauchnabel. Mit der unteren Hand leicht im Uhrzeigersinn um den Bauchnabel streichen, die andere Hand dient als Stütze. Diese einfache Bewegung ist sehr entspannend.

2 REIBEN Mit den Fingern einer Hand sanft und kreisförmig im Uhrzeigersinn Druck ausüben. Den Bauch mit der anderen Hand stützen. Langsam und bedächtig den ganzen Bauch bearbeiten. Während der Partner sich immer mehr entspannt, den Druck erhöhen.

3 ► **PETRISSAGE** Die obere Bauchschicht mit flachen Handflächen kneten: rhythmisch das Fleisch, das Sie greifen können, von einer Hand in die andere schieben. Dann die Seiten mit stärkeren, stimulierenden Bewegungen kneten, indem Sie das Fleisch zuerst mit der einen, dann mit der anderen Hand hochheben.

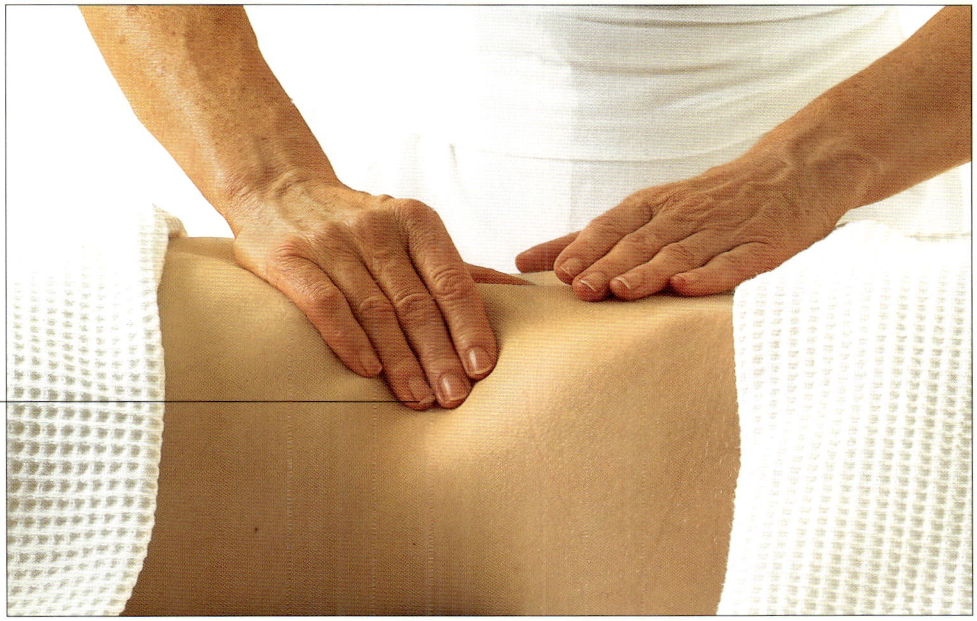

Das Fleisch von einer Hand zur anderen schieben.

4 VIBRATIONEN Auf der linken Bauchseite, unter dem Brustkorb, eine Hand auf die andere legen. Dann den Unterarm kontrahieren, so daß eine zitternde Bewegung in den Händen entsteht. Langsam die Hände in Richtung Becken ziehen. Mit den Händen auf die rechte Seite des Bauches gleiten und die Bewegung dort wiederholen, so daß Sie im Uhrzeigersinn arbeiten.

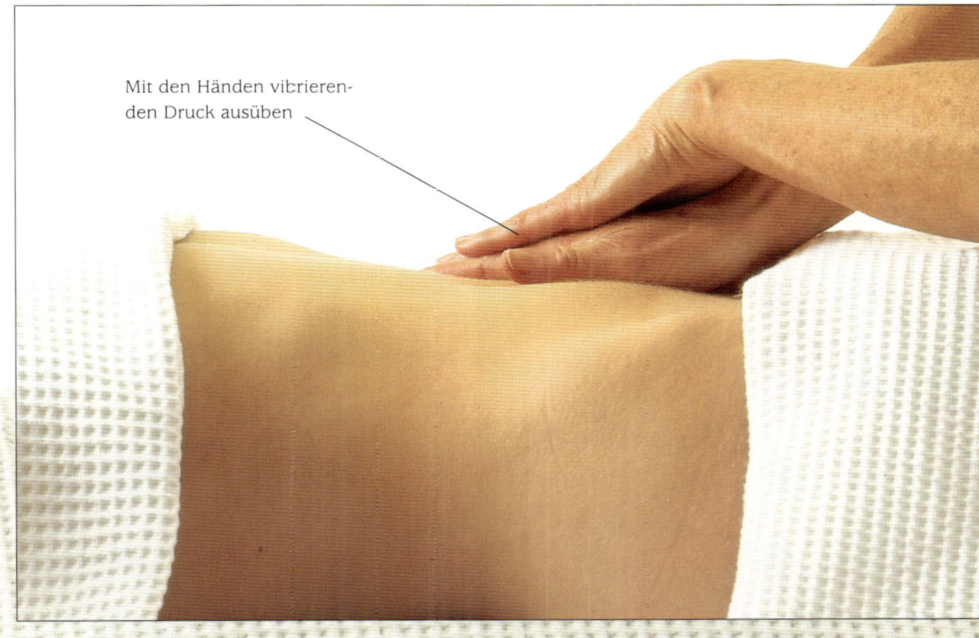

Mit den Händen vibrierenden Druck ausüben

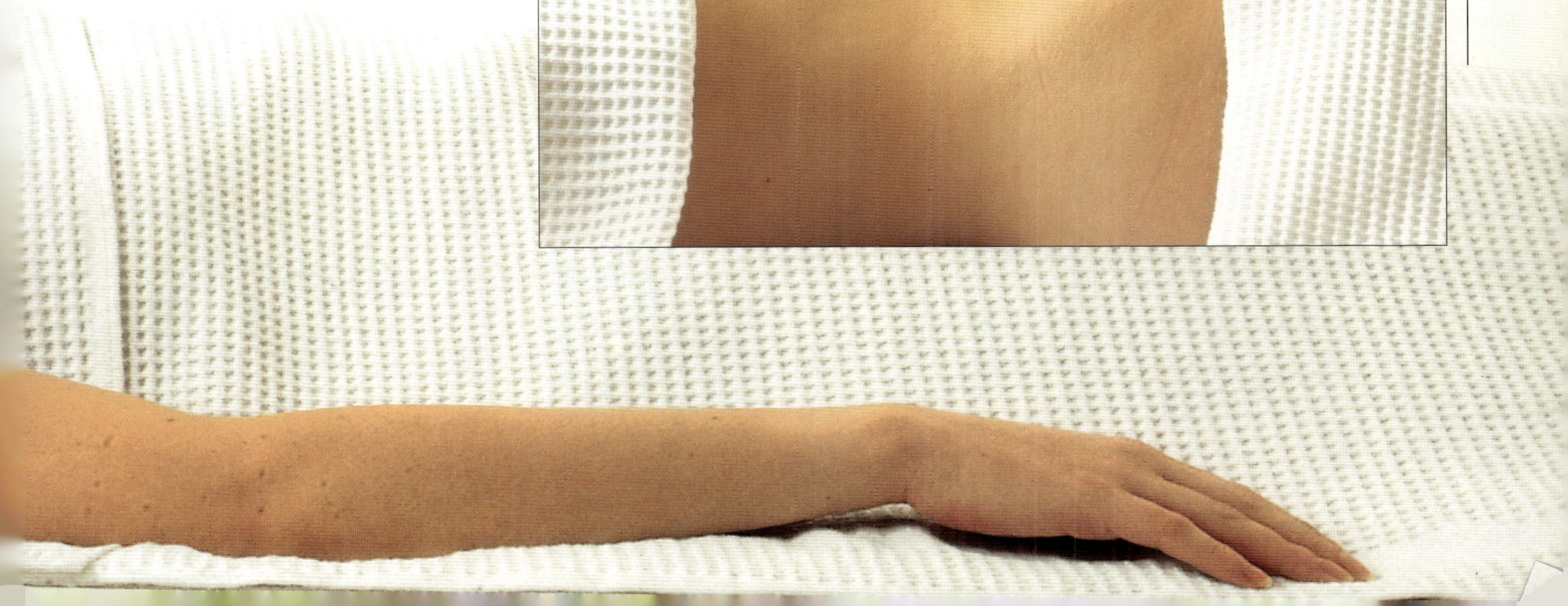

RÜCKEN

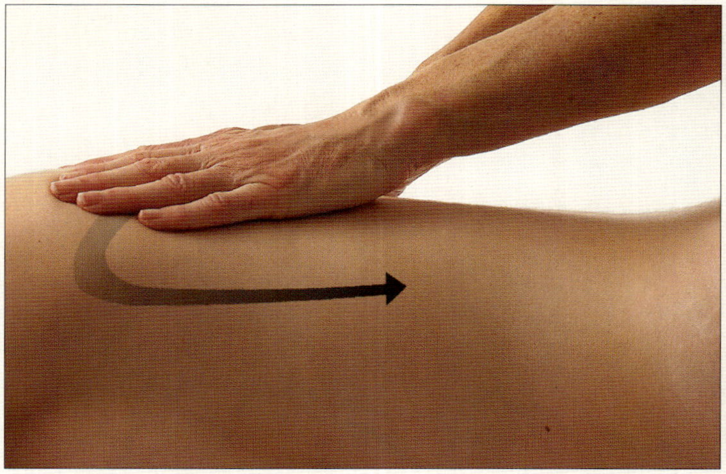

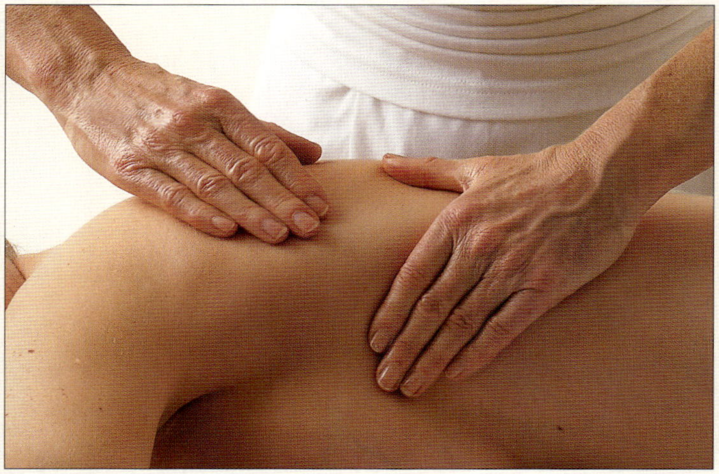

1 EFFLEURAGE Mit sanften Ventilator-Bewegungen beginnen. Die Hände neben die Wirbelsäule auf den unteren Rücken legen und fest nach oben streichen. Bei den unteren Rippen die Hände nach außen schwenken, dem Körper anpassen und leicht an den Seiten zurückgleiten. Mehrmals wiederholen, die Hände dabei immer weiter nach oben und nach außen schwenken, bis Sie die Schultern erreichen.

2 PETRISSAGE Seitlich zum Körper stellen, und abwechselnd mit den Händen soviel Fleisch wie möglich greifen, pressen und wieder loslassen. An der Hüfte gegenüber beginnen und seitlich am Rücken bis zu den Schultern hocharbeiten. Dann auf der anderen Seite fortsetzen: Sie können sich entweder hinunterbeugen und das Fleisch hochschieben oder auf die andere Seite gehen. Zweimal wiederholen.

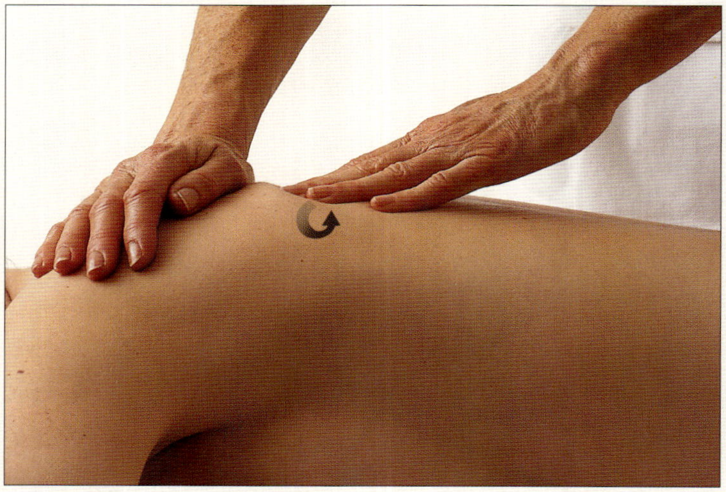

3 REIBEN Das rechte Schulterblatt mit der rechten Hand unterstützen und dann mit Fingern oder Daumen der linken Hand kreisförmigen Druck in der Furche neben der Wirbelsäule ausüben, die Wirbelsäule dabei sorgfältig vermeiden. Loslassen und etwas weiter unten weitermachen. Bis zur Hüfte hinunterarbeiten, dann loslassen, nach oben gleiten und die rechte Seite des Rückens bearbeiten.

4 ▼ **TAPOTEMENT** Die Hände locker wölben und mit nach unten gerichteten Fingern mit den Händen abwechselnd rhythmisch und leicht auf das Gesäß klopfen. Schnell hin und her bewegen und den ganzen Rücken, mit Ausnahme der Nieren, damit bearbeiten. Dabei sollte ein lauter, hohler Ton entstehen. Sie können auch mit den Handkanten seitlich der Wirbelsäule hacken, vom Kreuzbein bis zum Nacken hoch und wieder herunter.

5 **EFFLEURAGE** Am Ende mit einer Hand nach der anderen über den Rücken streichen. Die Bewegung verändern, je nachdem, welche Wirkung Sie beabsichtigen. Sie können zur Stimulation entweder leicht und schnell oder zur Beruhigung langsam und einschläfernd streichen.

KÖRPERÜBUNGEN

In der Schwedischen Massage im 19. Jh. wurde der Empfänger aufgefordert, eine Folge systematischer Körperübungen oder aktiver Bewegungen durchzuführen, um Kreislauf, Verdauung und Atmung anzuregen. Zu den Techniken gehörten beugende und dehnende Übungen sowie „Drehungen“ und “Streckungen“.

MOBILE MASSAGE

DER VORTEIL DER MOBILEN MASSAGE liegt darin, daß sie überall durchgeführt werden kann. Ich habe in Büros massiert, wo Telefone ununterbrochen klingelten, in Warteräumen von Krankenhäusern und auf überfüllten Partys. Sogar in solch einer geschäftigen Umgebung hat die Massage ihre magische Wirkung ausgeübt. Die Mobile Massage ist vor allem in den USA sehr beliebt, wo streßbedingte Krankheiten wie Kopfschmerzen, Bluthochdruck und chronische Schmerzen Grund für 50 Prozent der Arbeitsausfälle sind. Diese Technik löst Verspannungen in Rücken und Schultern, lindert Schmerzen in Händen und Armen nach intensiver Arbeit am Computer, und wirkt vor allem dem Streß entgegen. Bitten Sie Ihren Partner, einengende Kleidungsstücke zu lockern, bevor Sie beginnen. Die Massage dauert ungefähr 15 Minuten.

„Man geht davon aus, daß eine Ausgabe der New York Times mehr Informationen enthält, als ein Durchschnittsmensch im 17 Jh. während des ganzen Lebens erhielt. Wen wundert es, daß es anstrengt, mit all diesen Informationen Schritt zu halten."

Nutzen Sie Ihr Körpergewicht, um tiefen, gleichmäßigen Druck auszuüben

Halten am Anfang Bitten Sie Ihren Partner, sich rittlings auf seinen Stuhl zu setzen, so daß er sich, wenn nötig, auf die Lehne stützen kann. Zu Beginn legen Sie Ihre Handflächen auf seine Schultern. Tief atmen, auf den Partner konzentrieren und langsam Druck auf seine Schultern ausüben, um sie zu entspannen. Etwa zehn Sekunden halten, dann loslassen und nach vorn und hinten streichen.

Oberer Rücken

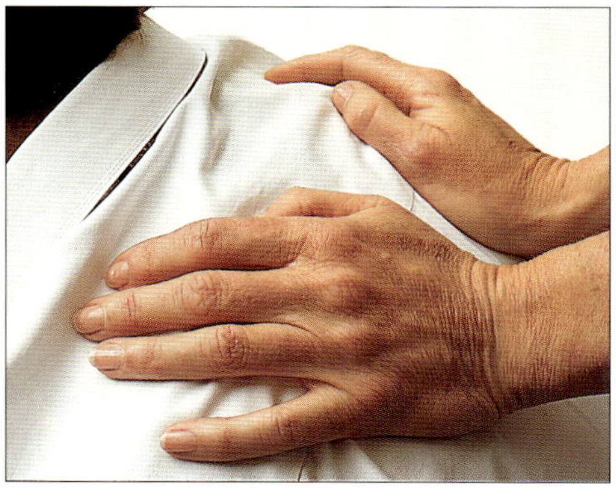

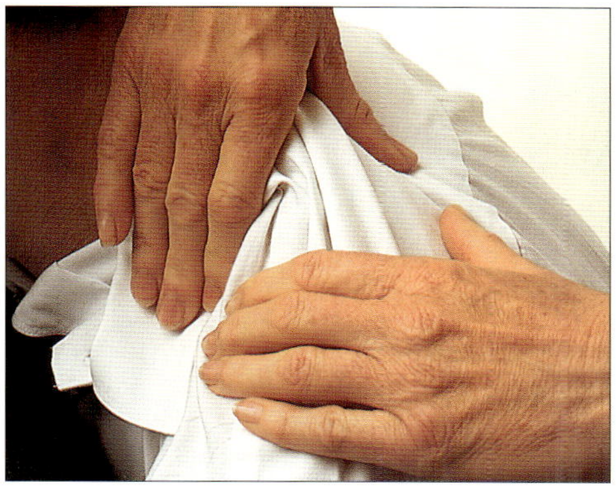

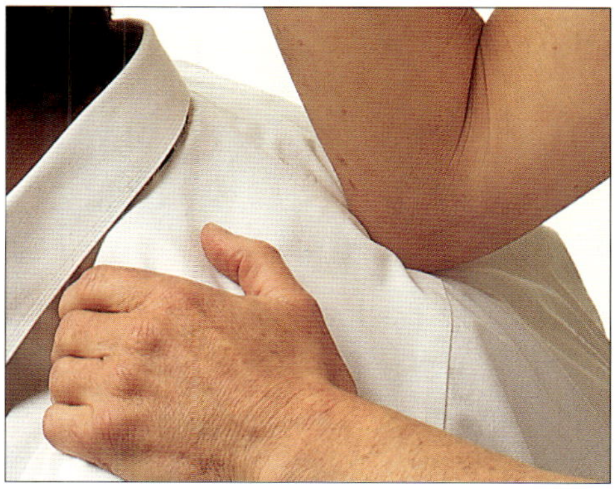

1 **Druck mit dem Handballen** Die Handballen seitlich der Wirbelsäule oben auf den Rücken legen und gleichmäßigen Druck anwenden. Einige Sekunden halten, loslassen und entlang des Rückens in Intervallen wiederholen.

2 **Kneten** Die Muskeln auf den Schultern abwechselnd mit den Händen pressen und wieder loslassen, das Fleisch dabei rhythmisch von Seite zu Seite schieben. Bis zu den Oberarmen massieren.

3 **Tiefer Druck** Das Gebiet mit der linken Hand unterstützen und mit dem rechten Ellbogen überall um das Schulterblatt herum sorgfältig Druck anwenden. Den Arm dabei lockerlassen, damit es nicht weh tut, dann auf der linken Schulter wiederholen.

4 **Im Kreis streichen** Nach dem Druck mit den Ellbogen mit einer Hand nach der anderen um das Schulterblatt herum streichen. Beim Aufwärtsstreichen das Körpergewicht in die Handballen verlagern, bei den Abwärtsbewegungen den Druck vermindern.

5 ▸ 5 **Halber Nelson** Um eine tiefe Dehnung zu erreichen, sollte der Partner seine linke Hand auf den Rücken legen. Mit Ihrem linken Unterarm nachhelfen, und mit dem rechten Handballen oder Daumen unter dem Schulterblatt tiefen Druck anwenden. Auf der rechten Schulter wiederholen.

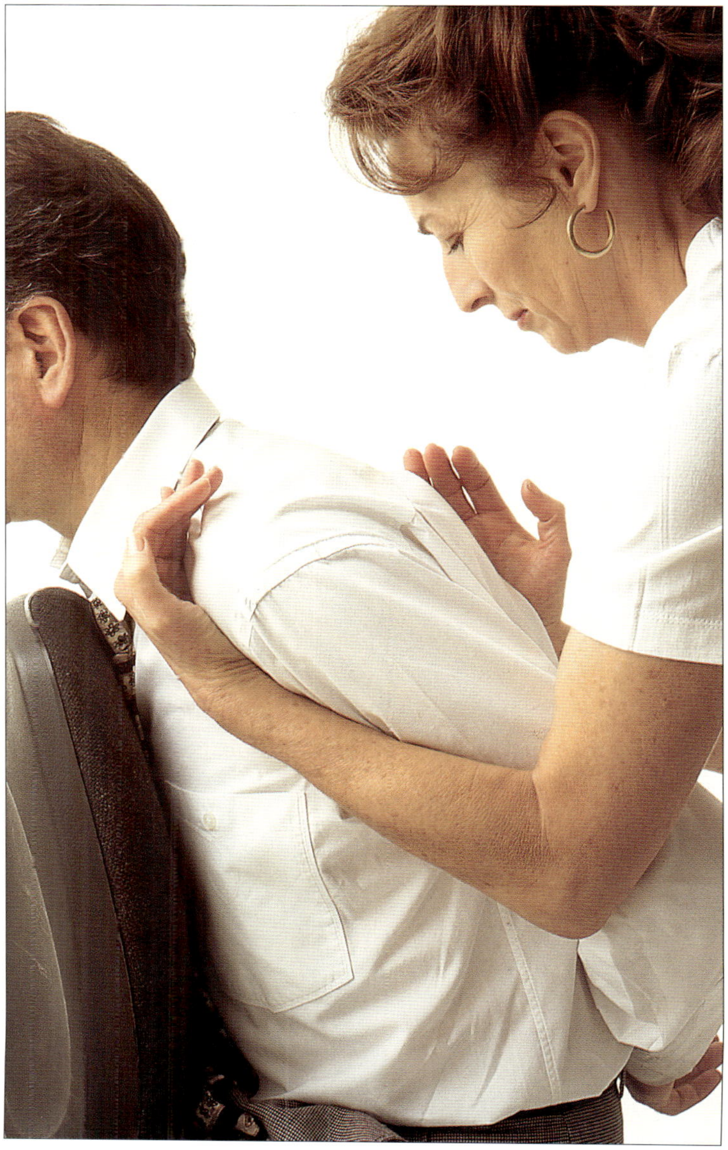

6 ◂ **V-Streichen** Mit der einen Hand die Stirn stützen und mit der anderen Hand ein „V“ zwischen Daumen und Zeigefinger formen. Dann vom unteren Nacken bis zum Schädel hochstreichen. Mit den Händen in der gleichen Position den Kopf langsam vor- und zurückkippen, um die Muskeln zu dehnen.

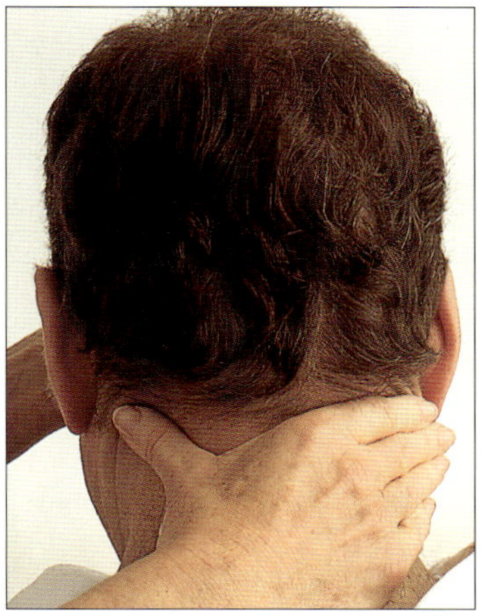

Forschung

Angestellte der Uni Miami konnten wählen, sich entweder in einem Lehnstuhl zu entspannen oder 15 Minuten massieren zu lassen. Nach fünf Wochen berichtete der massierte Teil der Belegschaft, daß sich Streß und Lethargie reduziert hätten. Mathematische Aufgaben wurden doppelt so schnell und nur mit halb so vielen Fehlern gelöst wie bei den anderen.

1 Schütteln Halten Sie das Handgelenk Ihres Partners mit beiden Händen. Den Arm sanft nach oben und unten und von Seite zu Seite schütteln, um die Muskeln zu lockern. Während der Partner sich entspannt, die Geschwindigkeit und Stärke des Schüttelns langsam erhöhen.

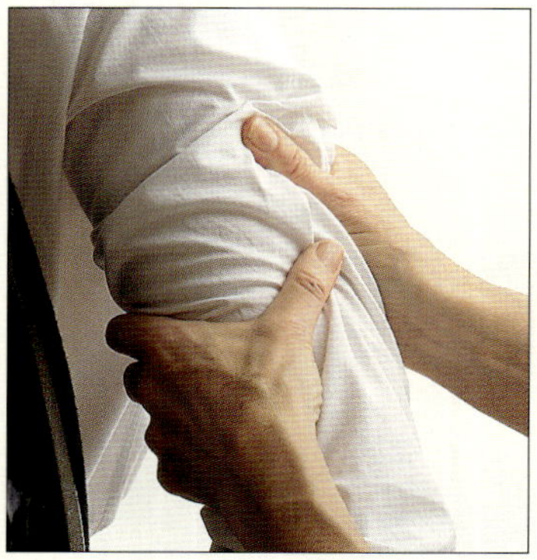

2 KNETEN Die Hände oben auf je eine Seite des rechten Arms legen. Das Fleisch abwechselnd pressen und wieder loslassen und bis zum Handgelenk hinunter arbeiten.

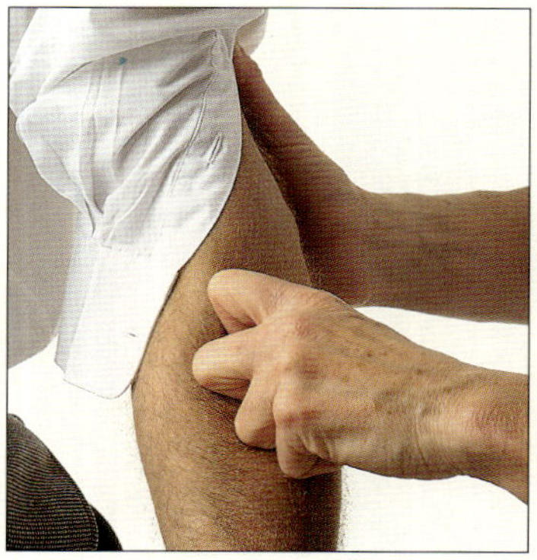

3 DRUCK MIT DEN FINGERKNÖCHELN Den rechten Oberarm mit einer Hand halten und mit den Knöcheln der anderen Hand in kräftigen Kreisen auf dem Unterarm Druck geben.

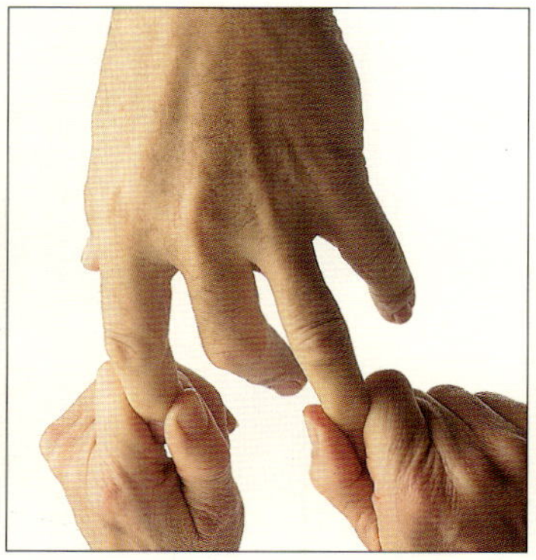

4 FINGER DEHNEN Zwei Finger am Ansatz fassen, dann pressen und ziehen. Bis zu den Fingerspitzen hinunter arbeiten. Auf den anderen Fingern wiederholen.

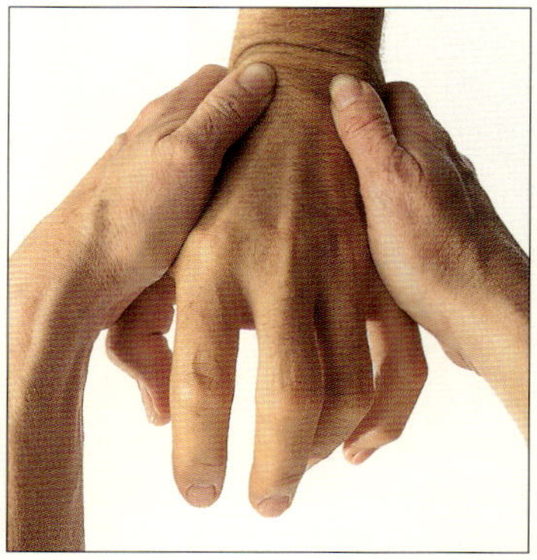

5 HANDGELENK DREHEN Die Handfläche unterstützen, und mit den Fingern das Handgelenk vorwärts- und rückwärtsbeugen. Dann die Schritte 1–5 auf der anderen Seite wiederholen.

Unterer Rücken

1 **Im Kreis streichen** Ihr Partner sollte den Gürtel ablegen, damit Sie frei arbeiten können. Um Schmerzen in der Zone zu lindern, rhythmisch mit einer Hand nach der anderen um das Kreuzbein herum streichen.

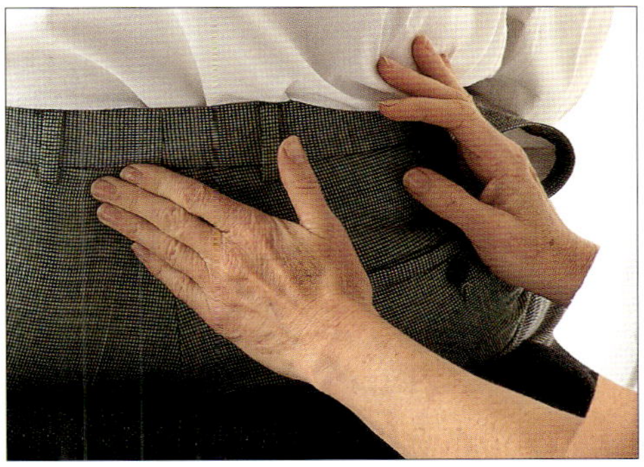

2 ► **Druck** Mit den Fingern einer Hand tiefen statischen und kreisenden Druck um das Kreuzbein herum anwenden, während die andere Hand den Rücken stützt. Sie können die Bewegung verändern, indem Sie mit Daumen oder Handballen pressen. Auf die Wirbelsäule selbst keinen Druck geben.

3 ◄ **Sägen** Mit beiden Handkanten auf dem Kreuzbein in sägeähnlicher Bewegung vor- und zurückreiben. Dies ist ein schneller, wärmender Griff, mit dem verspannte Muskeln gelockert werden. Danach den unteren Rücken sanft ausstreichen.

Abschluss

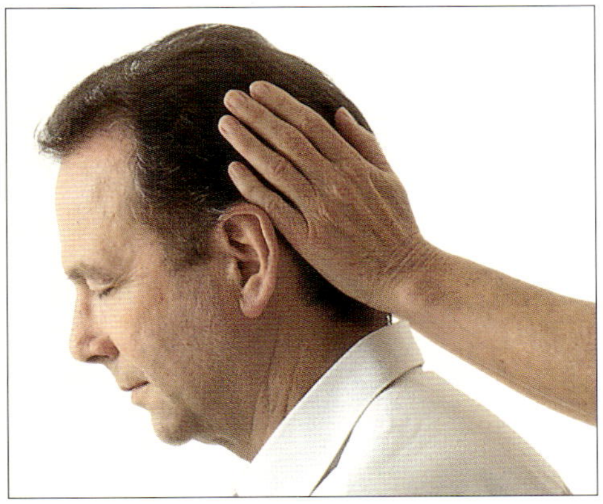

Beruhigen Um den Partner in einen Zustand der tiefen Entspannung zu führen, streichen Sie mit den Fingerspitzen so leicht und langsam wie möglich von der Kopfspitze zum unteren Rücken, dann quer über die Schultern die Arme hinunter und über die Hände hinaus.

► **Erfrischen** Wenn Ihr Partner danach für die Arbeit wieder fit sein möchte, können Sie ihn mit hackenden oder klopfenden Bewegungen wieder aufwecken. Mit entspannten Handgelenken leicht und schnell auf die Schultern klopfen.

Manuelle Lymphdrainage

Die Manuelle Lymphdrainage (MLD) ist eine sanfte Technik, die aus langsamen Bewegungen besteht. Sie wurde in den 30er Jahren von dem dänischen Massagetherapeuten Dr. Emil Vodder und seiner Frau Estrid entwickelt. Sie entdeckten, daß sanftes Betasten und Bewegen der Haut das Lymphsystem stimuliert, und entwickelten ein Behandlungssystem für den ganzen Körper. Die Technik kann für die Selbstbehandlung kleinerer Schwellungen bis hin zur professionellen Behandlung bei chronischen Ödemen angewendet werden.

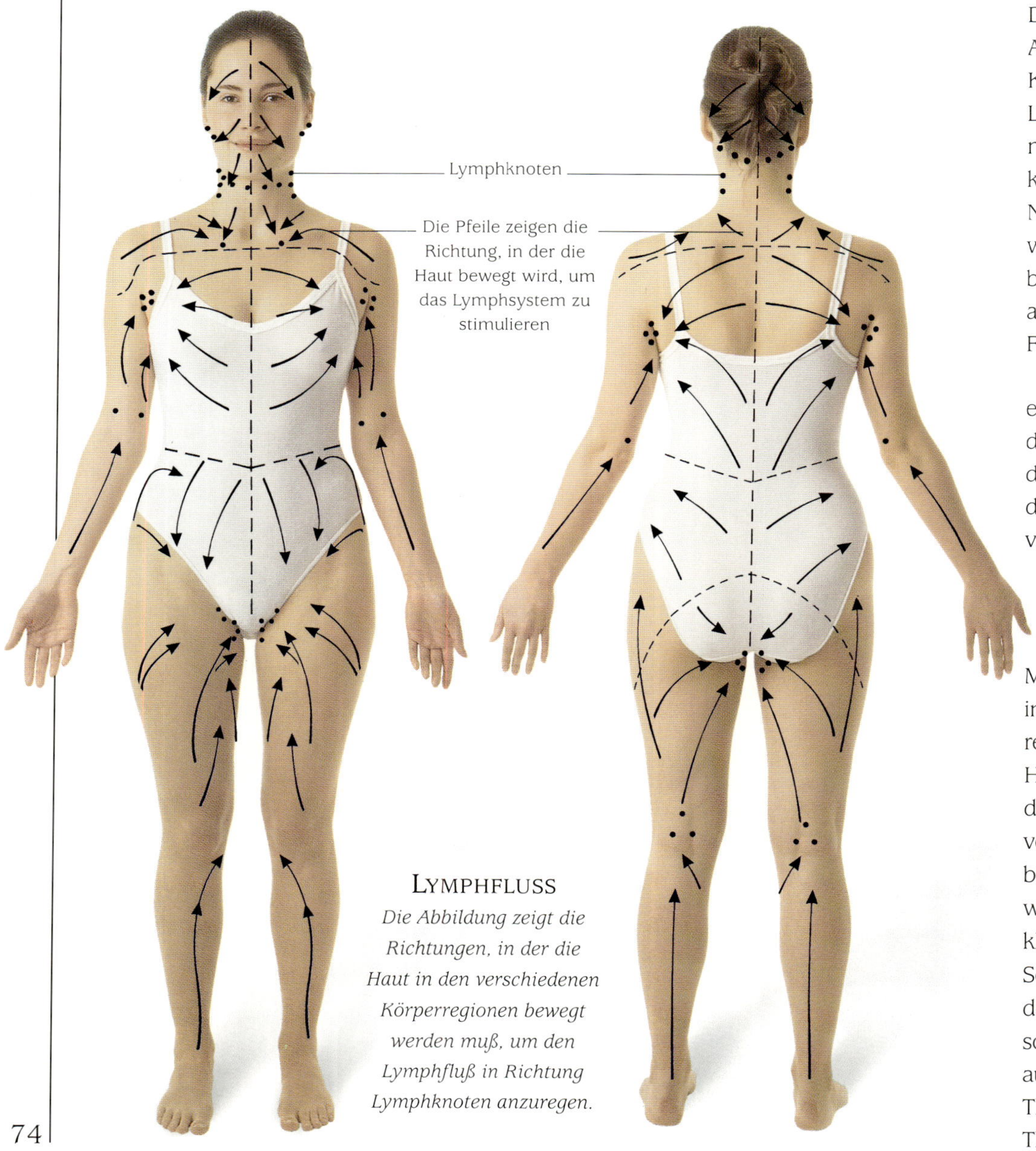

Lymphfluss
Die Abbildung zeigt die Richtungen, in der die Haut in den verschiedenen Körperregionen bewegt werden muß, um den Lymphfluß in Richtung Lymphknoten anzuregen.

Wirkung von MLD

Das Lymphsystem nimmt Trümmer und Abfallprodukte aus dem Bindegewebe des Körpers auf. Es besteht aus einer Reihe Lymphknoten, die durch Lymphgefäße miteinander verbunden sind. Die Lymphknoten befinden sich in Bündeln an Nacken, Achseln und Leisten; sie enthalten weiße Blutkörperchen, die Infektionen bekämpfen und Bakterien in die Lymphe abgeben. Die Lymphe ist die wässrige Flüssigkeit, die durch die Knoten fließt.

Wenn Stauungen im Lymphsystem entstehen, wird die Zellversorgung und das Abfließen der Abfallprodukte gemindert. Die Stimulierung durch MLD hebt diese Stauung auf, die Körperfunktionen verbessern sich, und das Immunsystem wird gestärkt.

Anwendung von MLD

MLD kann bei vielerlei Beschwerden helfen, indem es Schwellungen und Blutergüsse reduziert, Narbenbildung verringert und die Heilung fördert. Es kann bei Stauungen in den Nasennebenhöhlen, zur Reduzierung von Wassereinlagerung und Zellulitis und bei arthritischen Beschwerden angewendet werden. Es ist auch eine Erste Hilfe bei kleineren Verbrennungen, Schlägen und Schrammen. MLD muß oft praktiziert werden, damit sich eine Wirkung zeigt. Bei schweren Beschwerden wie Schwellungen aufgrund von Herzproblemen, Krebs oder Thrombose sollten Sie einen professionellen Therapeuten aufsuchen.

Selbstbehandlung

Man sollte mit der Behandlung immer im Nacken beginnen, denn dort befinden sich 30 Prozent der Lymphknoten. Danach kann man zu der Region hinarbeiten, die speziell behandelt werden soll. Die einfachsten Griffe in der Selbstbehandlung sind stationäre Kreise: Die Finger bleiben unbeweglich, die Bewegung kommt aus den Armen. Unten sehen Sie eine vereinfachte MLD-Behandlung, die aufgedunsene Haut glättet. Auf jedem Punkt werden fünf stationäre Kreise ausgeführt, Öl wird dabei nicht benötigt. Die Griffe sollten oft und extrem sanft ausgeführt werden, so daß die Haut nur oberflächlich bewegt wird.

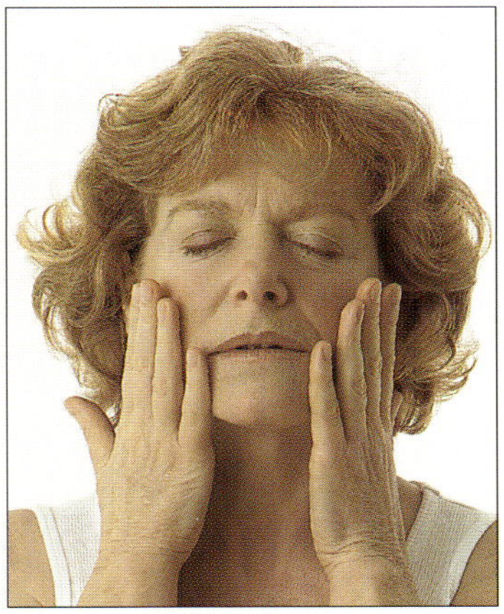

1 Die Ellbogen anheben, so daß sie im rechten Winkel zum Körper stehen, und die Hände auf jede Seite des Nackens, direkt unter die Ohren, legen. Die Finger strecken, dabei entspannt lassen und mit den mittleren Fingern die Haut so sanft wie möglich nach hinten und nach unten kreisen. Dann innehalten und die Finger von der Haut nach oben schieben lassen. Viermal wiederholen, dann die Hände eine Fingerbreite nach unten bewegen und fünfmal wiederholen. Danach die Arme vor der Brust kreuzen und fünf stationäre Kreise auf den Schultern durchführen. Dabei die Haut nach vorn in Richtung Schlüsselbein bringen und in Richtung Nacken loslassen. Die gesamte Folge dreimal wiederholen.

2 Die Hände auf jede Seite des Kiefers legen und fünf stationäre Kreise an drei sich überlappenden Positionen in Richtung Ohren ausführen: Die Haut nach unten bewegen, in Richtung Ohren lockerlassen, so daß die Haut die Finger zurückschiebt. Dreimal wiederholen. Dann stationäre Kreise auf dem restlichen Gesicht ausführen, auf den flacheren Gebieten die Finger längs auflegen, seitlich der Nase nur mit ein oder zwei Fingern arbeiten.

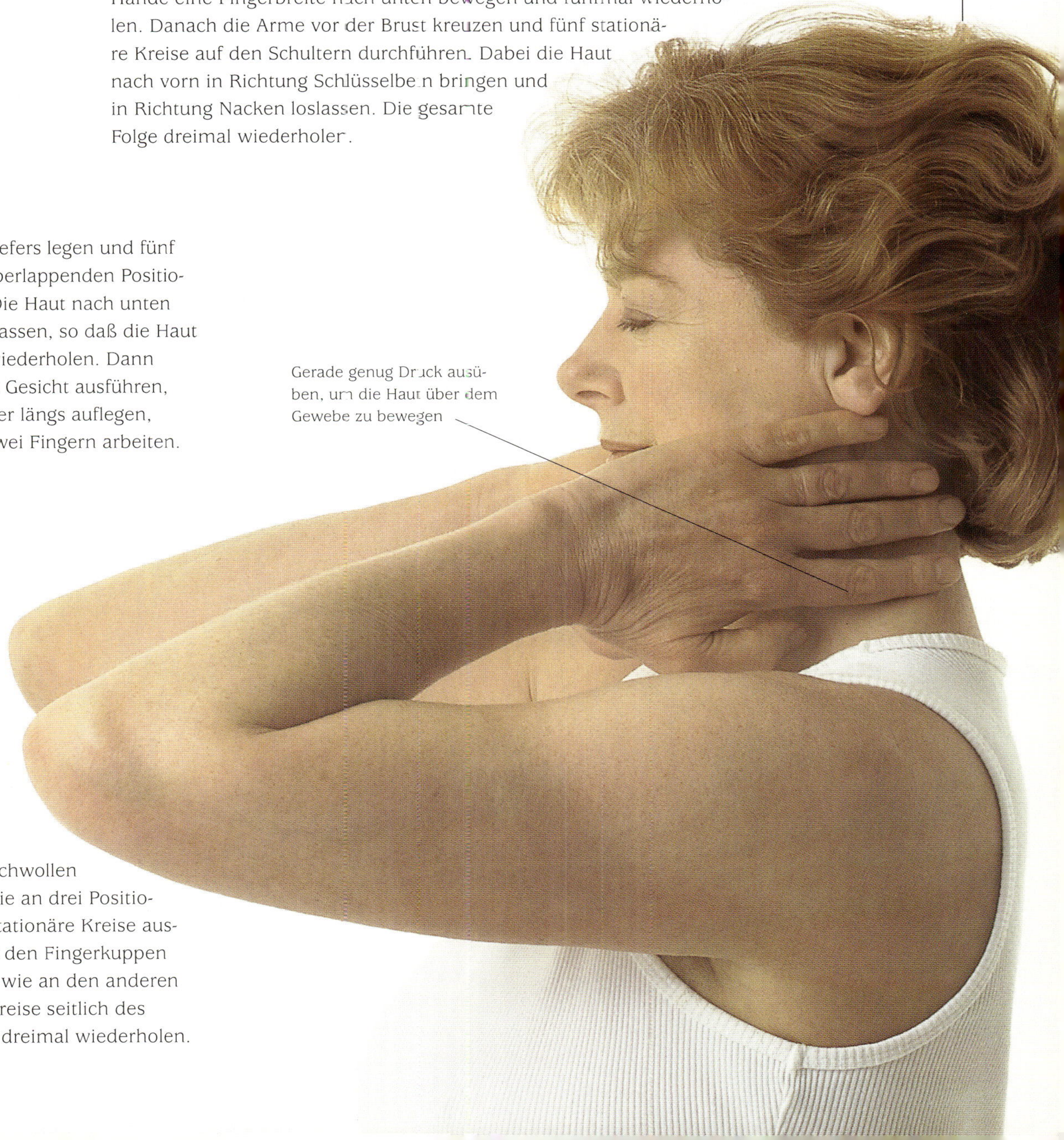

Gerade genug Druck ausüben, um die Haut über dem Gewebe zu bewegen

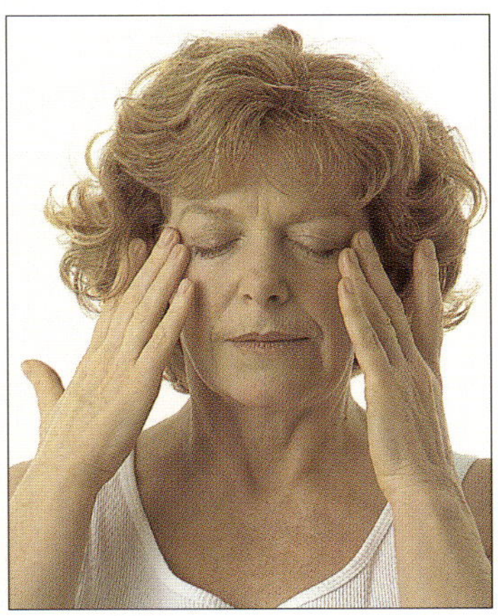

3 Wenn Sie unter den Augen geschwollen oder blaß erscheinen, sollten Sie an drei Positionen entlang der Wangenknochen stationäre Kreise ausführen. Bei der Nase beginnen, mit den Fingerkuppen arbeiten und nur halb soviel Druck wie an den anderen Stellen ausüben. Dann stationäre Kreise seitlich des Gesichts durchführen und Schritt 1 dreimal wiederholen.

Partnerbehandlung

MLD ist eine langsame Behandlung und hat eine sehr einschläfernde Wirkung. Man kann den Partner beruhigen und in Minuten in den Schlaf massieren. Die Technik wirkt vor allem im Gesicht sehr gut, es braucht aber einige Zeit, bis man MLD beherrscht. Die folgenden Griffe helfen, den Lymphfluß im Körper zu lenken.

Stationäre Kreise werden im Gesicht und an schmerzhaften Stellen, pumpende und schaufelnde Techniken an den Extremitäten und kreisende Bewegungen auf großen, flachen Gebieten wie Rücken und Bauch angewendet. Zuerst wird jedoch immer der Nacken behandelt *(siehe Seite 75)*.

Stationäre Kreise

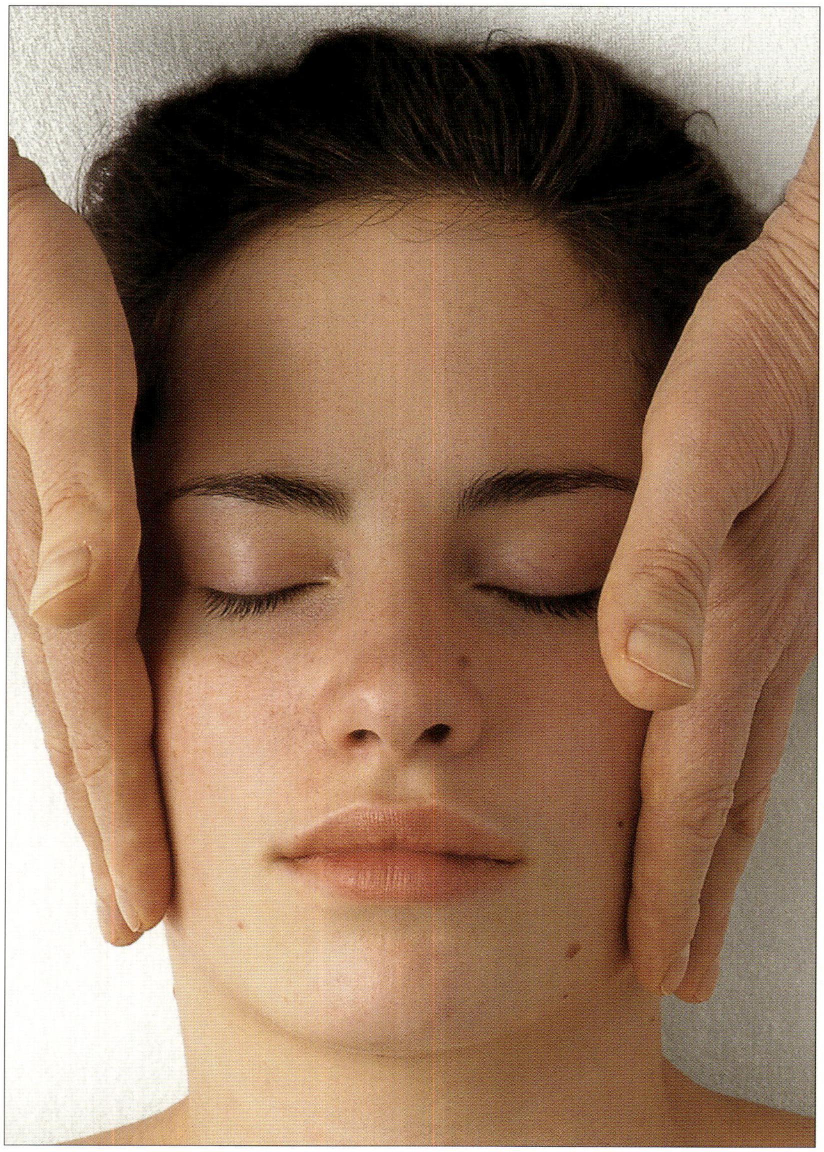

1 Die Finger auf jede Gesichtsseite legen und fünf stationäre Kreise an drei überlappenden Stellen ausführen. Zu den Ohren hin arbeiten: Die Haut sanft zum Körper hin bewegen, dann zu den Ohren und wieder lockerlassen. Die Sequenz dreimal wiederholen.

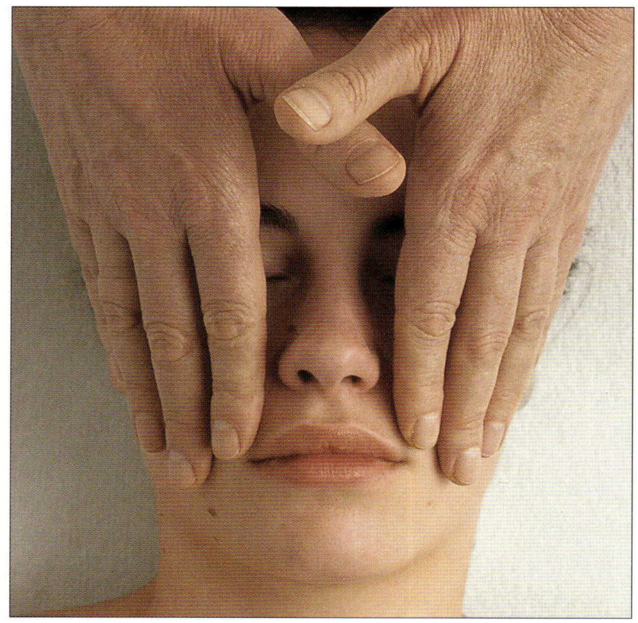

2 Die Finger seitlich des Mundes auflegen und fünf stationäre Kreise ausführen, die Finger bleiben entspannt und gestreckt. Mit stationären Kreisen auf dem restlichen Gesicht fortfahren *(siehe Seite 75)*.

Forschung

Es gibt Nachweise dafür, daß MLD das Immunsystem stärkt. Nach Operationen werden auch Ödeme und schwere Schwellungen in den Gliedern mit MLD behandelt. Etwa 25 Prozent der Frauen entwickeln nach einer Brustoperation Ödeme; MLD durch einen erfahrenen Therapeuten kann diese Beschwerde minimalisieren. Forschungen am Royal Marsden Krankenhaus in London haben 1997 ergeben, daß MLD Schwellungen reduziert, Symptome wie Schmerzen und Lethargie verbessert und das Wohlbefinden stärkt.

Pumpen & Schöpfen

1 Vor der Arbeit am Bein sollte die Leistengegend mit stationären Kreisen zum Rumpf hin vorbereitet werden. Dann das Knie beugen, eine Hand auf das Schienbein, die andere auf die Wade legen.

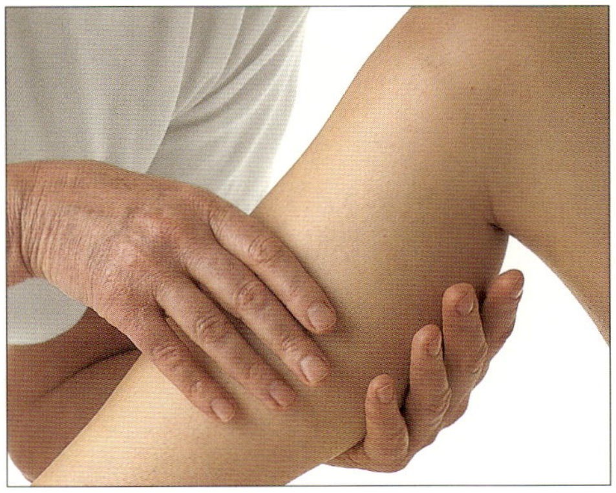

2 Die Pumptätigkeit wird ausgeführt, indem Sie mit der vorderen Hand die Haut sanft zu den Seiten hin dehnen und dann die Haut mit der Handfläche sacht nach oben zum Rumpf hin bewegen.

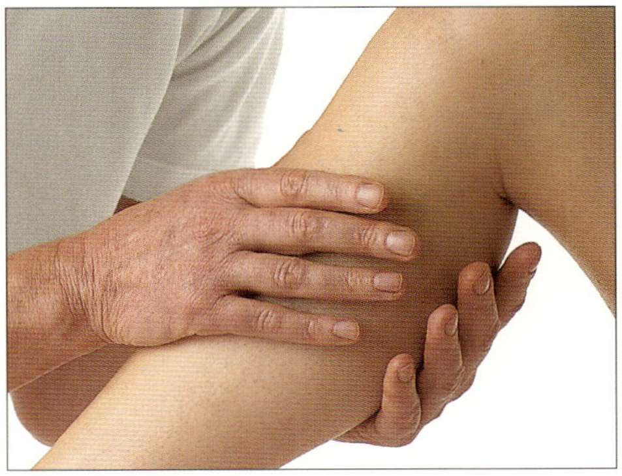

3 Danach folgt eine Schöpfbewegung: Mit der unteren Hand die Haut schöpfend nach oben schieben. Bis zum Knie hoch abwechselnd pumpen und schöpfen, jeweils dreimal pumpen und dreimal schöpfen.

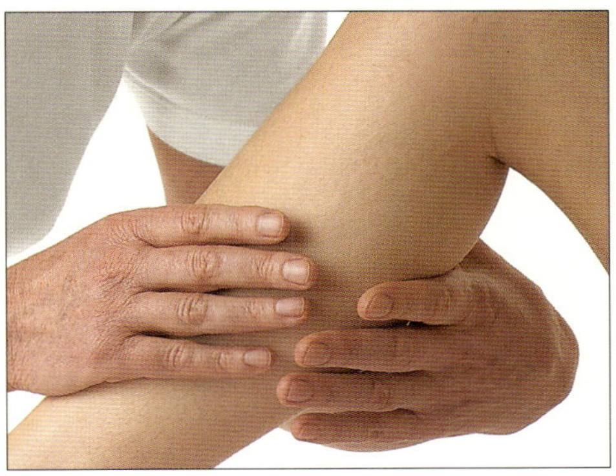

Dreh-Bewegungen

Die Hände liegen auf dem unteren Rücken, mit den Daumen rechtwinklig zur Wirbelsäule. Die Haut mit den Handflächen nach vorne und außen schieben, dann lockerlassen, so daß die Haut die Hände zurückbringt. Danach Handgelenke heben, die Finger nach vorne gleiten lassen, Handflächen wieder senken und wiederholen. Den ganzen Rücken bearbeiten.

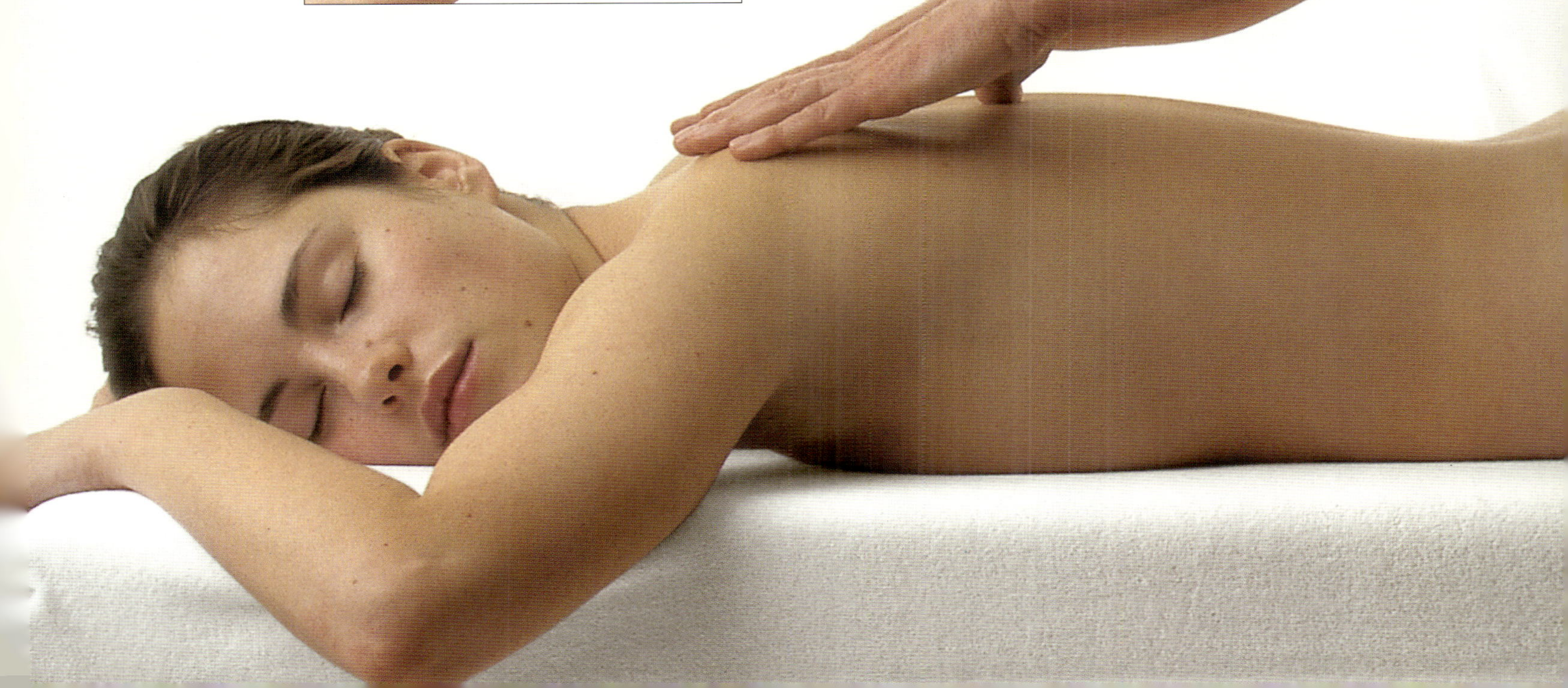

Chinesische Massage

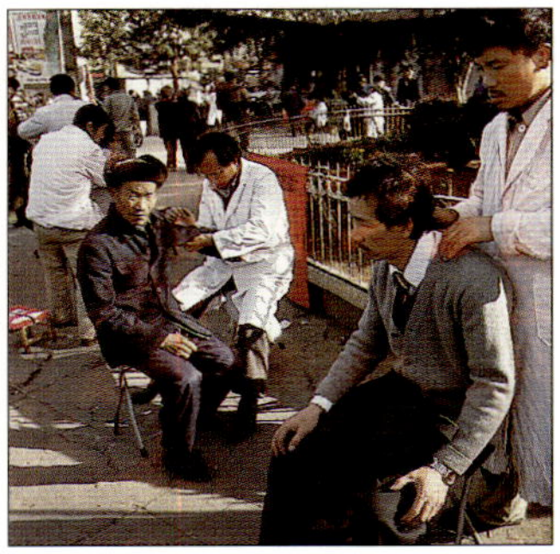

Die Massage ist Teil des täglichen Lebens in China. Hier arbeiten blinde Masseure auf einer Straße in Xian.

Massage, Akupunktur und Pflanzenheilkunde sind jahrhundertealte Volkstherapien in China, die auch in der heutigen Medizin immer noch eine wichtige Rolle spielen. Es gibt verschiedene Massagesysteme, wie *tuina* („schieben und greifen") und *anmo* („drücken und reiben") und viele unterschiedliche, regionale Stile. Im warmen Süden ist die Massage eher sanft und langsam, im kalten Norden dagegen kräftig und stark. Die Massage wird traditionell durch die Kleidung hindurch gegeben.

> *„Der Geist des Therapeuten und der Geist des Patienten sollten beieinander und in Harmonie sein, während sie den Bewegungen folgen …"*
>
> Zhen Da Cheng, 1601

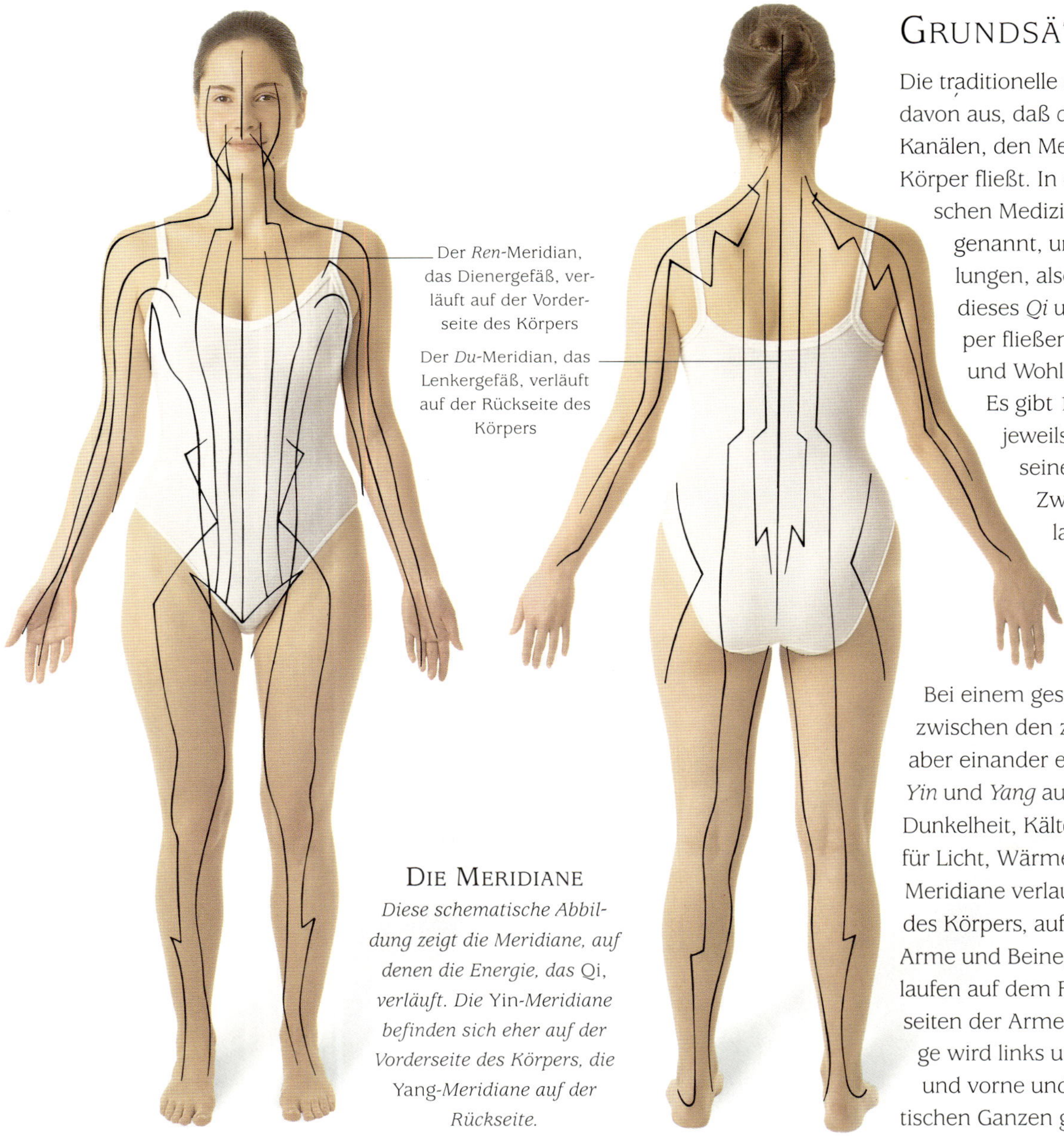

Die Meridiane

Diese schematische Abbildung zeigt die Meridiane, auf denen die Energie, das Qi, verläuft. Die Yin-*Meridiane befinden sich eher auf der Vorderseite des Körpers, die* Yang-*Meridiane auf der Rückseite.*

Grundsätzliches

Die traditionelle östliche Medizin geht davon aus, daß die Lebensenergie in Kanälen, den Meridianen, durch den Körper fließt. In der Traditionellen Chinesischen Medizin wird diese Energie *Qi* genannt, und das Ziel aller Behandlungen, also auch der Massage ist, dieses *Qi* ungehindert durch den Körper fließen zu lassen, um Harmonie und Wohlbefinden zu verbessern. Es gibt 12 reguläre Meridiane, die jeweils ein wichtiges Organ und seine Funktionen beeinflussen. Zwei weitere Meridiane verlaufen auf der Mittellinie des Körpers: auf der Vorderseite *Ren* (Dienergefäß) und auf der Rückseite *Du* (Lenkergefäß). Bei einem gesunden Menschen ist *Qi* zwischen den zwei entgegengesetzten, aber einander ergänzenden Qualitäten *Yin* und *Yang* ausgeglichen. *Yin* steht für Dunkelheit, Kälte und Passivität; *Yang* steht für Licht, Wärme und Aktivität. Die *Yin*-Meridiane verlaufen auf der Vorderseite des Körpers, auf Bauch, Innenseite der Arme und Beine; die *Yang*-Meridiane verlaufen auf dem Rücken und den Außenseiten der Arme und Beine. In der Massage wird links und rechts, oben und unten und vorne und hinten zu einem energetischen Ganzen gebracht.

Erlernen der Techniken

Traditionell übt ein chinesischer Masseur die Massagetechniken zuerst auf einem Reissäckchen, bevor er sie an Personen anwendet. So lernt er die Bewegungen zu beherrschen und seine Hände zu stärken, um das Reissäckchen in ein Mehlsäckchen zu „verwandeln“. Hier wird die Technik des *Gung Fa* gezeigt *(siehe auch unten)*.

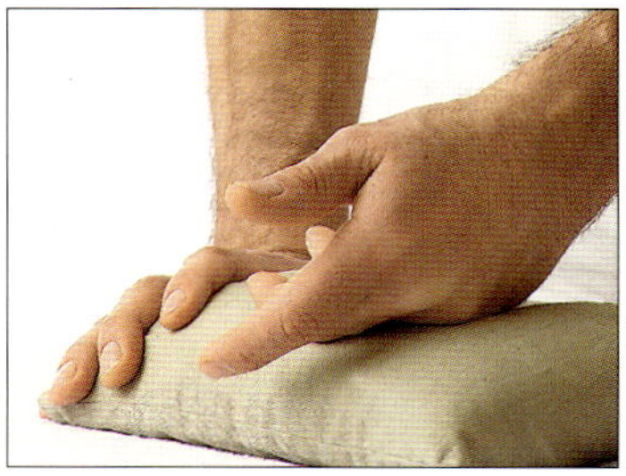

1 Die unteren Knöchel des Ringfingers und des kleinen Fingers auf den Reissack legen.

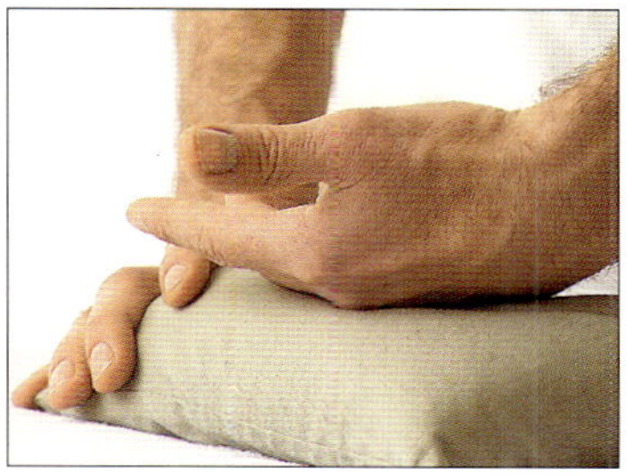

2 Das Handgelenk schnell und leicht schräg wegrollen.

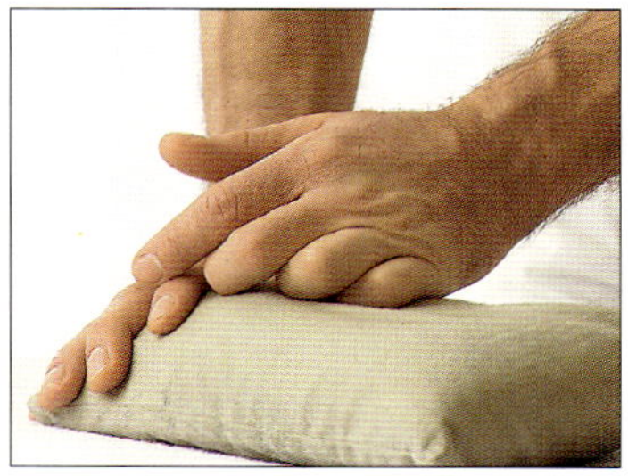

3 Das Handgelenk wieder zurück zu den Fingerknöcheln rollen. Wiederholen, bis Sie eine schnelle und kräftige Bewegung ausführen.

Rückenmassage

Obwohl die folgenden Techniken durch die Kleidung ausgeführt werden können, mag es Ihnen leichter fallen, direkt auf der Haut zu arbeiten. Richten Sie sich nach den Gegebenheiten.

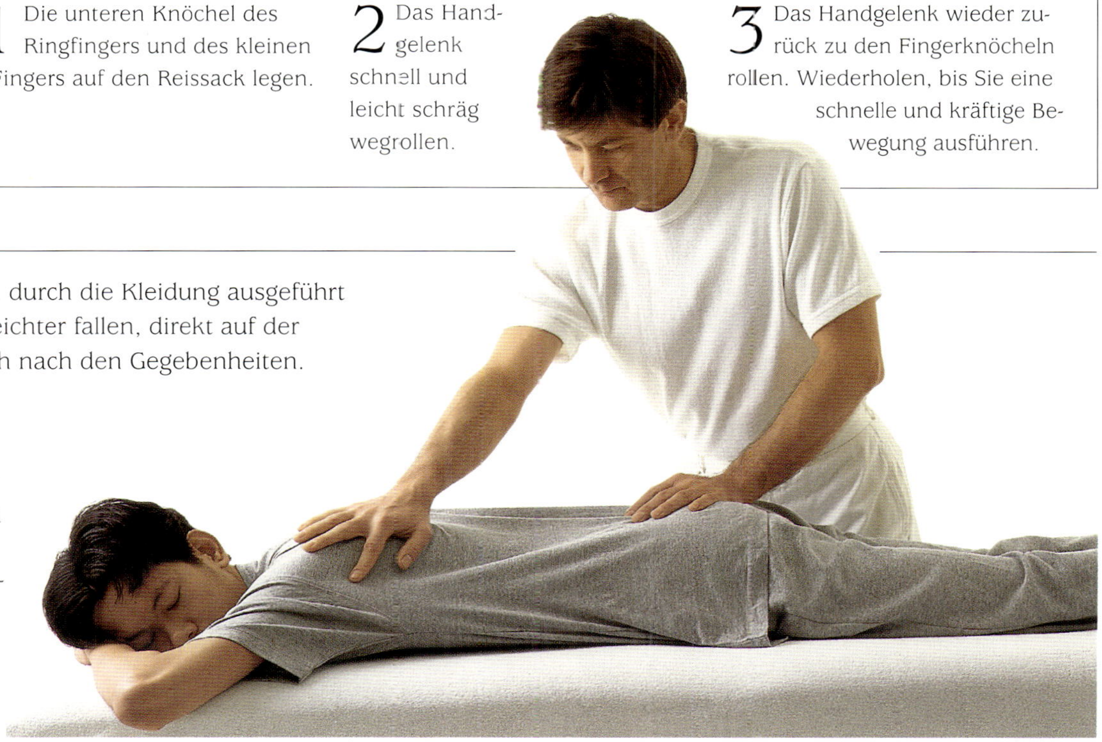

1 **Streichen** Eine Hand auf das Kreuzbein legen, um den Partner zu zentrieren. Mit der anderen Hand schnell und sanft auf der rechten Seite des Rückens und um die Schulter herum hochstreichen. Zurückgleiten, dann auf der linken Seite und zur Schulter hochstreichen.

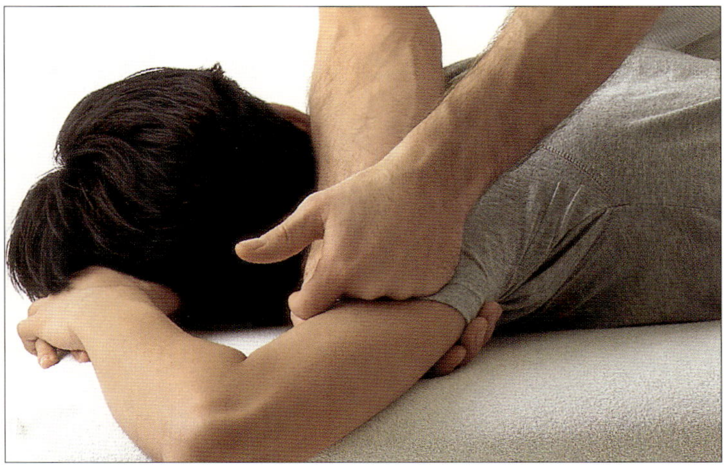

2 **Gung Fa** Den Oberarm mit einer Hand halten, und die Knöchel des Ringfingers und kleinen Fingers der anderen Hand auf den Arm legen. Das Handgelenk leicht schräg wegrollen, dann zurückrollen. Dies ist ein schneller und wirksamer Griff, der einige Übung erfordert *(siehe Sequenz oben)*. Den ganzen Oberarm und die Schulter bearbeiten, dann auf der anderen Seite wiederholen.

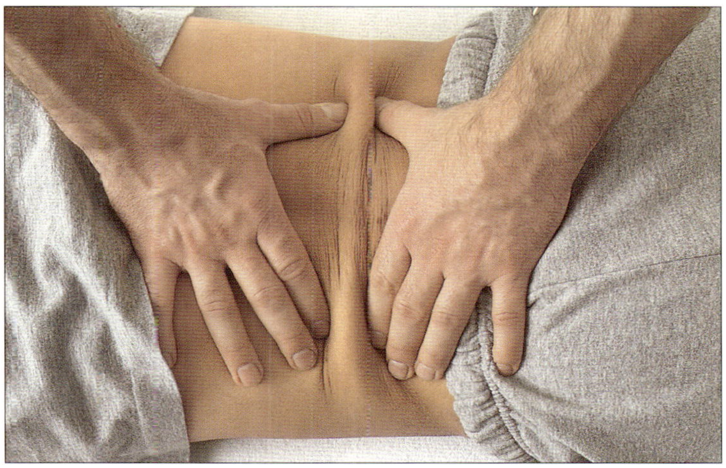

3 **Lendenwirbel Wiegen & Pressen** Daumen und Fingerspitzen auf die Muskeln legen, die seitlich der Wirbelsäule auf dem unteren Rücken verlaufen. Dann mit ruhigen Händen den Körper etwa 30 Sekunden langsam wiegen. Danach das Fleisch zwischen Fingern und Daumen pressen, die Hände dabei zusammenschieben, um mehr Druck zu erreichen. Etwa fünf Sekunden halten, dann loslassen.

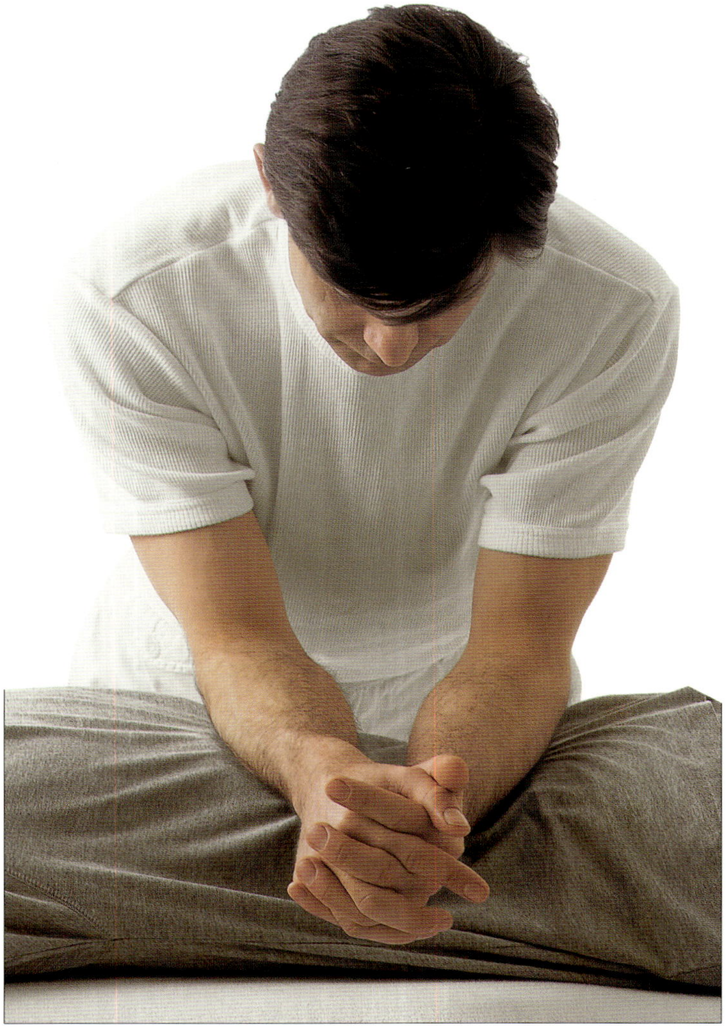

4 Kneten mit den Unterarmen Die Hände locker verschränken und die Unterarme auf den oberen und unteren Rücken legen. Dann mit den Unterarmen entgegen dem Uhrzeigersinn kreisen, dabei das Körpergewicht für tieferen Druck einsetzen. Langsam und systematisch die ganze Region bearbeiten. Diese Technik wirkt wärmend und dehnend.

5 Hühnchenflügel Die Unterarme bleiben in der Stellung, dann einen davon schnell den Rücken hoch und runter rollen, den anderen Arm dabei stillhalten. Achten Sie darauf, daß Ihr Körpergewicht gut verteilt ist, indem Sie die Beine spreizen. Danach mit dem anderen Unterarm über den Rücken rollen.

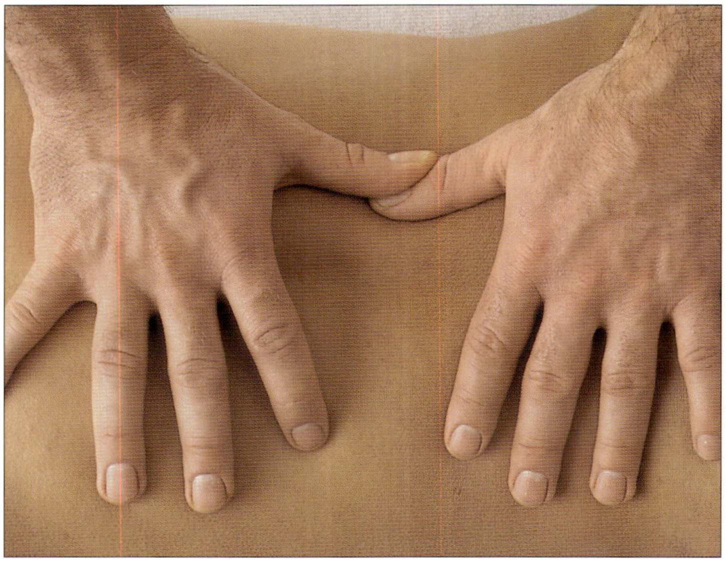

6 Gegen die Muskelfasern Einen Daumen auf den anderen legen, direkt neben der Wirbelsäule auf der Seite des Rückens, die Ihnen am nächsten ist. Pressen, und die Daumen in Richtung Wirbelsäule streichen, ein Daumen drückt dabei auf den anderen. Diese Technik erfordert etwas Übung und wirkt stärkend auf die Muskeln, das Streichen von der Wirbelsäule weg entspannt die Muskeln. Dieser Griff kann auf Beinen und Füßen angewendet werden.

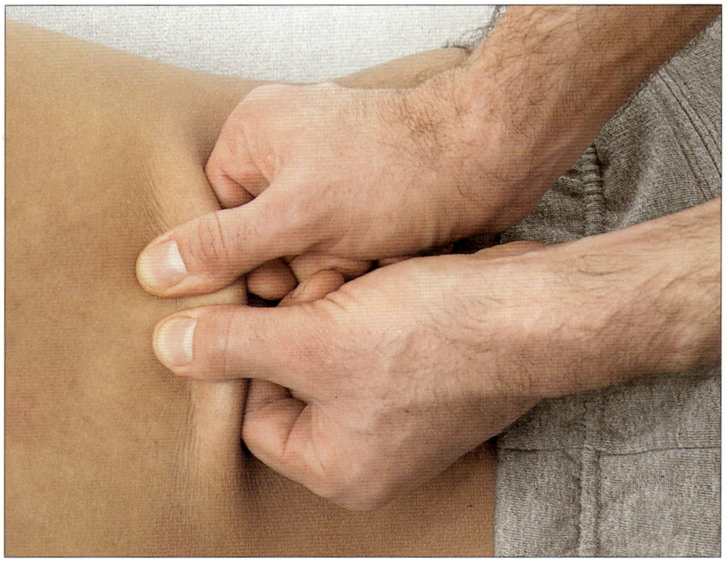

7 Haut rollen Das Fleisch auf dem Kreuzbein zwischen den Daumen und den Seiten der Zeigefinger pressen und nach oben rollen, indem die Daumen nach vorne schreiten. Wenn Sie die Rückenmitte erreicht haben, zurückgleiten und den Griff dreimal wiederholen. Dann das Fleisch auf dem Kreuzbein noch einmal pressen, aber statt zu rollen jetzt stark ziehen. Dabei kann ein knallendes Geräusch entstehen. Loslassen und weiter oben am Rücken wiederholen.

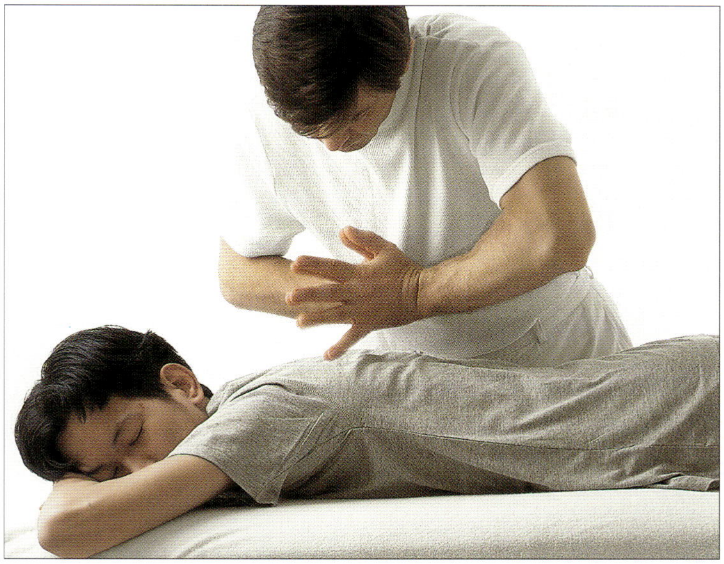

8 **PERKUSSION** Die Handflächen und Fingerspitzen zusammendrücken, die Ellbogen zur Seite heben. Dann eine hackende Bewegung mit den Händen ausführen. Beim Gesäß beginnen und versuchen, ein knallendes Geräusch zu erzeugen, wenn die Finger aufeinander schlagen. Den ganzen Rücken bearbeiten, aber die Wirbelsäule dabei vermeiden.

9 **SÄGEN** In der traditionellen chinesischen Massage wird für diese kräftige Bewegung ein spezielles, wärmendes Öl verwendet. Mit einer Hand auf dem Rücken abstützen, und mit der Handkante der anderen Hand eine schnelle, sägende Bewegung seitlich der Wirbelsäule hoch und runter durchführen,

MASSAGE IM SITZEN

Für die extra tiefen Griffe auf Armen und Schultern sollten Sie Ihren Partner bitten, sich auf eine Couch oder einen Stuhl zu setzen. Sie können seinen Rücken unterstützen, indem Sie ein Knie dahinterstellen. Das ist für beide bequem.

1 ▲ **TIEFES PRESSEN** Halten Sie die Schädelbasis fest an beiden Seiten. Mit der anderen Hand den Arm bis zum Handgelenk hinunter pressen. Etwa dreimal wiederholen, dann die Hände wechseln und den anderen Arm bearbeiten.

2 ▲ **GUNG FA** Dieser kräftige Griff *(siehe Seite 79)* ist vor allem in der Sitzposition sehr wirksam. Den Arm des Partners der Länge nach mit einer Hand stützen, und mit der anderen Hand *Gung Fa* auf dem Oberarm und den Schultern ausüben. Auf dem anderen Arm wiederholen.

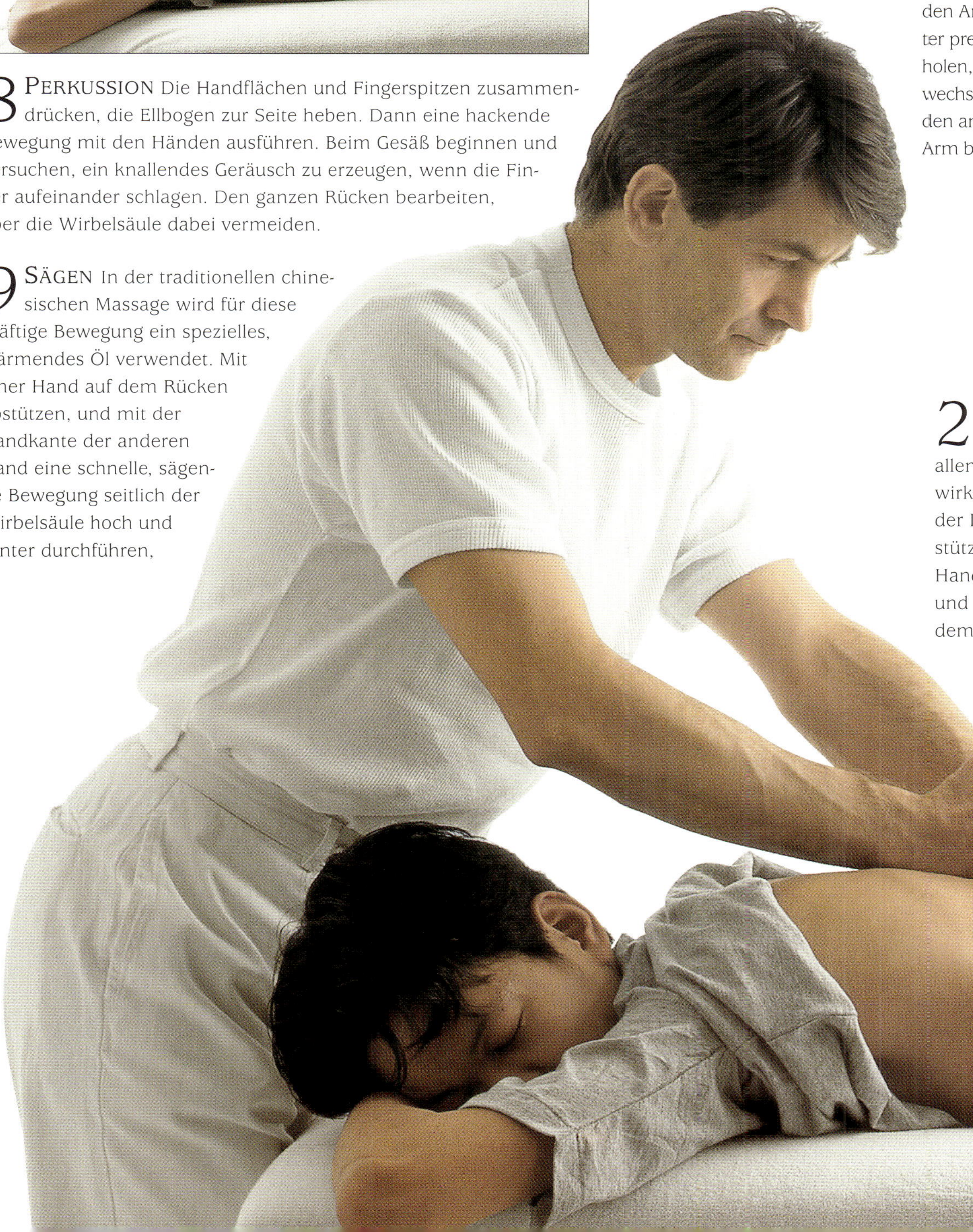

Indische Massage

Ein indisches Gemälde aus dem 19. Jahrhundert zeigt die Visite eines ayurvedischen Arztes

In Indien ist die Massage Teil des täglichen Lebens. Wenn Sie in ein Dorf gehen, werden Sie feststellen, daß fast jeder eine Massage geben kann: Mütter massieren ihre Babys, und junge Kinder und ihre Eltern und Großeltern massieren sich gegenseitig. Zu einer typischen Massage gehören langsame, sanfte Streichbewegungen, schnelle, erfrischende Griffe und wärmende Techniken wie Reiben und Pressen.

> *Die Massage ist für den Körper von der Geburt bis zum Tod so wichtig wie die Nahrung. Lebensmittel nähren aus äußeren Quellen, während die Massage die inneren Resourcen stimuliert.*
>
> Harish Johari, 1984

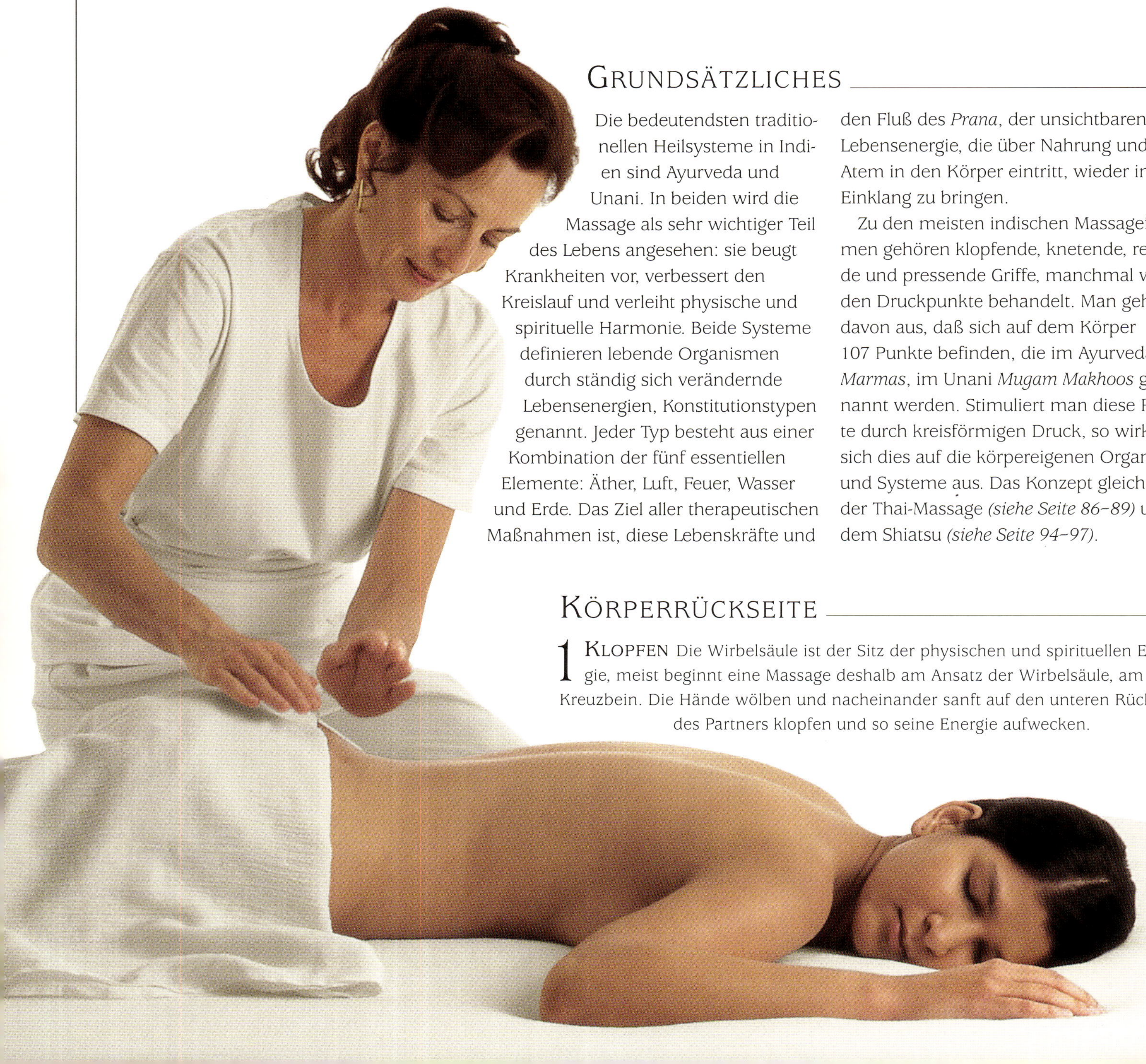

Grundsätzliches

Die bedeutendsten traditionellen Heilsysteme in Indien sind Ayurveda und Unani. In beiden wird die Massage als sehr wichtiger Teil des Lebens angesehen: sie beugt Krankheiten vor, verbessert den Kreislauf und verleiht physische und spirituelle Harmonie. Beide Systeme definieren lebende Organismen durch ständig sich verändernde Lebensenergien, Konstitutionstypen genannt. Jeder Typ besteht aus einer Kombination der fünf essentiellen Elemente: Äther, Luft, Feuer, Wasser und Erde. Das Ziel aller therapeutischen Maßnahmen ist, diese Lebenskräfte und den Fluß des *Prana*, der unsichtbaren Lebensenergie, die über Nahrung und Atem in den Körper eintritt, wieder in Einklang zu bringen.

Zu den meisten indischen Massageformen gehören klopfende, knetende, reibende und pressende Griffe, manchmal werden Druckpunkte behandelt. Man geht davon aus, daß sich auf dem Körper 107 Punkte befinden, die im Ayurveda *Marmas*, im Unani *Mugam Makhoos* genannt werden. Stimuliert man diese Punkte durch kreisförmigen Druck, so wirkt sich dies auf die körpereigenen Organe und Systeme aus. Das Konzept gleicht der Thai-Massage *(siehe Seite 86–89)* und dem Shiatsu *(siehe Seite 94–97)*.

Körperrückseite

1 **Klopfen** Die Wirbelsäule ist der Sitz der physischen und spirituellen Energie, meist beginnt eine Massage deshalb am Ansatz der Wirbelsäule, am Kreuzbein. Die Hände wölben und nacheinander sanft auf den unteren Rücken des Partners klopfen und so seine Energie aufwecken.

2 ▸ Sanftes Kreisen Mit den mittleren Fingern einer Hand sanfte Kreise um das Kreuzbein herum ziehen. Dann mit den mittleren Fingern der anderen Hand auch auf dem oberen Rücken, zwischen den Schulterblättern Kreise ziehen. Die Bewegung eine Zeitlang sacht und leicht fortführen, dann den ganzen Rücken ausstreichen.

3 Daumendruck Mit den Daumen auf beiden Seiten der Wirbelsäule tiefe Kreise ziehen. Am unteren Rücken beginnen und in einer spiralförmigen Bewegung bis zur Nackenbasis hocharbeiten.

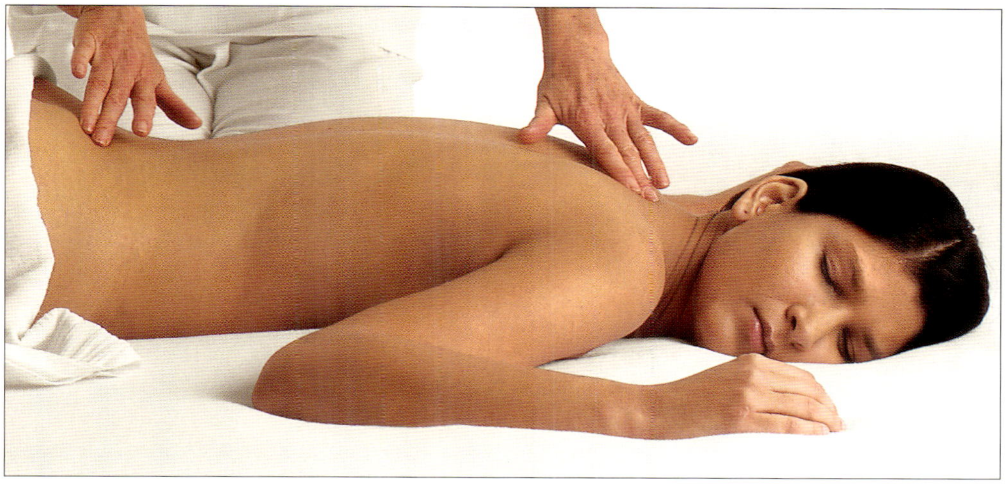

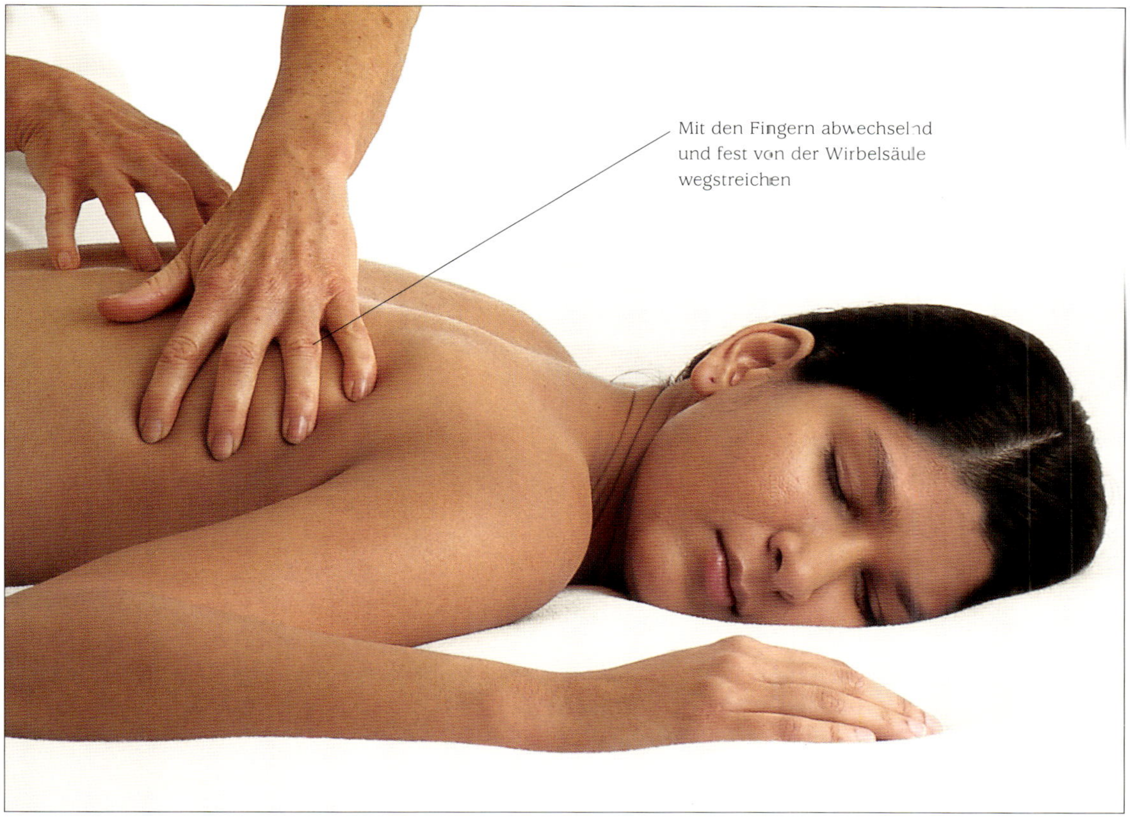

Mit den Fingern abwechselnd und fest von der Wirbelsäule wegstreichen

4 ◂ Fingerstreichen Zu Beginn mit einer Hand nach der anderen langsam und kräftig auf der einen Seite des Rückens nach oben streichen, dann auf der anderen Seite. Dann seitlich zum Rücken stellen und auf der entgegengesetzten Seite abwechselnd mit den Händen von der Wirbelsäule weg nach außen streichen. Die Finger dabei so spreizen, daß Sie tief zwischen den Rippen massieren können. Bis zu den Hüften hinunterarbeiten, dann die ganze Zone ausstreichen.

5 ▸ Daumenstreichen Jetzt massieren Sie die Schulter und den Arm. Entweder neben dem Körper knien oder über ihn hinüberlehnen. Die Finger unter den Oberarm legen, dann langsam und sanft den Arm hinunterstreichen und dabei mit den Daumen fest pressen. Den ganzen Arm hinunterstreichen und an den Händen hinausgleiten. (Diese Technik unterscheidet sich von der westlichen Massage, in der in Richtung Herz massiert wird.) Dann wiederholen Sie Schritt 4–5 auf der anderen Körperseite.

Mit den Daumen tiefen Druck auf den Arm ausüben

KÖRPERVORDERSEITE

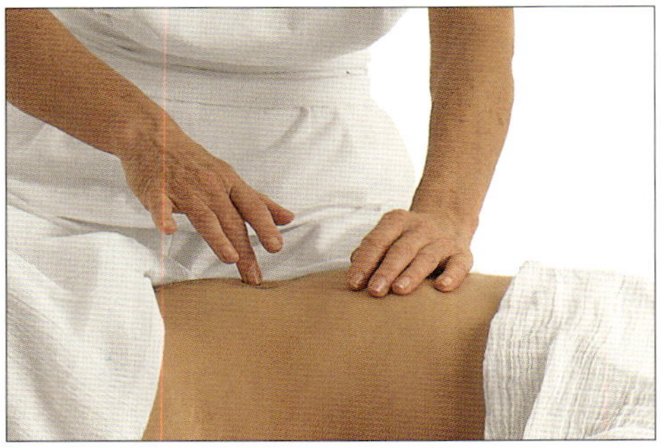

1 BAUCHNABEL KREISEN Der Partner legt sich auf den Rücken und winkelt die Knie an. Eine Hand direkt unter den Rippen auf den Bauch legen. Mit dem Mittelfinger der anderen Hand sanft um den Nabel herumstreichen. In der indischen Massage ist der Bauchnabel ein wichtiges Energiezentrum.

2 SEITLICHES STREICHEN Abwechselnd mit den Händen sanft und fest auf den Bauchseiten nach oben streichen. Wenn eine Hand oben ankommt, anheben und zur Startposition zurückbringen. Versuchen Sie, so rhythmisch wie möglich zu streichen. Auf der anderen Seite wiederholen.

3 ▸ HANDFLÄCHEN PRESSEN Diesen Griff habe ich von einer Hebamme in Indien gelernt. In Hüfthöhe eine Hand auf die andere legen und sehr langsam den Bauch hochstreichen. Mit den Handflächen einen tiefen Druck ausüben, beim Partner vergewissern, daß er nicht zu stark ist. Wenn der Nabel erreicht ist, den Druck lockern und zurückgleiten. Dreimal wiederholen.

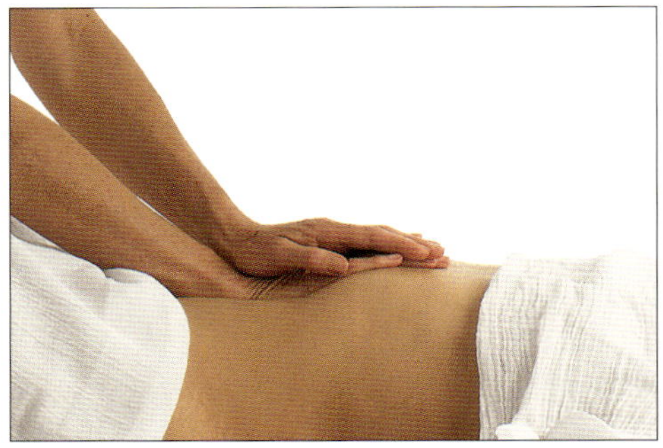

4 BERUHIGENDES STREICHEN Mit beiden Händen sanft vom Bauchnabel zur Brust hochstreichen, dann nach außen über die Rippen und die Arme hinunter. Danach die Arme massieren: Mit beiden Händen den Arm pressen und drehen und bis zu den Fingern hinunterarbeiten.

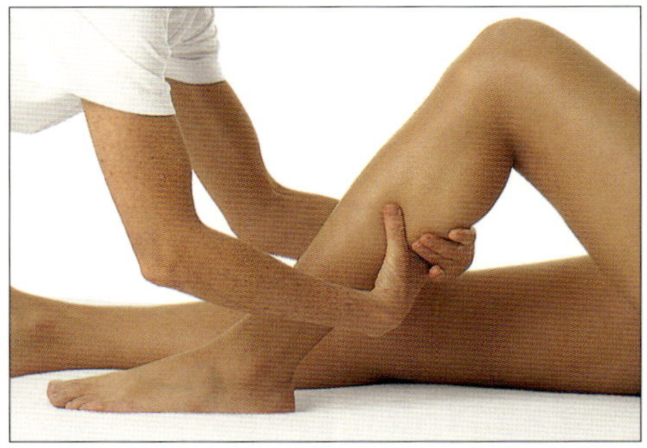

5 ▴ ÜBERKREUZEN Eine Hand nach der anderen den Schenkel hinunter bis zum Knie streichen. Dann das Bein beugen und mit den Händen um die Wade herumfassen. Die Finger fest zu sich hinziehen und dabei das Fleisch pressen, dann den Druck lockern und auf der Vorderseite nach unten gleiten. Den ganzen Unterschenkel so bearbeiten und auf dem anderen Bein wiederholen.

6 ◂ AURA STREICHEN Die Hände knapp über der Oberfläche des Gesichts halten und langsam über der Zone bewegen. Genauso den Nacken hinuntergleiten, dann jeweils auf den Armen und weiter bis zur Körpermitte. Dadurch sollen die Energien ausgeglichen werden, nach einiger Zeit kann es sein, daß der Partner ein Prickeln verspürt.

Indische Brautmassage

In Indien erhalten Braut und Bräutigam traditionell zehn Tage lang vor der Hochzeit eine regelmäßige Massage. Das soll die Braut entspannen und ihre Haut glänzen lassen und im Bräutigam Vitalität und Zeugungskraft verbessern. Die Braut wird mit Ubtan, einer Mischung aus Kräutern, Gewürzen und ätherischem Jasminöl (siehe unteres Rezept) massiert. Dadurch wird die Haut weich, strahlend und von Jasminduft durchtränkt.

Glänzende Haut

Tragen Sie die Ubtan-Mischung mit streichenden und knetenden Bewegungen auf den ganzen Körper auf, als würden Sie die Haut schrubben wollen. Wenn sie zu trocknen beginnt, weiterreiben, bis die ganze Paste entfernt ist. Dadurch wird die Haut weich, seidig und bekommt einen gesunden Glanz. Danach die Haut mit klarem Wasser oder Rosenwasser abreiben.

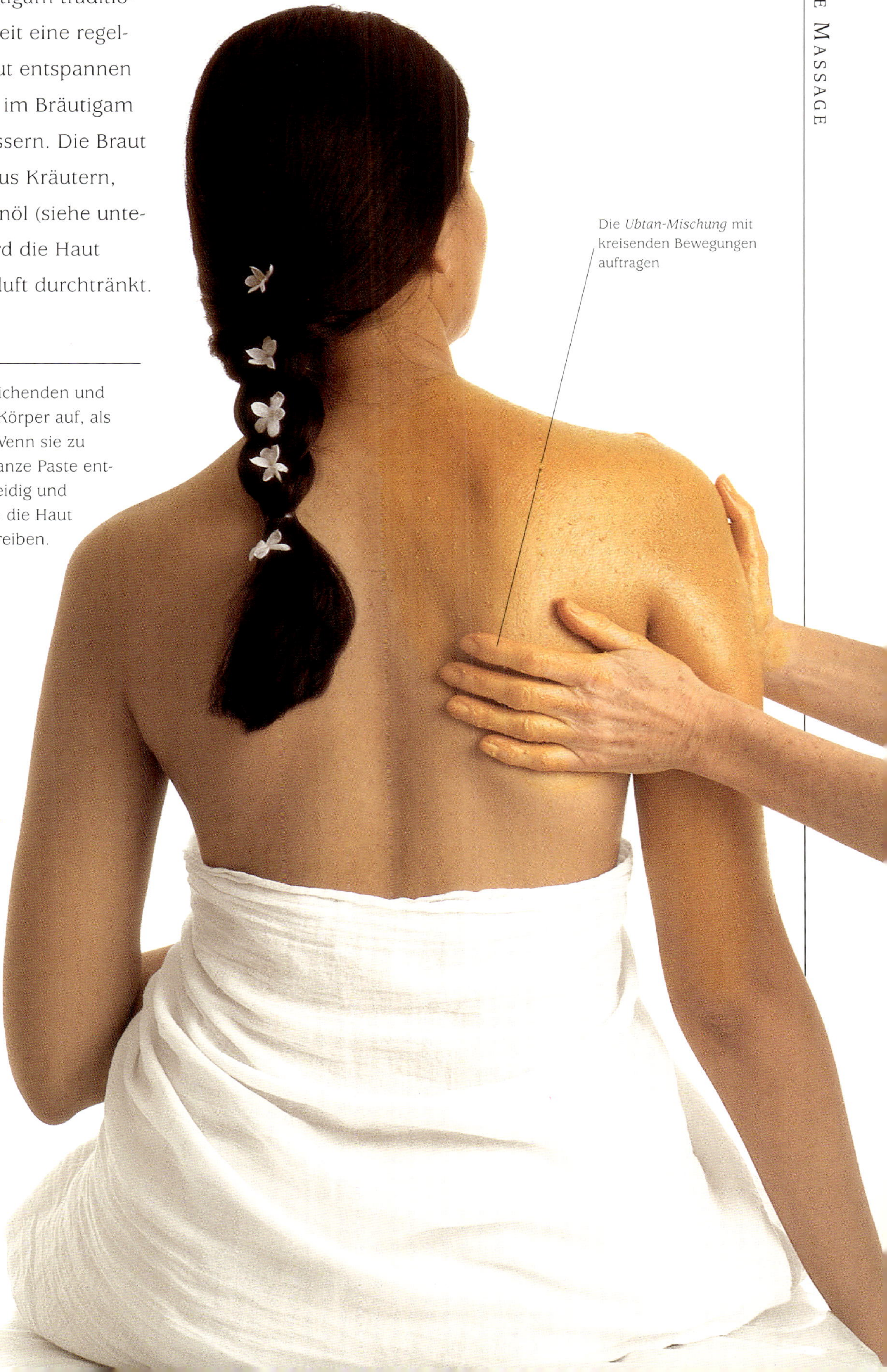

Die *Ubtan-Mischung* mit kreisenden Bewegungen auftragen

Ubtan-Mischung

Für den ganzen Körper:

4 EL Kichererbsenmehl
2 TL gemahlene Sesamsamen
1 TL Kurkumapulver
1 TL Bockshornkleepulver
1 TL gemahlene Senfkörner
45 ml (3 EL) Sesamöl
5 ml (1 TL) Senföl
2 1/2 ml (1/2 TL) Weizenkeimöl
10 Tropfen Jasminöl
5 Tropfen Sandelholzöl

✦

Alle Zutaten zu einer cremigen Paste vermischen

THAI-MASSAGE

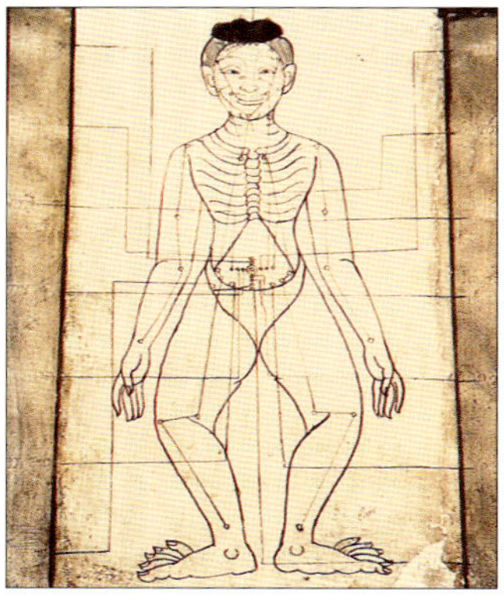

MALEREIEN AUF DEN WÄNDEN DES WAT PHO TEMPELS IN BANGKOG ZEIGEN DIE SEN-LINIEN, DIE IN DER THAI-MASSAGE BENUTZT WERDEN

DIE TRADITIONELLE THAI-MASSAGE soll ihre Wurzeln in der indischen Medizin haben, die Techniken sollen seit dem 3. Jh. v. Chr. von Lehrer zu Schüler weitergegeben worden sein. Ein weiterer Einfluß stammt eventuell von chinesischen Siedlern. Wie auch in anderen östlichen medizinischen Traditionen basiert die Thai-Massage auf der Vorstellung von Energielinien im Körper und steht in enger Verbindung zum Buddhismus. Manchmal wird sie auch Thai-Yoga-Massage genannt, viele Dehnübungen gleichen den Yogastellungen. Ich zeige hier einige der vielen Griffe.

> *„Das Geben einer Massage war die physische Anwendung von* Metta, *das Pali- (und Thai-) Wort im Theravada-Buddhismus für „Liebenswürdigkeit".“*
>
> ASOKANANDA, THE ART OF TRADITIONAL THAI MASSAGE, 1996

GRUNDSÄTZLICHES

Vollkommene Gesundheit ist abhängig vom ausgeglichenen Fluß der Lebensenergie *Prana* durch ein unsichtbares Netzwerk von Kanälen im Körper. Diese Kanäle werden *Sen*-Linien genannt und gleichen dem chinesischen Konzept der Meridiane *(siehe Seite 78)*. Unter den 72 000 *Sen*-Linien im Körper sind zehn sehr wichtig in der Thai-Massage.

Der Thai-Masseur versucht diese Energie durch Dehnen der *Sen*-Linien und durch Pressen der wichtigsten Punkte mit Händen, Füßen und Ellbogen in ein vollkommenes Gleichgewicht zu bringen. Der physische Körper ist in der Thai-Massage das Mittel, durch das der psychische oder emotionale Körper erreicht werden kann. Die Massage wird in einer meditativen Stimmung ausgeführt: Der Masseur beginnt mit einem Gebet und arbeitet sehr bewußt. Eine Sequenz dauert etwa 2 bis 21/2 Stunden.

KÖRPERVORDERSEITE

Diese Sequenz beginnt auf den Beinen, an denen sich sechs *Sen*-Linien befinden. Druck verbindet sich mit dehnenden Bewegungen.

1 ÄUSSERER SCHENKEL Das linke Knie über den rechten Schenkel beugen und mit der linken Hand unten halten. Dadurch wird der Rücken gedehnt. Dann mit der rechten Handfläche unter den Schenkelmuskeln eine Reihe statischen Drucks bis zu den Hüften hoch ausführen. Auf dem rechten Bein wiederholen.

2 INNENSCHENKEL Jetzt den linken Oberschenkel im rechten Winkel nach außen legen. Die linke Ferse mit der rechten Hand halten, und mit dem ganzen Körper daran ziehen. Dann mit dem rechten Fuß den Schenkel stützen und mit dem linken Fuß auf dem Innenschenkel „entlanglaufen". Rechts wiederholen.

3 DREHUNG DER WIRBELSÄULE Das linke Bein über das rechte legen, und mit der linken Hand halten. Dann die rechte Hand in die Vertiefung unter dem Schlüsselbein legen, und die Schulter sanft auf den Boden drücken. Dies ist eine schöne Dehnung. Auf der anderen Seite wiederholen.

PRAKTISCHE TIPS

Vor der Massage sollten Sie sich entspannen und auf den Partner konzentrieren. Während der ganzen Massage langsam und tief atmen.

✦

Das Konzept der Energiebahnen im Körper mag schwer zu verstehen sein, vor allem, wenn man die unterschiedlichen Theorien in den östlichen Kulturen verfolgt. Es ist hilfreich, sich unsichtbare Flüsse vorzustellen, die im Körper steigen und fallen; bei manchen sind sie schwächer, bei anderen stärker. Versuchen Sie mit Ihrer Intuition das Fließen zu verfolgen.

ERSTER SCHRITT

4 NIERENSTIMULATION Bei gespreizten Beinen die Fußsohlen des Partners auf die eigenen Knie legen. Mit den Händen die Knie umfassen und langsam zu sich hinziehen *(erster Schritt)*. Dann nach hinten und unten bewegen und dabei den Körper des Partners anheben, der Rücken bleibt entspannt (zweiter Schritt). Den Partner in den Schulterstand ziehen, während Sie in die Hocke gehen (dritter Schritt). Dadurch werden die Nierenlinien gestreckt und die Nierenpunkte auf den Fußsohlen stimuliert.

ACHTUNG

Während der ganzen Übung auf einen festen Griff achten!

ZWEITER SCHRITT

DRITTER SCHRITT

KÖRPERRÜCKSEITE

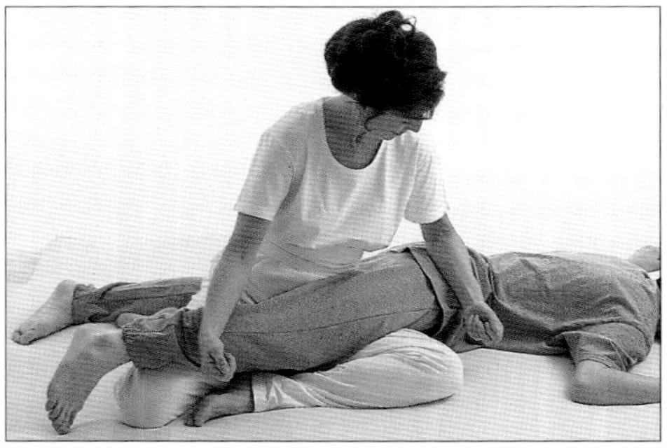

1 ENTSPANNUNG VON RÜCKEN UND SCHENKEL Bitten Sie Ihren Partner, sich umzudrehen, dann setzen Sie sich zwischen seine Beine und legen eines seiner Beine über Ihre Knie. Dann einen Unterarm rhythmisch über Gesäß und Beine rollen. Das ist auch für den Masseur sehr entspannend.

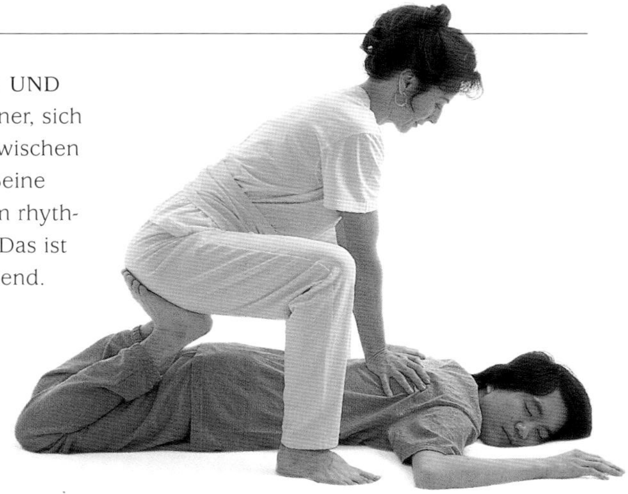

2 DEN RÜCKEN PRESSEN Auf die Füße des Partners setzen und seitlich der Wirbelsäule mit den Handflächen tiefen Druck ausüben, den Rücken hoch und runter arbeiten. Dabei das Körpergewicht einsetzen, dann die Bewegung mit Daumendruck wiederholen. Wenn diese Position unangenehm ist, können Sie sich neben dem Körper hinknien.

3 SANFTE „KOBRADEHNUNG" Auf die Schenkel, nicht auf die Knie des Partners knien, dann gegenseitig an den Handgelenken fassen. Langsam nach hinten lehnen und dabei den Partner sanft nach oben ziehen. Dann zurück, und dreimal wiederholen.

Massage im Sitzen

1 Gegen-Kobra Bitten Sie Ihren Partner, sich wieder auf den Rücken zu legen. Dann stellen Sie sich mit den Füßen nahe an sein Gesäß, kreuzen seine Beine und lehnen sie an Ihre Schienbeine. Die Handgelenke fassen und den Partner zu Ihnen hinziehen. Dreimal wiederholen, dann langsam nach hinten gehen und den Partner in die Sitzstellung hochziehen.

2 Arme Der Partner sitzt, und Sie knien sich hinter ihn und ziehen sanft seinen linken Ellbogen mit Ihrer rechten Hand nach hinten. Sein Körper bleibt dabei gerade. Nur so fest ziehen, daß es noch angenehm ist für ihn. Dann mit der linken Hand den ganzen Oberarm pressen, dadurch werden die Energiebahnen auf dem Innenarm stimuliert. Dieses Gebiet kann etwas verspannt sein. Am anderen Arm wiederholen.

3 Lockern der Schultern Mit geraden Beinen hinter den Partner stehen und die Daumen nahe zum Nacken auf die Schultern legen. Langsam Ihr Körpergewicht einige Sekunden lang auf die Daumen verlagern, dann lösen und etwas weiter weg wiederholen. Die knochigen Gebiete auslassen.

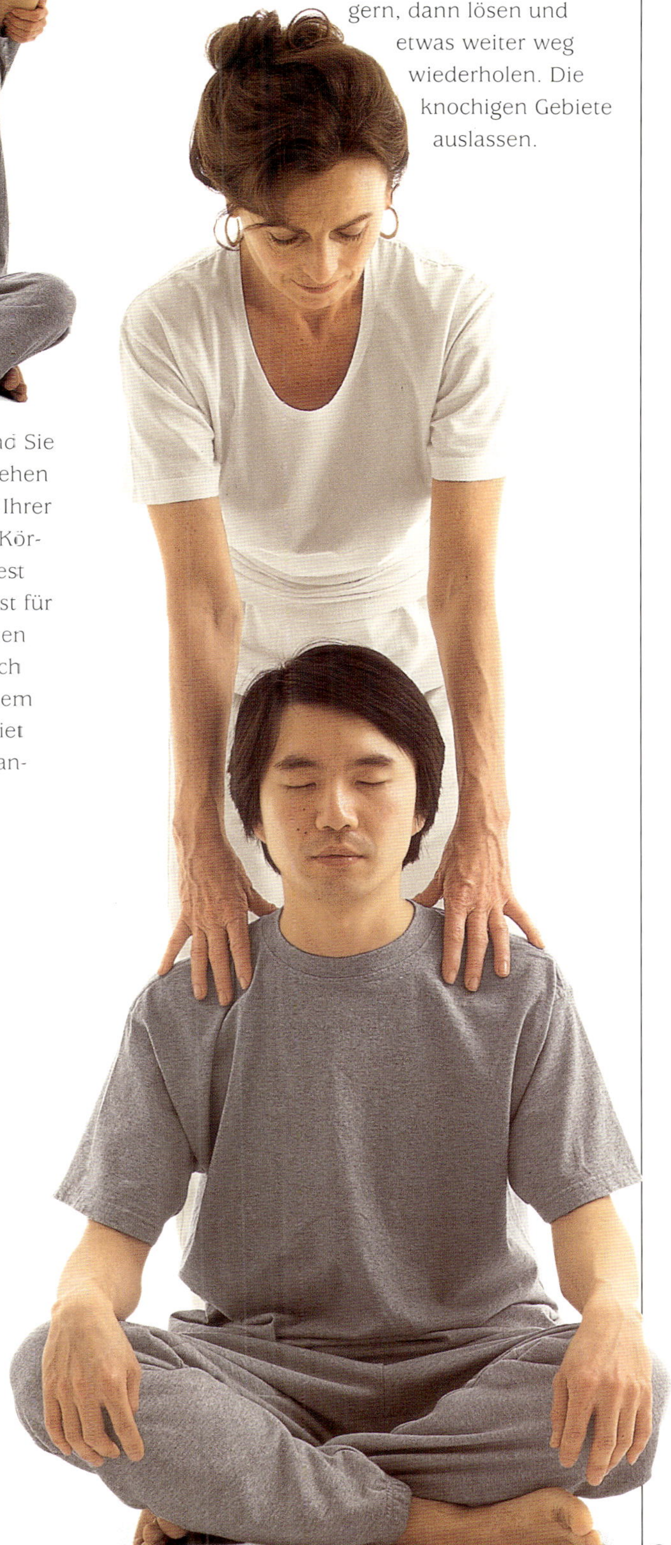

Östliche Kopfmassage

Diese Abbildung aus dem 15. Jh. zeigt einen persischen Barbier, der eine stimulierende Kopfmassage gibt

Die Kopfmassage ist in östlichen Ländern sehr beliebt. In Indien, China, Singapur und in der Türkei bieten die meisten Friseure automatich eine Kopfmassage an. Das Wort Shampoo entstammt dem Hindi Wort *capna*, mit der Bedeutung „pressen" oder „reiben". Diese zehnminütige Massage ist sehr energetisch und sollte auf trockenem Haar durchgeführt werden. Bei der Massage um den Partner herumgehen nicht an den Haaren ziehen.

„Diese Kopfmassage habe ich in Indien gelernt. Stellen Sie sich die Kopfhaut als Fortsetzung des Gesichtes vor, das gestreichelt, gedrückt und geklopft wird. Ihr Partner wird danach sehr erfrischt und belebt sein."

1 ◂ **Kompression** Um das Bewußtsein zu der Region hinzuleiten, legen Sie Ihre Hände ganz leicht auf beide Seiten des Kopfes, die Finger zeigen dabei nach oben. Nach etwa einer Minute die Hände leicht gegen den Kopf und nach oben pressen. Langsam lösen und mehrmals wiederholen. Dieser einfache Griff ist unglaublich entspannend.

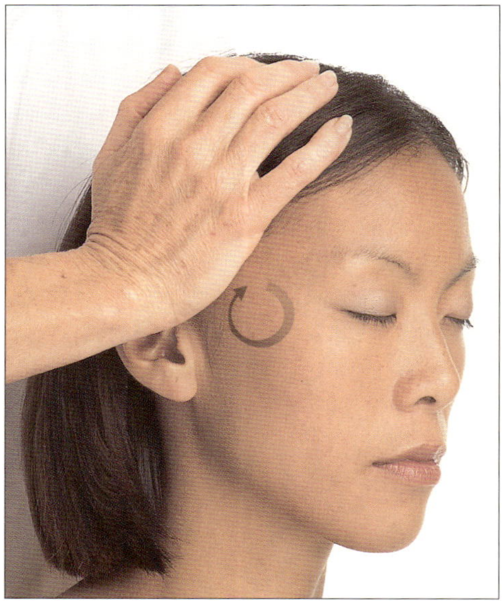

2 ▴ **Druck mit den Handflächen** Den Kopf mit der linken Hand stützen und mit der rechten Hand kreisförmig Druck auf dem ganzen Kopf ausüben. In die Kopfhaut pressen, so daß das Hautgewebe und nicht die Haare bewegt werden. Dieser Griff ist besonders an den Schläfen angenehm. Mit der linken Hand wiederholen, danach mit beiden Handflächen die Kopfhaut an den Seiten heben und kreisen.

3 DRUCK MIT DEN FINGERN Mit entspannten, gekrümmten Fingern kreisförmig Druck auf der ganzen Kopfhaut ausüben, von der Stirn bis zum Nacken. Die Finger fest auf einer Stelle lassen, so daß die Haut gegen den Knochen gedrückt wid. Je entspannter die Kopfhaut, desto mehr können Sie sie bewegen. Dann statischen Fingerdruck an den Kopfhauträndern ausführen *(siehe Seite 38–39)*.

4 ENERGISCHES REIBEN Den Kopf mit der linken Hand stützen, und mit den flachen Fingern der rechten Hand schnell und leicht auf dem Kopf vor- und zurückreiben. Hinter dem rechten Ohr beginnen und den ganzen Kopf bearbeiten. Dann den Griff mit den Fingern der linken Hand wiederholen, und mit der rechten Hand den Kopf stützen.

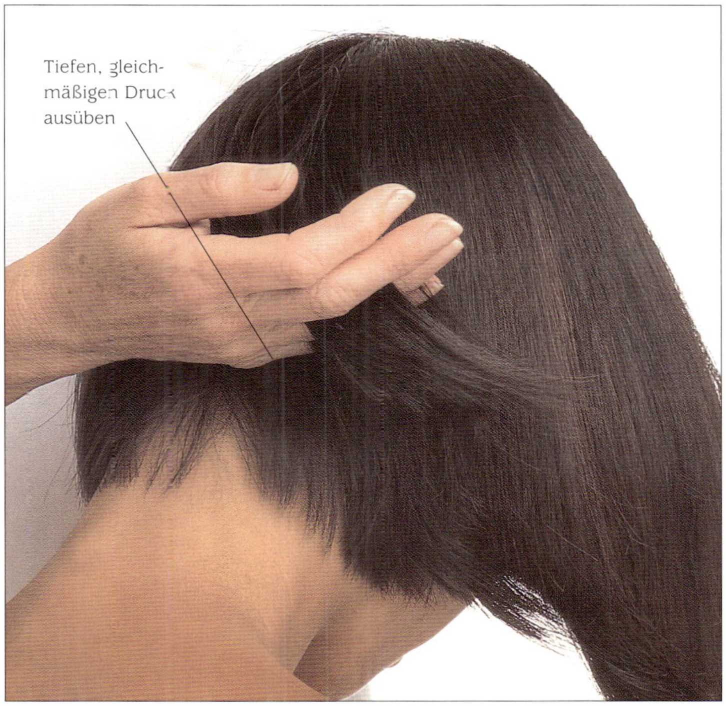

5 ZICK-ZACK Mit den Fingerspitzen der rechten Hand kurze Zick-Zack-Bewegungen ausführen, während die linke Hand den Kopf stützt. Langsam und sanft beginnen, dann die Bewegung schneller und tiefer werden lassen. Das ist erfrischend und belebend. Um die Massage noch stimulierender zu machen, können Sie die Fingernägel benutzen. Ihr Partner wird es lieben oder hassen!

6 SÄGENDE STREICHBEWEGUNGEN Um Spannungen im Nacken zu lösen, stützen Sie den Kopf mit Ihrer linken Hand und reiben mit der rechten Handkante an der Schädelbasis in einer sägenden Bewegung vor und zurück. Versuchen Sie einen festen und gleichmäßigen Druck auszuüben. Dann die Nackenbasis mit den Fingern und Daumen einer Hand kneten. Hände wechseln.

Die Handgelenke bleiben entspannt und flexibel

7 ◂ **PERKUSSION** Die Fingerspitzen gegeneinander pressen und dann mit den Handkanten sanft auf den Kopf klopfen. Die Bewegung sollte so federnd wie möglich sein, die Betonung liegt in der Aufwärtsbewegung. Dann wenden Sie die anderen Perkussionstechniken an: Mit den Fingern und Daumen abwechselnd an der Kopfhaut zupfen und mit den Handkanten hacken.

Die Fingerspitzen sind leicht gegeneinander gepreßt

8 **RÜTTELN** Den Kopf mit der linken Hand stützen, und die rechte Handfläche fest auf den Kopf pressen, die Haut auf der Stelle rütteln. Den ganzen Kopf so bearbeiten, dann die Hände wechseln. Dieser Griff ist an den Seiten besonders angenehm.

‘Durch das Verändern von Technik, Druck und Geschwindigkeit, können Sie das Gefühl von Regentropfen, einer kräftigen Dusche oder sogar von einem peitschendem Regensturm hervorrufen.’

9 ◂ **Sanftes Haarziehen** Die linke Hand auf den Kopf legen und mit der rechten eine Handvoll Haare an den Wurzeln greifen und um die Finger wickeln. Sanft daran ziehen, einige Sekunden halten, dann loslassen und mit der linken Hand wiederholen. Abwechselnd mit den Händen arbeiten. Dieser Griff ist himmlisch, wenn er richtig ausgeführt wird, und schrecklich, wenn er falsch angewendet wird.

10 ▴ **Kämmen** Um die Massage abzuschließen, mit den Fingern abwechselnd durch die Haare streichen, dabei aber nicht an den Haaren ziehen. Versuchen Sie diesen Griff so flüssig wie möglich durchzuführen. Dann mit den Fingerspitzen beider Hände so leicht wie eine Feder über den Kopf streichen.

Praktische Tips

Um die Wirkung der einzelnen Griffe kennenzulernen, sollten Sie sie an sich selbst ausprobieren. Einige Schritte müssen Sie vielleicht verändern, aber das hilft Ihnen, diese Massage richtig zu erlernen.

✦

Die Drucktechniken in den Schritten 1–3 können Sie auch anwenden, wenn Sie Shampoo oder eine Spülung auf die Haare geben.

SHIATSU

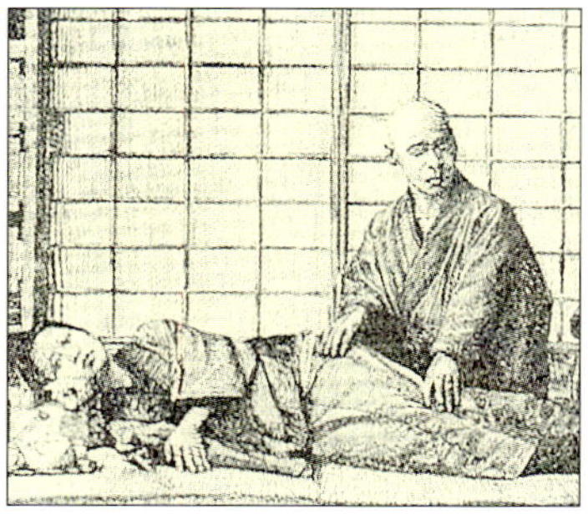

DIESER STICH AUS DEM 19. JH. ZEIGT DIE TRADITIONELLE MASSAGEPRAXIS DES *ANMA*, EINES VORLÄUFERS DES SHIATSU IN JAPAN

SHIATSU bedeutet übersetzt „Fingerdruck". Es wurde in Japan entwickelt und hat seine Wurzeln in der Traditionellen Chinesischen Medizin. Shiatsu beruht auf dem östlichen Prinzip der Lebensenergie (*Ki* in Japan, *Qi* in China), die durch die senkrechten Meridiane des Körpers fließt. Entlang dieser Meridiane wird mit den Daumen oder Handballen Druck ausgeübt, um den Fluß des Ki zu beeinflussen und Harmonie und Gesundheit zu fördern. Shiatsu wird meist durch die Kleidung hindurch praktiziert.

> *„Der Druck der Hände läßt die Lebensquellen fließen."*
>
> TOKUJIRO NAMIKOSHI, SHIATSU MASTER, 1972

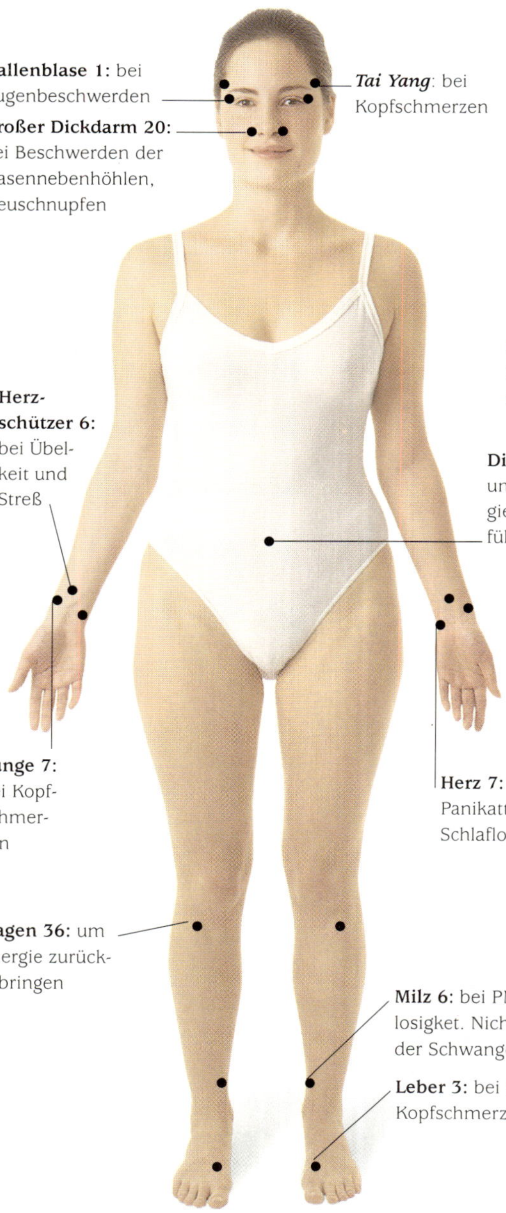

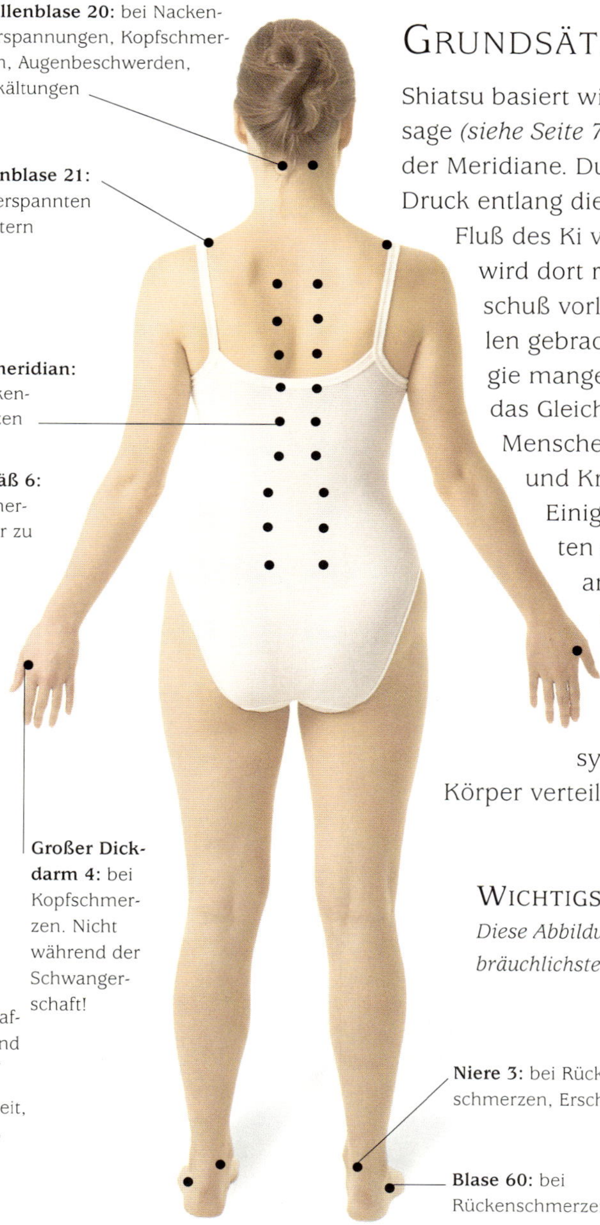

GRUNDSÄTZLICHES

Shiatsu basiert wie die chinesische Massage *(siehe Seite 78–81)* auf der Theorie der Meridiane. Durch das Ausüben von Druck entlang dieser Meridiane wird der Fluß des Ki verändert. Die Energie wird dort reduziert, wo ein Überschuß vorliegt *(Jitsu)* und an Stellen gebracht, denen es an Energie mangelt *(Kyo)*. Dadurch wird das Gleichgewicht in einem Menschen wiederhergestellt und Krankheiten geheilt. Einige Therapeuten arbeiten auf den ganzen Meridianen, während andere sich auf spezielle Shiatsu-Punkte konzentrieren. Es gibt etwa 600 Punkte, die symmetrisch auf dem Körper verteilt sind.

WICHTIGSTE SHIATSU-PUNKTE

Diese Abbildung zeigt einige der gebräuchlichsten Shiatsu-Punkte.

PRAXIS

Shiatsu wird meist auf dem Boden ausgeführt. Es ist wichtig, das Körpergewicht dabei richtig einzusetzen. Versuchen Sie, nicht in die Haut zu stoßen, sondern sich langsam, mit gestreckten Armen mit Ihrem Körpergewicht auf den Partner zu verlagern. So können Sie sehr tiefen Druck anwenden, ohne Schmerzen zu bereiten. Den Druck etwa fünf Sekunden halten, damit Sie sich auf den Körper Ihres Partners einstimmen und damit er Zeit hat, sich seines Körpers bewußt zu werden und sich zu entspannen.

Die unterstützende oder „Mutterhand" ist wichtig im Shiatsu, d. h. eine Hand ist aktiv, während die andere empfängt, auf den Körper „hört" und den Fluß des *Ki* unterstützt. Versuchen Sie, rhythmisch und langsam zu arbeiten und jeden Druck kurz und ganz ruhig zu halten. Sie können Shiatsu alleine oder mit anderen Massagetechniken anwenden.

PRAKTISCHE TIPS

Beim Shiatsu ist es sicher hilfreich, die Meridiane zu kennen, aber Sie können die richtigen Stellen auch herausfinden, indem Sie den Körper Ihres Partners mit den Händen erkunden. Die Meridiane sind meist senkrechte Linien; Sie können mit dem Daumen über die Glieder, über Bauch und Rücken gleiten und nach Einbuchtungen oder Punkten suchen, die gepreßt werden „wollen". Die meisten Punkte strahlen etwas aus, wenn sie gepreßt werden, etwa einen dumpfen, aber angenehmen Schmerz.

✦

Sie lernen, Ihr Körpergewicht richtig einzusetzen, wenn Sie etwa fünf Minuten auf Händen und Füßen über den Boden krabbeln.

KÖRPERRÜCKSEITE

1 **RÜCKEN** Die Handballen seitlich der Wirbelsäule auf den Oberkörper legen und die Finger entspannen. Die eigenen Hüften nach vorn schieben, und das Körpergewicht auf den Rücken des Partners lehnen. Etwa fünf Sekunden halten, dann zurücksitzen, die Hände etwas den Rücken hinuntergleiten lassen, und den Druck wiederholen. Bis zu den Hüften arbeiten, dann zur Ausgangsposition zurückkehren und mit den Daumen auf die gleiche Weise am Rücken hinunter Druck ausüben.

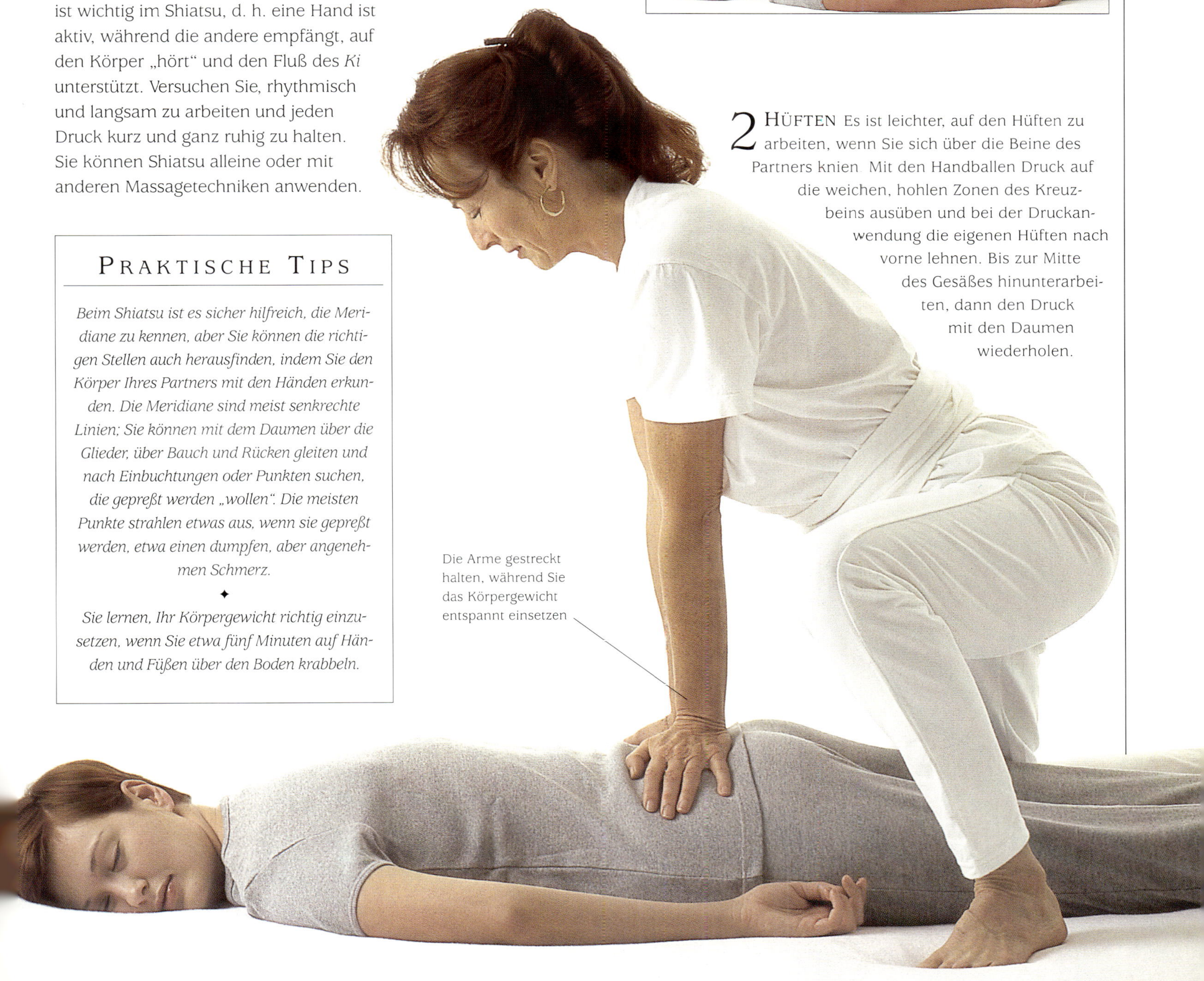

2 **HÜFTEN** Es ist leichter, auf den Hüften zu arbeiten, wenn Sie sich über die Beine des Partners knien. Mit den Handballen Druck auf die weichen, hohlen Zonen des Kreuzbeins ausüben und bei der Druckanwendung die eigenen Hüften nach vorne lehnen. Bis zur Mitte des Gesäßes hinunterarbeiten, dann den Druck mit den Daumen wiederholen.

Die Arme gestreckt halten, während Sie das Körpergewicht entspannt einsetzen

3 GESÄSS Jetzt die Hände so drehen, daß die Finger nach innen zeigen, und die Handballen auf die Einbuchtungen seitlich des Gesäßes legen. Nach vorne beugen, den Rücken gerade halten, und langsam das Gesäß zwischen den Handballen zusammenpressen. Loslassen und zwei- bis dreimal wiederholen.

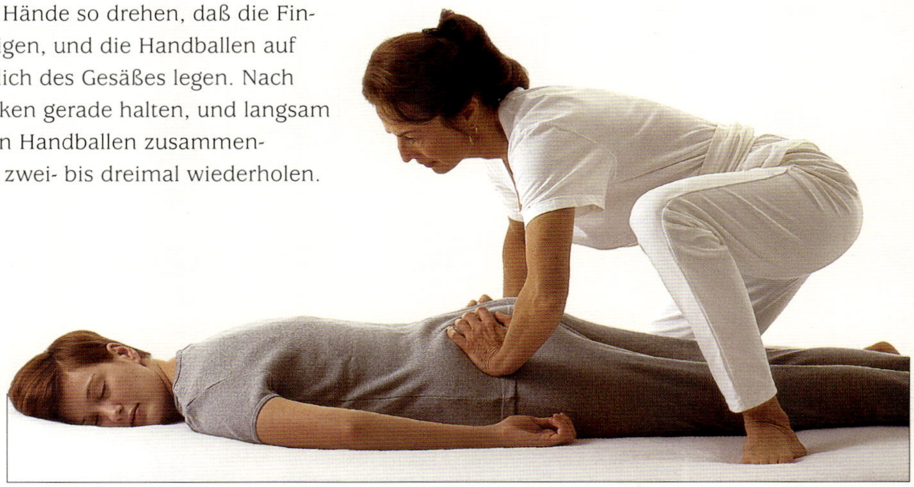

4 RÜCKSEITE DER BEINE Für diesen Griff liegt Ihr Partner am bequemsten, wenn die Füße ausgestreckt und die Zehen leicht nach innen geneigt sind. Seitlich zu den Beinen knien und die rechte Hand auf die entgegengesetzte Gesäßhälfte legen. Diese „Mutterhand" stützt und bleibt dort liegen. Mit der linken Handfläche Druck auf dem ganzen Bein ausüben, das Knie dabei vermeiden. Am Fuß die Achillessehne zwischen Daumen und Finger etwa fünf Sekunden pressen. Auf dem anderen Bein wiederholen.

5 SCHULTERN Hinter den Kopf des Partners knien und die „Mutterhand" auf den Rücken legen. Mit dem anderen Ellbogen Druck um die Schultern herum anwenden, dabei die Wirbelsäule vermeiden und die Hand entspannt halten, damit es nicht schmerzt. Den Winkel des Ellbogens verändern, um die Druckstärke zu variieren, und alle Muskeln zwischen den Schulterblättern bearbeiten. Dann die Hände wechseln, und mit dem anderen Ellbogen massieren.

VORDERSEITE

2 GESICHT Immer noch hinter dem Partner kniend, mit den Daumen Druck auf der Stirn und auf den Augenbrauen ausüben. Dann die Daumen in die Vertiefungen seitlich der Nasenflügel legen und unter den Wangenknochen entlang pressen. Dadurch werden die Nasennebenhöhlen gereinigt.

1 BRUST Der Partner liegt auf dem Rücken. Hinter ihn knien, die Knie seitlich des Kopfes und die Handballen in der Vertiefung zwischen Schlüsselbein und Schultergelenk, die Finger zeigen dabei nach außen. Die Hüften nach vorn schieben, und einige Sekunden lang in die Schultern des Partners hineinlehnen. Dann mit den Handflächen Druck auf der Brust zu den Körperseiten hin ausüben, anschließend noch mit den Daumen zwischen den Rippen pressen. Das Brustgewebe vermeiden.

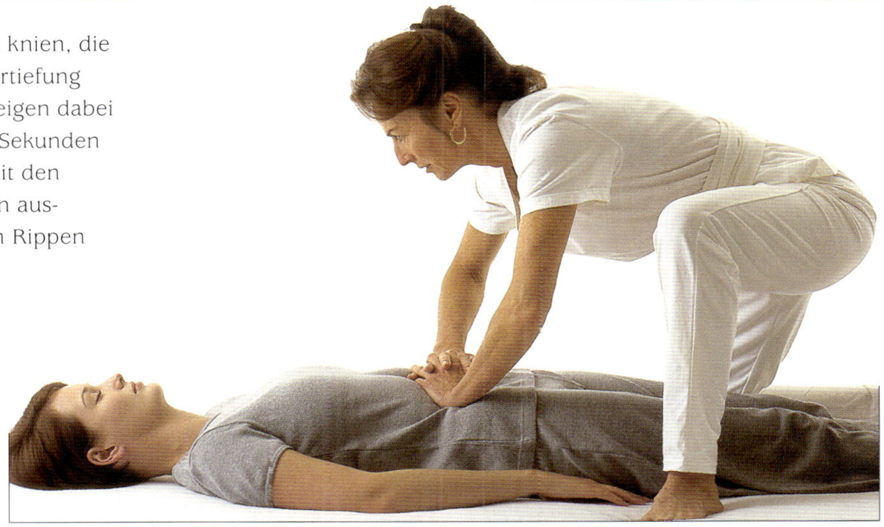

3 ARME Einen Arm des Partners im rechten Winkel zum Körper ausstrecken, und mit der „Mutterhand" die Schulter umfassen. Die andere Hand dem Arm anpassen und mit den Handflächen Druck auf dem ganzen Arm ausüben, bis zum Handgelenk hinunter. Auf dem anderen Arm wiederholen.

4 ▲ BAUCH Der Bauch oder *Hara* ist im Shiatsu das Energiezentrum des Körpers. Legen Sie die „Mutterhand" auf die Rippen, und pressen Sie im Uhrzeigersinn mit der Handfläche der anderen Hand auf den Bauch. Dann die Hände direkt unter den Bauchnabel legen und mit verschränkten Fingern den Bauch in einer beruhigenden, wellenähnlichen Bewegung wiegen.

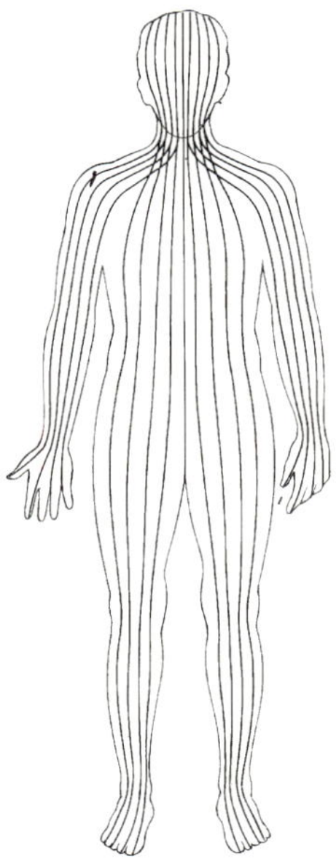

DIE ZONEN

Nach der Theorie von Dr. Fitzgerald kann der Körper in senkrechte Zonen oder Energiekanäle eingeteilt werden. Sie laufen durch den ganzen Körper und enden in den Händen und Füßen. Jeder Körperteil kann durch die Behandlung der Reflexpunkte in der gleichen Zone auf dem Fuß behandelt werden.

REFLEXZONEN

DIE REFLEXZONENBEHANDLUNG basiert auf der Theorie, daß durch Druckanwendung auf bestimmte Zonen der Füße, Hände und Ohren innere Organe und Körpersysteme beeinflußt werden und so die Gesundheit gefördert wird. Sie hat sich aus der Arbeit von Dr. William H. Fitzgerald, einem amerikanischen HNO-Chirurgen entwickelt, der sich für die Theorie der Meridiane *(siehe Seite 78)* interessierte und um 1913 seine „Zonentherapie" entwickelte *(siehe unten)*. Die Reflexzonenbehandlung ist meist sehr entspannend; die meisten Menschen lieben die Fußmassage. Das Stimulieren der Nervenenden in den Füßen an sich ist sehr wohltuend und kann den Körper stark beeinflussen. Gegenüber wird eine einfache Reflexzonenbehandlung gezeigt.

REFLEXPUNKTE AUF DEN FÜSSEN

Die Theorie der Energiezonen wurde von Fitzgeralds Nachfolgern weiterentwickelt. Eunice Ingham entwickelte in den 30er Jahren Karten, die die Position der Reflexpunkte für jeden Körperteil auf den Fußsohlen, Seiten und Fußrücken beschreiben.

RECHTER FUSS (AUSSENSEITE)

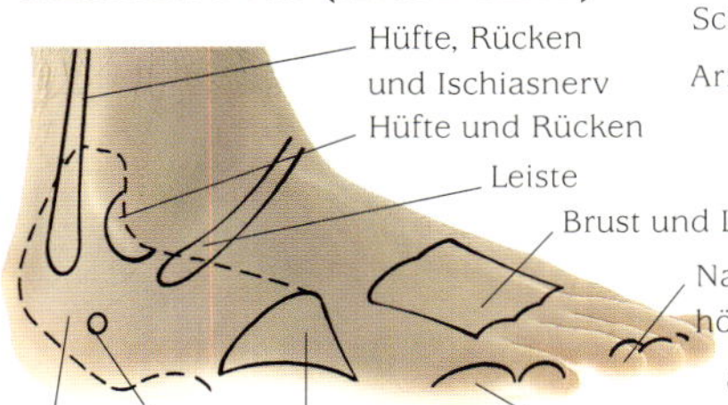

LINKER FUSS (INNENSEITE)

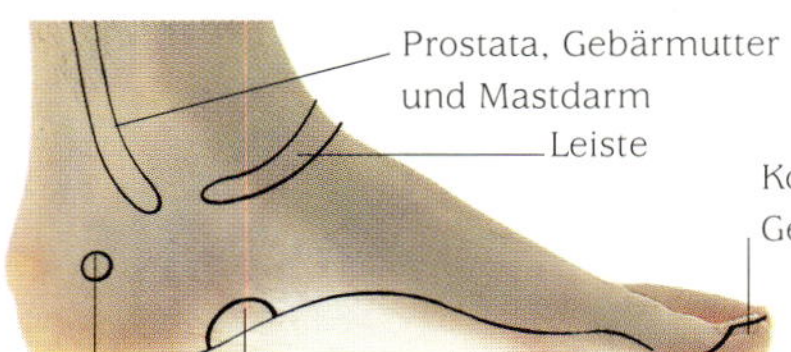

RECHTE SOHLE

LINKE SOHLE

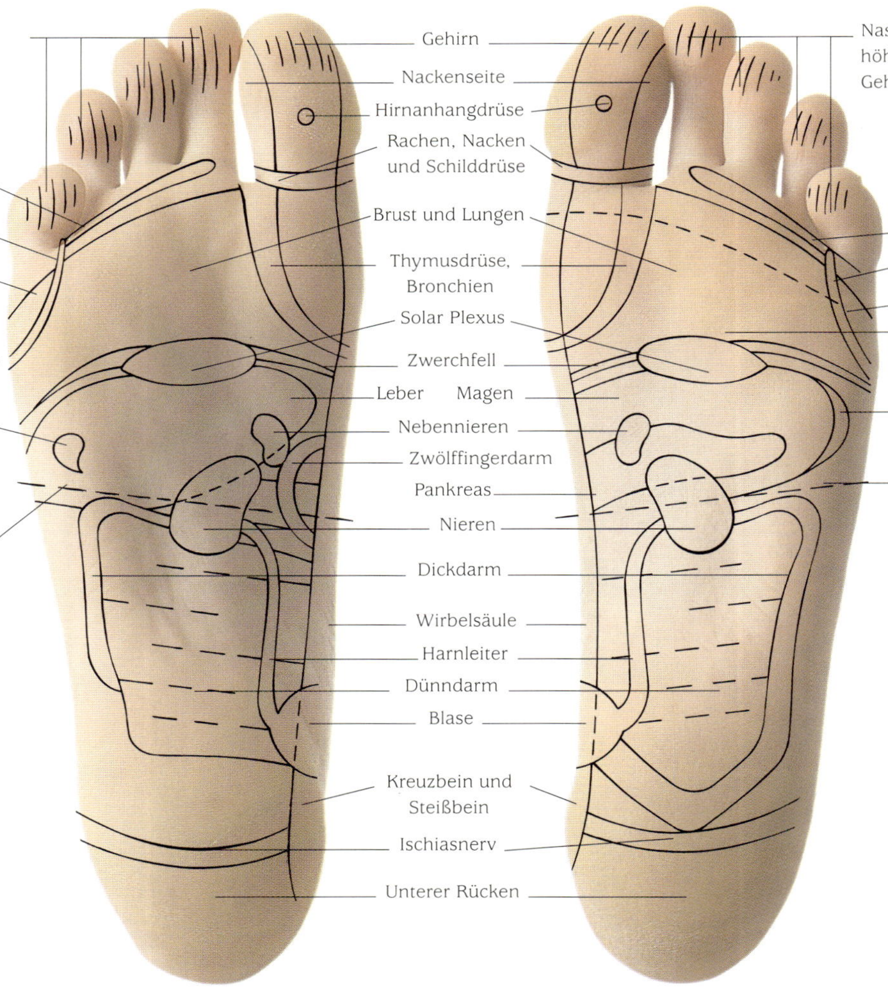

BEHANDLUNG

In der Reflexzonenbehandlung wird mit dem Daumen oder Zeigefinger gepreßt. Sie können entweder statischen Druck anwenden oder einen Finger beugen und wieder strecken, also mit dem Finger „gehen". Der Fuß wird mit der anderen Hand nahe der zu bearbeitenden Zone gestützt. Ein empfindlicher Punkt wird so lange behandelt, bis die Spannungsschmerzen nachlassen, achten Sie dabei aber immer auf die Schmerzgrenze des Partners. Kein Öl auftragen, da die Finger sonst rutschen.

1 PASSIVE BEWEGUNGEN Beginnen Sie die Behandlung, indem Sie den Fuß rollen und zwischen Ihren Handflächen von einer Seite zur anderen drehen. Dadurch wird der Fuß entspannt und erwärmt, bevor Sie mit den Drucktechniken beginnen.

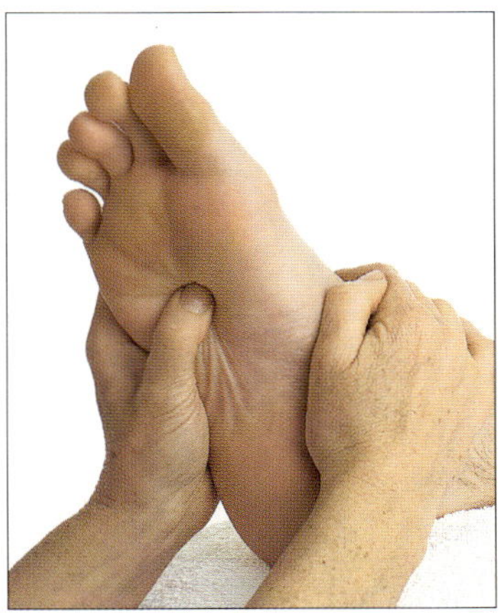

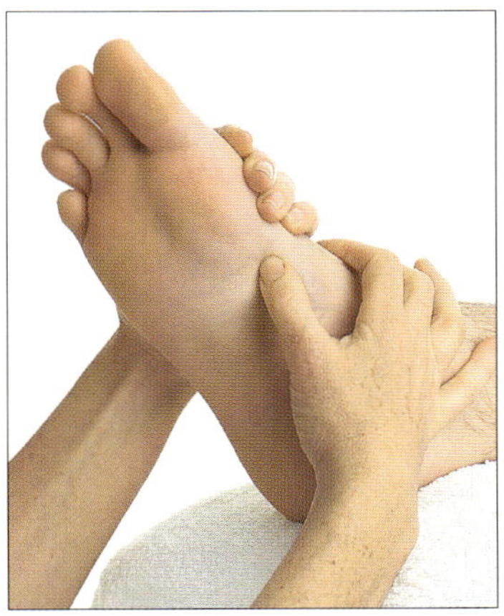

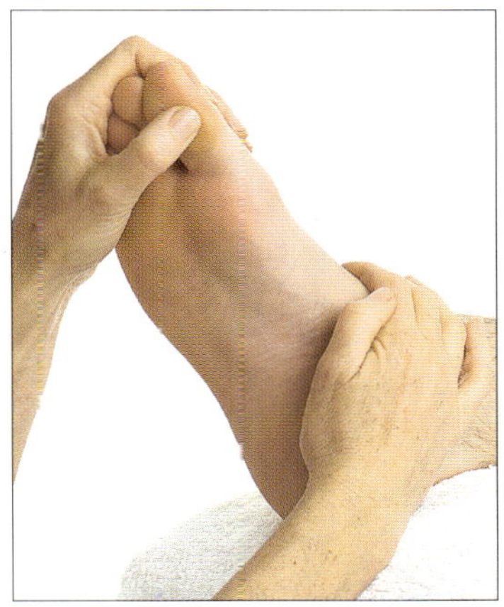

5 BRUST Jetzt zwischen den Sehnen auf dem Fußrücken massieren. Eine Reihe Druckanwendungen vom Zehenansatz bis zum Knöchel durchführen.

6 VERDAUUNGSSYSTEM Von der Taillenlinie bis zur Zwerchfellinie in diagonalen Linien Druck ausüben, danach von der Ferse bis zur Taillenlinie.

2 ZWERCHFELL Stützen Sie den Fuß mit der rechten Hand auf dem Fußrücken und gehen Sie mit dem Daumen der linken Hand die Zwerchfellinie direkt unter dem Ballen entlang.

3 WIRBELSÄULE Mit dem Daumen von der Ferse bis zum großen Zeh statischen oder gehenden Druck ausüben. Die andere Hand stützt den Fußrücken.

4 KOPF Vom kleinen bis zum großen Zeh jeden Zeh einzeln massieren. Mit den Fingern die Zehen und mit der anderen Hand den Fußrücken stützen.

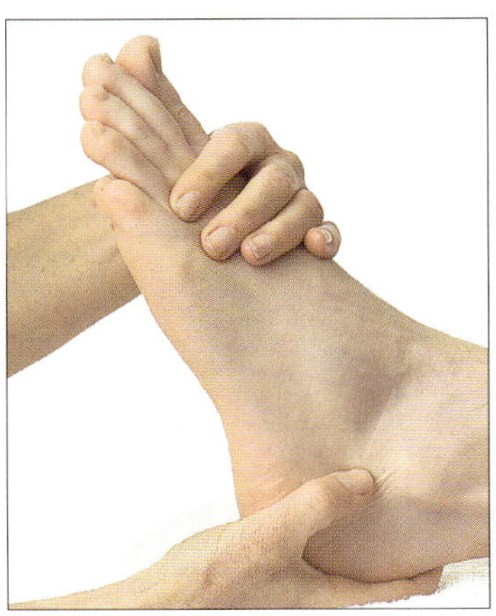

7 FORTPFLANZUNGSSYSTEM & RÜCKEN Den Fuß halten, und mit dem Daumen Druck um den Knöchel herum ausüben. Diese Zone kann sehr verspannt sein. Danach auf der Ferse pressen, um Schmerzen im unteren Rücken zu behandeln. Zum Abschluß den Fuß sanft vom Knöchel bis zu den Zehen ausstreichen.

SELBSTBEHANDLUNG

Die Reflexzonenbehandlung ist sehr entspannend, besonders bei Streß. Sie können sich auch selbst behandeln, indem Sie Ihren Fuß mit statischem oder gehendem Druck erforschen. Wenden Sie die obige Sequenz an, konzentrieren Sie sich auf verspannte Zonen.

SARAWAK-MASSAGE

AUF DIESER INDONESISCHEN MALEREI AUS DEM 19. JH. WIRD ALLES FÜR EINE ENTSPANNENDE MASSAGE VORBEREITET

DIE MASSAGETECHNIK aus Sarawak reflektiert die faszinierende Vielfalt der Völker und Kulturen – Malaien, Chinesen, Inder und Dajaks. In Sarawak habe ich gelernt, wie unterschiedlich das Kneten sein kann: fest und energisch, sanft und einschläfernd oder flüssig und rhythmisch wie die schönen traditionellenTänze dort. Die Sequenz unten ist langsam und methodisch und soll Wellen der Entspannung durch den Körper senden.

„Das Erlebnis einer Sarawak-Massage kann zusammengefaßt werden in dem malaischen Wort für Dankeschön, terimakasi. Meine Masseurin in Kuching erklärte mir das Wort als „Ich habe deine Liebe erhalten".“

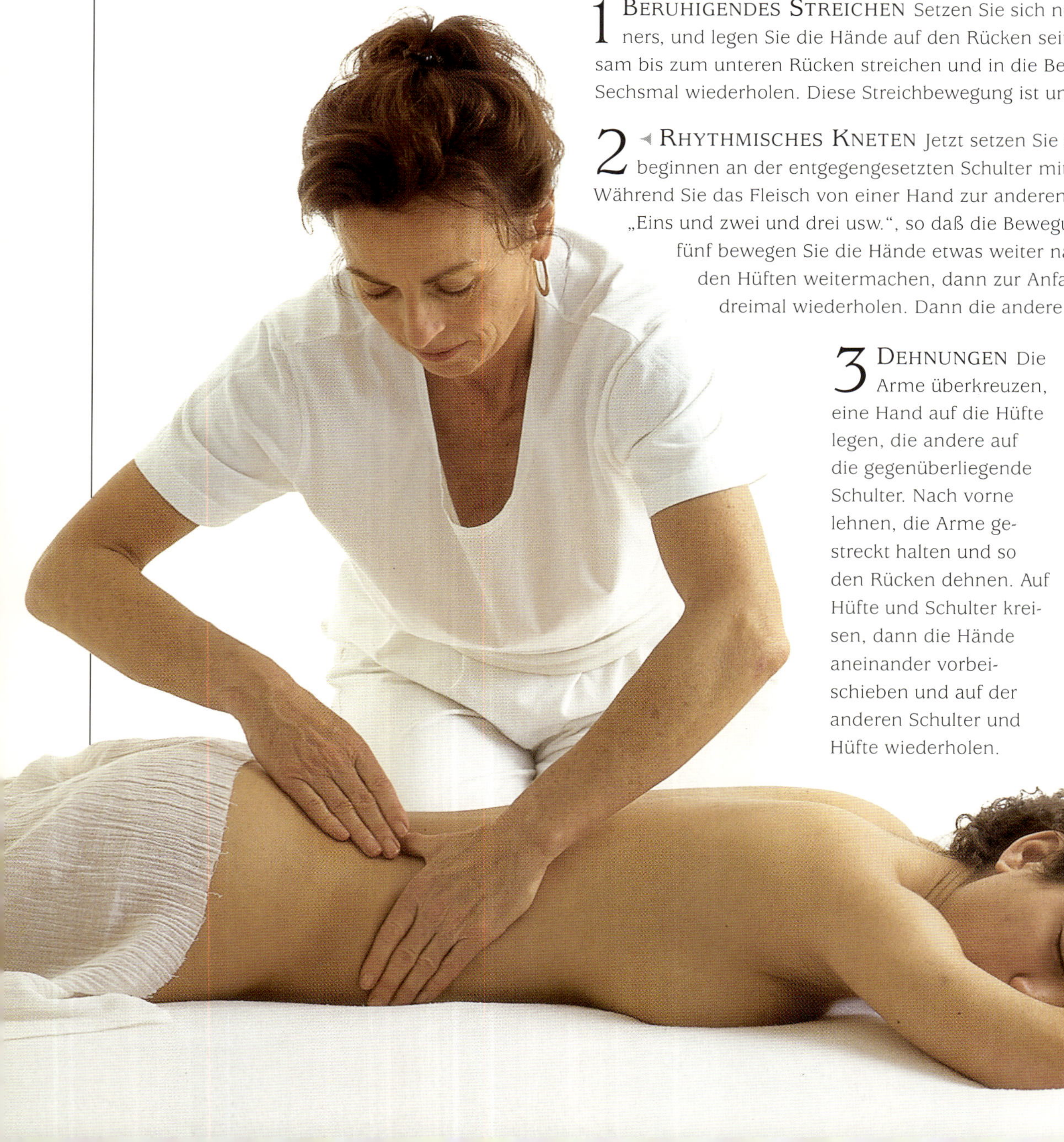

1 BERUHIGENDES STREICHEN Setzen Sie sich neben den Kopf des Partners, und legen Sie die Hände auf den Rücken seitlich der Wirbelsäule. Langsam bis zum unteren Rücken streichen und in die Bewegung hineinlehnen. Sechsmal wiederholen. Diese Streichbewegung ist unglaublich beruhigend.

2 ◂ RHYTHMISCHES KNETEN Jetzt setzen Sie sich seitlich zum Körper und beginnen an der entgegengesetzten Schulter mit weichen Händen zu kneten. Während Sie das Fleisch von einer Hand zur anderen schieben, zählen Sie im Kopf mit: „Eins und zwei und drei usw.", so daß die Bewegung wirklich rhythmisch wird. Bei fünf bewegen Sie die Hände etwas weiter nach unten und wiederholen. Bis zu den Hüften weitermachen, dann zur Anfangsposition zurückkehren und dreimal wiederholen. Dann die andere Seite dreimal kneten.

3 DEHNUNGEN Die Arme überkreuzen, eine Hand auf die Hüfte legen, die andere auf die gegenüberliegende Schulter. Nach vorne lehnen, die Arme gestreckt halten und so den Rücken dehnen. Auf Hüfte und Schulter kreisen, dann die Hände aneinander vorbeischieben und auf der anderen Schulter und Hüfte wiederholen.

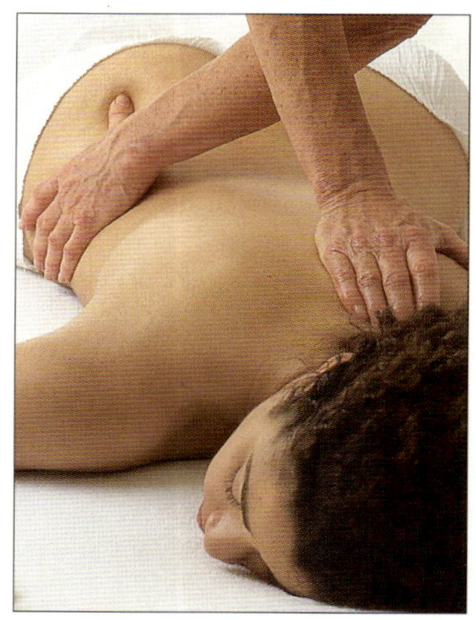

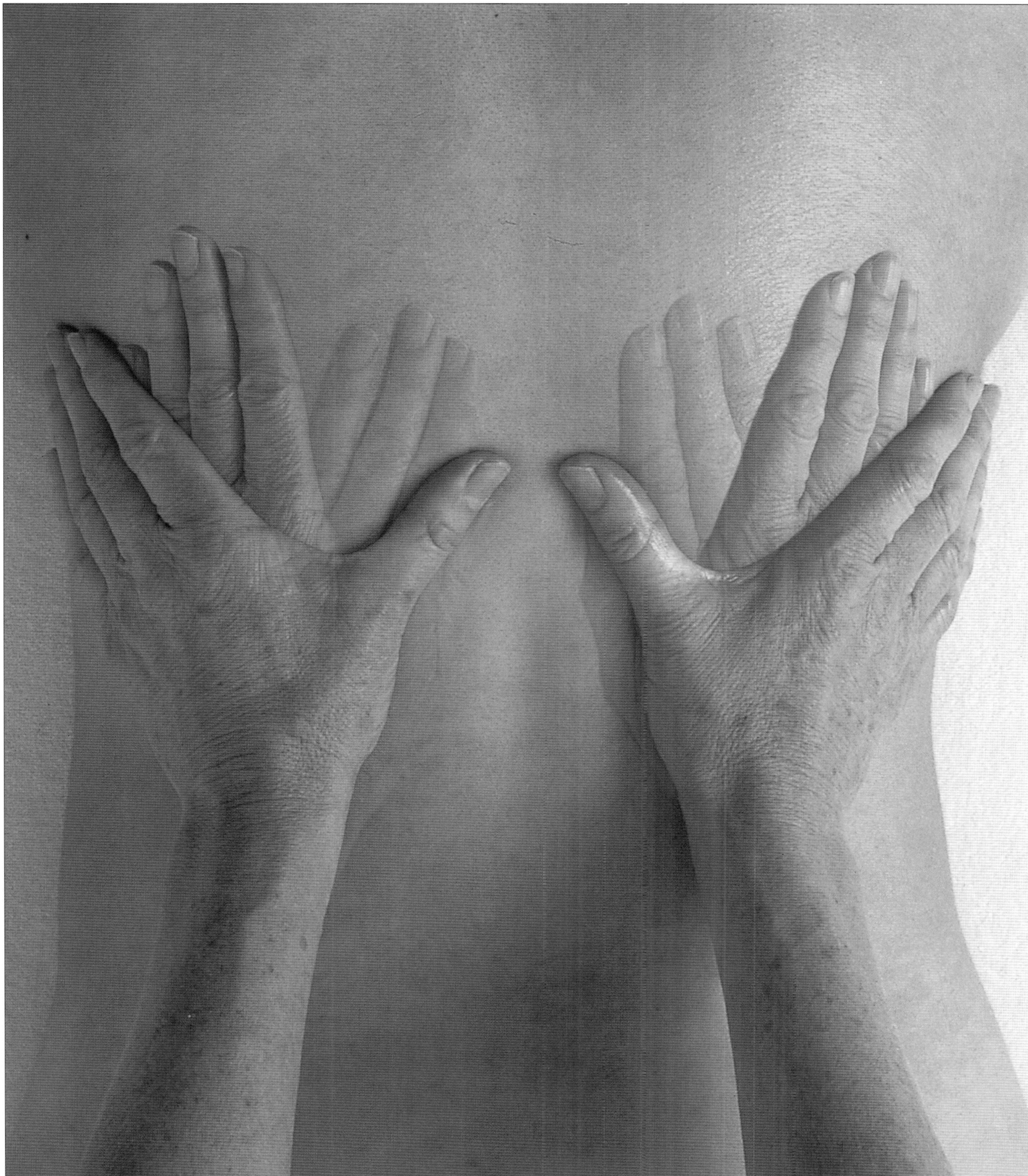

4 SARAWAK-SCHWENK Dieser Griff ist eine Variation zum Thema Kneten. Die Daumen auf jede Seite der Wirbelsäule auf den oberen Rücken legen, und mit den Fingern den Körper umfassen. Dann die Finger beider Hände zur Wirbelsälue hin kreisen. Danach die Hände etwas nach unten streichen, und die Finger auf die gleiche Weise nach oben und innen schwenken. Den ganzen Rücken in einer sanften, ununterbrochenen Bewegung bearbeiten. Zählen Sie im Kopf mit, um einen gleichmäßigen Rhythmus beizubehalten.

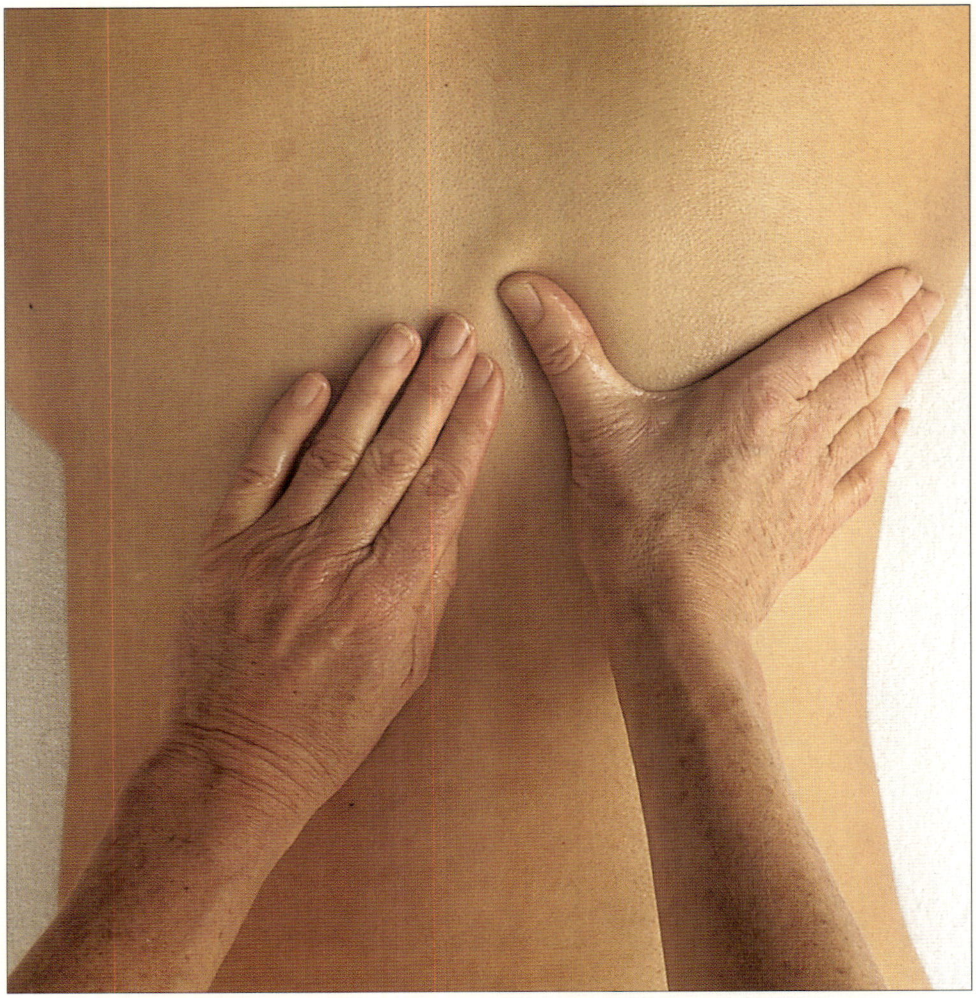

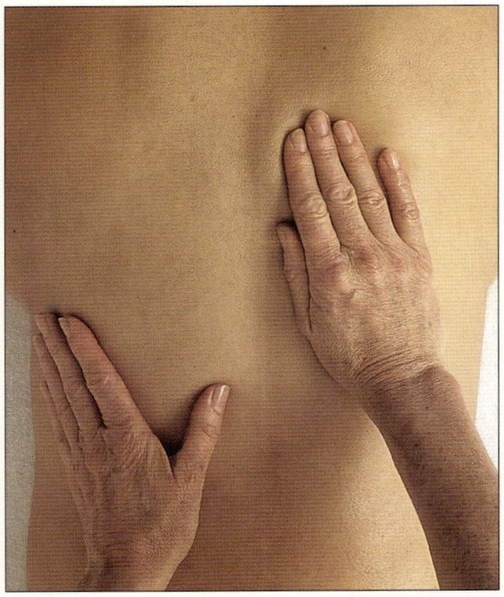

5 Sarawak-Schwenk mit abwechselnden Händen Jetzt wiederholen Sie den Schritt 4 mit abwechselnden Händen. Die Finger der linken Hand in Richtung der Wirbelsäule kreisen *(siehe links)*, dann mit den Fingern der rechten Hand folgen, während die linke Hand nach unten gleitet und den Griff wiederholt *(siehe oben)*. Sie sollten eine flüssige, wellenartige Bewegung den ganzen Rücken hinunter erreichen, wenn eine Hand nach der anderen zur Wirbelsäule hin kreist. Nach oben gleiten und dreimal wiederholen.

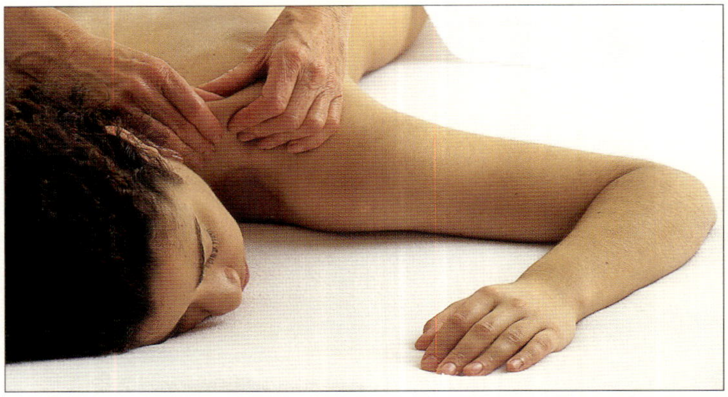

6 ◂ Haut rollen Setzen Sie sich neben den Kopf des Partners, und legen Sie einen Daumen neben den anderen auf das entgegengesetzte Schulterblatt. Die Haut mit den Fingern pressen, dann die Daumen zu den Fingerspitzen schieben und das Fleisch nach vorne rollen. Die Körperseite hinunter arbeiten, und die Haut von der Wirbelsäule wegrollen, danach das Gebiet ausstreichen und auf der anderen Körperseite wiederholen.

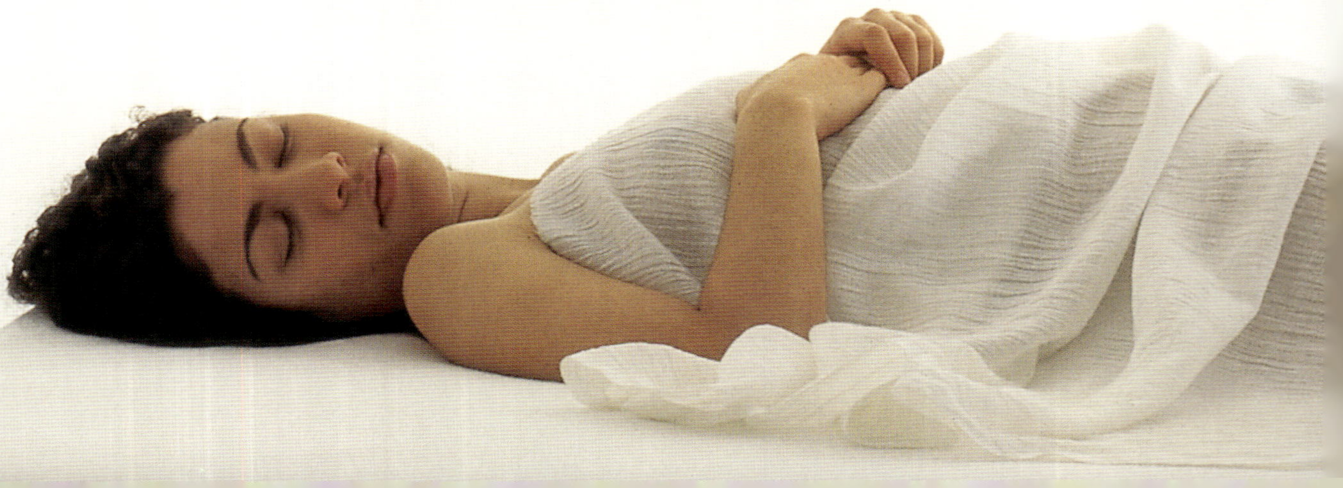

BEINE

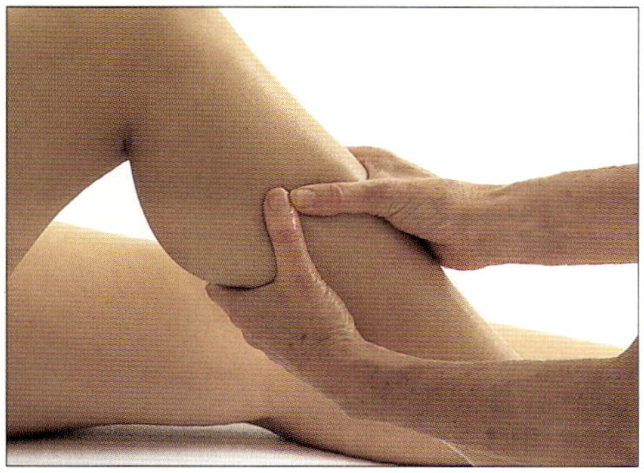

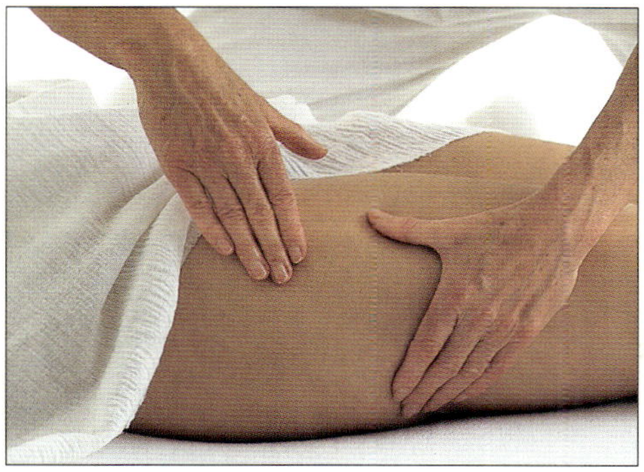

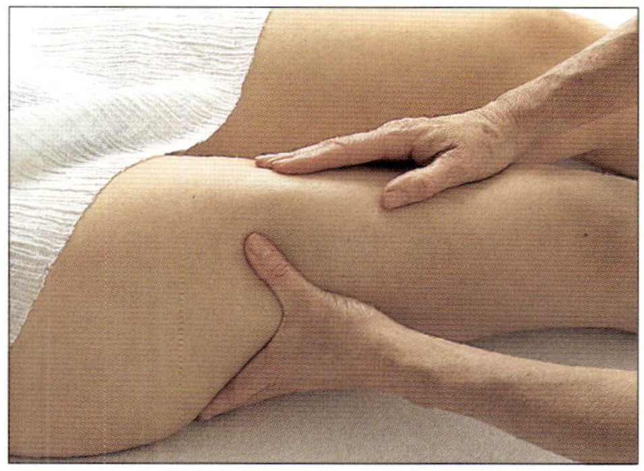

1 WADEN STREICHEN Bitten Sie Ihren Partner, sich umzudrehen. Dann eine Hand auf den Fußrücken, die andere darunter legen und den Fuß mehrmals ausstreichen. Das Bein beugen, und die Hände mit den Daumen auf der Außenseite um die untere Wade legen. Mit der ganzen Hand langsam die Wade hochstreichen, zurückgleiten und sechsmal wiederholen.

2 KNETEN Das Bein strecken, und mit beiden Händen fest den Oberschenkel hochstreichen. Dann langsam mit flachen weichen Händen kneten. Auf dem Oberschenkel beginnen, in zwei nebeneinanderliegenden Reihen das Bein hocharbeiten. Während des Knetens zählen, um einen gleichmäßigen, einschläfernden Rhythmus zu erhalten.

3 SARAWAK-SCHWENK MIT ABWECHSELNDEN HÄNDEN Die Daumen auf die Oberseite des Schenkels legen, die Finger umfassen die Seiten. Dann mit den Fingern der rechten Hand in Richtung der Daumen kreisen, und die Handflächen nach oben schieben. Den Druck lockern und mit der anderen Hand wiederholen. Abwechselnd bis zum Knie hinunterarbeiten, dann wieder hoch streichen und sechsmal wiederholen. Sie können diesen Griff die ganze Wade hinunter anwenden, die Daumen liegen seitlich des Knochens.

4 ◂ ROLLENDES STREICHEN Die Hände auf die Seiten des Oberschenkels legen, dann mit der rechten Hand auf der Stelle kreisen und nach unten und hinten massieren, mit der linken Hand folgen, so daß Sie den Schenkel zwischen Ihren Händen rollen. Bis zum Knie arbeiten, dann wieder nach oben streichen und wiederholen. Obwohl Sie nach unten arbeiten, erfolgt der Druck nach oben.

5 HACKEN Mit den Handkanten sehr leicht auf dem Schenkel hoch und hinunter hacken, dann das ganze Bein und den Fuß dreimal ausstreichen. Schritt 1-5 auf dem anderen Bein wiederholen.

Rollen Sie den Schenkel langsam und fest zwischen Ihren Händen

Türkische Bädermassage

Die schummrige und müssige Atmosphäre in einem türkischen Bad zeigt dieses Gemälde von Jean Leon Gerome aus dem 19. Jh. sehr treffend

Die Hammams, die türkischen Bäder, verkörpern einen zeitlosen Reiz und die Vorstellung von Luxus. Die ersten Bäder gehen zurück auf die alten Griechen und Römer und dienten der Entspannung, Erfrischung und der Gesundheit. Auch heute noch werden die Massagen mit soviel Kraft gegeben, daß sie unglaublich belebend wirken. Ich habe zwei erfrischende Sequenzen zusammengestellt, die entweder mit Öl oder – original – mit Seifenwasser durchgeführt werden.

„Vollkommen massiert … Das Blut zirkuliert frei, und man fühlt sich befreit von einem enormen Gewicht: Man spürt eine Geschmeidigkeit und Leichtigkeit, wie man sie vorher noch nie erfahren hatte.“

Claude Savary, Letters on Egypt, 1787

Ganzkörpermassage

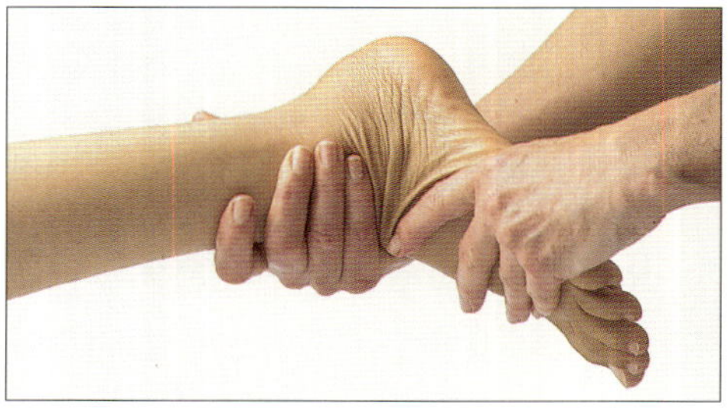

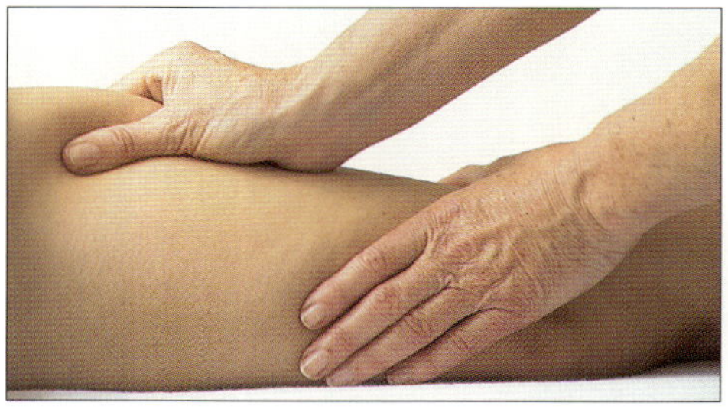

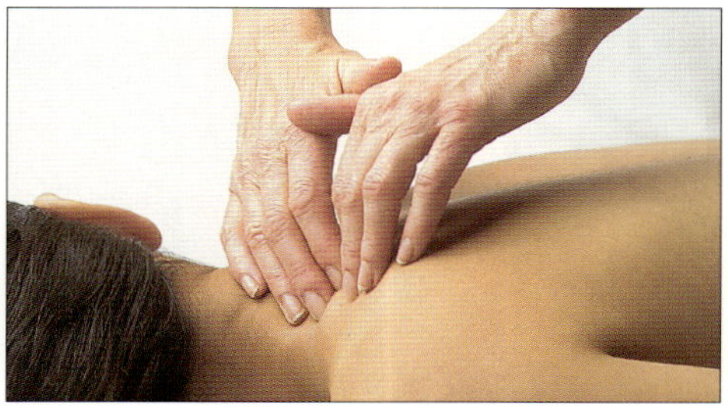

1 **Füsse** Wölben Sie die Finger beider Hände unter dem linken Fuß, und streichen Sie mit den Daumen fest an der Achillessehne entlang und um den Knöchel herum.

2 **Beine** Mit den Händen abwechselnd die linke Wade kräftig hoch streichen bis zum Schenkel. Dann mit der rechten Hand den Schenkel in einer tiefen Bewegung drücken und wieder loslassen, während die linke Hand das Fleisch zur rechten hinschiebt. Schritt 1–2 auf der rechten Seite wiederholen.

3 **Nackenansatz** Den Rücken hochstreichen. Dann die Daumen zur besseren Kontrolle überkreuzen und mit den Fingern kreisförmig Druck am Nackenansatz ausüben und dabei tief in den Muskel hineinarbeiten. Die Wirbelsäule vermeiden und den Partner bitten, ab und zu den Kopf zu drehen.

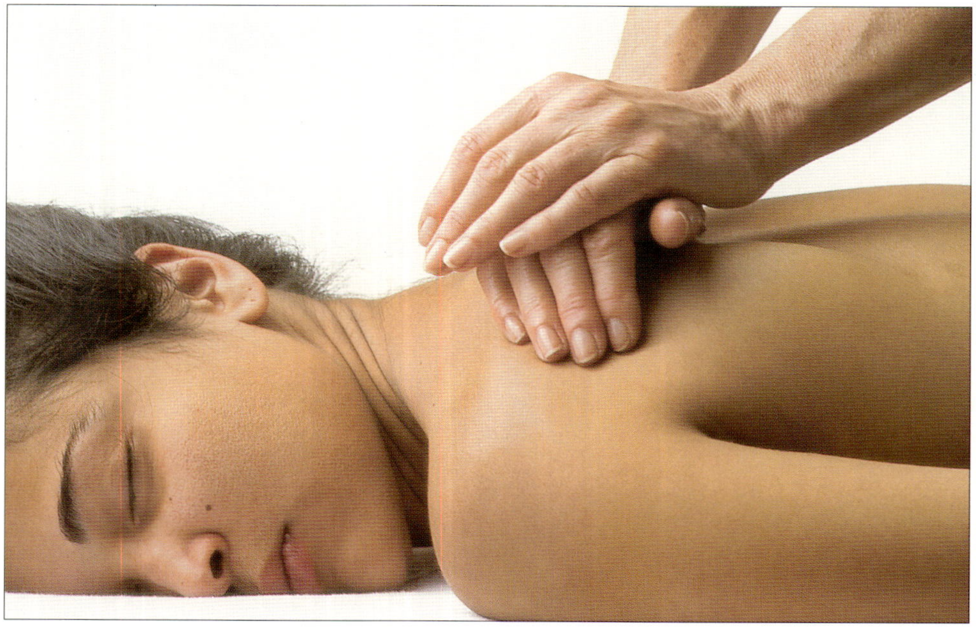

4 **Schultern** Mit einer Hand auf der anderen mit den Handballen kreisförmig Druck um jedes Schulterblatt herum ausüben. Den Griff mit dem eigenen Körpergewicht verstärken, um tief in die Muskeln hineinzuarbeiten.

Praktische Tips

Die türkische Massage wird mit starken Händen ausgeführt. Um Stärke und Flexibilität in den Händen zu erreichen, einen kleinen Gummiball immer wieder drücken und loslassen (siehe auch Seite 13).

✦

Bei der Druckanwendung Arme und Rücken gerade halten, in den Griff hineinlehnen.

5 RÜCKEN Seitlich zum Rücken stellen, eine Hand auf die andere legen und die Finger ineinander kreuzen. Die Fingerspitzen auf die entgegengesetzte Seite der Wirbelsäule legen und das Fleisch kräftig wegschieben und dann loslassen. Den ganzen Rücken so massieren, dann die Seiten wechseln und diese kräftige Massage gegen die Muskelfasern auf der anderen Seite der Wirbelsäule weiterführen.

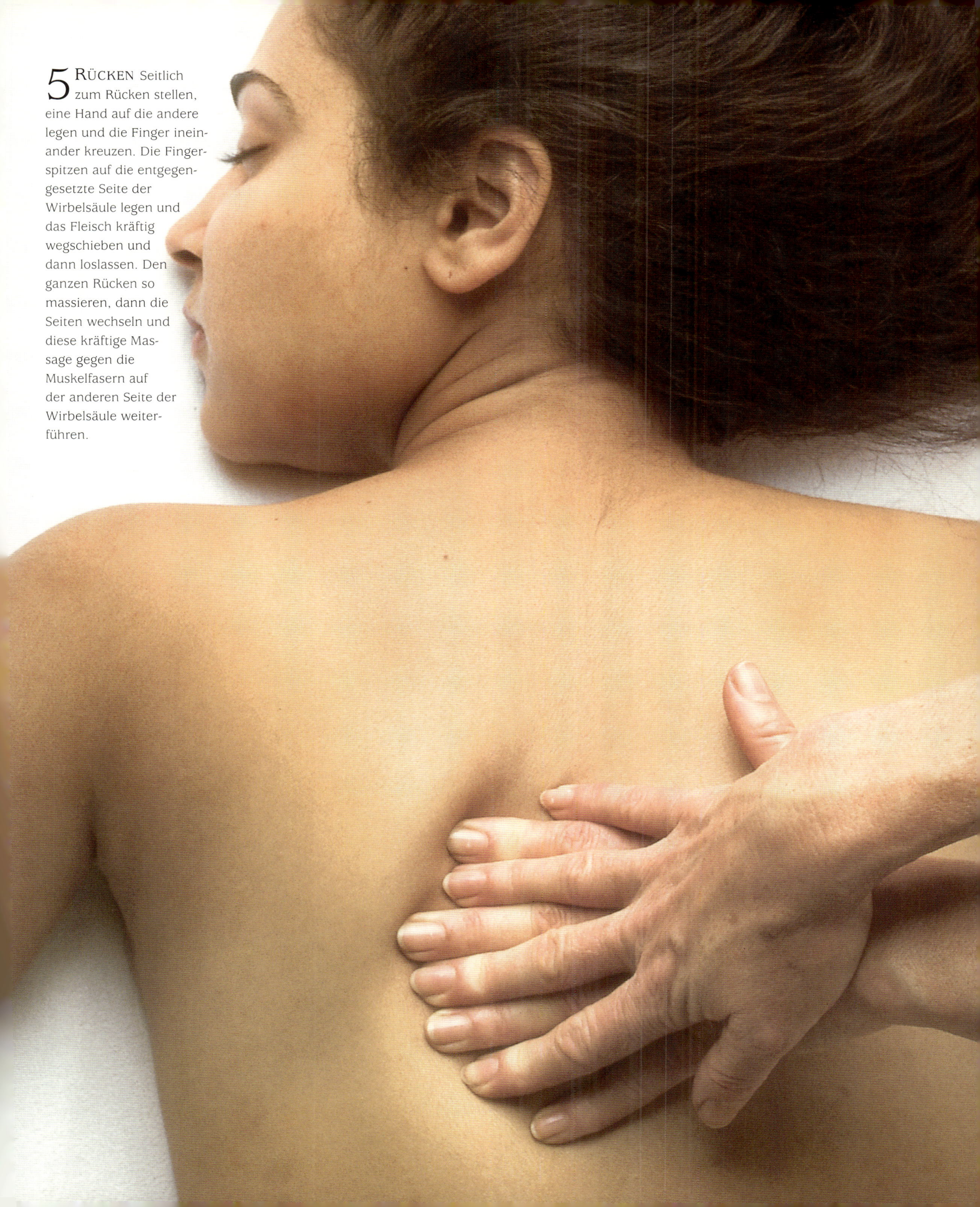

Türkische Massage mit Seifenschaum

Der Seifenschaum verstärkt die Wirkung der türkischen Massage beträchtlich, da die Hände tief und energisch auf der Haut rutschen und gleiten können. In der folgenden Sequenz werden Nacken, Arme und Schulter gut durchgearbeitet. Versuchen Sie, eine Atmosphäre wie in einem türkischen Bad zu erzielen, der Partner sollte entweder auf einem Stuhl sitzen, mit Handtüchern auf dem Boden, oder auf dem Boden einer Badewanne oder Dusche. Bei der Massage sollten Sie sich um den Partner herumbewegen. Bei der Gesichtsmassage sollte der Partner sich hinlegen und Sie sich neben ihn setzen.

„Die erfrischendste Massage, die man sich vorstellen kann, habe ich in Istanbul genossen. Heißes Wasser wurde über mich gekippt, dann wurde ich am ganzen Körper geschrubbt, bis ich glühte, und anschließend mit weichem Seifenschaum massiert. Als ich herauskam, glitzerte ich vor Sauberkeit!"

Mit den Fingern vom Ellbogen zu den Schultern hochgleiten

Schultern & Arme

1 Den ganzen Oberkörper einseifen und einschäumen. Dann die Hände auf beide Ellbogenseiten legen und energisch und gleitend nach oben zur Schulter hin streichen. Sobald die Hand über die Schulter hinausgleitet, wieder zur Anfangsposition zurückkehren und mehrere Male wiederholen.

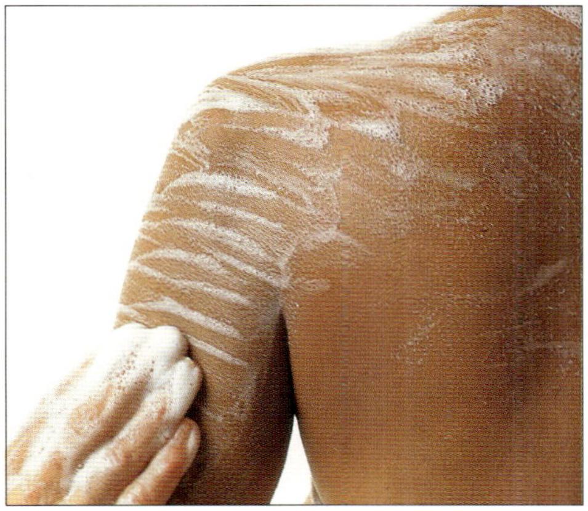

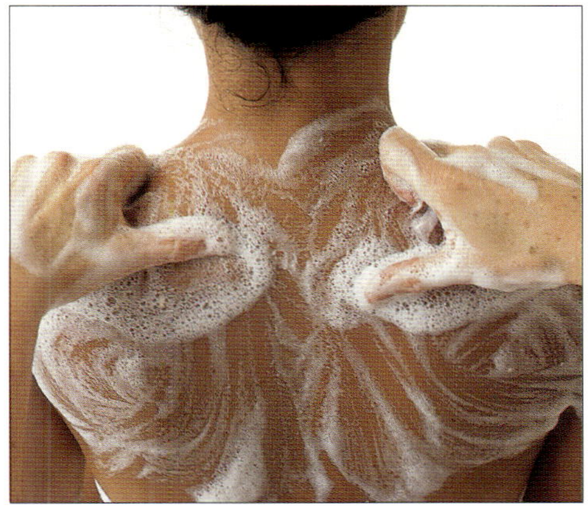

2 Mit der linken Hand die linke Schulter vorne stützen und den Oberarm und die Schulter mit der rechten Hand kneten. Soviel Fleisch wie möglich mit der ganzen Hand in einer rhythmischen, schöpfenden Bewegung anheben und wieder loslassen.

3 Weiter stützen und mit den Fingerspitzen in einer Zick-Zack-Bewegung den Arm hinuntergleiten. Das Handgelenk mit der linken Hand halten, die rechte Hand den Arm hinunterziehen und pressen. Schritt 1–3 auf dem rechten Arm wiederholen.

4 Beide Hände zu lockeren Fäusten ballen. Langsam und kreisförmig mit den Fingerknöcheln um die Schulter und den Nackenansatz herum Druck ausüben. Die Daumen können stützend mithelfen. Die Wirbelsäule dabei vermeiden.

Nacken & Rücken

1 Mit den Daumen und Fingern beider Hände abwechselnd den Nackenansatz auf beiden Seiten der Wirbelsäule kneten.

2 ► Auf Rücken und Nacken langsamen, kreisförmigen Druck mit den Daumen ausüben. Durch die Seife können die Finger ohne zu reiben über die Haut gleiten.

Gesicht

1 ▲ Bitten Sie den Partner, sich hinzulegen. Dann das Gesicht einschäumen und mit den Daumen fest am Kiefer entlangstreichen, dann unter den Wangenknochen und bis zu den Schläfen hin ausstreichen.

2 Mit den Fingern kräftig und spiralförmig auf dem Gesicht kreisen, dabei besonders auf die oft verspannten Gesichtsseiten und den Kiefer achten.

Marokkanische Massage

In einem Hammam wird auf einem Marmorsockel massiert, wie hier auf dem Gemälde von Edouard Desat-Ponson (1883)

In vielen Teilen Nordafrikas wird die Massage in den örtlichen Bädern, den *Hammams*, und von Hebammen angeboten. Die Ganzkörpermassage, die ich gelernt habe, kann in nur 15 Minuten durchgeführt werden. Die kräftigen, schnellen Streichbewegungen zwingen Körper und Geist, loszulassen und helfen vor allem gestreßten und hyperaktiven Menschen. Die Massage erfordert ziemlich viel Energie, aber mit zunehmender Übung werden Sie lernen, sich auch mit diesem Rhythmus zu entspannen.

„Laßt mich durch die ganze Welt reisen, bis ich jemand finde, der mich beruhigt und belebt durch seine Hände."

Ibn Batuta, arabischer Reisender aus dem 14. Jahrhundert

Körpervorderseite

1 Bauch Die Hände auf den Bauch legen und nacheinander in einem großen Kreis gegen den Uhrzeigersinn um den Bauchnabel herum streichen. Wenn sich die Arme überkreuzen, eine Hand über die andere heben und weitermachen. Zuversichtlich und kräftig arbeiten.

2 ► Brust Hinter den Kopf des Partners stellen oder knien und mit beiden Händen fest das Brustbein hinunter streichen. Dann an den Seiten zurückgleiten und an den Achseln hochziehen, um eine Dehnung zu bewirken. Mehrmals wiederholen.

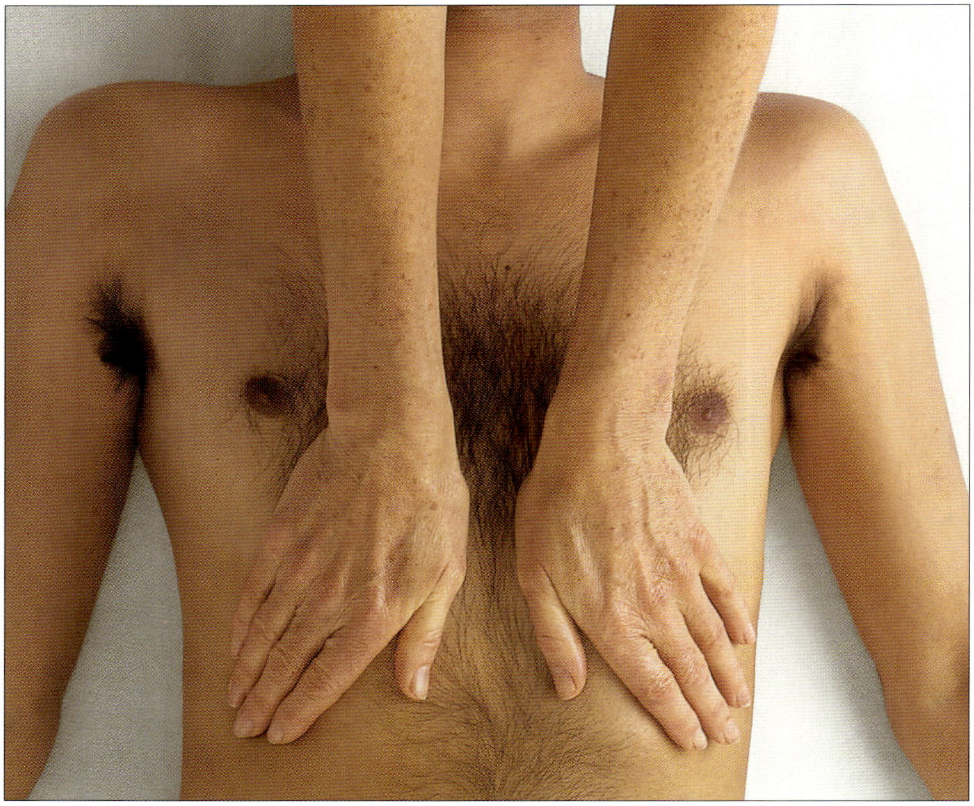

3 ▼ Arme Mit einer Hand den Ellbogen des Partners halten und mit der anderen Hand wiederholt und energisch den Arm hochstreichen, um die Schulter herum und wieder zurück zum Ellbogen. Dann mit einer Hand das Handgelenk halten und genauso den Unterarm hochstreichen. Auf dem anderen Arm wiederholen.

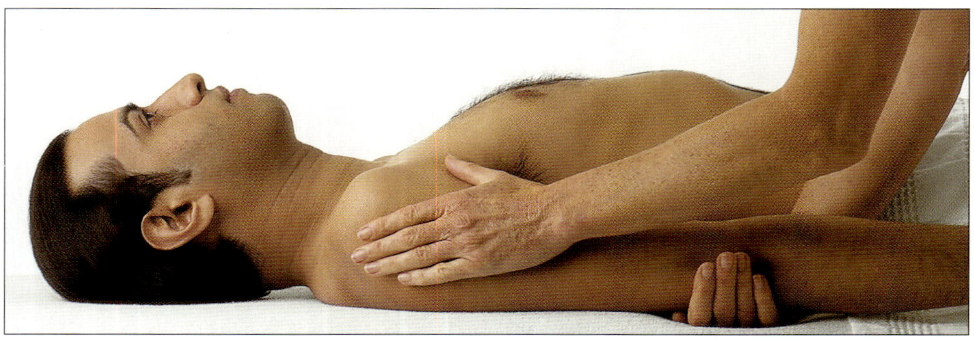

4 Beine Mit den Händen abwechselnd fest und kräftig den Oberschenkel hochstreichen. Wenn Sie den Beinansatz erreichen, an den Seiten zurückgleiten. Dann abwechselnd mit den Handknöcheln den Schenkel hochstreichen und mit den Handflächen zurückgleiten. Mehrmals wiederholen, dann zur Wade gehen. Dort mit dem „V" zwischen Zeigefinger und Daumen bis zu den Knien hochstreichen. Auf dem anderen Bein wiederholen.

Körperrückseite

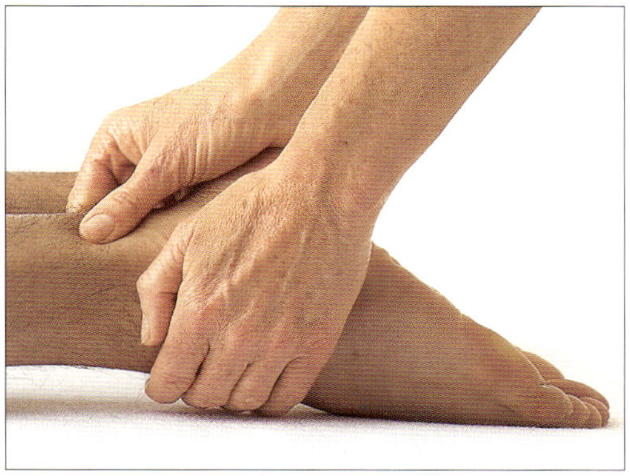

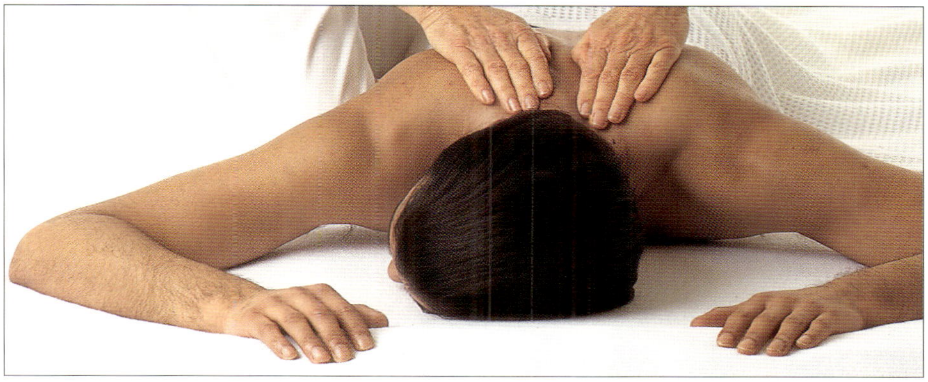

1 **Beine** Bitten Sie Ihren Partner, sich umzudrehen. Dann einige Male auf dem linken Bein hochstreichen und anschließend kneten. Den Fuß mit einer Hand stützen, und mit Fingern und Daumen der anderen Hand mehrere Male fest die Achillessehne hoch und um sie herumstreichen. Auf dem rechten Bein wiederholen.

2 **Schultern** Beide Hände am Nackenansatz neben die Wirbelsäule legen. Mit dem Körpergewicht nach hinten ziehen, und mit den Händen auf der fleischigen Zone kreisen, die oft sehr verspannt ist. Mehrere Male wiederholen, dann zum Rücken übergehen. Beide Hände neben die Wirbelsäule auf den unteren Rücken legen und fest nach oben streichen. Wenn Sie die Rippen erreichen, die Hände nach außen schwenken, dem Körper anpassen und an den Seiten zurückgleiten. Mehrere Male wiederholen, und die Ventilatorbewegung jedes Mal etwas höher durchführen.

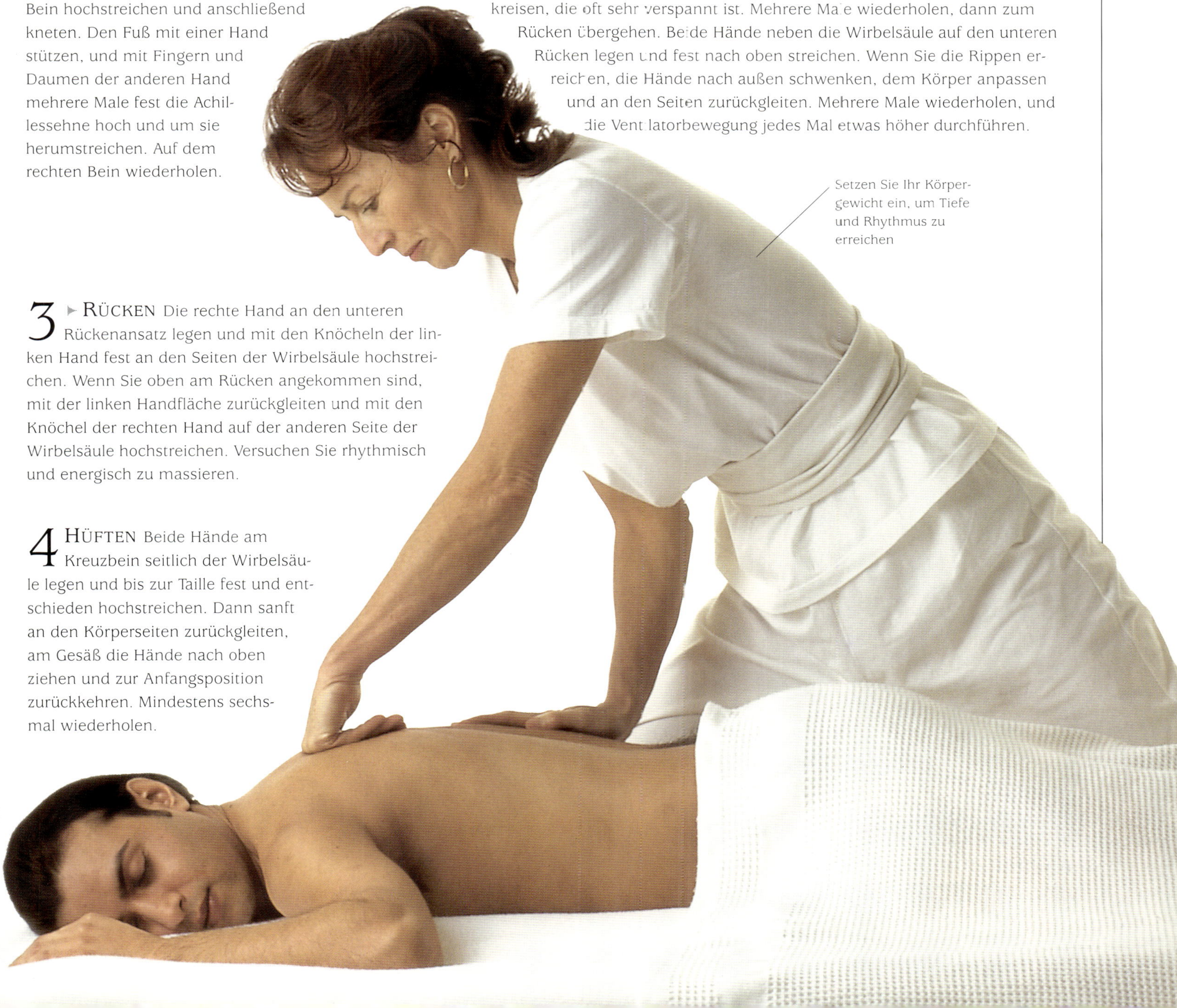

Setzen Sie Ihr Körpergewicht ein, um Tiefe und Rhythmus zu erreichen

3 ▸ **Rücken** Die rechte Hand an den unteren Rückenansatz legen und mit den Knöcheln der linken Hand fest an den Seiten der Wirbelsäule hochstreichen. Wenn Sie oben am Rücken angekommen sind, mit der linken Handfläche zurückgleiten und mit den Knöchel der rechten Hand auf der anderen Seite der Wirbelsäule hochstreichen. Versuchen Sie rhythmisch und energisch zu massieren.

4 **Hüften** Beide Hände am Kreuzbein seitlich der Wirbelsäule legen und bis zur Taille fest und entschieden hochstreichen. Dann sanft an den Körperseiten zurückgleiten, am Gesäß die Hände nach oben ziehen und zur Anfangsposition zurückkehren. Mindestens sechsmal wiederholen.

Schönheitsmassage

Schönheit ist wichtiger als wir uns eingestehen. Massage und ätherische Öle stimulieren den Blutkreislauf, ernähren die Haut, entspannen die Muskeln und beruhigen den Geist. Dadurch bekommen wir eine glänzende Haut, strahlende Augen, einen entspannten Körper und strahlen Optimismus aus. Die Massage, die beste Schönheitsbehandlung: Sie werden jung aussehen und sich schön fühlen.

Gesichts-lifting

Die Gesichtsmassage ist die entspannendste und meines Erachtens wohltuendste Massage überhaupt. Aufgrund der vielen Nervenrezeptoren im Gesicht hat die Massage hier eine besondere Wirkung auf das Nervensystem und Auswirkungen auf den ganzen Körper *(siehe Seite 161)*. In nur zehn Minuten kann der Empfänger zehn Jahre jünger aussehen und sich streßfrei fühlen. Zu Beginn das ganze Gesicht sanft streichen, dann auf die Muskulatur der Mimik konzentrieren: Stellen Sie sich vor, Sie führen mit Ihren Händen ein Gesichtslifting durch.

Die Gesichts-muskulatur

Die Muskeln im Gesicht sind anders als die Körpermuskulatur in die Haut eingefügt und beeinflussen deshalb unser Aussehen direkt. Unsere Stimmungen und Emotionen drücken sich in unserem Gesicht aus und wir schauen anderen Menschen ins Gesicht, um zu sehen, wie es ihnen geht. Streß und Anspannung können eine abträgliche Wirkung auf unser Aussehen haben, durch die verspannten Muskeln sehen wir abgehärmt und verkniffen aus. Die Massage löst diese Verspannungen und sorgt für einen weicheren Ausdruck.

Das Muskelgewebe im Gesicht wird mit den Jahren weicher, feine Linien erscheinen um Mund, Augen und auf der Stirn. Die Gesichtsmassage stimuliert den Blutkreislauf, stärkt die Muskulatur und verlangsamt so den Alterungsprozeß, der Empfänger strahlt vor Gesundheit.

„Ein Makel in der Seele kann nicht im Gesicht korrigiert werden, aber ein Makel im Gesicht, der korrigiert wird, kann die Seele erfrischen."

Jean Cocteau (1889–1963)

Sanftes Gesichtsöl

Ätherisches Öl Jeweils 2 Tropfen Kamille und Geranienöl

Trägeröl 10 ml (2 TL) Mandelöl

✦

In einer Flasche mischen *(siehe Seite 14–15)*.

BERUHIGENDES STREICHEN

Bei der Gesichtsmassage sollten die Berührungen sanft, aber bestimmt sein. Die Griffe können tief, aber niemals schwer sein; probieren Sie sie an sich selbst aus. Das Öl *(siehe Rezept links)* mit sanften, gewölbten Händen auftragen.

1 ► Mit beiden Händen den Nacken hochstreichen, dann zum Kinn und von dort zu den Ohren. Pausieren, dann zurück zum Kinn gleiten und seitlich der Nase hochstreichen. Wieder pausieren, dann unter den Wangenknochen bis zu den Schläfen streichen, zurückgleiten zum Nasenansatz und über die Stirn zu den Schläfen. Die Bewegung sollte sanft und fließend sein.

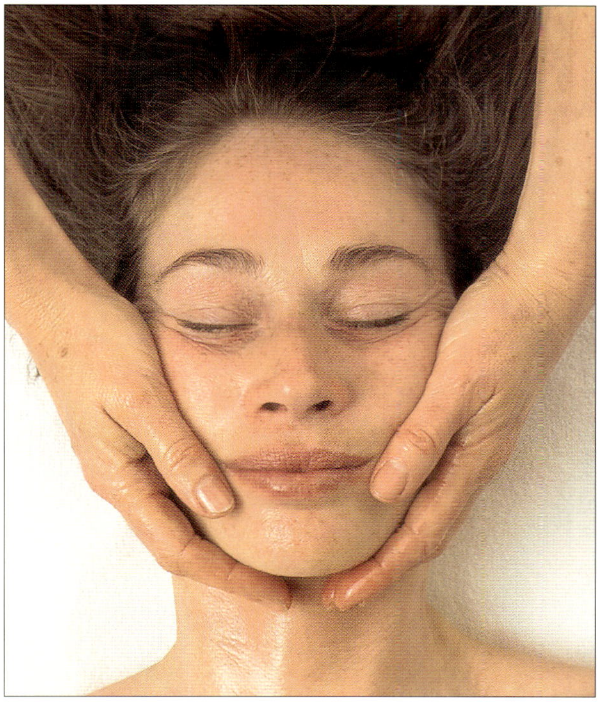

2 Die Daumen auf dem Nasenansatz oder dem „dritten Auge" lassen, und mit den Fingern um Kinn und Kiefer und zu den Schläfen hochstreichen. Mit dem Körpergewicht in diesen Griff hineinlehnen. Mehrmals wiederholen.

3 Mit beiden Händen den Nacken hochstreichen, wenn Sie den Kiefer erreichen, die Hände schwenken und die Finger verschränken. Dann jede Hand am Kiefer entlang und zu den Schläfen hochstreichen. Die Finger wieder verschränken, so daß die Handballen auf die Schläfen pressen und schließlich mit den Fingern über die Stirn streichen. Mehrmals wiederholen.

„Wenn Ihr Partner Kontaktlinsen trägt, sollte er diese vor der Massage herausnehmen."

BRUST & NACKEN

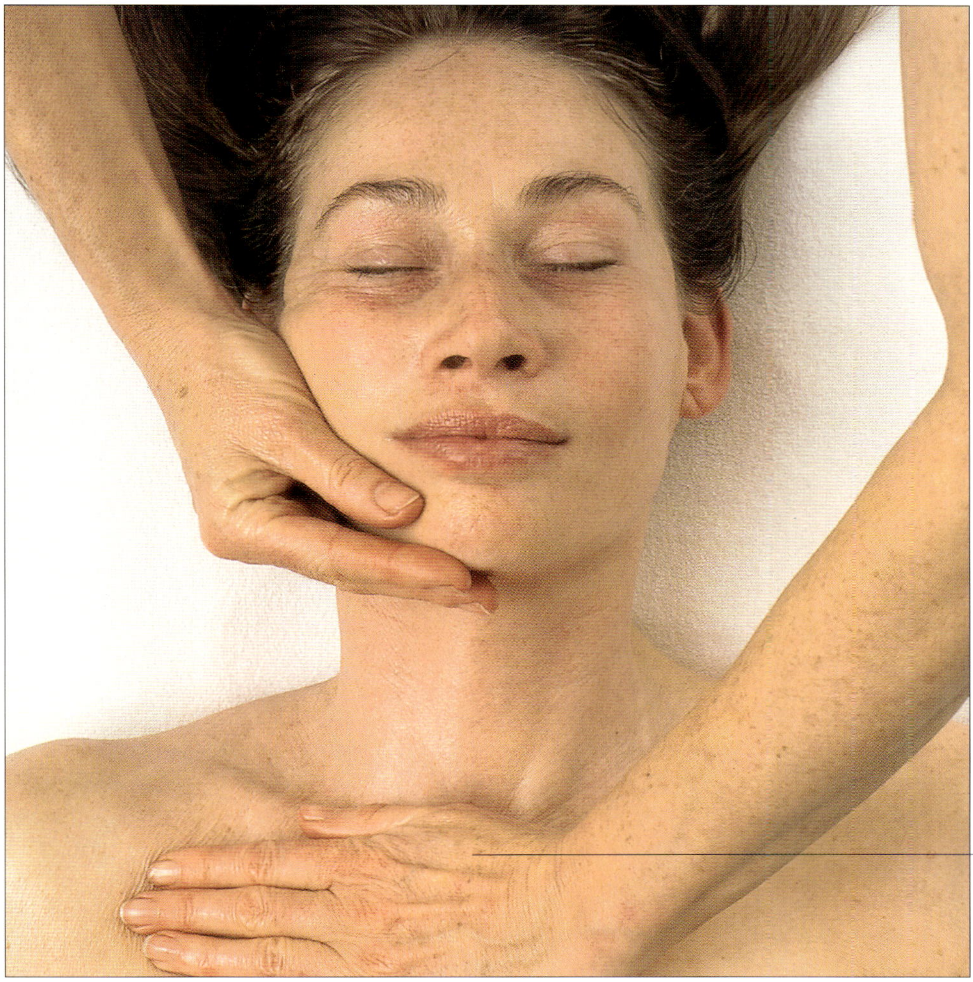

Mit einer Hand über die Brust streichen und mit der anderen um den Kiefer herum

1 ◄ Mindestens zehnmal rhythmisch auf einer Seite des Nackens hochstreichen, eine Hand folgt dabei der anderen. Dann mit der oberen Hand um das Kinn herumgleiten und mit der unteren Hand über die Brust streichen und auf der anderen Seite fortfahren. Mehrere Male wechseln, so daß eine Hand um das Kinn und die andere über die Brust streicht. Versuchen Sie eine nahtlose Bewegung auszuführen.

2 Wie in Schritt 1 beginnen und mit einer Hand nach der anderen seitlich am Nacken hochstreichen. Dann die Bewegung leicht verändern, in dem Sie mit der oberen Hand an der Gesichtsseite hoch und über die Stirn streichen und mit der unteren Hand über die Brust und zum Nacken hoch, so daß Sie die obere Hand am Kiefer treffen. Zehnmal seitlich des Nackens hochstreichen, dann die ganze Bewegung wiederholen. Die Sequenz so sanft wie möglich ausführen.

Kiefer & Kinn

1 Die Finger unter das Kinn legen und mit den Daumen am Kiefer entlang kreisen. Einen Daumen im Uhrzeigersinn, den anderen gegen den Uhrzeigersinn kreisen und leicht anheben, wenn die Daumen zueinander kreisen.

2 Mit einer Hand nach der anderen einige Male über die linke Wange vom Kinn zu den Ohren hochstreichen. Auf der rechten Seite wiederholen. Dann die Streichbewegungen größer werden lassen, so daß Sie mit jeder Hand zuerst um das Kinn kreisen.

3 Die Daumen auf der Stirn lassen und mit den Fingerspitzen kreisförmig Druck auf Kinn und Kiefer ausüben. Sanft beginnen und langsam tiefer gehen. Bitten Sie Ihren Partner, die Zähne zusammenzubeißen, damit Sie Spannungen herausfinden können.

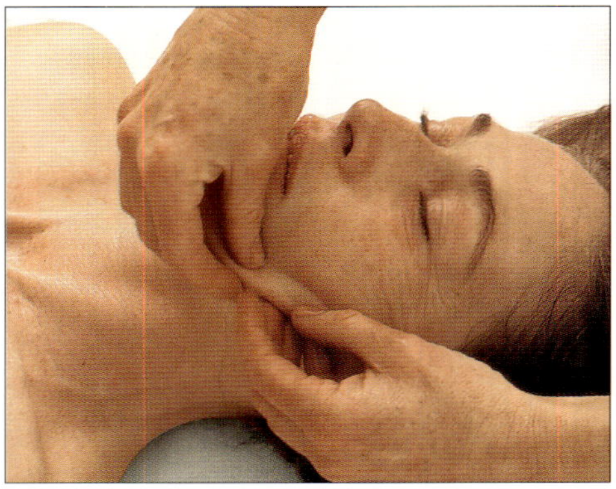

4 ◂ Mit den Fingern und Daumen beider Hände abwechselnd den Kiefer vom linken Ohr zum Kinn hin kneten. Das Fleisch langsam und sanft pressen und wieder loslassen, den Griff auf der rechten Seite wiederholen.

5 ▸ Zum Abschluß mit den Handknöcheln über die Wangen streichen, um Spannungen im Kiefer zu lösen. Die Knöchel kräftig kreisen, und die Handgelenke dabei nach oben und zu den Ohren hin drehen.

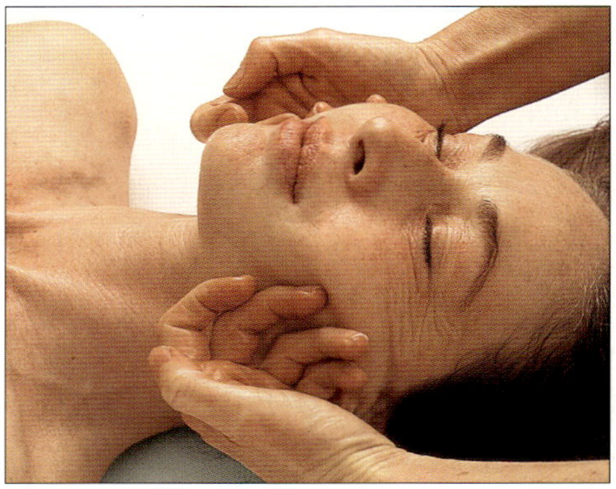

Mund & Wangen

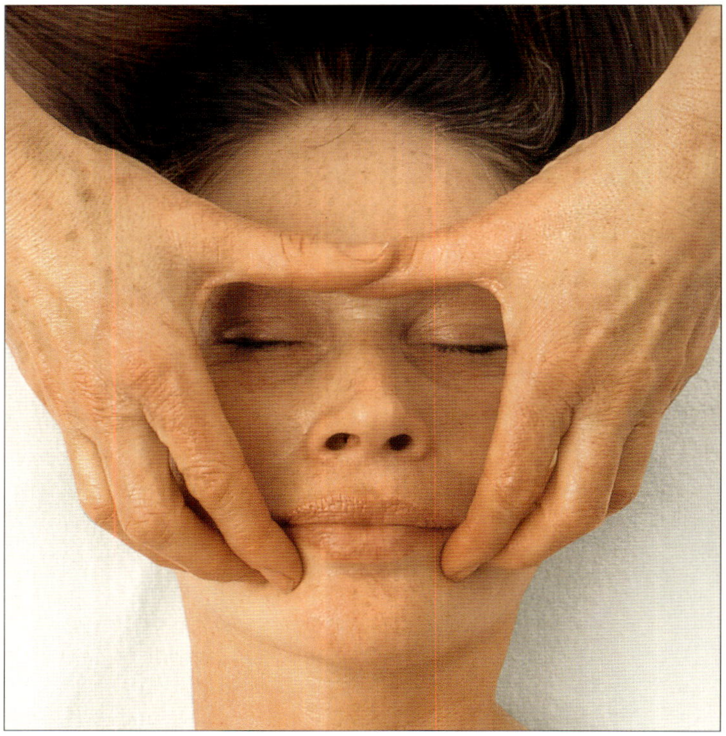

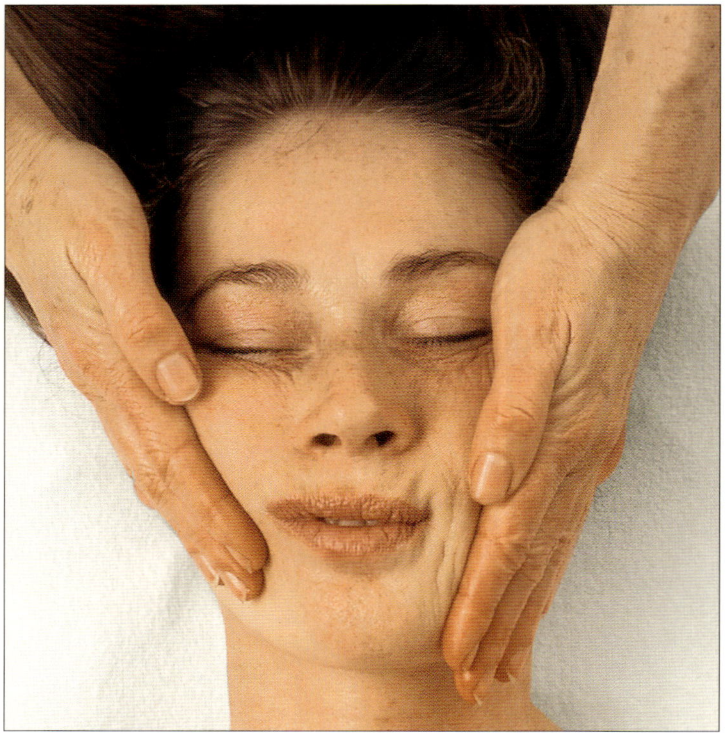

1 Einen Daumen auf den anderen als Stütze auf den Nasenansatz legen. Mit den Ringfingern sanft von der Mitte des Mundes zu den Mundwinkeln hin streichen. Dann die Mittelfinger folgen lassen und schließlich die Zeigefinger. Auf der Oberlippe und dann auf der Unterlippe wiederholen.

2 Die Hände in dieser Position lassen und mit den Spitzen des Zeige- und Mittelfingers kreisförmig Druck auf die Mundwinkel ausüben. Erst in eine, dann in die andere Richtung kreisen und tief und langsam arbeiten. Dann um den ganzen Mund massieren.

3 Die rechte Wange mit der rechten Hand stützen und mit der linken Handfläche auf der linken Wange große Kreise gegen den Uhrzeigersinn ausführen. Dann die Seiten wechseln und mit der rechten Hand Kreise ausführen, während die linke Hand liegenbleibt. Mehrere Male wiederholen, dann beide Hände abwechselnd kreisen, und bei der Aufwärtsbewegung mehr Druck ausüben.

4 Zu den Ohren hin ausstreichen, dann mit Daumen und Fingerspitzen jedes Ohr pressen und drehen, dabei das ganze Gebiet abdecken. Das kann sehr beruhigend wirken.

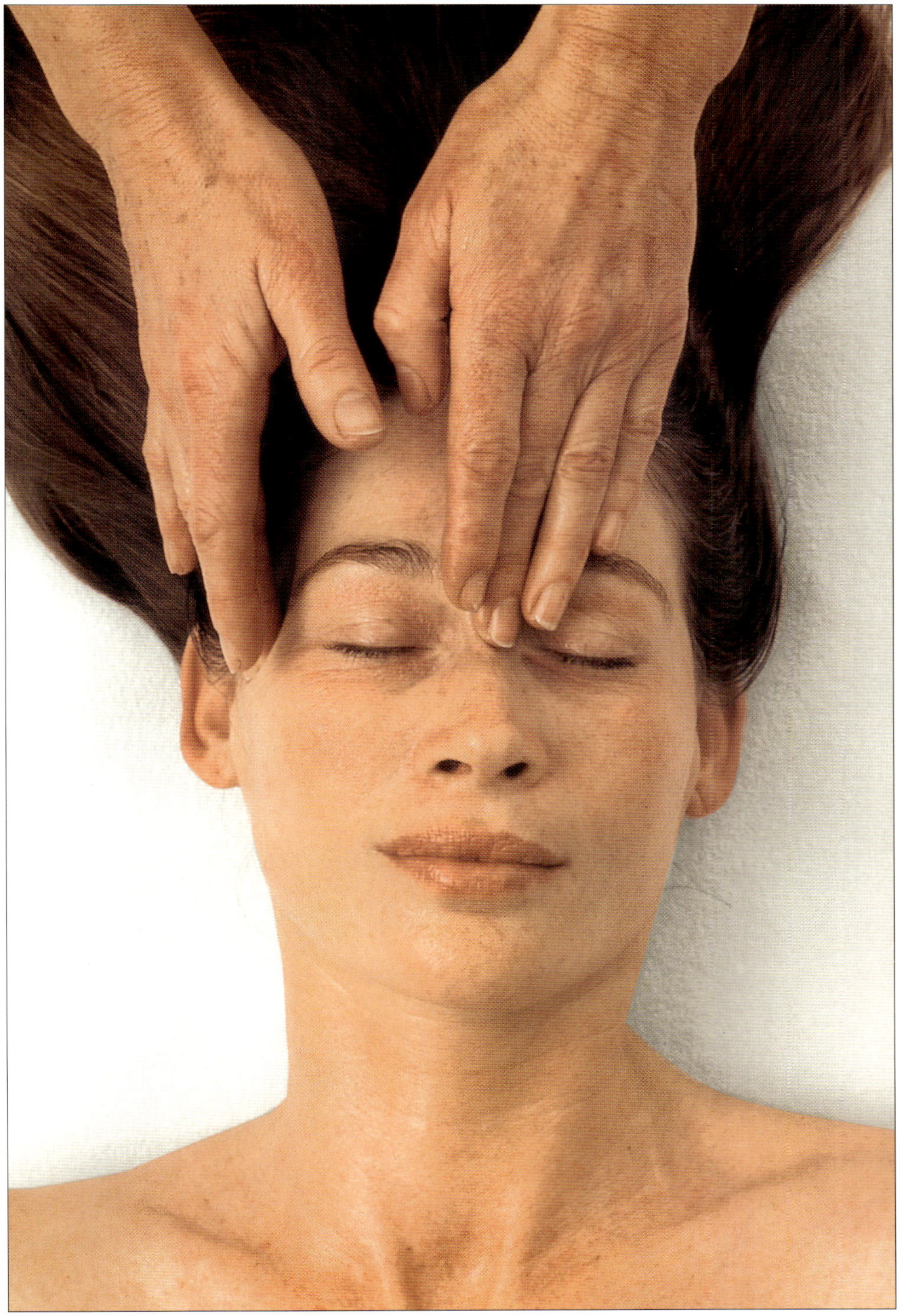

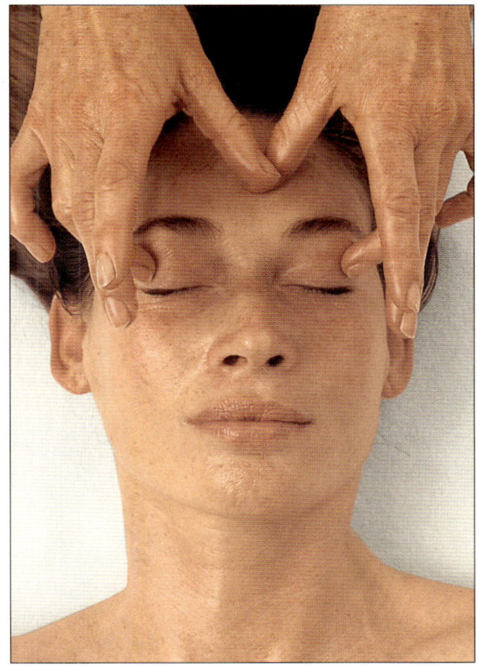

4 Die Daumen für mehr Stabilität kreuzen, und mit den Ringfingern sehr sanft vom Zentrum zum äußeren Winkel über das Augenlid streichen. Damit glätten Sie eventuelle Lachfältchen.

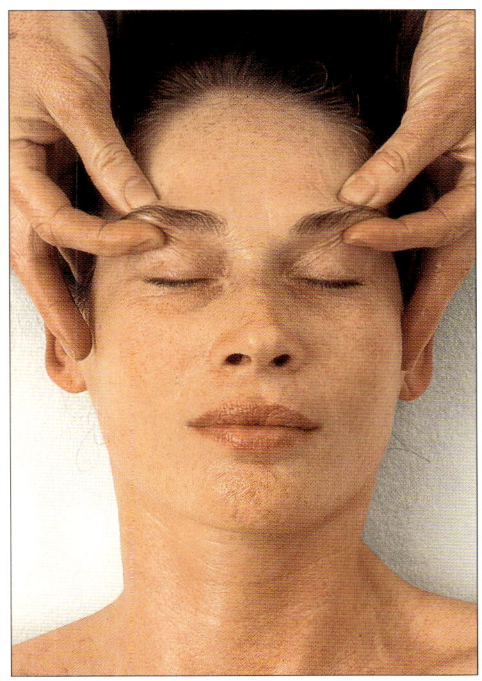

1 Vergewissern Sie sich, daß Ihr Partner die Kontaktlinsen herausgenommen hat, bevor Sie beginnen. Mit dem Zeigefinger und dem Mittelfinger von der Nase zu den Schläfen hin über die Augenbrauen streichen, dann sanft unter den Augen zurück zur Nase.

2 Jetzt die Hände abwechseln, so daß eine Hand über die Augenbrauen und die andere unter den Augen streicht.

3 ▲ Die Mittelfinger auf einen Augenwinkel legen. Mit dem Mittelfinger der linken Hand unter dem Auge, dann nach oben über die Nasenwurzel zum rechten Auge hin streichen. Wenn er die rechte Hand erreicht, unter dem rechten Auge zurückstreichen und zur linken Augenbraue hin. Diese Bewegung mit dem Mittelfinger der rechten Hand wiederholen. Versuchen Sie, dieses Achterformen sanft und einschläfernd zu gestalten.

5 Die Augenbrauen an der Nasenwurzel zwischen Daumen und Zeigefingern pressen. Einige Sekunden halten, dann loslassen und etwas weiter außen pressen. Bis zu den Schläfen hin das Fleisch sanft pressen und wieder loslassen.

STIRN

1 Eine Hand nach der anderen über die Stirn zum Haaransatz streichen. Langsam streichen und darauf achten, daß die Hände entspannt sind. Auch wenn das langweilig erscheint, allein die Wiederholung läßt Ihren Partner sich unglaublich entspannen.

2 An den Schläfen und auf der ganzen Stirn kreisförmig Druck ausüben. Mit den kleinen Fingern beginnen, dann mit allen anderen Fingern folgen und Geschwindigkeit, Tiefe und Richtung der Kreise nach Wunsch des Partners verändern.

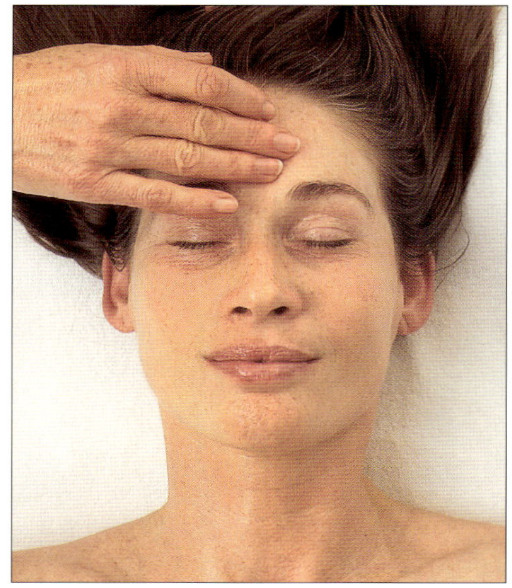

3 ▲ Um Stirnfalten zu glätten, legen Sie die Hände quer auf die Stirn und pressen fest mit den ersten zwei Fingern der Hände. Dann die Hände im Zick-Zack aufeinander zubewegen. Die ganze Sitrn mit diesem Griff abdecken und dabei die Geschwindigkeit der Streichbewegung verändern und auf verspannte Stellen konzentrieren.

4 ▲ Den Kopf mit einer Hand unterstützen, und mit dem Mittelfinger der anderen Hand an der Nasenwurzel leichte, kreisförmige Streichbewegungen ausführen. Mit dem Finger langsam bis zur Stirnmitte hochkreisen. Wenn Sie den Haaransatz erreichen, die Hand in einer schöpfenden Bewegung in das Haar hineinstreichen. Zur Anfangsposition zurückkehren und wiederholen.

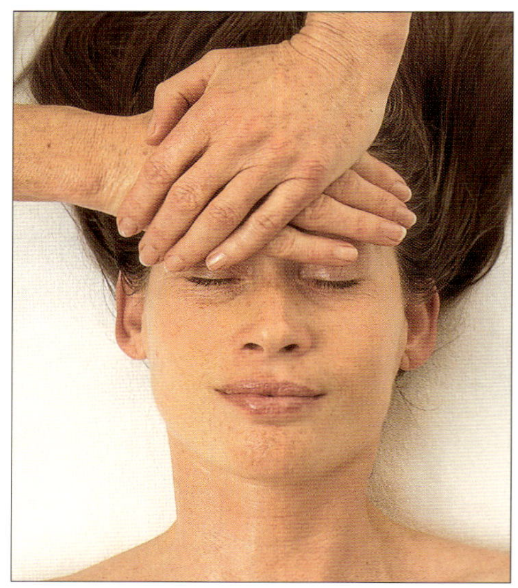

5 Zum Abschluß der Massage beide Handflächen aufeinander auf die Stirn legen und etwa eine Minute dort liegenlassen. Auf den Atemrhythmus des Partners konzentrieren. Nach und nach den Druck verringern und so langsam wie möglich die Hände wegheben. Durch diesen entspannenden Griff stellt sich beim Partner ein tiefes Gefühl der Ruhe und Geborgenheit ein.

STÄRKENDE TECHNIKEN

Die meisten Griffe für das Gesicht sind sanft und fließend, aber sie können auch schnell und stakkatoartig sein. Dann wird die Gesichtsmuskulatur gestärkt und stimuliert. Überraschenderweise können diese Stakkatobewegungen auch sehr entspannend sein; sie vertreiben alle Gedanken des Partners und zwingen seinen Geist und seine Muskeln loszulassen. Die folgenden Griffe sollten Sie aber auf Ihrem Knie ausprobieren, bevor Sie Ihren Partner damit massieren. Für diese Sequenz brauchen Sie nur wenige Tropfen Öl.

1 Mit allen vier Fingern und mit einer Hand nach der anderen schnell die linke Seite des Nackens hochstreichen. Die Finger rollen, so daß die Haut etwas angehoben wird. Rechts wiederholen. Die gleiche Bewegung unter dem Kiefer ausprobieren. Die Hände schauen sich an, die Ellbogen sind nach außen gestreckt, so daß Sie eher mit den Fingerkuppen als mit den Fingerspitzen arbeiten. Weg mit dem Doppelkinn!

2 ▼ Darauf folgen energische Trommelbewegungen. Mit den Mittelfingern leicht unter dem Kinn klopfen, einmal mit der linken Hand, zweimal mit der rechen. Schnell und gleichmäßig arbeiten.

3 Auf die linke Gesichtsseite des Partners hinüberlehnen und mit abwechselnden Händen einen Finger nach dem anderen leicht vom Mundwinkel aus über die Wange bis zum Ohr hochrollen. Auf der rechten Seite wiederholen.

4 Probieren Sie die gleiche Bewegung auf der Stirn aus. Über den Augenbrauen beginnen, die Hände schauen sich an. Jetzt mit den Fingern einer Hand nach der anderen auf die Stirn trommeln, so daß die Haut in Richtung Haaransatz gerollt wird. Die Handgelenke sind dabei locker und entspannt.

5 Mit den Fingerspitzen beider Hände auf dem ganzen Gesicht und auf der Stirn klopfen, dabei Geschwindigkeit und Tiefe verändern.

Trommeln Sie mit den Fingern beider Hände abwechselnd ganz leicht und zart auf das Kinn

ANTI-ZELLULITIS-MASSAGE

DIE ZELLULITIS IST EIN PROBLEM, das viele Frauen kennen, obwohl viele Mediziner sie einfach als Fett abtun. Die häßliche „Orangenhaut" entwickelt sich oft auf Schenkeln, Hüften und auf dem Bauch. Die Schenkel und der Bauch von Frauen sind besonders anfällig für Fettablagerungen direkt unter der Haut. Die Art, in der die Haut am Muskel befestigt ist, gleicht der Maschenstruktur einer Strickweste. Wenn sich Fett dort ablagert, füllt es die Löcher zwischen der Haut und den Muskeln und bildet die gekräuselte Haut, die mit Zellulitis in Verbindung gebracht wird. Die Selbstmassage kann das Auftreten von Zellulitis einschränken und für festere und weichere Haut sorgen. Wenn die Zellulitis fest und hart ist, können Sie mit festen Griffen das Gebiet aufweichen; falls die Zellulitis sich weich und wässrig anfühlt, sollten die Bewegungen sanfter sein und den Abfluß der Lymphe stärken *(siehe Seite 74–77)*.

TIPS GEGEN ZELLULITIS

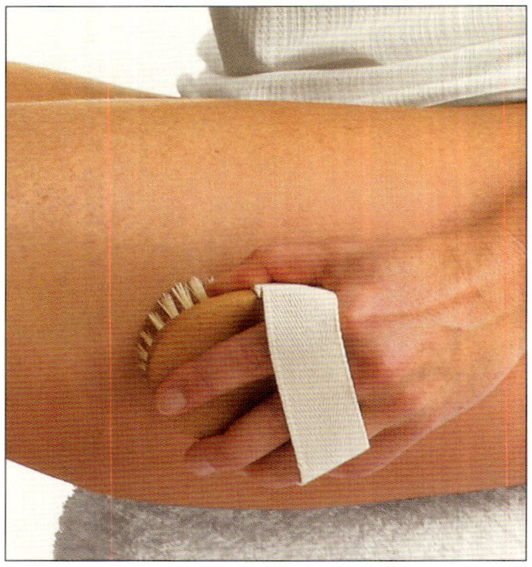

Vor allem vor dem Baden oder Duschen die Haut regelmäßig mit einer Bürste aus Naturborsten oder einem Handschuh bürsten. An den Schenkeln beginnen und mit kreisförmigen Aufwärtsbewegungen das Bein hinunterbürsten. Dadurch werden Kreislauf und Lymphsystem (siehe Seite 162–163) *angeregt und tote Hautzellen entfernt.*

✦

Acht Gläser Wasser am Tag trinken.

✦

Viel frisches Obst und Gemüse verzehren und zuviel Salz, Zucker und verarbeitete Produkte vermeiden.

ÖLMISCHUNG

Ätherische Öle *Je 1 Tropfen Rosmarin-, Geranien- und Wacholderbeeröl*

Trägeröl *10ml (2 TL) Sonnenblumenöl*

✦

In einer Flasche mischen (*siehe Seite 14–15*).

SCHENKELMASSAGE

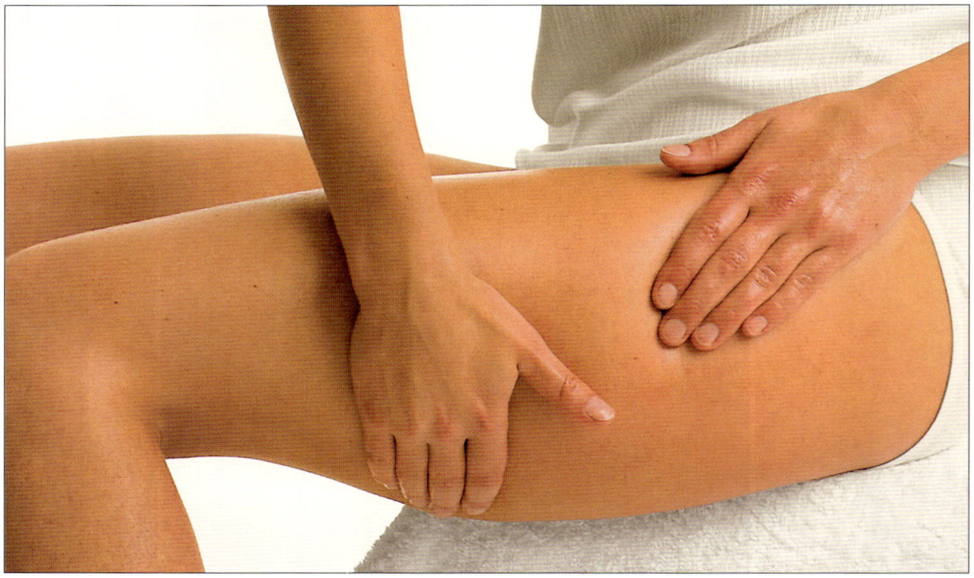

1 Etwas Massageöl auf eine Hand gießen und vorwärmen. Dann eine Hand nach der anderen fest den Schenkel hochstreichen, beim Knie beginnen. Die Hände der Schenkelform anpassen. Sobald die Hände den Schenkelansatz erreichen, zur Anfangsposition zurückkehren. Wiederholen und allmählich den ganzen Schenkel massieren.

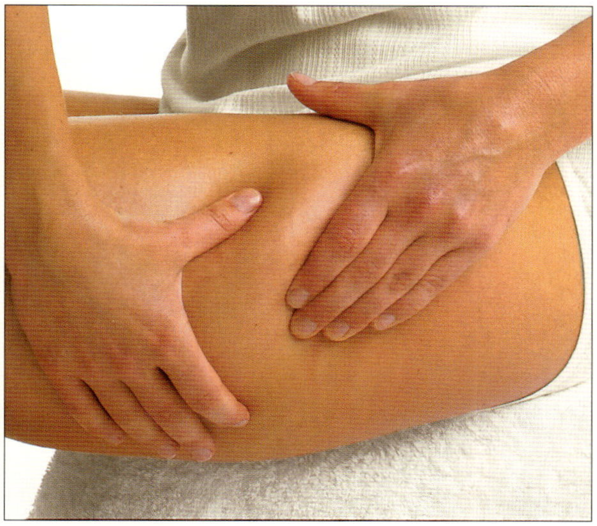

2 Den ganzen Schenkel kneten, beim Knie beginnen. Mit tiefen Griffen das Fleisch hochheben, pressen und von einer Hand zur anderen schieben. Sie können in Reihen arbeiten, die oben, an den Seiten und unten am Schenkel verlaufen.

3 Jetzt mit den Handknöcheln tiefe, kreisende Bewegungen auf dem Schenkel ausführen. Beim Knie beginnen und wie in Schritt 2 systematisch zum Körper hocharbeiten.

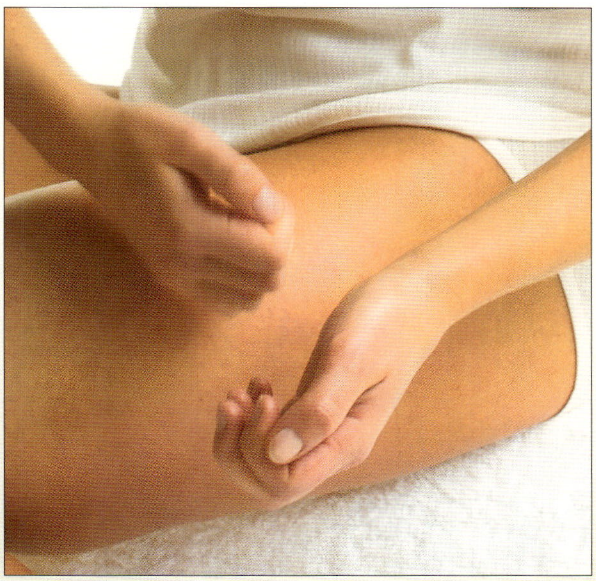

4 Die Ober- und Außenseite des Schenkels locker mit den Fäusten klopfen. Die Handgelenke sollten dabei entspannt bleiben. Vielleicht müssen Sie Ihre Beine etwas verschieben, damit Sie sich direkt über das Gebiet lehnen können, das Sie bearbeiten. Dieser energische Griff stimuliert den Blutfluß auf der Hautoberfläche.

5 Jetzt den Schenkel mit einer Hand nach der anderen leicht zum Körper hin ausstreichen, damit die Lymphe abfließen kann. Diese Bewegung sollte so leicht wie möglich sein. Dann Schritt 1–5 auf dem anderen Schenkel wiederholen.

Die Haut in Richtung Körper streichen, um den Lymphfluß zu unterstützen

„Genießen Sie die Wonne einer Dusche: Stellen Sie sich vor, das Wasser wäscht Ihre Erschöpfung weg, stimuliert Ihren Kreislauf und erfrischt und belebt Sie."

Hydrotherapie

Hydrotherapie oder Wassertherapie ist eine sehr gute Ergänzung zur Massage und kann leicht in die tägliche Dusch- oder Bad-Routine integriert werden. Das Wasser hat, je nach Temperatur, eine unterschiedliche Wirkung auf den Körper. Heißes Wasser hebt die Körpertemperatur und läßt die Muskeln entspannen; kaltes Wasser stimuliert den Kreislauf, reduziert Entzündungen und belebt die Haut. Die Sequenz unten läßt den ganzen Körper neu beleben und die Haut glänzen. Am besten ist eine Dusche mit verschiedenen Brauseeinstellungen, aber jede Handbrause reicht schon aus.

Sofortige Erfrischung

1 ▸ Zuerst die alte Haut mit einem Salzpeeling abreiben *(siehe Rezept unten)*. Stellen Sie sich in die Badewanne oder Dusche, und tragen Sie die Mischung auf die feuchte Haut auf. Den ganzen Körper kreisförmig massieren und auf Ellbogen, Knie und Füße konzentrieren. Gut abspülen.

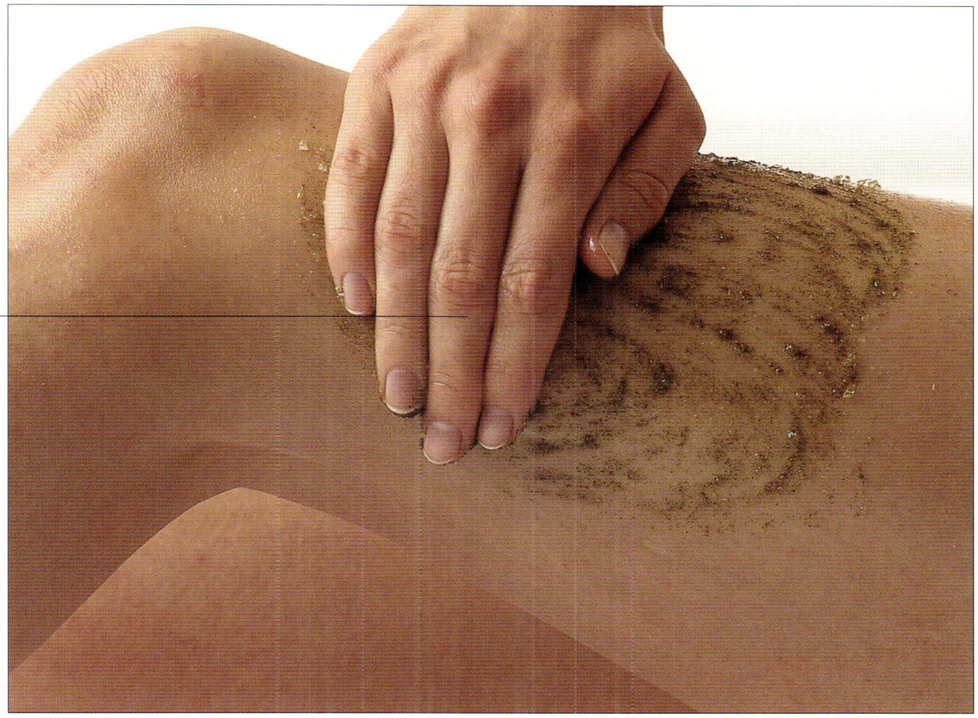

Das Peeling mit kreisförmigen Bewegungen auftragen

Mandelöl

Algenpulver

Gemahlenes Meersalz

Salzpeeling

1 El gemahlenes Meersalz

1 EL Algenpulver

15 ml (3 TL) Mandelöl

✦

Die Zutaten in einer kleinen Schale mischen

2 ◂ Jetzt die Dusche auf heiß stellen und ganz aufdrehen. Mit kleinen, kreisenden Bewegungen jedes Bein mit dem Brausekopf massieren. Dann langsam den Körper hocharbeiten und mehr Zeit für die Zonen verwenden, die Ihnen verspannt vorkommen. Brust, Schultern und Nacken und an den Armen hinunter massieren. Insgesamt fünf Minuten heiß duschen.

3 Die Duschmassage mit kaltem Wasser wiederholen und die gleichen, kreisenden Bewegungen ausführen. Abwechselnd heißes und kaltes Wasser ist die einfachste Möglichkeit, Energie zu tanken und gibt Ihnen ein Gefühl der völligen Erfrischung.

4 Anschließend die Haut trocknen und den ganzen Körper mit einer Ölmischung *(siehe rechts)* in großen, kreisenden Bewegungen massieren. Das ätherische Orangenöl hat eine leicht adstringierende Wirkung, während Weihrauch bei trockener Haut hilft.

Weihrauch

Mandelöl

Orangenschale

Exotische Ölmischung

Ätherische Öle *Je 5 Tropfen Orangen- und Weihrauchöl*

Trägeröl *20 ml (4 TL) Mandelöl*

✦

Öl in der Flasche mischen *(siehe Seite 14–15)*

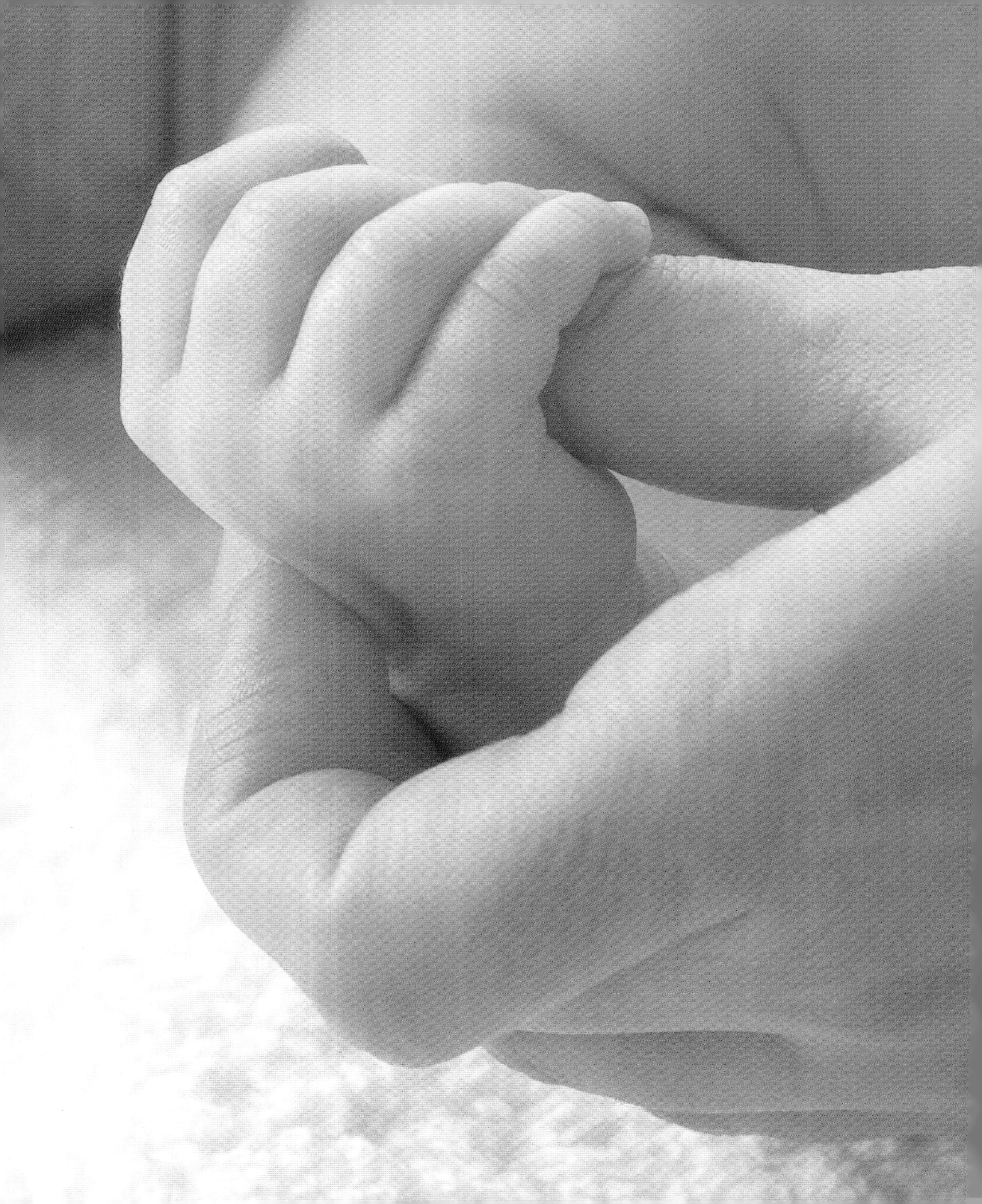

Schwangerschaft & Kinder

Während der Schwangerschaft und der Geburt erlebt der Körper der Frau grosse Veränderungen; eine Massage kann eine Wohltat sein, Spannungen lösen und Schmerzen lindern. Das instinktive Streicheln einer Mutter braucht einfach nur zur Massage erweitert zu werden. Der Schlaf des Babys wird dadurch gefördert und sein Immunsystem gestärkt. Auch wenn das Kind grösser wird, bleibt die Massage ein Genuss.

IN DER SCHWANGERSCHAFT

DIE MASSAGE KANN WÄHREND DER SCHWANGERSCHAFT von größtem Nutzen sein: Sie beruhigt gereizte Nerven und lindert Beschwerden wie Rückenschmerzen, Verspannungen und schmerzende Beine und Füße. Ich massiere meine Klientinnen während der gesamten Schwangerschaft und fordere ihre Partner auf, das gleiche zu tun. Für den Vater ist dies eine wundervolle Art, in die Schwangerschaft miteinbezogen zu werden. Sanfte, beruhigende Streichbewegungen stimulieren den Kreislauf, ohne das Herz zu belasten und können Blutdruck und Herzschlag reduzieren und so Mutter und Baby beruhigen. Achten Sie darauf, daß Ihre Partnerin bequem sitzt. Sprechen Sie sich vor der Massage mit dem Arzt oder der Hebamme ab.

BERUHIGENDES STREICHEN

1 ► Bitten Sie Ihre Partnerin, sich auf den Boden zu knien und sich auf einen Stapel Kissen zu lehnen. Beide Hände auf ihren unteren Rücken seitlich der Wirbelsäule legen und fest zu den Schultern hochstreichen. Oben an den Schultern pressen.

2 Die Arme hinunterstreichen soweit Sie kommen und dann an den Körperseiten zurück. Über Hüften, Schenkel, Waden und Füße und wieder hoch über das Gesäß zurück zur Anfangsposition. Mehrmals wiederholen. Versuchen Sie eine einzige, ununterbrochene Bewegung auszuführen, die mühelos über den ganzen Körper gleitet.

Lehnen Sie Ihr Körpergewicht in den Griff hinein

Oberen Rücken entspannen

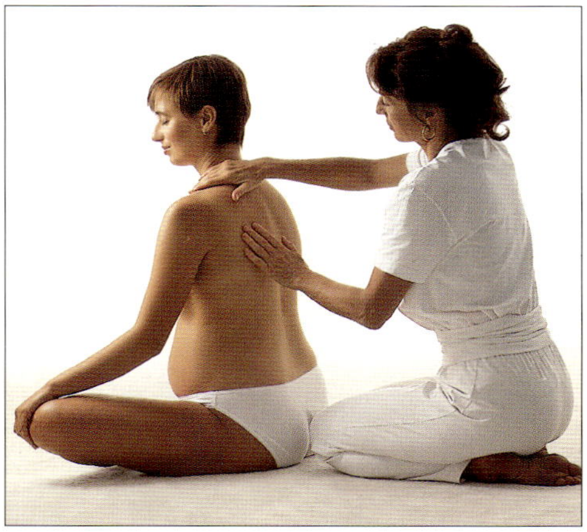

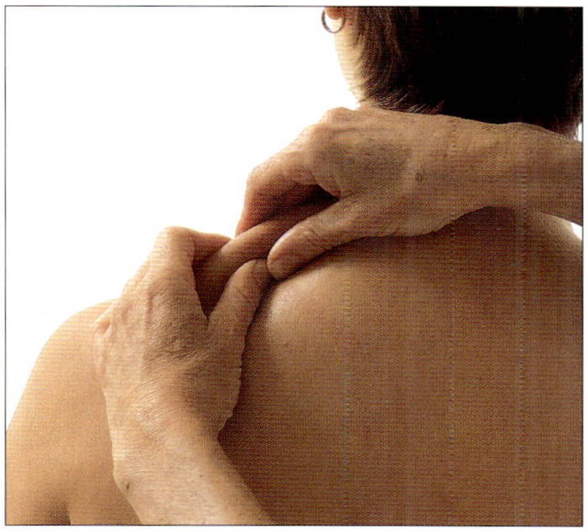

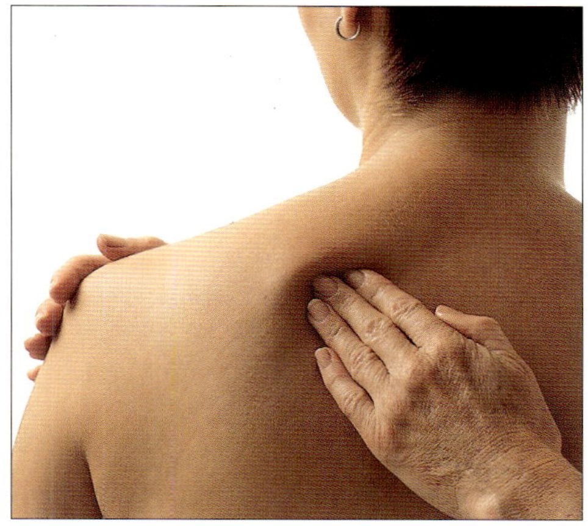

1 Bei dieser Sequenz kann Ihre Partnerin sitzen. Beginnen Sie mit einigen kreisförmigen Bewegungen auf dem linken Schulterblatt. Mit einer Hand nach der anderen kreisen. Wenn eine Hand auf das andere Handgelenk trifft, darüberheben, während die andere Hand mit dem Streichen fortfährt. Achten Sie auf eine sanfte Bewegung.

2 Die obere Schulter kneten, dabei das Fleisch mit wechselnden Händen rhythmisch pressen und wieder loslassen. Danach kommt das Hautrollen *(siehe oben)*. Mit den Daumen das Fleisch auf dem Schulterblatt hoch in Richtung der Finger rollen, so daß es oben auf der Schulter gepreßt wird. Dieser wärmende Griff löst Verspannungen.

3 Die Vorderseite des Körpers mit der rechten Hand unterstützen und tiefen, kreisförmigen Druck am Schulterblatt entlang ausüben, dabei unter und auf dem Knochen schieben. Zum Abschluß mit der Hand leicht über die gesamte Zone streichen, dann Schritt 1–3 auf der rechten Schulter wiederholen.

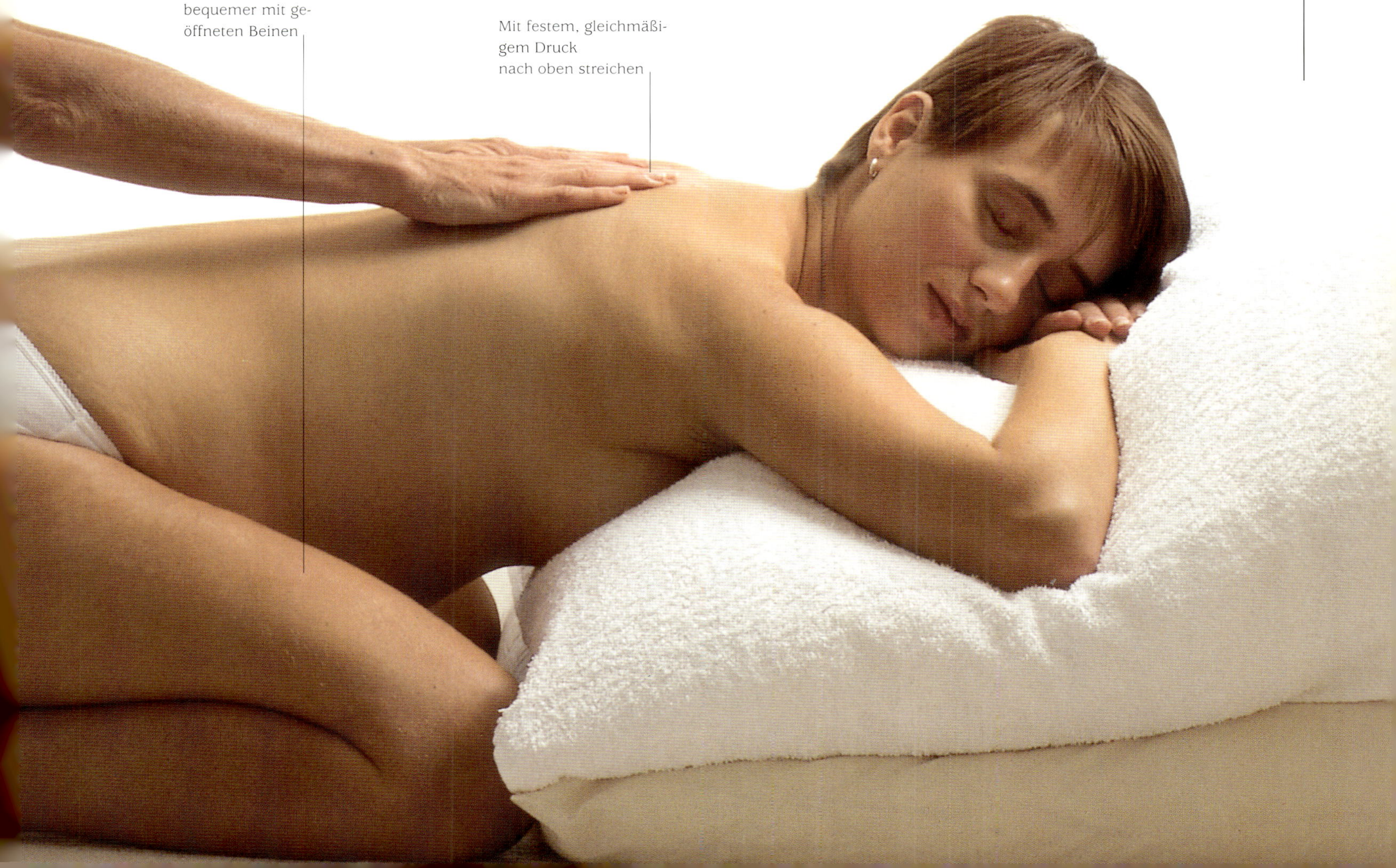

Bauchmassage

Die Massage des Bauches mit sanften, weichen Streichbewegungen ist eine wunderschöne Möglichkeit, Mutter und Kind sehr nahe zu sein. Es kann für beide beruhigend sein, es ist erwiesen, daß aktive, strampelnde Babys durch Streicheln beruhigt werden können. Während der ersten 20 Schwangerschaftswochen kann sich die Mutter während dieser Massage auf den Rücken legen, danach erschwert das Gewicht des Fötus die Blutzirkulation, und es ist sicherer und bequemer, wenn sie sich auf die Seite legt und die Beine nach vorne beugt. Legen Sie Kissen als Stütze unter ihren Kopf.

1 ► Seitliches Streichen ist während der Schwangerschaft die wirksamste Technik, denn Sie können auf einer großen Fläche arbeiten. Hinter die Partnerin knien und mit einer Hand nach der anderen sehr sanft den Bauch hoch- und runterstreichen. Die Hand, die der Hüfte am nächsten ist, kann auf dem unteren Rücken fortfahren, bevor sie für die Wiederholung hochgehoben wird.

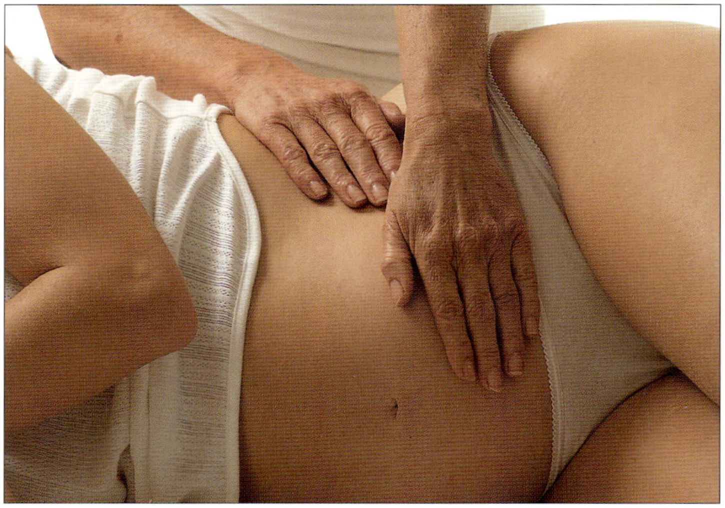

2 ▼ Jetzt können Sie sehr leichtes Kreisen ausprobieren. Mit beiden Händen in einem großen Kreis über den Bauch streichen, eine Hand folgt der anderen im Uhrzeigersinn. Wenn die Arme überkreuzen, eine Hand über die andere heben und mit der einen einen ganzen Kreis, mit der anderen einen Halbkreis ausführen. Diese Bewegung sollte sich wie ein Streicheln anfühlen. Sie können auch nur mit einer Hand arbeiten und dabei die Kreise immer kleiner werden lassen, bis sie nur noch um den Bauchnabel kreisen.

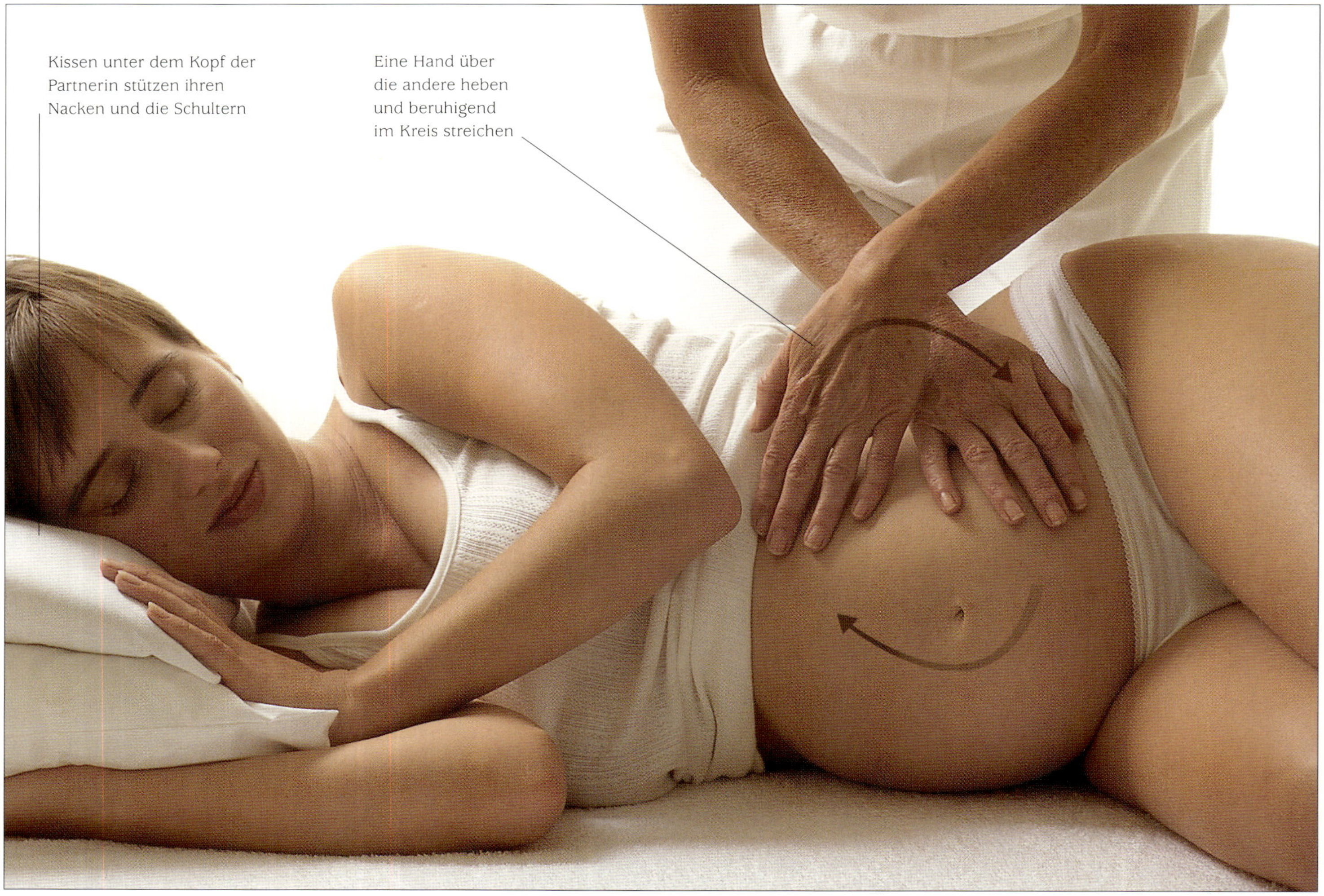

FUSSMASSAGE

Eine der kleineren Beschwerden, über die Frauen in der Schwangerschaft meist klagen, sind müde, schmerzende Füße und Knöchel. Eine Massage in diesen Regionen lindert nicht nur die Schmerzen, sondern belebt den ganzen Körper. Ihre Partnerin setzt sich am besten in eine halbliegende Stellung, unterstützt durch Kissen. Auf den Füßen können Sie ziemlich tief massieren, aber nicht vergessen, daß sich die Massage immer nach den Bedürfnissen der Partnerin richten muß.

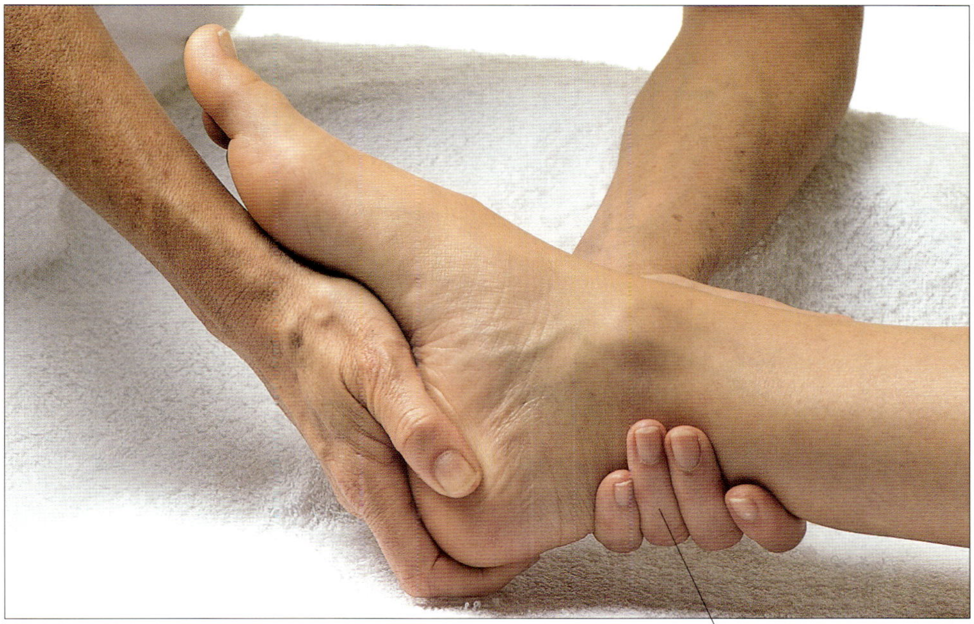

Den Knöchel mit den Fingern einer Hand unterstützen

1 Den vorderen Teil des Fußes zwischen den Handflächen halten, und mit beiden Händen fest von den Zehen zum Knöchel streichen. Zurückgleiten und mehrmals wiederholen, damit die Partnerin sich an die Berührung gewöhnt.

2 ▲ Jetzt mit den Fingern einer Hand den Knöchel stützen und mit dem Daumen der anderen Hand fest um die Ferse herumstreichen.

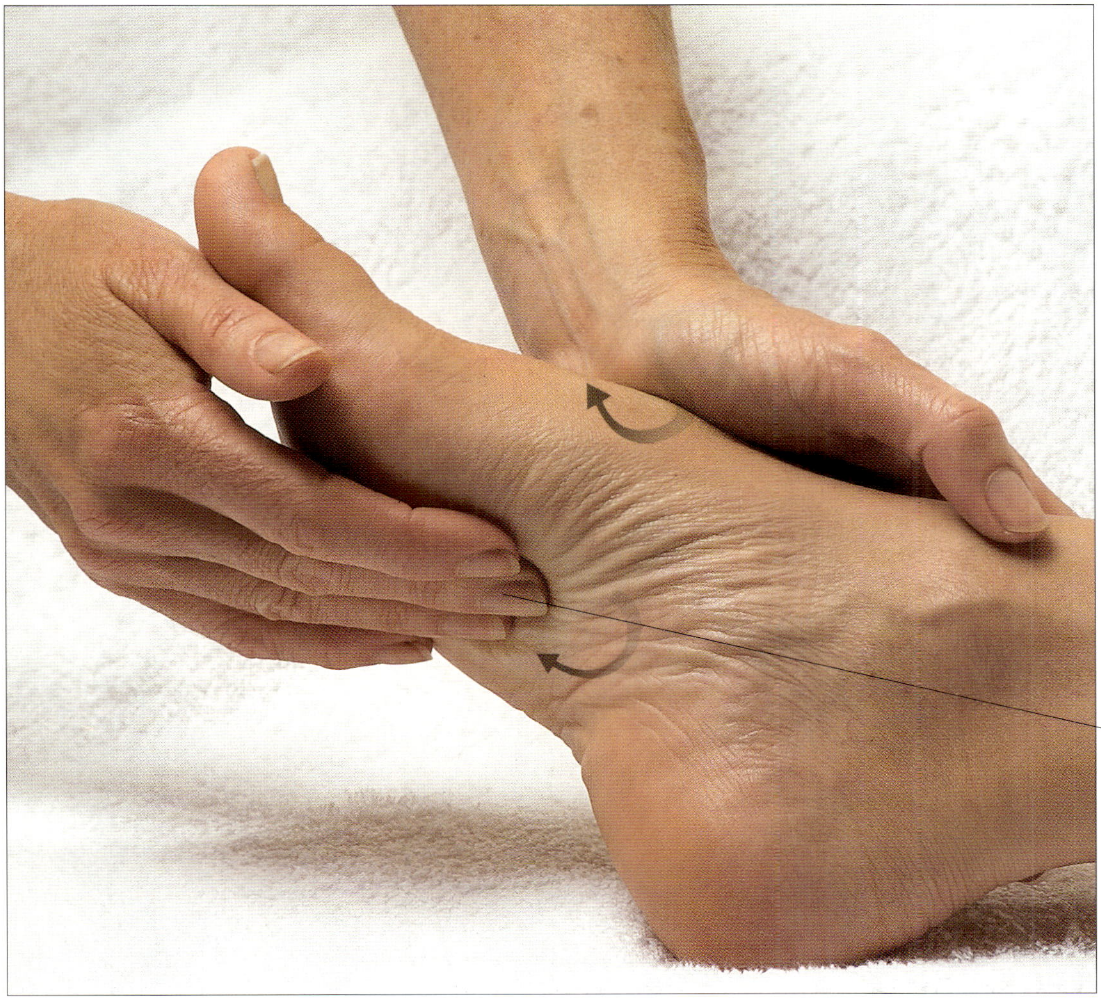

Mit den Fingern der unteren Hand tiefen, kreisförmigen Druck ausüben

3 ◄ Einen Handballen auf den Fußrücken, knapp über die Zehen, legen und mit kreisförmigem Druck beginnen, dabei beim Aufwärtsstreichen fest in Richtung Körper arbeiten. Mit den Fingern der anderen Hand kreisförmig auf der Fußsohle pressen. Versuchen Sie kräftig und gleichmäßig zu arbeiten. Dann jeden Zeh einzeln pressen und streichen.

4 Zum Abschluß der Massage wie zu Beginn streichen. Danach den Fuß einige Sekunden zwischen den Händen halten. Loslassen und Schritt 1–4 auf dem anderen Fuß wiederholen.

Massage während der Wehen

Eine Massage während der Geburt kann sehr beruhigend wirken. Eine verspannte Bauchmuskulatur kann die Geburt verzögern, alles, was entspannungsfördernd ist, tut der Frau gut. Wenn der Körper sich entspannt, werden Endrophine, die körpereigenen Schmerzmittel, freigesetzt, und der Streß läßt nach.

Frauen reagieren sehr unterschiedlich während der Wehen: Einige lieben es, massiert zu werden, andere können urplötzlich keine Berührung mehr ertragen. Achten Sie immer auf die Bedürfnisse Ihrer Partnerin. Die Massage wirkt schmerzlindernd während der Wehen und entspannend zwischen den Kontraktionen. Am besten lehnt sich Ihre Partnerin nach vorn, damit das Baby ausreichend Platz hat, sich in die richtige Geburtsposition zu bewegen. Die Hebamme muß auf jeden Fall wissen, daß Sie während der Geburt massieren wollen.

Massageausrüstung

Für die Massage während der Geburt wird gerne Lavendel verwendet, denn er wirkt sehr beruhigend und duftet frisch (*siehe* Auswahl und Mischung der Öle, *Seite 14–15*). Der Duft der Öle im Raum kann sehr beruhigend wirken. Fragen Sie die Hebamme, ob Sie eine Duftlampe benutzen dürfen: Die Schale kann mit Wasser und 2–4 Tropfen ätherischem Öl gefüllt werden.

Unterer Rücken & Beine

1 Bei dieser Sequenz sollte sich Ihre Partnerin nach vorne an eine Wand lehnen. Hinter sie knien und mit dem rechten Handballen kreisförmigen Druck auf dem Kreuzbein ausüben, die linke Hand stützt den Rücken. Dann sanft ausstreichen.

2 Bei Schmerzen im unteren Rücken die Gesäßhälften mit den Fingern stützen und dann die Daumen tief in die Zentren der Gesäßhälften pressen. Einige Sekunden halten, dann loslassen.

3 ◄ Jetzt mit jeder Hand sanft den Rücken und die Beine hinunterstreichen. Die Partnerin kann dabei ihr Gewicht von einem Bein auf das andere verlagern.

4 Eine weitere Möglichkeit, Schmerzen zu lindern und die Geburt voranzutreiben, ist das Pressen des Shiatsupunkts auf der Innenseite des Beines, vier Fingerbreit über dem Knöchelvorsprung in der Furche hinter dem Schienbein.

Massage nach der Geburt

Nach der geistigen, emotionalen und physischen Belastung der Geburt müssen die frischgebackenen Mütter verwöhnt werden. Eine Massage ist besonders geeignet, Geist und Körper zu entspannen, Energien zu erneuern, einen tiefen Schlaf zu fördern und den Körper zur ursprünglichen Form zurückkehren zu lassen. In vielen nichtwestlichen Kulturen wird die Mutter 30 bis 40 Tage lang von einer Großmutter oder Tante täglich oder wöchentlich massiert. Unten zeige ich Ihnen einige Techniken, die ich von Hebammen aus Indien und Sarawak gelernt habe. Die Bauchmassage darf aber erst nach der postnatalen Untersuchung der Mutter ausgeführt werden.

Schultern & Nacken

Diese Zone ist meist durch das Stillen verspannt, die Muskulatur kann mit kreisförmigem Daumendruck gelockert werden. Eine Schulter mit der einen Hand stützen, und mit dem Daumen der anderen Hand um Nacken und Schulterblatt herum pressen, die Wirbelsäule vermeiden. Auf der anderen Schulter wiederholen.

Bauch

1 ▸ Den Bauch mit der rechten Hand stützen, und mit Daumen und Finger der linken Hand ein „V" formen. Mit diesem „V" vom Schambein bis zum Nabel hochstreichen und „alles wieder an den richtigen Platz schieben". Zurückgleiten und dreimal wiederholen.

2 Mit einer Hand auf der anderen sehr langsam und tief den Bauch hochstreichen. Wenn Sie den Nabel erreicht haben, den Druck lösen und zurückgleiten. Dreimal wiederholen.

3 Mit weichen, gewölbten Händen sanft auf dem Bauch kreisen.

Baby-Massage

Das Bedürfnis frischgebackener Eltern, ihr Baby zu streicheln, zu liebkosen und in den Armen zu wiegen, ist die natürlichste Sache der Welt. Die Massage ist nur eine Erweiterung dieses natürlichen Verhaltens. Sie ist nicht nur eine angenehme, verbindende Erfahrung für Eltern und Kind, sondern bestärkt das Baby auch in seiner Reaktion. Beruhigendes Streichen vermindert seine Ängste und sein Schreien. Forschungen haben bestätigt, daß Babys Immunsystem gestärkt, Streß gelindert, Koliken erleichtert und der Schlaf gefördert wird. Die Baby-Massage ist zwar relativ neu im Westen, aber in traditionellen Kulturen wie in Indien und Afrika wurde sie immer angewendet.

„Durch unsere Hände sprechen wir zum Kind … unsere Hände berühren und halten."

Frederick Leboyer, Geburtshelfer und Autor von Loving Hands, 1976

Vorbereitung

Babys sind kälteempfindlicher als Erwachsene, achten Sie darauf, daß der Raum vorgewärmt ist. Wenn Sie Ihr Baby auf dem Boden massieren wollen, sollten Sie einen Futon oder weiche, große Handtücher unterlegen. Sie können sich auch sitzend an ein Kissen lehnen, die Beine angewinkelt und das Baby in Ihrem Schoß liegend. Einige Babys mögen ein zusammengerolltes Handtuch unter dem Brustkorb. Die beste Zeit für die Massage ist zwischen den Mahlzeiten, nach dem Bad oder einfach, wenn beide das Bedürfnis nach Nähe haben. Die Dauer der Massage hängt allein davon ab, wie lange Ihr Baby es mag. Ich benutze ein leichtes, unparfümiertes Öl (siehe Seite 14).

Forschung

Zärtlicher Kontakt zwischen Mutter und Baby beeinflußt die Entwicklung des Babys. In einer Studie von 1992 des Queen Charlotte's Hospital, London, nahm das Streßhormon Kortison nach der Massage frühgeborener Babys stetig ab. Im Miami Medical Centre in den USA wurden frühgeborene Babys 1986 zehn Tage lang dreimal täglich 15 Minuten massiert. Sie nahmen täglich durchschnittlich 47 % mehr Gewicht zu als die nicht massierten Babys, waren aufmerksamer und aktiver und konnten das Krankenhaus durchnittlich sechs Tage früher verlassen.

Kopf & Gesicht

1 Die gewölbten Hände über den Kopf des Babys legen. Einige Sekunden halten, dann sehr sanft den Druck der Hände erhöhen. Lösen und von der Mitte nach außen, auf dem ganzen Kopf sanft kreisen.

2 Eine Seite des Kopfes unterstützen und mit Daumen und Fingerspitzen der anderen Hand sanft das Ohr pressen und ziehen. Die Hände wechseln, und das andere Ohr massieren.

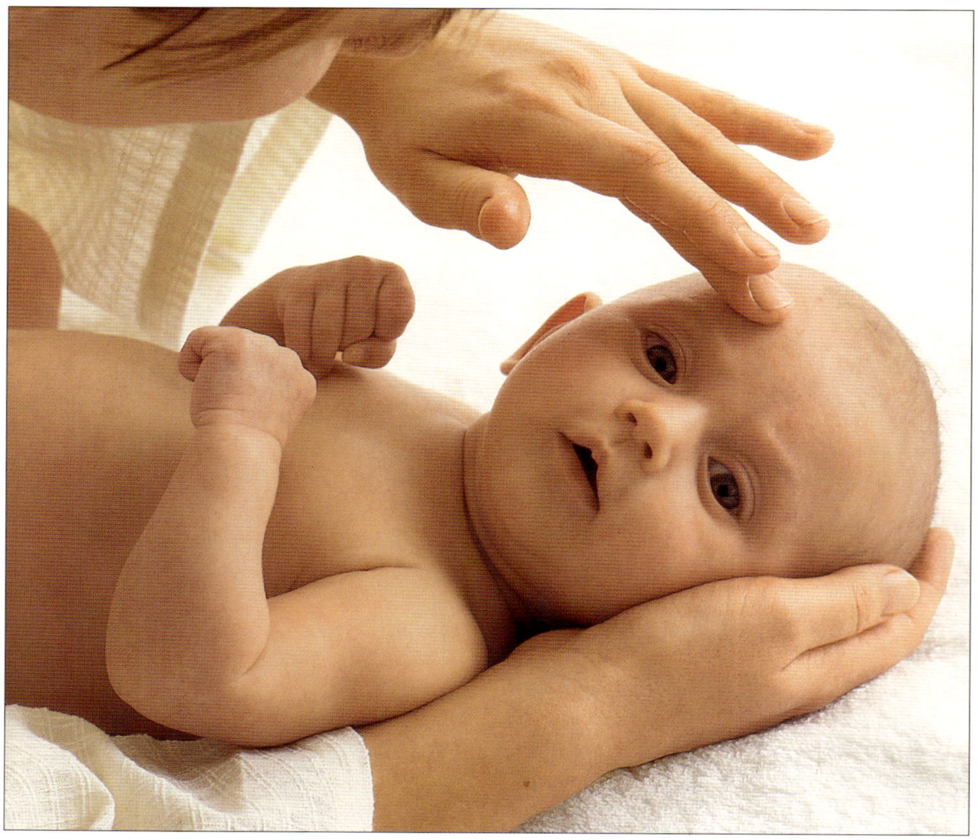

3 Mit einem oder beiden Daumen von der Mitte der Stirn zum Haaransatz hochstreichen, dann hinunter zu den Ohren. Von der Nase zu den Ohren hin streichen, dann von der Nase zur Stirn und über Kinn und Kiefer.

4 ▲ Jetzt mit den Fingerspitzen weiche, spiralförmige Kreise auf den Stellen ausführen, die Sie massiert haben. Zum Abschluß noch einmal den Kopf des Babys zwischen den Händen halten.

Arme & Hände

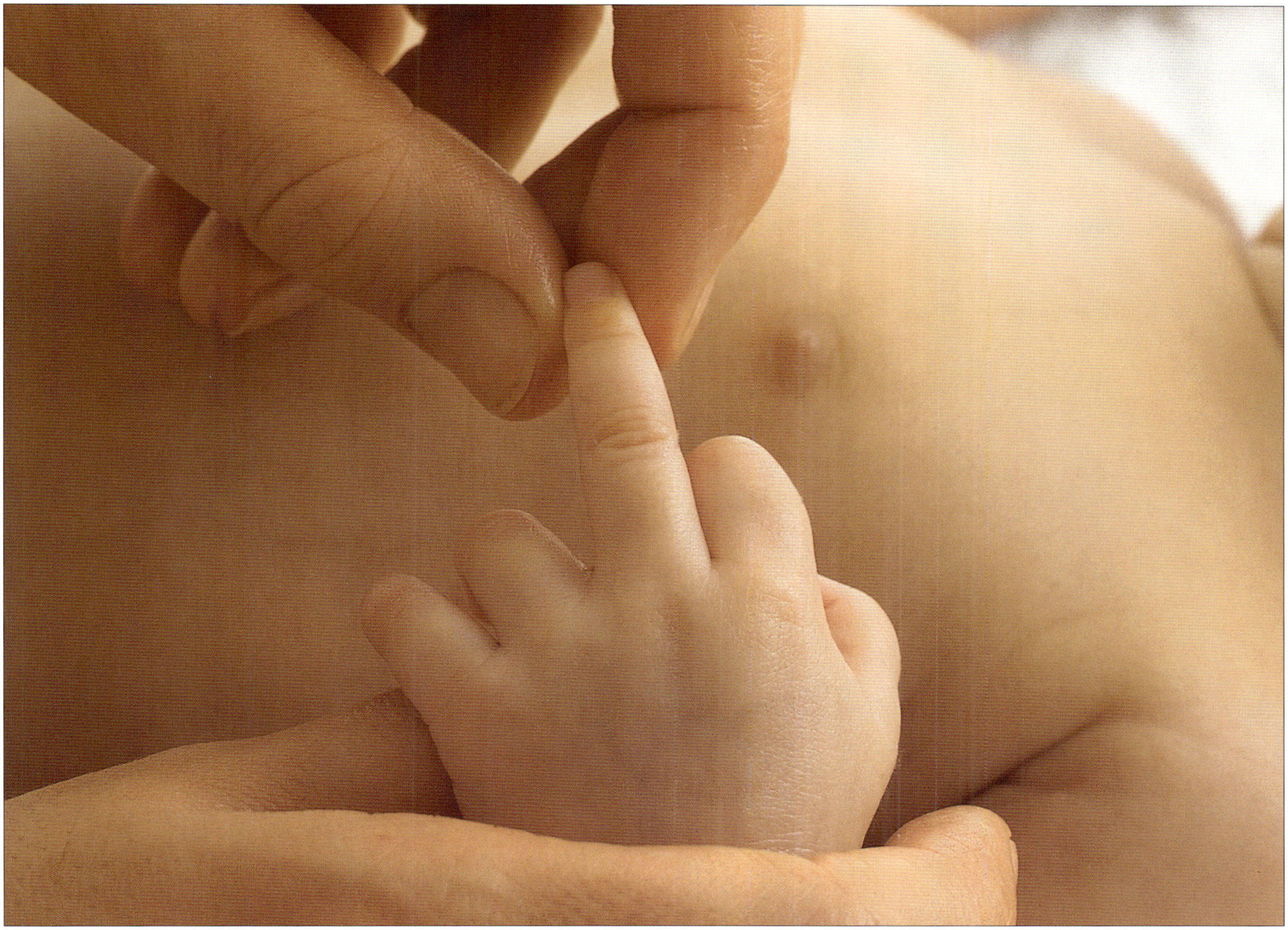

1 Etwas Öl auf die Hände gießen, und die Hände auf die Brust des Babys legen. Dann den linken Arm einige Male streichen und sanft zwischen Ihren Händen hin- und herrollen.

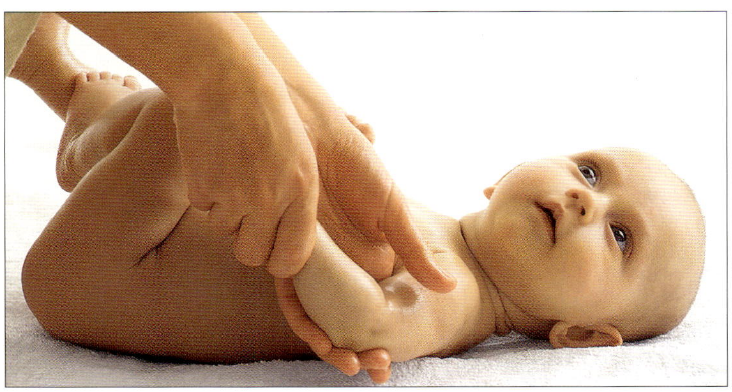

2 ▲ Mit einer Hand nach der anderen rhythmisch den linken Arm hinunterstreichen und ihn dann sanft bis zur Hand hinunter pressen und drehen. Danach leichte Kreise um den Ellbogen herum ausführen, während die andere Hand den Arm stützt. Dann vom Handgelenk bis zu den Fingern über die Hand streichen.

3 ▲ Mit jedem Finger spielen, kreisen und die Gelenke lockern. Zwischen den Handknöcheln und über der ganzen Handfläche massieren, mit den Daumen kleine Häschenhüpfer machen.

4 Dann den Arm ganz flink von oben bis unten reiben: Dies ist sehr energetisierend, das Baby gurgelt vielleicht vor Vergnügen. Mit sanften Federstrichen vom Arm bis zu den Fingerspitzen beenden. Dann die Schritte 1–4 auf dem linken Arm wiederholen.

5 ► Wenn Sie beide Arme massiert haben, können Sie einige passive Bewegungen ausprobieren, die Arme nach außen dehnen und einen nach dem anderen oder beide zusammen über der Brust kreuzen.

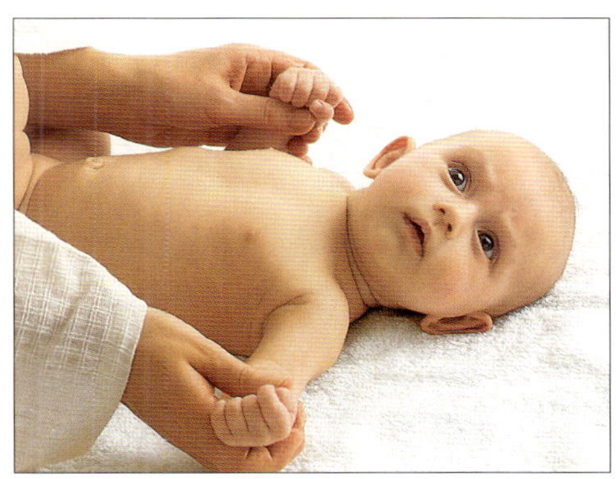

Bauch

Eine Bauchmassage hilft oft bei Koliken. Das Stimulieren des Blutkreislaufs und der Darmbewegung lindert Blähungen und Verstopfungen. Beim Windelwechseln oder vor dem Füttern ist die beste Zeit für die Massage.

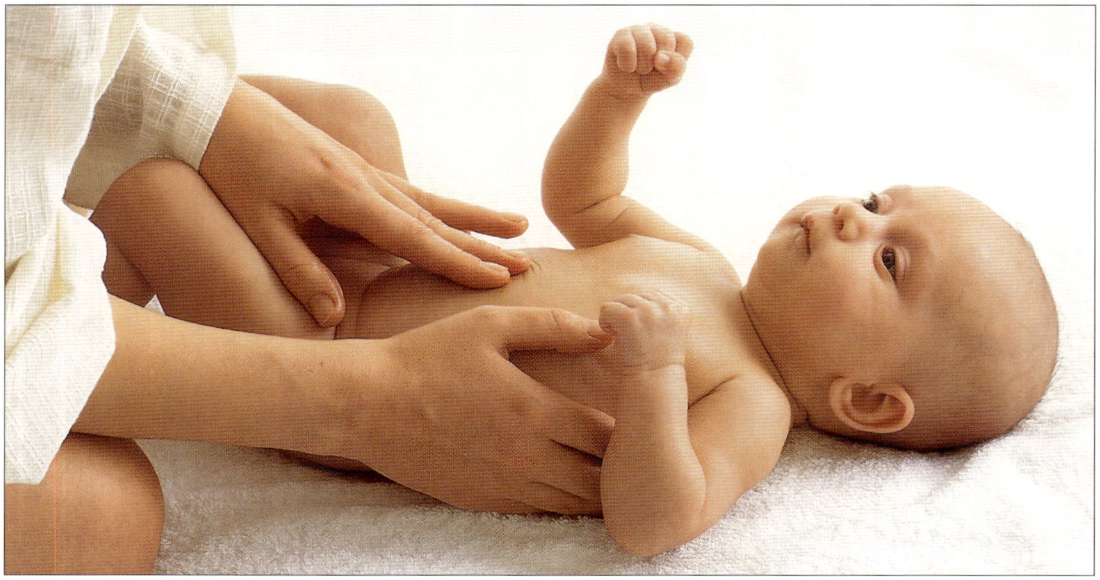

1 Beide Hände über den Bauch des Babys halten und dann mit einer Hand nach der anderen im Uhrzeigersinn streichen (*siehe* Kreisstreichen, *Seite 26–27*). Wenn eine Hand das andere Handgelenk trifft, sie darüberheben und den Kreis auf der anderen Seite fortsetzen, so daß eine Hand Halbkreise und die andere ganze Kreise ausführt.

2 ▲ Eine Hand stützt, mit den Fingerspitzen der anderen kleine Kreise auf dem Bauch ausführen. Von links aus im Uhrzeigersinn das ganze Gebiet bearbeiten.

3 ▼ Die Knie des Babys bis zum Magen anheben, und die Fußsohlen zusammenbringen. Durch das Kreisen der Beine im Uhrzeigersinn kann sich der Bauch des Babys entspannen. Das Becken sollte dabei möglichst still liegen bleiben. Dann die Beine zur Dehnung ausstrecken und wieder zurückbringen.

Beine & Füsse

Die meisten Babys lieben die Massage an Beinen und Füßen. Dadurch werden Geschmeidigkeit, Beweglichkeit und Koordination gestärkt.

1 Von der Hüfte bis zum Fuß über das linke Bein streichen. Dann das Bein in die Hände nehmen und sanft auf und ab und von Seite zu Seite wiegen.

2 Das ganze Bein bis zu den Zehen sanft mit einer Hand oder beiden pressen und drehen. Dann das ganze Bein energisch reiben.

3 Die Wade mit einer Hand unterstützen, und den Knöchel mit der anderen Hand halten. Langsam den Knöchel kreisen, dann zur Fußmassage kommen.

4 ▸ Vom Knöchel bis zu den Zehen streichen, dann die einzelnen Zehen sanft pressen und kreisen. Schritt 1–4 auf dem rechten Bein wiederholen.

Rücken

Um den Rücken zu massieren, legen Sie das Baby entweder auf Ihre Beine, auf den Boden oder setzen Sie es auf Ihren Schoß, so daß es auf Ihrem Arm lehnt.

1 Im Zick-Zack über den Rücken des Babys streichen. Wenn es sitzt, mit einer Hand, wenn es liegt, mit beiden Händen.

2 ▸ Sanft mit der Handfläche den Rücken hinunterstreichen.

3 Mit den Fingerspitzen seitlich der Wirbelsäule kleine Kreise ausführen.

4 Zum Abschluß mit den Fingerspitzen sehr leicht über den gesamten Rücken streichen.

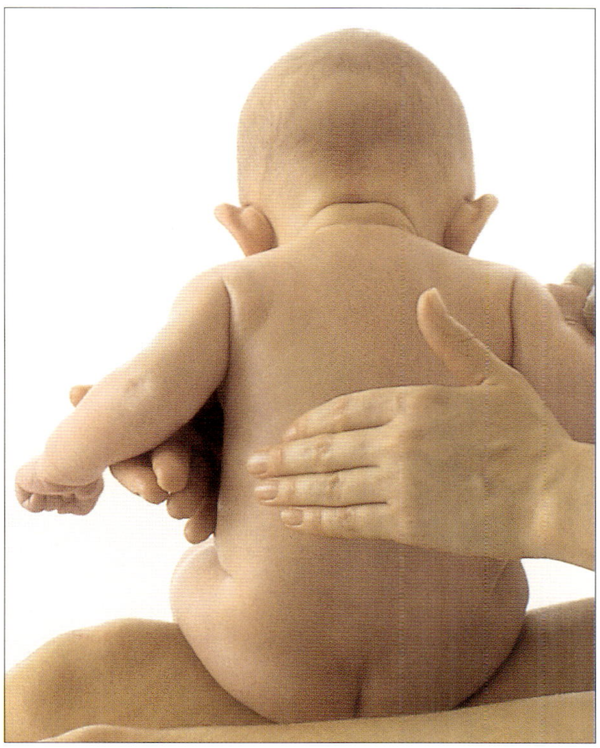

Praktische Tips

Während der gesamten Massage sollten Sie sehr vorsichtig sein. Zu Beginn der Massage sollten Sie Blickkontakt zum Baby aufnehmen. Bevor Sie massieren, konzentrieren Sie sich zuerst mit den Augen auf die Zone, bevor Sie die Hände auflegen.

✦

Zu Beginn nur mit den Fingerkuppen sanft und langsam streichen. Wenn Sie beide mehr Vertrauen haben, können Sie Rhythmus und Tiefe der Griffe intensivieren. Sie werden bald feststellen, was Ihrem Baby gefällt und was nicht. Sie können das Baby so lange streichen, wie es ihm gefällt.

✦

Ihr Baby reagiert auf Ihre Ruhe und Ihre zuversichtliche Berührung; die Massage sollte für Sie beide angenehm sein. Je entspannter Sie sind, desto mehr wird Ihr Baby sich entspannen und die Massage genießen.

Massage für Kinder

Wenn die Kinder größer werden, nimmt der körperliche Kontakt ab. Durch das Massieren der Kinder oder durch eine Massage von den Kindern bleibt dieser enge Kontakt erhalten. Kinder, die nicht mehr kuscheln wollen, genießen oft die Förmlichkeit einer Massage. Die liebevolle Berührung kann sie dazu bringen, über Dinge zu reden, die ihnen sonst schwerfallen. Kinder sind oft schüchtern und konservativ; Sie sollten deshalb die Massage zu Beginn mit etwas verbinden, was ihnen gefällt. Wenn sie beispielsweise gerne Fußball spielen oder Radfahren, könnten Sie eine Beinmassage anbieten, wenn sie lieber lesen eine Gesichts- oder Schultermassage. Dann schlagen Sie vor, jetzt von dem Kind massiert zu werden.

„Die mürrischsten und verdrossensten Kinder wurden unter dem Einfluß der Massage nach und nach von einer sanften, fügsamen und netten Stimmung durchdrungen."

Dr. Stretch-Dowse, Lectures on Massage, 1895

Forschung

Die folgenden Studien, die zwischen 1980 und 1990 durchgeführt wurden, zeigen die Vorzüge von Massage und Berührung bei Kindern. Eine Studie der Birmingham University in England an 16 Grundschulen zeigte, daß das schlechte Verhalten bei Kindern abnahm und die schulischen Leistungen um 20 % stiegen, wenn der Lehrer beim Loben die Schulter tätschelte. In einer Studie des Touch Research International (TRI) in Miami, USA, bekamen 52 Kinder in psychiatrischer Behandlung fünf Tage lang eine 30-minütige Rückenmassage. Beim Vergleich mit einer Kontrollgruppe, die entspannende Videos gesehen hatte, waren die massierten Patienten nicht nur weniger ängstlich und erregt, sondern konnten auch besser schlafen und waren kooperativer. In einer anderen TRI-Studie wurde eine Gruppe autistischer Kinder fünf Wochen lang zweimal pro Woche massiert, während die Kontrollgruppe mit ihrem Lehrer ein Spiel machte, bei dem er jedes Kind etwa gleich lang hielt. Nach dem Zeitraum waren die massierten Kinder ruhiger und kontrollierter.

Beinmassage

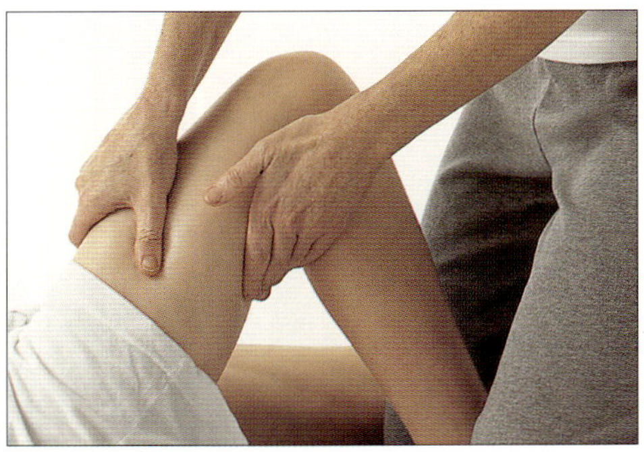

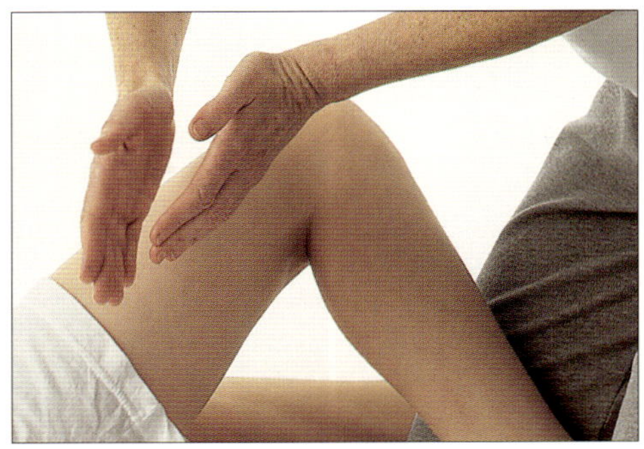

1 ▲ Zu Beginn die Wade des Kindes sanft streichen. Bitten Sie es, das Knie zu beugen, dann mit einer Hand nach der anderen fest den Schenkel hinunter bis zum Körper streichen. Wenn eine Hand den Beinansatz erreicht, wieder nach oben bringen und rhythmisch wiederholen.

2 Schritt 1 mit gekrümmten Fingern wiederholen, so daß eine tiefe, rechende Bewegung entsteht.

3 ▲ Den äußeren Schenkel hacken: Abwechselnd mit den Handkanten leicht auf das Fleisch schlagen, die Handgelenke bleiben locker und entspannt, so daß die Finger gegeneinander schlagen. Diesen ersten Teil mit sanftem Streichen beenden.

4 ► Jetzt mit Überkreuzstreichen fortfahren. Die Hände um die Rückseite der unteren Wade legen und fest zu Ihnen hinziehen, so daß das Fleisch gepreßt wird. Dann die Hände sanft zur Ausgangsposition zurückschieben und wiederholen. Die ganze Wade bearbeiten.

Kinder geben eine Massage

Kinder können schon mit fünf bis sechs Jahren ziemlich gut massieren. Der Rücken ist die einfachste Stelle zum Anfang.

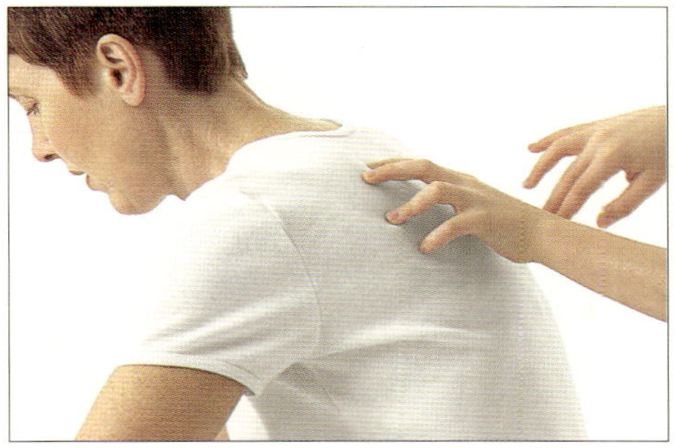

Bitten Sie Ihr Kind, sich hinter Sie zu knien und mit gekrümmten Fingern mit tiefen Bewegungen den Rücken hinunterzurechen. Das Kind kann auch versuchen, Ihre Schultern zu kneten.

Hacken oder Klopfen
Das führen die Kinder mit großem Spaß auf dem Rücken aus, außerdem gefällt ihnen das Geräusch der klopfenden Hände. Das Kind sollte mit den Handkanten oder lockeren Fäusten die Schultern und den oberen Rücken leicht und flink klopfen. Achten Sie darauf, daß die Wirbelsäule vermieden wird.

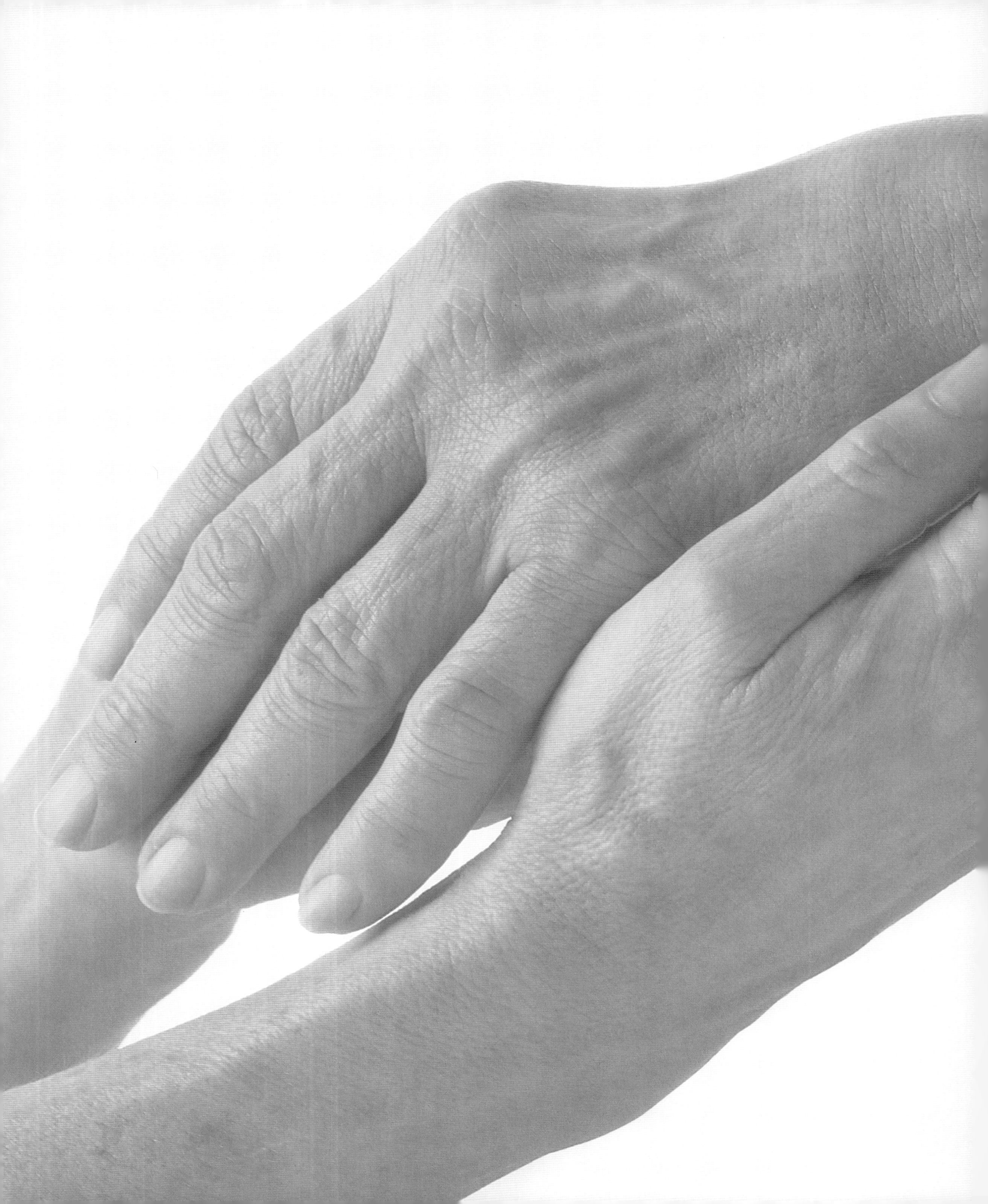

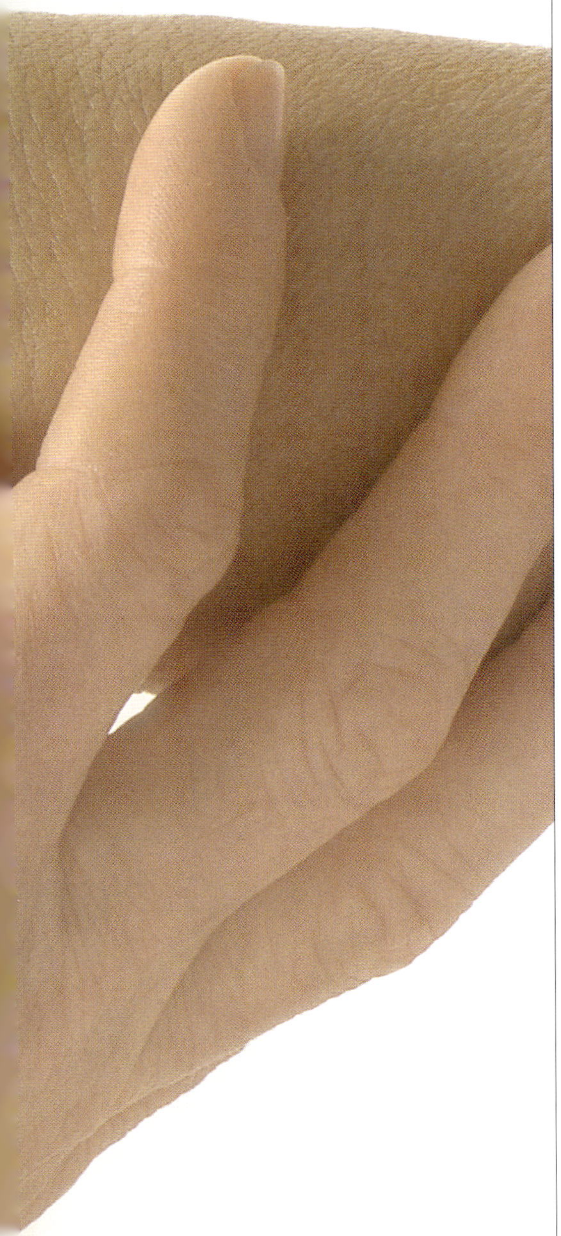

Massage und Gesundheit

Eine Massage wirkt sich positiv auf Körper und Geist aus. Ein gesunder Körper wird flexibler und sportlich gewandter. Aber sie hilft auch, wenn ein Körper mit schweren Krankheiten kämpfen muss. Neuere Forschungen zeigen, dass die Massage bei vielen Krankheiten hilft, da sie Anspannung und Ängste reduziert und Wohlbefinden, Entspannung und Zufriedenheit fördert.

MASSAGE IM SPORT

DIE MASSAGE als wirksame Methode zur Vermeidung von Sportverletzungen und zur Leistungssteigerung hat eine lange Tradition. Galen (130–200 v. Chr.), der Arzt des römischen Kaisers Marcus Aurelius, empfahl Massage für die Gladiatoren vor und nach ihren Kämpfen. Auch Top-Sportler und Sportlerinnen befolgen heute diesen Rat.

MASSAGE & KÖRPERÜBUNGEN

Regelmäßige Massage unterstützt die sportliche Betätigung bestens: Sie hilft Sportlern aus Leichtathletik, Fußball und Ballett körperlich, geistig und emotional gesund zu bleiben. Sie verbessert ihre Leistung, indem sie die Muskulatur in optimaler Flexibilität und Kraft hält und die unangenehmen Begleiteffekte anstrengender Muskelarbeit, wie Steifheit und Muskelschmerzen, reduziert. Die Massage vermindert Angst, hält den Sportler geistig wachsam und ruhig. Regelmäßige Sportmassage bringt mehr Schnelligkeit, Kraft und Flexibilität und leichtere Erholung nach Wettkämpfen.

FORSCHUNGEN

Eine Reihe von Studien hat gezeigt, daß Massagen nach Anstrengungen bei der Erholung helfen und die Begleiteffekte mindern. In einem Forschungsprojekt einer amerikanischen Universität von 1994 führten zum Beispiel 14 Männer Übungen durch, die zu Muskelschmerzen führen sollten. Zwei Stunden danach hatten sie entweder eine halbstündige Massage oder eine Ruhephase. Es stellte sich heraus, daß die Massage half, Muskelkater zu vermeiden.

Eine andere Studie von 1995 verglich ebenfalls Massage oder Ruhe bei Menschen nach extremer Muskelarbeit. Verglichen mit denen, die nur geruht hatten, erholten sich diejenigen, die zwischen den Übungen massiert wurden, schneller und erzielten bessere Leistungen in den nachfolgenden Übungen. Es ist bekannt, daß Massage auch die Muskelkraft stärkt. In einer Studie der Universität von North Carolina wurde 1990 die Muskelkraft einer Gruppe von Männern nach Beinübungen gemessen. In der Gruppe, die massiert wurde, stieg die Muskelkraft, während sie in der anderen Gruppe ohne Massage deutlich abnahm.

1989 untersuchten Forscher in Aspen/USA die Wirkung von Massage auf die Muskelfunktion. Sie zeigten, daß die Massage die Ausdauer steigert und wirksamer zur Erholung bei Ermüdung beiträgt als nur eine Ruhephase.

VORTEILE DER SPORTMASSAGE

Mindert Muskelverspannung
✦
Längt und weicht Muskelfasern auf
✦
Verbessert Beweglichkeit und Flexibilität
✦
Steigert Aufmerksamkeit und Energie
✦
Unterstützt Genesung und Wohlbefinden
✦
Verbessert Flüssigkeitsaustausch und Kreislauf
✦
Steigert den Lymphabfluß
✦
Vermindert Narbenbildung

VERBESSERUNG DER LEISTUNG

Eine Sportmassage kann auf die Bedürfnisse vor und nach einem Wettkampf ausgerichtet werden. Eine Kombination von Sportmassage und Dehnungsübungen hilft dem Körper, sich auf einen Wettkampf vorzubereiten und Mukelverspannungen hinterher zu lindern, denn wenn Muskeln verspannt sind, können sie nicht ihr maximales Potential abgeben. Eine Massage vor einem Wettkampf hilft, die Muskulatur für die Sportaufgabe zu entspannen. Sie hilft auch, Lampenfieber zu reduzieren.

„Die Massage senkt den Blutdruck, ohne die Herzaktivität zu steigern. Im Gegenteil, Herzkraft und Herzfrequenz sinken. Die Hände des Masseurs sind wie weitere zwei antreibende Herzen."

DR. GRAHAM, BOSTON, USA, PRACTICAL TREATISE ON MASSAGE, 1902

Massage vor dem Wettkampf

Geben Sie Ihrem Partner zwei bis drei Tage vor einem Wettkampf diese Massage, um ihm ein Gefühl von Entspannung und Geschmeidigkeit zu verschaffen. Eine Ganzkörpermassage wäre ideal, bei Zeitmangel massieren Sie die Muskeln, die am meisten beansprucht werden. Athleten profitieren auch von einer sanften, stimulierenden Massage eine Stunde vor einem Wettkampf. Wenn sie aufgeregt sind, machen Sie Streichbewegungen *(siehe Seite 20–31)*.

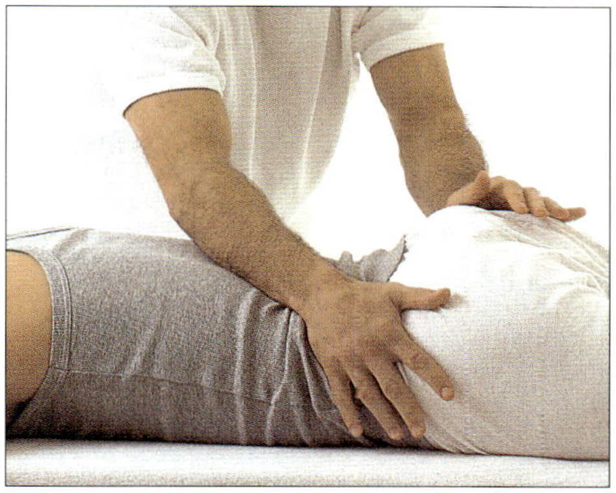

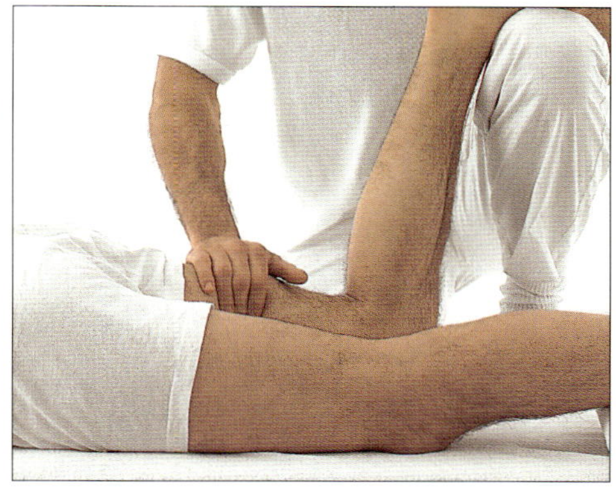

1 ▼ Beginnen Sie mit Streichen, Kneten und Klopfen, um die Region für eine tiefe Gewebearbeit vorzubereiten. Benutzen Sie Ellenbogendruck, um verspannte Muskeln aufzuweichen und die Beweglichkeit am Hüftgelenk zu fördern. Üben Sie insbesonders Druck auf die rückseitigen Muskeln der Hüfte aus. Nutzen Sie das Gewicht Ihres Körpers für diese tiefe Drucktechnik aus. Eine Hand hält am Knöchel fest, während der andere Ellenbogen mit Unterarm vorsichtig die Gesäßmuskeln preßt.

2 Nach der tiefen Gewebearbeit helfen sanftere Massagetechniken, die Durchblutung wiederherzustellen. Rhythmische Griffe und sanftes Kneten verschiedener Teile des Gesäßmuskels helfen das vorher bearbeitete Gebiet zu beruhigen und aufzuweichen.

3 Kräftiges Schütteln der Oberschenkelstreckmuskulatur hilft, sie aufzulockern. Plazieren Sie Ihr Bein auf der Liege als Stütze für das zu massierende Bein. Mit einer Hand halten Sie den Fuß, mit der anderen ziehen Sie die Muskeln etwas vom Knochen weg, und schütteln sie rhythmisch. Diese Technik hat eine geistig und körperlich entspannende Wirkung.

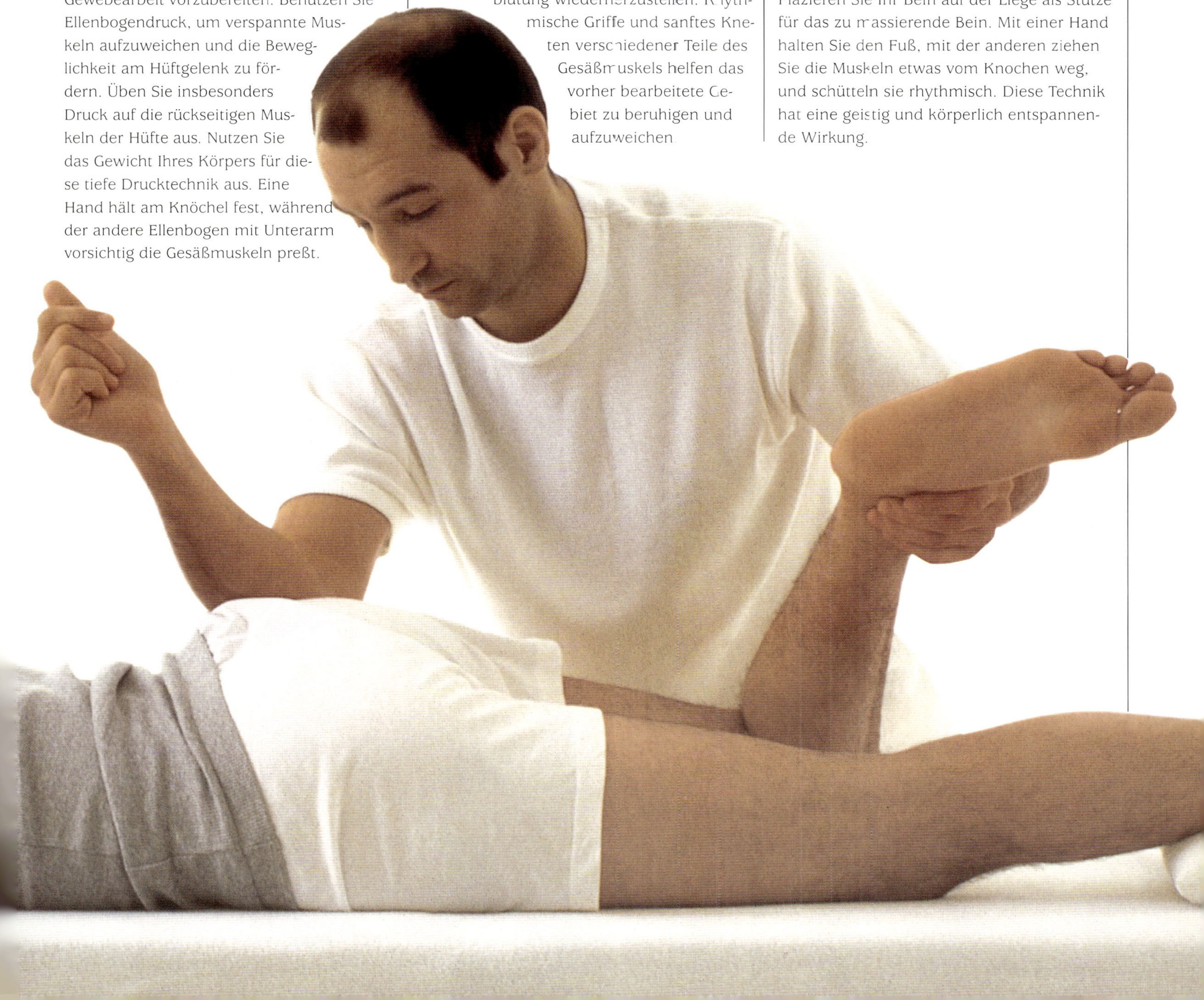

Massage nach dem Wettkampf

Während des Sports werden von den Muskeln Stoffwechselprodukte wie Kohlen- und Milchsäure gebildet. In Perioden intensiven Trainings bauen sich diese Produkte auf und verursachen stellenweise tiefe muskuläre Spannungen und Steifheit, was zu Verletzungen führen kann. Auch das beste Dehnungs-Programm vermag diese Spannungen nicht ausreichend aufzuheben. Die Sportmassage kann hier sehr helfen, weil sie verzerrte Muskelfasern und das umgebende Bindegewebe aufweicht und dehnt.

Vermeiden von Steifheit & Verletzungen

Nach anstrengender Muskelarbeit kann eine Massage angesammelte Stoffwechselprodukte schneller abbauen, besonders, wenn sie mit behutsamen Nachübungen kombiniert ist. Die Massage verbessert die Durchblutung in den Kapillaren (kleinste Blutgefäße) im Muskel und unterstützt den Lymphfluß. Eine verbesserte Durchblutung hält die Muskeln gesund, weil mehr Sauerstoff für die einzelnen Zellen bereitgestellt und Kohlendioxyd entfernt wird.

Der verbesserte Lymphfluß beschleunigt den Abtransport der Stoffwechselprodukte und hilft bei der Vermeidung von Steifheit. Die Sportmassage ist auch für die Vorbeugung von Narbenbildung nach einer Verletzung hilfreich. Der Therapeut kann jedes existierende Narbengewebe wirkungsvoll dehnen.

> *„Es gibt ein doppeltes Ziel: die Anstrengung aufheben und den Körper vor Müdigkeit bewahren … Das Reiben sollte nicht zu langsam noch zu intensiv sein. Man muß reichlich Öl über den Körper der Person gießen, da dies die Schnelligkeit und die Sanftheit des Reibens fördert; und es hat einen weiteren großen Vorteil, da es Spannungen aufhebt und die Körperteile, die unter der Anstrengung leiden mußten, aufweicht."*
>
> Galen, 129–199 n. Chr.

Massage nach dem Wettkampf

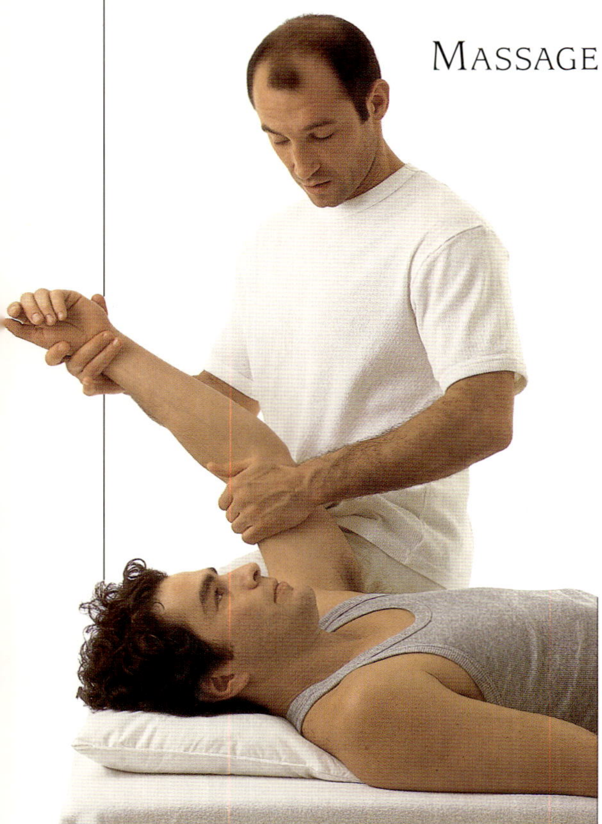

1 Unterstützen Sie den Arm Ihres Partners mit der Hand, um den Lymphfluß zu fördern. Drücken Sie die Armmuskulatur mit der freien Hand erst leicht und dann fester, aber so, daß es noch angenehm ist. *Effleurage (siehe Seite 64–65)* kann ebenfalls in dieser Position ausgeführt werden. Beenden Sie die Sequenz mit einem Ausschütteln des ganzen Arms.

2 Den Ellenbogen Ihres Partners drehen, den Unterarm mit Ihrer entgegengesetzten Hand halten und die andere Hand auf den Oberkörper legen. Dann den breiten Rückenmuskel dehnen *(siehe Seite 161)*, indem Sie mit Hilfe Ihres Körpergewichts am Unterarm ziehen.

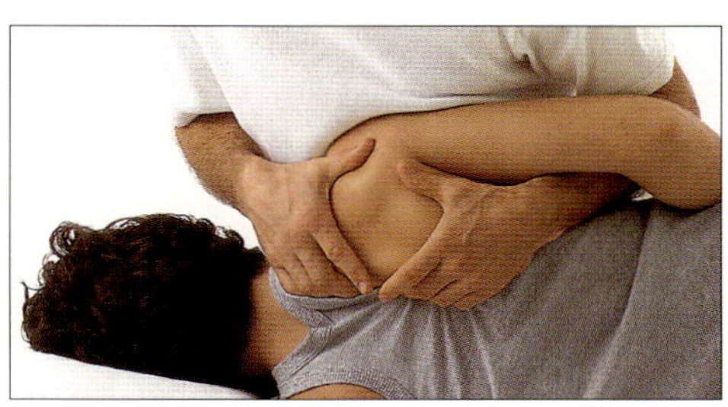

3 Bitten Sie Ihren Partner, sich auf die Seite zu drehen, um den Rautenmuskel *(siehe Seite 161)* zu dehnen. Legen Sie dann Ihre Hand unter den Oberarm Ihres Partners, die andere auf seine Schulter. Greifen Sie mit Ihren Fingern unter das Schulterblatt und dehnen Sie den Muskel in Ihre Richtung, während Sie die Schulter sanft vor und zurück schütteln.

Massagetechniken nach dem Wettkampf

Die besten Techniken für eine Massage nach dem Wettkampf sind die, die den Rückfluß von Blut und Lymphe zum Körper hin begünstigen. Wenden Sie zunächst leichten, dann langsam stärkeren Druck an. Es sollte jedoch für Ihren Partner angenehm bleiben. Das richtige Drücken der Glieder gleicht dem Auspressen eines Schwamms. Durch das Drücken wird die Durchblutung gefördert und Abfallprodukte aus dem Lymphsystem gespült.

Tips zur Selbsthilfe

Eine wirksame Selbsthilfemethode ist das Drücken eines verspannten Muskels. Pressen Sie mit der Hand auf den Muskel, benutzen Sie Handballen und gestreckte Finger oder Fingerspitzen. Gleiten Sie nicht, sondern ziehen und schieben Sie das Gewebe zusammen, halten Sie für eine Minute, und lösen Sie den Griff langsam. Dies kann am Nacken und dem Trapezmuskel an den Schultern sehr wirkungsvoll sein.

Krämpfe werden durch übermäßiges muskuläres Zusammenziehen verursacht *(siehe Seite 142)*. Der Schmerz kann durch Streichen und Kneten der Wadenmuskulatur und der Fußsohlen gelindert werden. Dies ist besonders in Kombination mit Dehnungsübungen effektiv. Wenn Sie zu Krämpfen neigen, werden Sie sehen, daß Weichteilmassage und Stretching vor dem Wettkampf vorbeugend wirken.

Vorsicht bei der Sportmassage

Führen Sie Erste-Hilfe-Maßnahmen durch, und rufen Sie einen Arzt, wenn Ihr Partner starke Schwellungen, erhöhte Temperatur oder Schmerzen bekommt. Falls die Muskeln für eine Sportmassage zu empfindlich sind, versuchen Sie es mit MLD *(siehe Seite 74–77)*, die sanft und ebenso wirksam ist.

Weitere Behandlungen

- *Tiefes Streichen* (siehe Seite 32–33)
- *Kneten* (siehe Seite 34–37)
- *Drucktechniken* (siehe Seite 38–39)
- *Perkussion* (siehe Seite 40–43)
- *Schütteln und rhythmische Bewegungen* (siehe Seite 44–45)
- *Effleurage* (siehe Seite 64–65)
- *MLD* (siehe Seite 74–77)

Selbsthilfe

Eine Selbstmassage ergänzt die Dehnung vor dem Wettkampf: Wenden Sie direkten Druck auf Triggerpunkte und verspannte Gebiete an. Massage nach dem Wettkampf hilft gegen Muskelsteife.

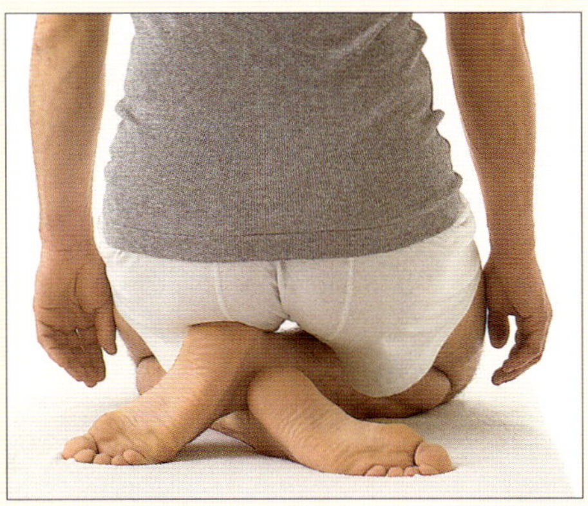

Schienbein
Mit gekreuzten Knöcheln knien und wenn nötig die Hände am Boden ablegen. Ihr Körpergewicht dehnt die Region oberhalb der Knöchel. Nach vorne beugen, und die Knöchelstellung verändern, bis Sie eine deutliche Dehnung verspüren.

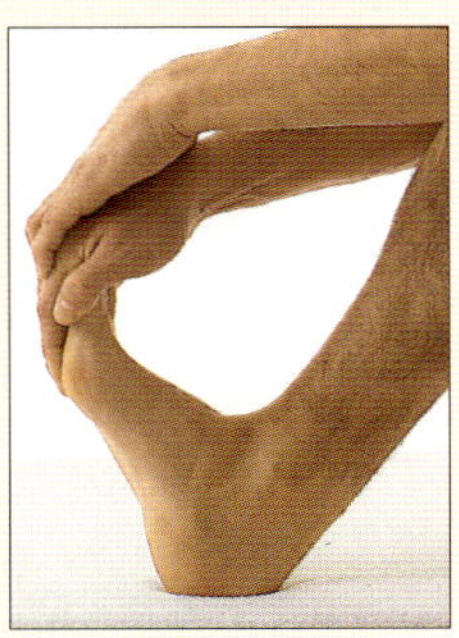

Wade
Zehen und Fußballen mit beiden Händen greifen und zu sich hinziehen. Fuß und Wadenmuskeln werden gedehnt, die Beweglichkeit gefördert.

Fussmassage
Heben Sie Ihren Körper so, daß Ihr Gewicht über die Arme auf die Hände verlagert wird. Benutzen Sie Ihre Fingerknöchel zur Massage der Fußsohlen. Ein Verschieben der Hüfte nach vorn ergibt eine Dehnung des vorderen Oberschenkels und der Hüfte.

Das Körpergewicht verlagern, bis Sie es in Ihren Fingerknöcheln spüren

RSI-Syndrom

Das RSI-Syndrom (Repetitive Strain Injury) hat am Arbeitsplatz einen traurigen Bekanntheitsgrad erlangt. RSI führt zu Schmerzen in Unterarm, Handgelenk und Hand und kommt vor allem in Berufen vor, bei denen bestimmte Einzelbewegungen ständig wiederholt werden müssen. Die Massage kann helfen, die Muskelverspannung zu lindern, die die Schmerzen verursacht.

Die Gefahr, an RSI zu erkranken, kann am Beruf selbst liegen, z. B. beim Arbeiten mit dem Preßlufthammer, oder kann durch eine falsche Arbeitsweise, etwa einer falschen Sitzhaltung beim Schreiben, verursacht werden. Frühere Unfälle oder Sportverletzungen können Menschen für RSI anfälliger machen, da sich ein Muskelungleichgewicht oder Gelenkproblem bei wiederholenden Tätigkeiten verschlimmern kann. Es kann auch jene betreffen, die etwas immer auf der gleichen Seite ausführen, anstatt zu wechseln. Das Lösen der Muskelverspannung mit regelmäßigen Übungen und Entspannungstechniken kann bei RSI helfen. Auch die richtige Einstellung der Arbeitsgeräte und Möbel ist wichtig, damit Sie während der Arbeit nicht Ihren Nacken verdrehen oder krumm sitzen müssen. Verschiedene Massagetechniken wie das Kneten der Schultern und Trapezmuskeln am oberen Rücken vermindert die Spannung in dieser Region. Auch tiefer Druck auf den Unterarm kann sehr nützlich sein.

Selbsthilfe

Machen Sie bei Arbeiten, die sich wiederholen, regelmäßig Pausen

✦

Probieren Sie Schwimmen, Rennen, Laufen oder Stretching aus, um Muskelverspannungen vorzubeugen

✦

Legen Sie sich mit aufgestellten Knien und einem Buch unter dem Kopf auf den Boden. Kontrahieren und entspannen Sie nacheinander verschiedene Regionen des Körpers

Weitere Behandlungen

- *Tiefes Kneten* (siehe Seite 34–37)
- *Drucktechniken* (siehe Seite 38–39)
- *Selbstmassage an Händen und Unterarmen* (siehe Seite 60–61)

Krämpfe

Ein Krampf ist ein plötzliches, unwillkürliches Zusammenziehen eines Muskels, der sich verspannt und schmerzt. Am häufigsten sind die Waden- und Fußmuskeln betroffen, was zur Qual werden kann. Eine Massage in Form tiefen Streichens und Knetens ist ideal bei Krämpfen und reduziert Verspannungen, dehnt Muskelfasern und lindert die Schmerzen.

Muskeln kontrahieren, wenn sie eine Bewegung vollziehen oder eine statische Position halten sollen. Letzteres verursacht eine größere Anspannung im Muskel. Wenn Sie ein Gelenk in der Maximalstellung halten, z. B. wenn Sie Bein und Zehen strecken, können sich die Muskeln nicht verkürzen und in einen statischen Krampfreflex übergehen. Krämpfe können bei Körperübungen auftreten, die Ursache ist jedoch nicht immer klar. Manchmal sind niedrige Blutzucker-, Natrium- oder Kalziumspiegel im Blut oder ein Flüssigkeitsmangel dafür verantwortlich.

Menschen mit sitzender Tätigkeit, frühere Balletttänzer und Menschen mit chronisch verkürzter Muskulatur sind anfällig für Krämpfe. Tiefes Streichen oder Kneten der Waden und Fußsohlen kann besonders in Kombination mit Stretching Verspannungen lösen.

Weitere Behandlungen

- *Tiefes Kneten* (siehe Seite 34–37)
- *Bein- und Fußmassage* (siehe S. 56–57)

Selbsthilfe

Zur sofortigen Linderung den Fuß dehnen. Versuchen Sie ebenso die Dehnübungen der Sportmassage (siehe Seite 141).

✦

Machen Sie mindestens 3mal wöchentlich 20 Minuten Gymnastik

Schmerzende Füsse

Der Mensch läuft durchschnittlich 1600 km im Jahr, es ist deshalb nicht verwunderlich, daß unsere Füße manchmal schmerzen. Im Verhältnis zu ihrer Bedeutung zollen wir ihnen sehr wenig Pflege und Aufmerksamkeit. Eine regelmäßige Fußmassage kann Schmerzen lindern, die durch Überanspruchung und langes Stehen verursacht werden.

Der Fuß ist eine wunderbare Konstruktion und besteht aus 26 Knochen und einem komplizierten Netzwerk von Muskeln. Die Knochen sind in einer Reihe von Bögen angelegt, die in der Lage sind, das Körpergewicht zu tragen und die Hebelwirkung herzustellen, die zum Laufen nötig ist. Eine Fußverletzung kann den gesamten Körper beeinflussen, die Ausrichtung von Muskeln und Knochen stören und Probleme wie Rücken- und Kopfschmerzen verursachen. Oft mißhandeln wir unsere Füße, zwängen sie in schlecht sitzende Schuhe und bemerken sie erst, wenn sie zu schmerzen beginnen. Vorbeugung ist also die wichtigste Maßnahme für die Gesundheit der Füße: Wählen Sie bequeme, gut passende Schuhe, entfernen Sie Hühneraugen und Hornhäute, sobald sie auftreten. Steigen Sie zur Stärkung der Fußmuskulatur lieber ein paar Treppen, als den Fahrstuhl zu nehmen, und laufen Sie so viel wie möglich vor allem bergauf.

Der Fuß, insbesondere die Fußsohle enthält Tausende von Nervenenden. Eine regelmäßige Massage kann den gesamten Körper beleben (*siehe* Reflexologie, *Seite 98–99*).

> *„Der Fuß ist wahrscheinlich der am meisten vernachlässigte Körperteil, obwohl er die meisten Schäden tragen muß.“*
>
> Dr. Albert Kligman, Universität Pennsylvania/USA

Selbsthilfe

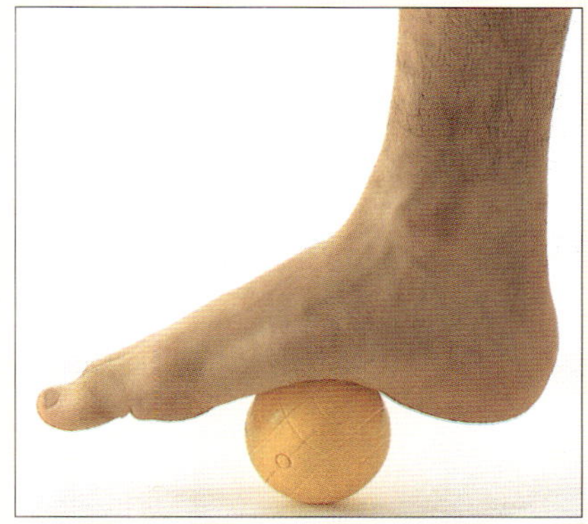

Rollen Sie Ihren Fuß auf einem Ball, oder versuchen Sie mit den Zehen, Bleistifte aufzuheben.

✦

Nehmen Sie ein warmes Fußbad mit einigen Tropfen Lavendel- oder Rosmarinöl, und entfernen Sie danach die Hornhaut mit einem Bimsstein.

✦

Massieren Sie Ihre Füße regelmäßig (siehe Seite 56–57)

Verrenkungen & Zerrungen

Eine Verrenkung wird durch eine anomale Drehung eines Gelenks verursacht. Die Bänder, die die Knochenenden zusammenhalten, werden überdehnt, die umgebende Muskulatur, Sehnen, Blutgefäße und Nerven können geschädigt werden. Eine Zerrung ist ein verdrehter oder überdrehnter Muskel. Eine sanfte Massage kann bei beiden Verletzungen lindernd helfen.

Legen Sie bei der ersten Gelegenheit eine kalte Kompresse, z. B. eine Eispackung oder einen Beutel mit tiefgekühlten Erbsen, auf das verletzte Gebiet, um die Entzündung zu vermindern.

Wenn das Gebiet stark schmerzt und geschwollen ist, ziehen Sie einen Arzt zu Rate, um einen Knochenbruch oder eine Ausrenkung auszuschließen. Falls Ihr Arzt einer Massage zustimmt, versuchen Sie es mit streichenden Bewegungen über dem geschwollenen Bezirk. Dies begünstigt den Abfluß von Flüssigkeit und Blut aus dem geschwollenen Gewebe. Die Beschwerden bei Verrenkungen und Zerrungen können gering bis sehr stark ausgeprägt sein. Fragen Sie deshalb immer, ob der Massagedruck als unangenehm empfunden wird. Die Muskulatur im Bereich der Verletzung kann sich verspannen, z. B. durch Humpeln. Eine Massage des Umfeldes kann Verspannungen lösen und die Schmerzen lindern.

Selbsthilfe

Legen Sie für mindestens 10 Minuten eine kalte Kompresse auf

✦

Das Gebiet mit einer Binde pressen und erhöht halten

✦

Versuchen Sie MLD (siehe Seite 74–77)

STRESS

JEDER VON UNS LEIDET irgendwann in seinem Leben unter Streßsymptomen. Es wird geschätzt, daß bis zu einem Drittel aller Erkrankungen mit Streß, Ängsten und Depressionen in Zusammenhang stehen. Ich habe seit 30 Jahren Patienten mit Streß helfen können und glaube, daß Massage eine wichtige Rolle spielt, Streß richtig zu verarbeiten.

KAMPF- ODER FLUCHT-REAKTION

Der Körper reagiert mit einem Ausstoß von Streßhormonen auf eine Streßreaktion, die Muskeln spannen sich, die Atemfrequenz steigt, und das Herz schlägt schneller. Diese Reaktion , die den Körper auf eine intensive körperliche Aktivität vorbereitet (Kampf- oder Flucht-Reaktion) ist ein Erbe von unseren Vorfahren. Ihnen hat dies im Falle einer Gefahr (z. B. durch Raubtiere) geholfen, zu kämpfen oder zu fliehen.

SCHÄDLICHE STRESS-FOLGEN

Wir alle benötigen etwas Streß, um unserem Leben Lust und Reiz zu geben. Streß ist nur negativ, wenn die an uns gestellten Ansprüche zu groß werden und wir uns durch deren Bewältigung überfordert fühlen.

Die Streßantwort stellt sich vor einer körperlichen Aktivität ein, die in viele Situationen, wie etwa bei Problemen mit dem zu knappen Haushaltsgeld, auch gar nicht nötig ist. Ohne die körperliche Aktivität schaden die Streßhormone unserem Körper und rufen Beschwerden wie Verwirrtheit, Müdigkeit, Schlaflosigkeit, Depression, Rücken- und Kopfschmerzen, Ängste, schlechte Verdauung und Bluthochdruck hervor. Streß staut sich an und kann auf lange Sicht zu größerer Schmerzempfindlichkeit, Anfälligkeit für Erkältungen und Herzkrankheiten führen.

MASSAGE & GEFÜHLSLAGE

Es gibt immer mehr Nachweise dafür, daß geistige und körperliche Gesundheit unzertrennbar sind und daß die Massage den Körper und den Geist beruhigt. Massage mildert die Anspannung durch die ständige Wachsamkeit und führt zu Wohlbefinden. Meine Patienten sagen, daß sie sich nach der Massage optimistischer, ruhiger und vitaler fühlen. Allein schon die Freude über eine Massage ist gut für uns und kann uns sogar vor Krankheiten schützen. Laut Dr. D. M. Warburton, Direktor der Psychopharmakologie der Universität Reading, England, „haben angenehme Ereignisse für mehrere Tage eine schützende Wirkung". Forscher in den USA, die die Immunfunktion gemessen haben, fanden heraus, daß Menschen mit positiver Grundeinstellung gesünder sind als weniger optimistische. Die Massage gibt Körper und Geist einen „Raum zum Atmen", Zeit zum Entspannen und Gehenlassen. Das Loslassen von Ängsten führt zu verbesserten Schlafmustern und einer ausgeglichenen Lebenssicht, was uns Probleme besser bewältigen läßt.

VORTEILE DER MASSAGE

Löst Ängste, Hyperaktivität und andere Streßsymptome

✦

Mindert die Streßreaktion

✦

Erzeugt ein Gefühl des Wohlbefindens mit positivem Effekt auf die Gesundheit

ÄNGSTE & DEPRESSION

Es gibt Nachweise dafür, daß Massage Ängste auflösen kann. Forscher der Michigan State University, USA, haben 1982 die Streßreaktion von 32 Studenten nach 10 Minuten Ruhe, nach drei und sechs Minuten langsamer, streichender Rückenmassage und nachfolgender zehnminütiger Ruhe gemessen.

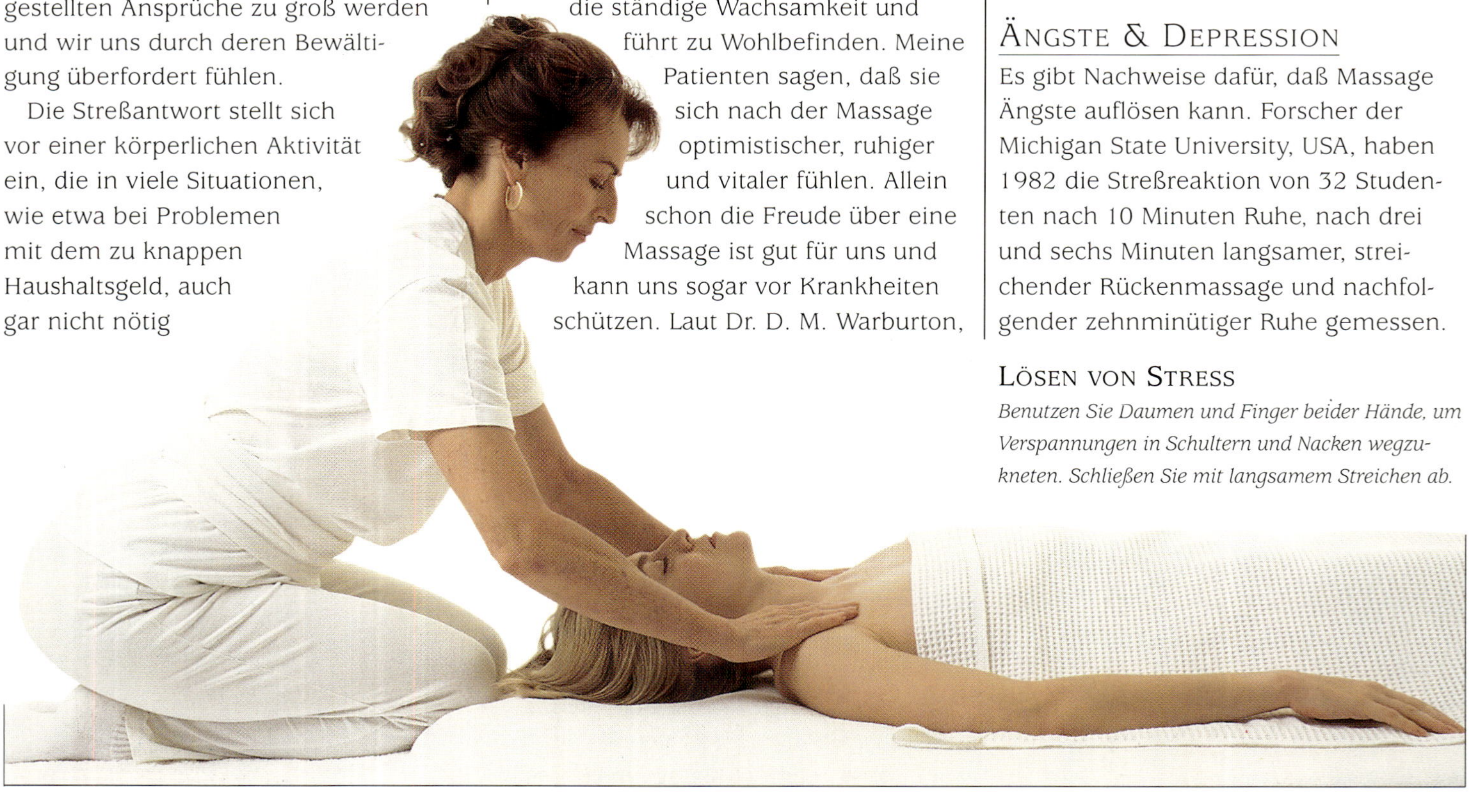

LÖSEN VON STRESS

Benutzen Sie Daumen und Finger beider Hände, um Verspannungen in Schultern und Nacken wegzukneten. Schließen Sie mit langsamem Streichen ab.

Der Streßspiegel wurde alle drei Minuten gemessen, und man sah, daß 6 Minuten Massage den Erregungszustand des autonomen Nervensystems senkten *(siehe Seite 161)* und eine Entspannung bewirkten.

1989 verglichen Forscher der Texas State University, USA, die entspannende Wirkung verschiedener Sportarten mit einer 30minütigen Massage. Nur Jogging war der Massage beim Lösen von Verspannung und Erregung ebenbürtig.

Massage hilft auch bei Depressionen. Viele würden mit einem meiner Studenten übereinstimmen, der schrieb: „Die Massage stärkte mein Selbstbewußtsein und gab mir den nötigen Halt. Es war wunderbar, berührt, umsorgt und geschätzt zu werden. Ich bekam wieder aktives Interesse an mir selbst."

Bleibende Wirkung der Massage

Die Massage läßt uns schwierige Situationen besser überstehen und läßt uns schneller genesen. 1990 führten an der University of North Carolina, USA, etliche Freiwillige mathematische Tests durch und beantworteten persönliche Fragen. Am folgenden Tag hatten die Freiwilligen entweder eine einstündige schwedische Massage oder eine Ruhepause zum Lesen eines Magazins. Danach wurde der Test nochmals durchgeführt. Es stellte sich heraus, daß die Massagegruppe deutlich weniger gestreßt war und sich schneller erholt hatte als die andere Gruppe.

Meine Patienten bestätigen dies seit Jahren: Die Massage hilft ihnen in schwierigen Lebenssituationen, beruflich und auch privat.

Selbsthilfe

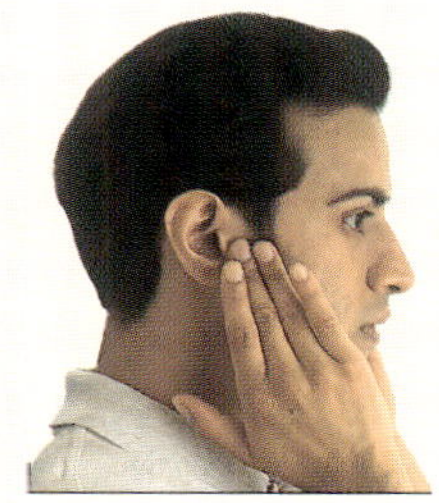

Machen Sie Selbstmassage (siehe Seite 48–61)

✦

Vermindern oder geben Sie Ihren Zigaretten-, Alkohol- und Koffeinkonsum auf

✦

Treiben Sie drei- bis viermal wöchentlich Sport, und essen Sie nahrhafte Kost

✦

Einige Tropfen ätherisches Öl in ein Bad geben

Schlaflosigkeit

Fast jeder leidet gelegentlich unter einer schlaflosen Nacht, für manche aber ist Schlaflosigkeit ein echtes Problem. Ich finde, einer der befriedigendsten Aspekte der Massage ist deren schlaffördernde Wirkung. Beruhigendes, hypnotisches Streichen kann fast augenblicklich ein Gefühl von Ruhe vermitteln, das in einen tiefen Schlaf übergehen kann.

Erholsamer Schlaf

Etwa ein Drittel der Erwachsenen berichtet über chronische Schlafprobleme und meint, daß sie zu Verwirrtheit, Depressionen, Gedächtnisschwäche und Lethargie führen. Diese Menschen sind anfälliger für Krankheiten, ihr Berufs- und Familienleben leidet. Jeder, der einmal eine Massage hatte, weiß diese entspannende Erfahrung zu schätzen. Dr. Graham aus Boston, USA, schrieb 1913 über die beruhigende Wirkung der Massage: „Eine Massage übt auf das Nervensystem einen außergewöhnlich bezaubernden und gleichzeitig tief köstlichen und stärkenden Efffekt aus. ... Danach sind die Patienten über Stunden in einem wonnevollen Zustand der Erholung, als hätten sie einen langen Schlaf gehabt oder wären von einer langen Urlaubsreise zurückgekehrt."

Ich erlebe oft, daß Patienten während der Massage einschlafen und später berichten, sie hätten den besten Nachtschlaf gehabt. Massage scheint eine sich steigernde Wirkung zu haben. Wiederholen Sie die Massagesitzungen, wenn Sie nicht beim ersten Mal einschlafen. Mit etwas Glück werden die beruhigenden Striche schon beim nächsten Mal ihre magische Wirkung entfalten.

Untersuchungen bei Kindern

Für eine Studie der amerikanischen Gesellschaft für Berührungsforschung Touch Research International, USA, wurden Babys entweder geschaukelt oder massiert. Die Babys, die geschaukelt wurden, wurden hellwach beim Hinlegen, während die anderen schnell einschliefen, sobald man sie ins Bett legte. Die Massage hilft nicht nur Babys: In einer anderen Studie von 1992 bekamen Jugendliche in einem psychiatrischen Krankenhaus entweder eine Massage oder sahen ein entspannendes Video. Der Schlaf der massierten Gruppe besserte sich deutlich.

Heilende Aromatherapie

Wenn Sie ätherische Öle mit der entspannenden Wirkung einer Massage oder mit einem warmen Bad kombinieren, werden Sie mit der Zeit den Duft allein schon als einschläfernd empfinden. Kamille, Lavendel und Sandelholz werden wegen ihrer beruhigenden Wirkung gern verwendet.

Weitere Behandlungen

- *Beruhigendes Katzenstreicheln* (s. S. 21)
- *Gesichtsmassage* (siehe Seite 51–53)
- *Fußmassage* (siehe Seite 56–57)
- *Shiatsu* (siehe Seite 94–97)

KOPFSCHMERZEN

ES IST EINE GANZ NATÜRLICHE REAKTION, sich bei Kopfschmerzen an den Schläfen zu massieren. Es gibt viele Arten von Kopfschmerzen, der Spannungskopfschmerz ist der häufigste. Ursachen sind oft Erschöpfung und Streß. Die Massage hilft, die muskulären Verspannungen zu lösen, wirkt allgemein beruhigend und hat oft eine magische Wirkung.

GESICHTSMASSAGE
Eine der schnellsten Methoden gegen Kopfschmerzen ist eine Gesichtsmassage. Um auch den schlimmsten Schmerz zu beseitigen, massieren Sie zuerst Nacken und Hinterkopf und gehen dann auf die Stirn, die Umgebung der Augen und der Schläfen über. Sehr sanftes Streichen der Stirn hilft auch beim hartnäckigsten Kopfschmerz.

WAS VERURSACHT KOPFSCHMERZEN ?

Die muskuläre Verspannung, die häufig Kopfschmerzen verursacht, tritt auf, wenn sich die Muskeln des Nackens und des Schädels zusammenziehen und Stoffwechselprodukte nicht abgebaut werden können. Dies führt zu Empfindlichkeit und Schmerzen im Nacken, die in den Bereich des Kopfes, der Schläfen und der Augen ausstrahlen. Kopfschmerzen werden gewöhnlich durch Streß und Gereiztheit, schlechte Körperhaltung, Überlastung der Augen, Müdigkeit und Klimawechsel begünstigt. Wenn Sie regelmäßig unter Kopfschmerzen leiden, sollten Sie einen Arzt zur Abklärung aufsuchen.

NACKEN- & SCHULTERMASSAGE

Durch Entspannug der Muskeln hilft die Massage den Blutfluß wiederherzustellen und Schmerzen zu lösen. Die britische Migräne-Assoziation hat jede entspannende Behandlung, besonders aber die, die Nacken und Schultern entspannen, als wertvoll bezeichnet. Diese Einschätzung geht auf Untersuchungen der Knopio Universität in Finnland von 1990 zurück. Von 21 unter chronischem Spannungskopfschmerz leidenden Frauen erhielten 10 eine Massage des oberen Rückens über einen Zeitraum von zweieinhalb Wochen. Man fand heraus, daß die Frauen direkt danach deutlich weniger Kopfschmerzen hatten, was über Monate anhielt. Diese Resultate zeigen, das eine energische Weichteilmassage einen bis zu sechs Monate anhaltenden, wohltuenden Effekt auf chronischen Spannungskopfschmerz haben kann

ENTSPANNENDES SHIATSU

Einige Menschen, die unter schweren Kopfschmerzen leiden, empfinden Shiatsu als sehr hilfreich. Immer wieder berichten Menschen, daß sie ihre Kopfschmerzen durch Massage der Akupressurpunkte, besonders an Händen, Handgelenken, Knöcheln und Füßen kontrollieren. Dr. H. Kurtland von der University Medical School in Illinois, USA, führte 1976 an 200 Menschen mit Kopfschmerzen eine zweijährige Studie durch, bei der die Patienten Akupressurtechniken zur Schmerzlinderung anwandten. Die Punkte *Tai Yang*, Gallenblase 7, Dickdarm 4 und Lunge 7 *(siehe Seite 94–97)* wurden 15–30 Sekunden lang gedrückt. Die Ergebnisse zeigten, daß Shiatsu in der Linderung von Migräne und Spannungskopfschmerzen Wirkung zeigte und der Bedarf an Schmerzmitteln sank.

VORTEILE DER MASSAGE

Löst die muskuläre Verspannung, die Kopfschmerzen verursacht

✦

Kann starke Schmerzen mindern

✦

Die Massage von Shiatsu-Triggerpunkten kann Anzahl und Schwere der Anfälle reduzieren.

✦

Mindert die Anfälligkeit für Kopfschmerzen

DIE ÄTHERISCHEN ÖLE

Lavendelöl ist ein bekanntes Heilmittel bei Kopfschmerzen. Mischen Sie bei Beginn der Kopfschmerzen acht Tropfen in 20 ml Trägeröl, und massieren Sie damit Ihre Schläfen. Andere Öle mit frischer Note, die helfen Verspannungen zu lösen, sind Rose, Kamille, Pfefferminz und Eukalyptus. Die Ergebnisse einer kontrollierten Studie der Universität Kiel von 1994 bestätigen, daß Pfefferminz- und Eukalyptusöl bei Kopfschmerzen helfen. In dieser Studie bekamen 32 Menschen Eukalyptus-, Pfeffer-

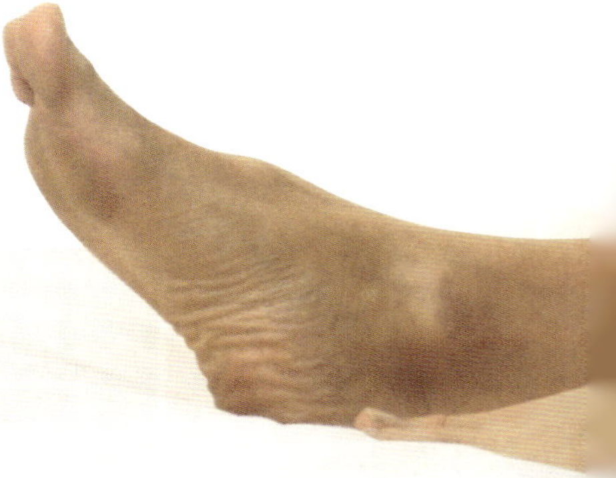

minzöl oder eine Mischung beider, in Trägeröl gelöst, auf die Stirn aufgetragen.

Beide Öle wirkten allein geistig wie körperlich entspannend und steigerten die Wahrnehmungskraft. Die Mischung von Pfefferminz- mit Eukalyptusöl hatte keine Wirkung auf die Schmerzempfindlichkeit. Dagegen wirkte Pfefferminzöl allein deutlich schmerzstillend und minderte die Empfindlichkeit für Kopfschmerzen.

„Der Kopf und die Hände sollten sanft gerieben werden, um Hitze hervorzurufen und die Körperkraft zu steigern. Lasse später auch den Kopf in einer aufrechten Position über einige Zeit reiben."

ARETAEUS, EIN GEFOLGSMANN VON ASCLEPIADES IM ALTEN ROM, REIBEN BEI KOPFSCHMERZ, 100 V. CHR.

WEITERE BEHANDLUNGEN

- *Gesichtsmassage* (siehe Seite 50–53)
- *Nacken- und Schultermassage* (siehe Seite 54–55)
- *Rückenmassage* (siehe Seite 68–69)
- *Shiatsu* (siehe Seite 94–97)
- *Reflexzonenbehandlung* (s. Seite 98–99)

SELBSTHILFE

Aromatherapie: Massieren Sie Ihre Schläfen mit ätherischen Ölen wie Pfefferminz (siehe Seite 14–15)

✦

Massieren Sie Gesicht, Kopf, Nacken und Schulter (siehe Seite 50–55)

✦

Massieren Sie Reflexzonenpunkte an den Zehen (siehe Seite 98–99)

✦

Legen Sie eine nasse Kompresse auf den Kopf

✦

Versuchen Sie Ihre Hände zu massieren (siehe Seite 60–61). *Üben Sie speziellen Druck auf die Basis des Daumens und des kleinen Fingers aus*

✦

Shiatsu (siehe Seite 94–97) *kann helfen. Einer der bekanntesten Shiatsu-Punkte bei Kopfschmerzen ist Dickdarm 4, der zwischen Daumen und Zeigefinger liegt. Pressen Sie in dieser Region, bis Sie einen Punkt finden, der deutlich reagiert. Nicht während der Schwangerschaft massieren*

VERMINDERN DER SPANNUNG
Schließen Sie beim ersten Anzeichen von Kopfschmerzen die Augen und pressen Sie zwischen den Augenbrauen.

Bauchbeschwerden

Verdauungsprobleme und andere Bauchbeschwerden, etwa prämenstruelle Blähungen, sind in westlichen Ländern sehr verbreitet. Schlechte Ernährung und Bewegungsmangel sind die häufigsten Ursachen, aber auch emotionale Faktoren wie Streß, tragen dazu bei. Indem sie Schmerzen lindert und Streß reduziert, kann die Massage zur Minderung der Bauchbeschwerden beitragen.

Alte Überlebenstaktiken

Als Antwort auf Streß kann der Verdauungstrakt mit übermäßiger Magensäureproduktion und starken Dickdarmbewegungen reagieren. Es ist nicht klar, warum dies passiert, es mag aber ein Überlebensmechanismus sein, der schon bei den Urmenschen in der Wildnis existierte. Die heftigen Dickdarmbewegungen und die Magensäure könnten den Körper vor versehentlich gegessenem Gift schützen. Daher könnte es sein, daß der Körper bei Streß so reagiert, als hätten wir eine giftige Substanz gegessen.

Stress & Verdauung

Streß ist ein wichtiger Faktor bei Verdauungsstörungen wie Verstopfung, Durchfall und dem Reizkolon. Studien haben gezeigt, daß Emotionen wie Aufregung und Ärger die Durchlaufgeschwindigkeit der Nahrung im Darm beeinflußt, manchmal mit entgegengesetztem Resultat. In einer Untersuchung in den frühen 90ern an der North Carolina University, USA, fand der Gastroenterologe Robert Sandler heraus, daß 49 % von sonst gesunden Personen meinten, daß Streß bei ihnen Bauchschmerzen verursacht, während 66 % von einer Veränderung der Darmtätigkeit, in der Regel Durchfall, berichteten.

Umkehr der Stressreaktionen

Massage ist ein wunderbares natürliches Beruhigungsmittel und wohltuend für jeden, der unter streßbedingten Erkrankungen wie PMS, Reizkolon und anderen Verdauungsproblemen leidet. Massage lindert Schmerzen, stimuliert die Darmtätigkeit und hilft dabei, die normale Darmfunktion wiederherzustellen. Streichende Bewegungen beruhigen den Körper und Geist in angenehmer Weise, die Person fühlt sich umsorgt. Dies ist aus therapeutischer Sicht sehr wichtig, da die Streßspiegel gesenkt werden. Ich habe herausgefunden, daß die Massage eine ausgleichende, erhellende Wirkung bei müden, lethargischen und streßgeplagten Menschen hat, aber auch denen hilft, die durch Streß hyperaktiv werden und nicht von ihren Sorgen lassen können – sie werden viel ruhiger.

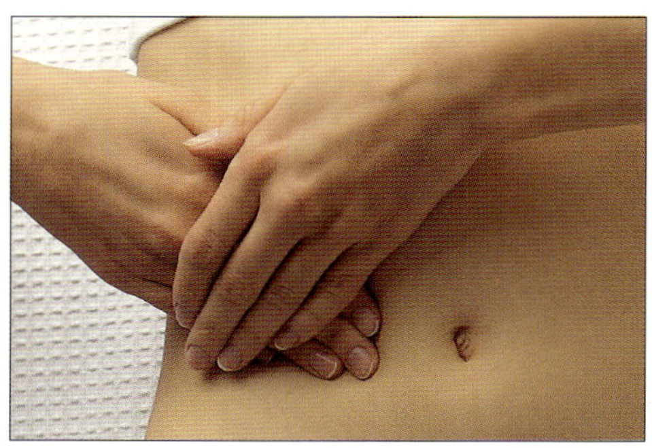

Selbsthilfe bei Verstopfung
Benutzen Sie Ihre Fingerspitzen, und massieren Sie sanft im Uhrzeigersinn in kreisenden Bewegungen im Bereich des Dickdarms.

Verstopfung & Durchfall

Bei Verstopfung hilft die Massage durch Entspannung des Bauches und Stimulation der Darmperistaltik (wellenförmige Bewegungen des Darms). Forscher am Whitington Hospital in Manchester in England untersuchten 1993 ältere Patienten mit Verstopfung. Anstelle von Klistieren und Abführmitteln bekamen sie täglich eine zehnminütige Massage. Der Bedarf an Klistieren und Abführmitteln konnte drastisch gesenkt werden.

Die Massage ist kein neues Heilmittel bei Verstopfung – schon in medizinischen Büchern des 19. Jahrhunderts wird die Anwendung empfohlen. Eine extreme Empfehlung war seinerzeit, eine Kanonenkugel über den Bauch rollen zu lassen. Durch Streßbewältigung kann Massage sowohl Verstopfung wie auch Durchfall lindern. Studien der Universität Sheffield in England zeigten, daß Streß bei Menschen mit Reizkolon eine große Rolle spielt und die Darmfunktion auf verschiedene Weise beeinflußt. Bei Neigung zur Verstopfung ist die Darmpassage unter Streß langsamer, während sie zum Durchfall führt, wenn der Patient generell zum Durchfall neigt. Die Massage kann in beiden Fällen durch Streßminderung helfen und zu normaler Verdauung führen.

Vorteile der Massage

Löst muskuläre und geistige Verspannung

✦

Mindert Streß, der PMS und Verdauungsstörungen verschlimmert

✦

Stimuliert die Passage der Nahrung im Darm

Prämenstruelles Syndrom

Die Symptome des PMS können von milden Blähungen und Gereiztheit bis zu extremen Schmerzen und Depressionen reichen. Da die Massage entspannend wirkt, kann sie erregte Nerven beruhigen und ein Gefühl der Ruhe vermitteln. In einer Studie von 1989 berichteten Frauen, daß die wirksamsten Selbsthilfemethoden bei der Linderung von Schmerzen und PMS einige Formen der Massage waren.

Zusätzlich berichteten sie, daß Massage und Entspannung ein PMS wirksamer lindert als jede andere Therapieform, die sie ausprobiert hatten.

Wenn Sie unter PMS leiden, lohnt es sich, die Reflexzonenbehandlung auszuprobieren. In einer kalifornischen Studie von 1993 erhielten 35 Frauen mit PMS entweder acht halbstündige Reflexzonenbehandlungen oder Placebobehandlungen. Bei der richtigen Reflexzonenbehandlung wurden beide Füße sowie Reflexzonen an den Händen und Ohren bearbeitet. Die Punkte, die stimuliert wurden, stehen in Verbindung mit den Eierstöcken, der Gebärmutter, der Hypophyse, den Nebennieren, den Nieren und dem Shiatsu-Punkt Dickdarm 4 *(siehe* Shiatsu, *Seite 98–99).*

Diejenigen die eine Placebobehandlung erhielten, wurden an Punkten, die nicht mit dem PMS in Verbindung gebracht werden, behandelt. In der ersten Gruppe verminderten sich die Beschwerden um 45 %, bei der zweiten um 20 %. Es ist unklar, ob diese Ergebnisse durch die Reflexzonenbehandlung, wie wir sie kennen, oder durch die Stimulation von Akupressurpunkten bedingt sind.

Erholung nach Operation

In einer Studie der medizinischen Hochschule Kochi, in Japan von 1993 wurden 16 Patienten nach kleineren Operationen mit Epiduralanästhesie in zwei Gruppen eingeteilt. Die eine Gruppe war die Kontrollgruppe, die andere bekam eineinhalb Stunden nach der Operation eine Bauchmassage. Die Gruppe mit Massage hatte im Vergleich zur anderen eine kürzere Erholungphase nach der Epiduralanästhesie, was darauf schließen läßt, daß Massage die Erholung nach Operationen fördert.

Weitere Behandlungen

- *Gesichtsmassage* (siehe Seite 51–53)
- *Bauchmassage* (siehe Seite 58)
- *Shiatsu* (siehe Seite 94–97)
- *Reflexzonenbehandlung* (s. Seite 98–99)

> *„Die Wirkung einer einfachen Berührung ist recht bemerkenswert. Schmerz wird vermindert … durch die einfache Berührung mit den Händen."*
>
> Dr. J. H. Kellogg,
> The Art of Massage, 1895

Selbsthilfe

Trinken Sie reichlich Wasser, und essen Sie viel frisches Obst und Gemüse, um die Darmpassage zu unterstützen

✦

Drei- bis viermal pro Woche kraftvollen Sport wie Laufen oder Schwimmen

✦

Massieren Sie Ihren Bauch im Bereich des Dickdarms kreis- und wellenförmig im Uhrzeigersinn (siehe Seite 58)

✦

Versuchen Sie Mund und Kiefer zu massieren (siehe Seite 51–53). *Der Gastrointestinaltrakt verläuft kontinuierlich vom Mund bis zum Anus und eine Mundmassage mag bei Verdauungsproblemen helfen*

✦

Drücken Sie Shiatsu-Punkte am Magenmeridian, wie Magen 36 (siehe Seite 94–97) *oder üben Sie Druck beiderseits der Achillessehne aus*

✦

Versuchen Sie die Reflexzonenbehandlung (siehe Seite 98–99). *Bei Verstopfung bearbeiten Sie Dickdarm, Leber und die Region des Solar Plexus am Fuß. Bei PMS bearbeiten Sie die Punkte am äußeren Knöchel unterhalb des Knochens*

Lösen abdomineller Verspannungen

Streichen Sie zur Entspannung mit beiden Händen vom Bauchnabel ruhig und sanft aufwärts zum Brustkorb hin. Lassen Sie Ihre Hände dann über die Rippen gleiten. Fragen Sie Ihre Partnerin oder Ihren Partner, ob der Druck zu stark ist.

RÜCKENSCHMERZEN

SCHÄTZUNGSWEISE 80 PROZENT der Menschen in den Industrieländern leiden irgendwann an Rückenschmerzen. Die häufigste Ursache ist ein Ungleichgewicht im Körper. Ein ideal ausgerichteter Körper ist symmetrisch, flexibel und beidseitig kraftvoll, doch bei den meisten unter uns ist der Rücken nicht im Gleichgewicht – er ist stark, aber steif oder flexibel, aber schwach.

HÄUFIGE URSACHEN

Die verschiedensten Faktoren können zu Rückenschmerzen führen. Eine Veranlagung oder frühere Verletzungen können Rückenschmerzen begünstigen, manchmal sind auch innere Probleme wie Verstopfung oder Gallensteine dafür verantwortlich. Der häufigste Grund für Rückenschmerzen ist aber unsere Lebensweise: Stundenlanges Sitzen vor dem Computer oder im Auto, Bewegungsmangel und schlecht sitzende oder hochhackige Schuhe machen uns für Rückenschmerzen empfänglich. Auch diejenigen, die handwerklich arbeiten oder Sportarten betreiben, die zu einer gewissen Asymmetrie führen, wie z. B. Tennis, neigen langfristig zu Rückenschmerzen.

TYPEN VON RÜCKENSCHMERZEN

Büroarbeiter, die sich wenig bewegen, neigen zu Steifheit und Schmerzen im oberen Rücken. Übermäßiges Beugen des oberen Rückens ist meist der Ausgleich für die Steifheit im unteren Rücken und in den Beinen, die durch zu langes Sitzen verursacht wurden. Dagegen haben diejenigen, deren Arbeit stehende, hebende oder tragende Tätigkeiten umfassen, Schmerzen im unteren Rücken. Schwere Körperübungen oder Gartenarbeit können ebenfalls zu Schmerzen im unteren Rücken führen.

BEHANDLUNG

Wenn Sie unter anhaltenden oder starken Rückenschmerzen leiden, sollten Sie sich ärztlich oder vom Osteopathen untersuchen lassen und möglicherweise Ihren Lebensstil ändern. Wenn Ihr Arzt zustimmt, können Sie mit den meisten Arten der Massage die Schmerzen lindern.

VORTEILE DER MASSAGE

Entspannt versteifte Muskeln, die zu Rückenschmerzen beitragen

✦

Lokalisiert spezifische „Triggerpunkte“

✦

Löst Streß, der oft die Schmerzen verursacht

Um Verspannungen zu lösen, sollte Ihre Rückenmassage pressende, sich verbreiternde Griffe wie tiefes Streichen und Kneten *(siehe Seite 29, 34–37)* einschließen, die das Gebiet aufweichen und dehnen und den Muskel in einen optimalen Zustand bringen.

Wenn Sie einen anderen mit Rückenschmerzen massieren, könnten Sie besonders empfindliche Zonen vorfinden. Dies sind kleine verspannte, sogenannte „Triggerpunkte“ im Muskel. Tiefer und fester Druck oder Massage gegen die Muskelfasern *(siehe Seite 80)* kann diese Punkte lösen. Wenden Sie schrittweise einen

stärkeren Druck an, wenn das Gebiet sich entspannt.

Wenn Sie eine Verschlimmerung verspüren, vermindern Sie den Druck. Streichen und dehnen Sie das Gebiet nach der Behandlung der Triggerpunkte, um die Durchblutung anzuregen. Streß steht in Zusammenhang mit Rückenschmerzen (*siehe* Schmerzforschung, *unten*), so daß Ihnen eine entspannende Massage helfen wird (*s. S. 145*, Techniken gegen Streß). Legen Sie sich bei Beschwerden im oberen Rücken flach auf den Boden. Wenn Sie Schmerzen im unteren Rücken haben, könnten Sie ein Kissen unter die Knie legen.

Selbsthilfe

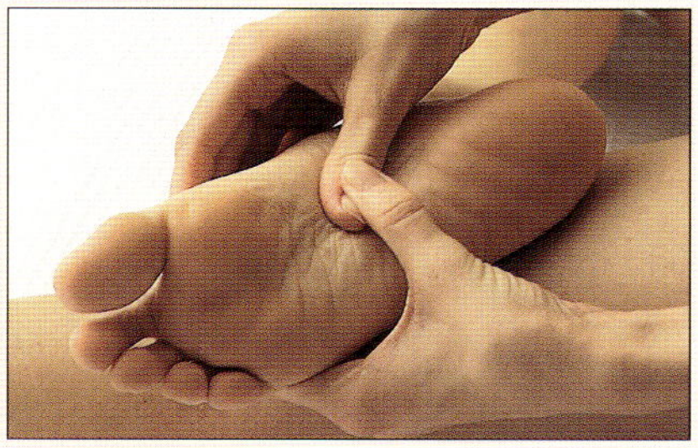

Massieren Sie den Spann (in der Reflexologie der Wirbelsäule zugeordnet, (siehe Seite 98–99)

✦

Legen Sie sich bei Rückenschmerzen hin, und wenden Sie heiße oder kalte Kompressen an

✦

Versuchen Sie sanften Sport wie Laufen oder Schwimmen

✦

Lernen Sie richtig zu heben: Beugen der Knie und Geradehalten des Rückens

✦

Überprüfen Sie Ihr Bett

Schmerzforschung

Jüngste Untersuchungen an der Pittsburgh University in USA zeigen daß schon das Denken an Streß die Schmerzen in bereits gestörten Körperregionen steigert. Die Probanden wurden gebeten, ihre letzten heftigen Schmerz- und Streßepisoden zu beschreiben, während ihre Muskelspannung mit Sensoren gemessen wurde. Diejenigen, die Rückenschmerzen beschrieben, zeigten eine stärkere Spannung der Rückenmuskulatur als die Probanden mit anderen Schmerzen.

> *„Die Massage hat eine ganz wunderbare und gleichzeichtig tief beruhigende und stärkende Wirkung auf das Nervensystem."*
>
> Dr. Graham, Boston, USA, Practical Treatise on Massage, 1902

Weitere Behandlungen

- ✦ *Kneten* (siehe Seite 34–36) von Beinen, Brust, Bauch und der Gesäßmuskulatur lindert den Schmerz
- ✦ *Hautrollen* (siehe Seite 37) und *Chinesische Massage* (siehe Seite 78–81) löst Verspannungen im unteren Rücken
- ✦ *Festes Pressen* (siehe Seite 38–39) kann Steifheit im Rundrücken mindern. Pressen Sie den Brustkorb und oberen Rücken in wechselnder Richtung
- ✦ *Selbstmassage* des Nackens, der Schultern und des unteren Rückens (siehe Seite 54–55, 59) lindert Streß
- ✦ *Rückenmassage* (siehe Seite 68–69) durch langes, starkes Streichen mit Handballen oder Daumen am Rücken herunter kann Schmerzen lindern
- ✦ *Thai-Massage* (siehe Seite 86–89) ist zur Dehnung der Rückenmuskulatur nützlich
- ✦ *Shiatsu* (siehe Seite 94–97). Bei Schmerzen im oberen Rücken, Nacken und Schultern pressen Sie folgende Punkte: Gallenblase (Gb) 20, Gb 21, Le 10, Niere 3 und Le 3. Unterer Rücken: Dienergefäß 12, Niere 3 und Leber 3
- ✦ *Reflexologie* (siehe Seite 98–99)

Schmerzlinderung

Sanfter, kreisender Druck und Streichen der Kreuzbeinregion kann Schmerzen im unteren Rücken lindern (siehe Seite 38–39).

Gelenkprobleme

Es gibt nur wenig Menschen, die während ihres Lebens keine Gelenkbeschwerden bekommen. Die Osteoarthritis, die häufigste Gelenkerkrankung, kommt bei fast 80 Prozent der über 50jährigen vor. Eine vorsichtige Massage kann die Entzündung lindern und die Beweglichkeit bei allen Arten von Gelenkproblemen verbessern.

Osteoarthritis

Osteoarthritis, auch bekannt als degenerative Gelenkerkrankung, befällt Hände, Hüften, Knie und Wirbelsäule. Gewöhnlich nutzt sich der Gelenkknorpel infolge des Alterungsprozesses allmählich ab, und das betroffene Gelenk schwillt an, versteift und schmerzt.

Eine sanfte Massage um die schmerzenden Gelenke herum stärkt die Blutzirkulation und kann deshalb beruhigend wirken. Durch die Stimulierung des Lymphflusses und den Abtransport von Abfallprodukten werden Steifheit und Entzündungen reduziert.

Auch eine Umstellung der Ernährung kann hilfreich sein. Ernährungswissenschaftler gehen davon aus, daß das Einschränken von bearbeiteter und saurer Nahrung lindernd wirkt.

Entspannungstechniken können die Muskelverspannungen bei versteiften, schmerzhaften Gelenken lösen.

1978 wurde an der Stanford University in USA ein sechswöchiges Programm für Patienten mit Osteoarthritis durchgeführt. Den Teilnehmern wurden Hinweise zur Ernährung, zur Überwindung von Depression und zur Entspannung gegeben. Nach dem Programm berichteten 15–20 % der Teilnehmer, daß ihre Schmerzen nachließen, sie seltener zum Arzt mußten und sich ihre Depressionen beträchtlich besserten.

Rheumatoide Arthritis

Wie bei der Osteoarthritis sind die Gelenke bei der rheumatoiden Arthritis geschwollen, versteift und schmerzhaft, jedoch hat diese Erkrankung eine andere Ursache. Sie ist eine Autoimmunerkrankung, bei der das Immunsystem die eigenen Körpergewebe angreift. Während die Osteoarthritis eher ältere Menschen betrifft, neigen jüngere, besonders Frauen zwischen 30 und 50, zu rheumatoider Arthritis. Hier verdickt sich die Synovialmembran, die die Gelenke auskleidet. Meist sind die Fingergelenke, aber manchmal auch die Knie-, Schulter- und Halswirbelgelenke betroffen.

Linderung der Entzündung
Lassen Sie Ihre Hände über den Fuß in Richtung Knöchel gleiten, um die Beweglichkeit zu verbessern und Entzündungen zu lindern. Die leicht streichende Bewegung ist unglaublich wirksam.

Vorteile der Massage

Reduziert die Schwellung und Steifheit, fördert Beweglichkeit

✦

Weniger Schmerzmittel nötig

✦

Gesteigertes Wohlbefinden durch Beruhigung und bessere Stimmung

Eine Massage ober- und unterhalb der angeschwollenen Region hat zweifachen Nutzen: Durch Förderung der Durchblutung vermindert sie die Entzündung und Schmerzen in den Gelenken, und die Körperentspannung hilft dem Patienten, mit seiner Erkrankung besser umgehen zu können. Studien zeigen, daß dieses Gefühl einen deutlichen Einfluß auf die Erkrankung hat.

Eine jüngere Untersuchung von 400 Patienten mit rheumatoider Arthritis in den USA zeigte, daß diejenigen mit einem Gefühl der Kontolle über ihre Beschwerden tatsächlich weniger Schmerzen verspürten und in einem besseren Gesundheitszustand waren als jene, die sich von ihrer Erkrankung erschlagen fühlten.

Fibromyalgie-Syndrom (FMS)

Das FMS befällt etwa 2,5 % der Frauen und nur sehr wenige Männer. Die Patienten leiden oft unter Muskelschmerzen und Steifheit, dazu kommen häufig Reizkolon, Angstzustände, Depressionen und Kopfschmerzen. Die Massage lindert Schmerzen und Steifheit und reduziert begleitende Ängste und Depressionen. Kürzlich wurden in einer Studie des Touch Research International in Florida, USA, Patienten mit FMS über fünf Wochen zweimal täglich massiert.

Die Blutspiegel der Streßhormone waren nach der Massage niedriger, und die Patienten berichteten, daß sie weniger unter Schmerzen und Steifheit litten und auch andere Symptome wie Schlaflosigkeit nachließen.

Massage bei Gelenkproblemen

Wenn Sie jemanden mit Gelenkproblemen massieren, meiden Sie die entzündeten, geschwollenen Gebiete. Massieren Sie nie direkt auf einem entzündeten Gelenk. Wenn ein Gelenk nur schwach entzündet ist, können Sie versuchen, es sanft zu massieren. Dies kann sehr lindernd wirken. Bei arthritischen Gelenken der Hände, die nicht entzündet sind, können Sie um das Gelenk herum streichen und dann mit dem Daumen leichten Druck auf das Gelenk selbst ausüben. Streichen Sie danach die ganze Hand, um sie zu beruhigen. Massieren Sie bei der Handmassage an den Handgelenken, dem Handrücken und den Fingern in Richtung Körper, um den Lymphfluß zu stimulieren. Die Muskeln im Bereich eines geschädigten, arthritischen Gelenks verkrampfen sich manchmal und verursachen heftige Schmerzen. Eine Massage des betroffenen Gebiets in einem warmen Bad kann sehr angenehm sein; es lindert und wärmt die betroffene Region auf.

Weitere Behandlungen

- *Sanfte Selbstmassage* (s. Seite 48–61)
- *MLD* (Seite 74–77) ist sanft und wirksam
- *Hydrotherapie* (siehe Seite 120–121). Nehmen Sie ein warmes Bad, oder legen Sie heiße und kalte Kompressen auf

Selbsthilfe

Rosmarin-, Kamillen- und Lavendelöl haben lindernde Eigenschaften. Geben Sie 3–4 Tropfen ins Bad

✦

Entspannungstechniken

✦

Regelmäßige Körperübungen – vor allem Schwimmen hilft

> *„Bei einem Rheumaschub in der linken Schulter griff ich mit meiner rechten Hand fest auf den schmerzenden Muskel. Zu meiner Überraschung und Genugtuung war ich im Nu vom Schmerz befreit."*
>
> Dr. Balfour, Illustrations of the Power of Compression in the Case of Rheumatism, 1816

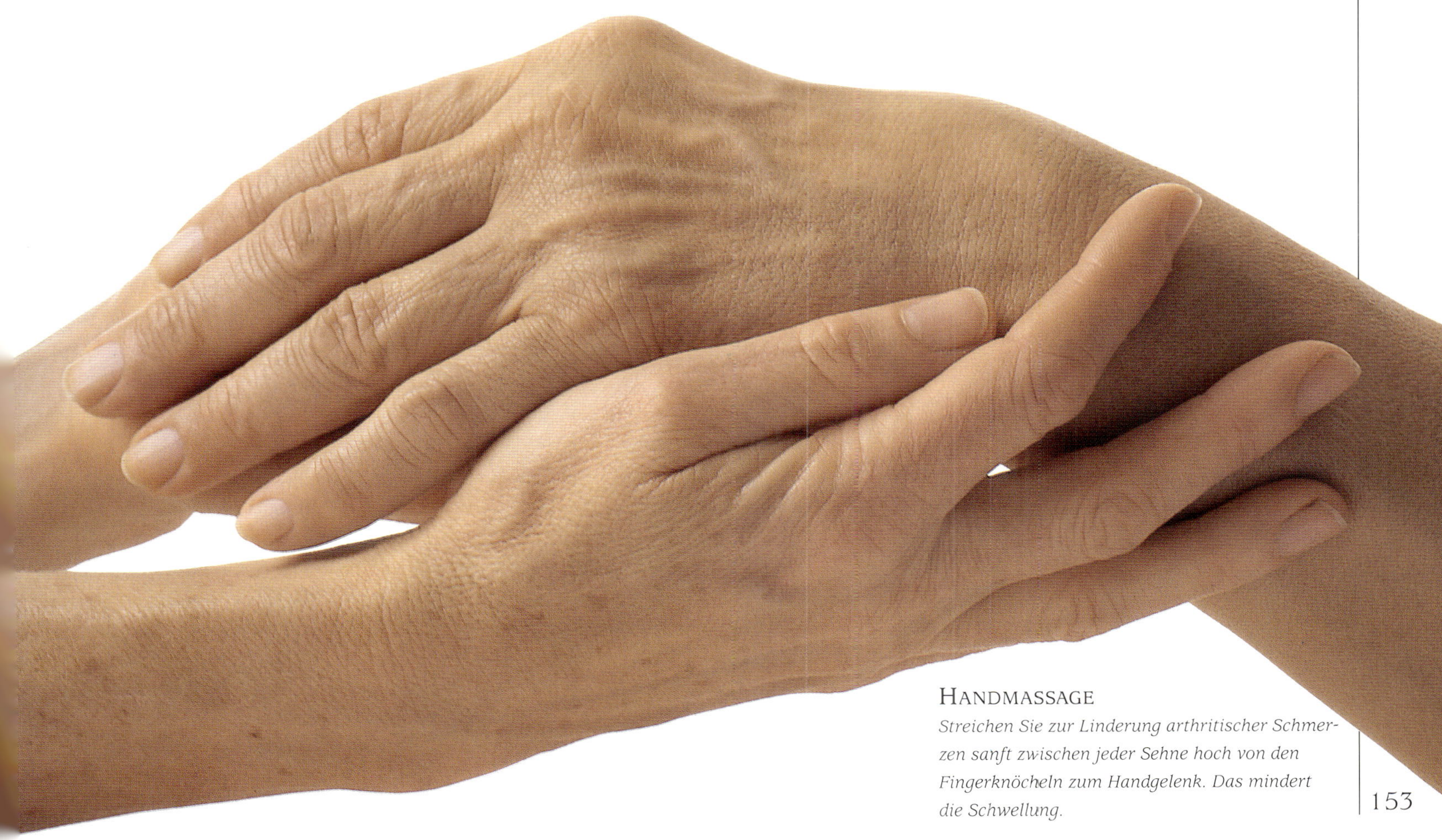

Handmassage

Streichen Sie zur Linderung arthritischer Schmerzen sanft zwischen jeder Sehne hoch von den Fingerknöcheln zum Handgelenk. Das mindert die Schwellung.

Massage im Alter

Es ist nie zu spät, Gesundheit und Lebensqualität zu verbessern. Die Massage hilft dabei, weil sie die Aktivität und Lebenskraft verbessert. Sie steigert die Duchblutung, so daß Schmerzen vergehen, Gelenke und Muskeln gelockert werden und man wieder beweglicher wird. Außerdem bewirkt der entspannende Effekt der Massage ein Gefühl des Wohlbefindens und eine optimistischere Lebenseinstellung.

Länger leben

In den Industrienationen ist die Gruppe der über 80jährigen die am schnellsten wachsende. Infolge einer besseren Ernährung und besserer medizinischer Versorgung bleiben viele ältere Menschen länger aktiv und genießen ihr Leben. Für andere bedeutet das Altern und die Inaktivität aber auch, daß ihr Leben von Schmerzen, Steifheit, Energielosigkeit und Krankheit geplagt ist.

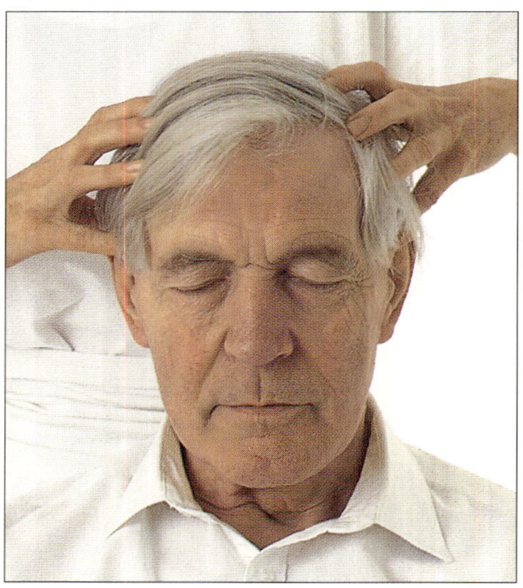

Kopfmassage

Eine sanft streichende Massage von Kopf und Kopfhaut kann äußerst beruhigend wirken und vermittelt Liebe und Mitgefühl.

Massage und Fitness

Sogar 90jährige profitieren von einem Fitnessprogramm. Die Muskelkraft von 90jährigen in Boston, USA, steigerte sich nach einem achtwöchigen Fitnesskurs um über 70 %. Die Teilnehmer berichteten, neuen Auftrieb gefunden zu haben. Fitness im Alter ist wichtig, da viele Änderungen wie Abnahme der Muskelkraft, Minderung der Knochendichte, Schmerzen, Gelenksteife, Müdigkeit, Fettleibigkeit und Kurzatmigkeit durch Bewegungsmangel verursacht werden. Bewegungsmangel bedeutet auch, daß Stoffwechselprodukte nicht genügend abgebaut werden und der Körper gegenüber Infektionen anfälliger wird. Steife, schmerzende Gelenke können ein Haupthindernis bei der Teilnahme an körperlichen Übungen sein. Die Massage lindert die Muskelschmerzen und lockert die Gelenke. Ältere Menschen bleiben mobil und können sich körperlicher Aktivität erfreuen. Einer meiner Patienten sagte: „Nach der Handmassage kann ich wieder selbständig Dinge machen. Meine Hände sind geschmeidiger und nicht mehr so geschwollen und steif".

Eine englische Studie von 1996 bestätigte den nützlichen Effekt der Massage auf die Beweglichkeit. Ältere Menschen in verschiedenen Altersheimen wurden wöchentlich massiert. Bei den meisten verminderten sich die muskulären Verspannungen, besonders im Nacken und in den Gliedmaßen. Schmerzen durch Inaktivität und Arthritis verschwanden in einigen Fällen vollkommen.

Weniger Schmerzmittel nötig

Einer US-Studie des Touch Research International in Florida zufolge kann die Massage den Schmerzmittelbedarf bei alten Menschen senken. Die Massage setzt Endorphine frei, das sind körpereigene Substanzen des „Wohlbefindens", die die Stimmung heben und die Schmerzempfindlichkeit senken. Helen Passant, eine erfahrene Krankenschwester am Churchill Hospital in Oxford in England wendet die Aromatherapie in der Altenpflege an. Sie meint, daß ihre Patienten aufgrund der regelmäßigen Massage weniger Schmerz- und Beruhigungsmittel benötigen als Patienten in ähnlichen Einrichtungen.

Vorteile der Massage

Löst versteifte, schmerzende Gelenke, steigert die Beweglichkeit

✦

Verbessert die Durchblutung

✦

Vermittelt Liebe, Pflege und Mitgefühl

✦

Lindert Depressionen

Hautpflege

Im Alter wird die Haut dünner und verliert an Elastizität. Die Massage hat einen zweifachen Nutzen: Sie fördert die Durchblutung und versorgt die Haut mit Nährstoffen. Die verwendeten Öle machen die Haut geschmeidig. Massage und ätherische Öle können auch zur Abheilung von Geschwüren beitragen und andere Hautprobleme im Alter lindern.

Anteilnehmende Berührung

Alte Menschen leiden oft unter Hör- und Sehschwäche sowie eingeschränkter Beweglichkeit und fühlen sich verwundbar. Bei Menschen, die ihren Körper als Quelle des Schmerzes erleben oder sich für ihn schämen, ist die wertfreie Berührung einer Massage unglaublich heilsam. Sie kann Liebe, Pflege und Mitgefühl vermitteln und einen älteren Menschen gelassen und heiter machen. Eine Berührung ist ausgesprochen wirksam zur Minderung von Ängsten. In einer Studie von 1992 an der Athabasca University in Alberta in Kanada bekam eine Gruppe älterer Menschen eine Rückenmassage, während sie sich mit den Wissenschaftlern unterhielten. Sie waren weniger ängstlich, als andere Gruppen, die ihre Konversationssitzungen ohne Massage machten.

Geistige Kräfte

Einige Studien zeigen, daß die Massage die geistige Aufmerksamkeit und die körperliche Verfassung älterer, verwirrter Menschen verbessert. 1982 wurden Patienten in einem Experiment gebeten, einfache Aufgaben zu lösen. Einige wurden währenddessen sanft am Unterarm gestreichelt. Sie gaben im Vergleich zu den anderen klarere Antworten und waren aufmerksamer in der Lösung der Aufgabe.

Massage älterer Menschen

In vieler Hinsicht gibt es keinen Unterschied bei der Massage älterer Menschen. Sie sollten aber einige Punkte beachten. Die Knochen älterer Menschen sind nicht so stabil, und sie leiden eher unter Osteoarthritis. Im Alter ist die Durchblutung ineffektiver, Hände und Füße werden kalt und schmerzhaft. Die Haut wird dünner, verliert ihre Elastizität und ist leichter verletzlich. Wie immer bei der Massage sollten Sie die Führung dem Empfangenden überlassen. Beginnen Sie sanft und langsam, und steigern Sie den Druck je nach Anforderung. Es ist verständlich, daß jemand, der sich zerbrechlich fühlt, eine sanfte Massage bevorzugt.

Sie werden jedoch sehen, daß viele einen festeren Druck in bestimmten Regionen mögen, z. B. bei steifen Schultern. Wenn der Patient es als unangenehm empfindet, sich für eine Rücken- oder Schultermassage auf den Bauch zu legen, kann er sich vorgebeugt und durch Kissen unterstützt an einen Tisch setzen.

Achten Sie auf Problemzonen und auf Hände und Füße. Die Massage wird die Durchblutung der Extremitäten verbessern und die Beweglichkeit der Gelenke steigern.

Massieren Sie die Hände und Füße, während der Patient auf einem Stuhl sitzt. Den Arm oder das Bein unterstützen, das Sie massieren, damit der Patient sich entspannen kann. Sanft und langsam beginnen und den Druck nur auf Wunsch steigern. Achten Sie auf dünne Haut und Entzündungen (*siehe* Gelenkprobleme, *Seite 152–153*) und passen Sie Ihre Massage dementsprechend an. Mit sanften Bewegungen, Drehungen, Biegen und Dehnen der Hand- und Fußgelenke verbessern Sie deren Beweglichkeit.

Selbsthilfe

Selbstmassage (siehe Seite 48–61)

✦

Regelmäßige Gymnastik, 3–4mal wöchentlich

✦

Ausgewogene, nahrhafte Kost mit reichlich Obst und Gemüse

Gegenseitiger Nutzen

Die Vorteile der Massage nützen dem Gebendem und dem Empfänger. Es wurde festgestellt, daß es manchmal wohltuender sein kann, eine Massage zu geben, als sie zu empfangen. In einem Experiment des schon häufiger zitierten Touch Research Internaional in Florida, USA, massierte eine Gruppe von „Großeltern" Babys. Die Ergebnisse zeigten, daß die älteren Leute mehr davon hatten, als wenn sie selbst eine Massage erhalten hätten. Sie hatten weniger Ängste und Depressionen als vorher, besuchten Ihren Arzt seltener, und ihr Selbstbewußtsein stieg.

„Meine wöchentliche Massage bestimmt mein ganzes Leben. Danach gehe ich gerader und habe mehr Vitalität und Lust am Leben."

Ein Patient, 1998

„Wenn Entspannung, menschliche Wärme und beruhigender Einfluß eine solch tiefe Wirkung erzielen … sollte die Anwendung alternativer Therapien verstärkt werden und in der Gesundheitsversorgung bei Langzeiterkrankungen stärker angeboten werden."

Dr. Jones über die Ergebnisse einer britischen Untersuchung über die medizinische Versorgung im Alter, 1996

Weitere Behandlungen

- *Fußmassage* (siehe Seite 56–57)
- *Handmassage* (siehe Seite 60–61)
- *Schulter- und Rückenmassage* (siehe Seite 68–69)

Massage & Krankheit

Wenn wir krank sind, leiden wir nicht nur unter körperlichen Problemen, sondern auch unter Mißstimmungen. Die Massage vermittelt in dieser Situation Akzeptanz, Unterstützung und Fürsorge und hilft so, mit Schmerzen, Übelkeit, Schwäche oder Ängsten leichter fertigzuwerden. Es erstaunt mich auch nach 30 Jahren immer wieder, wie wohltuend eine einfache Massage sein kann.

Anteilnehmendes Mitgefühl

Wenn ein Freund krank ist, weiß man oft nicht, wie man reagieren oder was man sagen soll. Das Massieren einer kranken Person ist ein praktischer Weg, Mitgefühl auszudrücken. Das konkrete Tun drückt mehr aus als Genesungswünsche: Es ist einer der besten und einfachsten Wege, jemanden emotional zu stützen. Wenn jemand krank ist, mag er vielleicht nicht sprechen oder hat nicht die Kraft dazu. Über die Berührung können Sie mit ihm Kontakt aufnehmen, ohne zu sprechen. Sie können über Ihre Hände Wärme, Wohlbefinden, Mitgefühl und Sicherheit vermitteln.

Wertvolle Unterstützung

Es ist wichtig, unsere Ängste auszudrücken, wenn wir krank sind. Während oder nach einer Massage reden auch die zurückhaltendsten Menschen freier, was nicht nur mit der entspannenden Wirkung der Massage, sondern auch mit der konzentrierten Aufmerksamkeit und Unterstützung zu erklären ist. Der Wert dieser Unterstützung während einer Krankheit wurde in einer amerikanischen Studie in den 70ern von Dr. Spiegal demonstriert. Er fand heraus, das Frauen mit Brustkrebs, die sich in einer Gruppe von Betroffenen zusammengetan hatten, im Schnitt 18 Monate länger lebten als andere, die nur eine Standardtherapie erhielten.

Körper und Geist

Jüngere Studien in den USA bestärken die Vermutung, daß geistige und körperliche Gesundheit in engem Zusammenhang stehen. Dem international bekannten Neurophysiologen Dr. Candace Pert zufolge werden alte emotionale Muster in den Nervenzellen, im Rückenmark und in anderen Teilen des Nervensystems gespeichert. Bei Aktivierung dieser Gebiete durch Berührung beeinflußt die Massage den Geist. Sie bewirkt eine Entspannung und läßt Neuropeptide (chemische „Botenstoffe") im Nervensystem zum Gehirn fließen. Die bekanntesten sind die Endorphine, die angenehme und optimistische Gefühle verursachen. Dr. Pert sagt: „Wenn Menschen sich wohlfühlen, konzentrieren sie sich auf den Moment und sind nicht von Ängsten und Sorgen ergriffen". Er meint auch, daß Ängste, Feindseligkeit und andere emotionale Zustände die entgegengesetzte Wirkung auf das Immunsystem, das die Infektionen bekämpft, haben können. Die Massage spielt eine wichtige Rolle bei der Stärkung des Immunsystems und bei der Erhaltung der Gesundheit, etwa durch Angstminderung, Stimmungsaufhellung und Entspannung.

Herzkrankheit

Zu Beginn meiner Berufslaufbahn arbeitete ich auf der Herzstation des Charing Cross Hospitals in London. Einige Patienten hatten Herzoperationen hinter sich, andere erholten sich von einem Herzinfarkt, und alle litten stark unter Ängsten. Ein Vorteil der Massage ist, daß sie zeigt, wie sich Entspannung anfühlt. Vor der Massage bat ich die Patienten, sich zu entspannen und sie schrien oft zurück: „Ich *bin* entspannt!", doch das sanfte Streichen der Massage vermittelte ihnen erst ein Gefühl der Ruhe, so daß die Patienten ihren Zustand vor und nach der Massage vergleichen konnten.

Die Massage half den Patienten einzuschlafen, senkte ihren Blutdruck und die Herzfrequenz. Diese Erfahrungen wurden durch Studien bestätigt. Im Middlesex Hospital in London erhielten 100 Patienten nach Herzoperationen eine zwanzigminütige Fußmassage, die Ängste und Verspannungen minderte und die Herzfrequenz senkte. Am Charing Cross Hospital wurden als wichtiger Teil des Rehabilitationsprogramms Paare in Massagetechniken unterrichtet, damit die Patienten nach ihrer Heimkehr weiterhin wohltuende Massagen bekamen.

Wenn Sie für jemanden mit einer Herzkrankheit sorgen müssen, kann Massage sehr hilfreich sein. Voher sollten Sie jedoch die Zustimmung des Arztes einholen. Versuchen Sie es mit einer sanften Ganzkörpermassage und mit kräftigeren Strichen in Herzrichtung und sanften Gleitbewegungen in die Gegenrichtung. Wenn die Person eine Herzoperation hatte, meiden Sie die Brustregion, bis die Narbe vollständig abgeheilt ist.

Vorteile der Massage

Hilft den Schmerz zu kontrollieren

✦

Stärkt das Immunsystem und hilft damit bei der Heilung

✦

Reduziert Streß, fördert das Wohlbefinden

„Mit Hoffung und Geduld kommen Erinnerungen an altes Wohlbefinden zurück – Botschaften der Heilung, die die körpereigenen Kräfte mobilisieren."

Herbert Benson, Timeless Healing, 1996

Krebs

Seit 15 Jahren wird die Massage in der Behandlung von Krebspatienten immer mehr akzeptiert. Sie hilft besonders bei unerwünschten Nebenwirkungen der Krebstherapie wie Schmerzen, Übelkeit und Verspannungen. 1995 führte das Royal Marsden Hospital in London, eine Untersuchung bei 24 Krebspatienten durch. Sie bekamen wöchentlich acht Massagen mit reinem oder ätherischem Öl. Verglichen mit einer Kontrollgruppe ohne Massage waren sie weniger angstvoll, aber wesentlich entspannter, hatten weniger Schmerzen und waren mobiler.

Man befürchtete zwar, daß der Krebs sich durch die Massage im Körper ausbreiten könnte; dafür gibt es aber keine Anhaltspunkte. Carl Simonton, der Direktor des Cancer Counselling and Research Centre in Dallas, USA, empfiehlt seit 1978 eine Massage für seine Patienten. Er erklärt: „Es gibt keine Kontraindikation für eine gute therapeutische Massage bei Krebspatienten," und sagt weiter: „Eine gute therapeutische Massage wird durch einen gut ausgebildeten Therapeuten durchgeführt, der die Probleme der Massage von Krebspatienten kennt und mit schwerkranken Menschen umzugehen weiß."

Es gibt keine speziellen Techniken bei der Massage von Krebspatienten. Wie bei anderen ernsten Krankheiten ist es wichtig, die angemessene Behandlung mit dem Arzt abzusprechen. Jede Art der Berührung ist wohltuend: Wenn Ihr Freund ans Bett gefesselt ist, kann eine Hand-, Fuß- oder Gesichtsmassage beruhigend wirken. Wenn er als Nebenwirkung der Chemotherapie eine sehr trockene Haut hat, kann sie durch Massageöle weicher und geschmeidiger gemacht werden.

Massage und AIDS

AIDS (Acquired Immune-deficiency Syndrome) ist eine Erkrankung, bei der das HI-Virus (Humanes Immunodeficiency Virus) Zellen zerstört, die Infektionen bekämpfen. Meine Massageschüler arbeiteten seit den 80er Jahren am Mildmay Hospital in London mit HIV-positiven Patienten. Alle Patienten betonten, wie wichtig die Massage für sie war. Sie war ein positiver Aspekt in ihrem Leben: Die körperlichen Beschwerden wurden gelindert, und sie erfuhren Fürsorge und Unterstützung. Das Touch Research International in Florida führte 1995 eine Studie bei HIV-positiven Männern durch, um die Wirkung der Massage auf das Immunsystem zu bestimmen. Die Teilnehmer erhielten an fünf Tagen pro Woche eine 45minütige Massage. Am Ende der Studie waren die Blutspiegel des Streßhormons Kortisol vermindert und die stimmungsaufhellenden Serotoninspiegel waren erhöht. Und noch wichtiger: Die Teilnehmer produzierten verstärkt Abwehrzellen, die die eindringenden Viren und Bakterien bekämpften.

Sucht/Missbrauch

Menschen, die von Drogen oder Alkohol abhängig sind oder sexuell mißbraucht wurden, leiden unter mangelndem Selbstbewußtsein. Die Massage kann dies verbessern und den Bezug zu ihrem Körper wiederherstellen und so den Beginn ihrer Heilung unterstützen. Massage kann Stimmungsschwankungen und Panikanfälle ausgleichen, die Person fühlt sich in einer entspannenden, sicheren Umgebung akzeptiert.

Viele meiner Patienten berichten, daß die Massage ihnen half, schwierige Situationen besser zu bewältigen. Ros Smith von der britischen Wohltätigkeitsbewegung Turning Point sagt: „Die Massage wirkt wie ein Sicherungsnetz für diejenigen, die wieder auf das richtige Gleis wollen ... sie kann dabei helfen, das Leben zu ändern."

Drogenabhängige haben oft eine schlechte Durchblutung und leiden unter kalten Händen und Füßen. Durch die Massage der Extremitäten wird die Durchblutung verbessert, die Freisetzung von Neuropeptiden gesteigert und Wohlbefinden vermittelt.

Geist und Emotionen

Massage kann bei Depressionen, anderen Formen geistiger Störungen und bei Kummer eine große Hilfe sein. Es ist etwas „Faßbares" was Sie für jemanden in einer Notlage tun können. Oft ist es schwierig, die passenden Worte zu finden, die Hände aber kommunizieren direkt, geben Wohlbehagen und Mitgefühl. Einige Menschen sagen, daß ihnen eine Massage nach einem Trauerfall zuviel ist, da zuviele Emotionen in einer Zeit freigesetzt werden, in der sie versuchen sich zu fassen. Wenn dies der Fall ist, kann eine kleine Massage helfen, sobald sich der anfängliche Schmerz gelegt hat. Sie brauchen keine Ganzkörpermassage zu machen, um ihr Mitgefühl auszudrücken. Das Ausstreichen der Hände oder eine Schultermassage kann sehr wohltuend sein.

Nur Vorteile

Die Beispiele an Untersuchungsergebnissen auf diesen Seiten zeigen den enormen Nutzen der Massage für die Kranken. Die Massage sollte Bestandteil der Pflege aller körperlich wie auch geistig und seelisch Kranken sein. Sie vermittelt liebevolle Fürsorge und läßt Schmerzen und Ängste schwinden.

Ich bin der Meinung, daß die Massage, unabhängig von der Erkrankung, Teil jedes Gesundheitsprogramms sein sollte, um die Lebensqualität zu verbessern. Wie Dr. Pert einst sagte: „Ich kann keinen Bereich der Medizin sehen, in dem die Massage nicht Anwendung finden kann."

Weitere Behandlungen

- ✦ *Aromatherapie* (siehe Seite 14–15). Probieren Sie ein beruhigendes Öl wie Kamille oder Lavendel bei Schlafstörungen. Belebende Öle wie Salvia sclarea und Geranie helfen bei Depression.
- ✦ *Selbstmassage* (siehe Seite 48–61)
- ✦ *Handmassage* (siehe Seite 60–61) ist wohltuend bei Bettlägrigkeit
- ✦ *Klassische Massage* (siehe Seite 64–69) lindert Schmerzen
- ✦ *MLD* (siehe Seite 74–77) ist nützlich bei blockierten Nasennebenhöhlen oder Kopfschmerzen
- ✦ *Shiatsu* (siehe Seite 94–97) zur Schmerzkontrolle und bei Übelkeit

MASSAGE IM KRANKENHAUS

EIN KRANKENHAUSAUFENTHALT kann äußerst streßvoll sein. Die Menschen haben mit einer fremden Umgebung und der Trennung von den Angehörigen zu kämpfen, leiden unter Schmerzen, Ängsten und Schlafstörungen. Immer häufiger wird in Krankenhäusern Massage angeboten um den Patienten bei diesen Problemen zu helfen und ihre Erholung zu unterstützen.

THERAPEUTISCHE BERÜHRUNG

Wenn Sie im Krankenhaus liegen, bemerken Sie, wie andere Sie berühren. Der Unterschied zwischen einer fürsorglichen und einer routinemäßig durchgeführten Berührung ist groß. Ein Patient beschrieb es so:"Im Krankenhaus wurde ich geschubst und gestoßen, aber nicht berührt."

Diese unpersönliche Art von Pflege kommt aber immer seltener vor, da immer mehr Krankenschwestern wissen, daß das Berühren und Beruhigen ein wichtiger Bestandteil einer guten Pflege ist. In vielen medizinischen Einrichtungen wird inzwischen Massage eingesetzt. Sie kann unglaublich heilsam wirken. Ein Patient beschrieb die Wirkung folgendermaßen: „Die Massage half mir nicht nur körperlich, sondern auch seelisch. Sie war der Katalysator zu meiner Genesung."

Sie hat aber noch weitere Vorteile. Die Krankenschwester, aber auch Freunde und Verwandte, empfinden es als positiv, der kranken Person helfen zu können. Um einen meiner Studenten am Royal College of Nursing in London zu zitieren: „Die Massage erfüllt die Bedürfnisse sowohl des Patienten, als auch des Pflegenden."

ANGSTREDUZIERUNG

Eine Massage kann Ängste reduzieren, da sie die Herzfrequenz senkt und Streß mindert. Eine US-Studie von 1974 zeigte, daß menschlicher Kontakt einen dramatischen Effekt auf das Herz hat. In der Studie sank die Herzfrequenz bei den Patienten einer Herzstation um beruhigende 20–30 Schläge pro Minute, wenn eine Krankenschwester sie berührte und pflegte. Ein Effekt, der auch beobachtet wurde, wenn die Patienten im Koma lagen. Ob auf Krankenstationen oder Ambulatorien, die Massage findet eine breite Anwendung. Die Schwestern erleben, daß sie bei Patienten mit Neigung zu Panikattacken hilft und zum Beispiel bei Angst vor Injektionen entspannend wirkt. Nicht immer ist eine Ganzkörpermassage erforderlich. Eine zehnminütige Massage des Patienten, der auf eine Chemotherapie wartet, kann seine Ängste lindern und die Behandlung weniger traumatisch machen.

SCHMERZ & SCHLAFLOSIGKEIT

Die Massage kann Ängste und Schmerzen lindern. 1988 wurden im St. Mary's Hospital in London 30 chirurgische Patienten an Gesicht, Rücken und Füßen massiert. Danach wurden sie auf physiologische Veränderungen untersucht. Man stellte fest, daß die Patienten im Vergleich zu einer nicht massierten Kontrollgruppe über weniger Schmerzen, Muskelkrämpfe und Ängste klagten. Sie schliefen tiefer und hatten einen besseren Allgemeinzustand. Ein weiterer Vorteil: Zwei der Krankenschwestern, die die Massage durchführten, berichteten über ein besseres Verhältnis zu den Patienten.

Schmerzen können Schlaflosigkeit verursachen. In einer Reihe von Krankenhäusern werden Massage und Aromatherapie jetzt dazu benutzt, den Patienten in den Schlaf zu helfen. Bei meiner Arbeit im Krankenhaus erlebe ich oft, daß Patienten nach ein paar Minuten Massage einschlafen. Krankenschwestern berichten immer wieder, daß sie Massage einsetzen, um ängstliche, schlaflose Patienten zum Einschlafen zu bringen. Die Qualität des Schlafes verbessert sich durch Massage und Aromatherapie zusehends.

VORTEILE DER MASSAGE

Reduziert Schmerzen und Verspannung

✦

Lindert Schlaflosigkeit

✦

Vermittelt Mitgefühl und Fürsorge

✦

Bestärkt und beruhigt

FÖRDERUNG DES HEILUNGSPROZESSES

Eine Studie von Prof. Janice Kiecolt-Glazer an der Ohio State University in USA zeigt, daß Streß die Heilungskräfte des Körpers negativ beeinflußt. Die Forscher untersuchten 26 Frauen mit identischen Wunden, um die Heilung zu beobachten. Die Hälfte der Freiwilligen stand unter Streß, da sie sich um pflegebedürftige Angehörige kümmern mußten. Nach den ersten fünf Wochen waren die Wunden bei fast 50 % der Kontrollgruppe ohne Streß im Gegensatz zu nur 15 % der Gruppe mit Streß verheilt.

Ich glaube, daß eine Massage vor und nach einer Operation die Heilung beschleunigen kann. Die Forschung hat gezeigt, daß durch die Massage prä- und postoperative Schmerzen und Ängste reduziert werden und so der Heilungsprozeß unterstützt wird.

Noch ein Beispiel: In einer australischen Studie 1993 wurde der Erregungszustand bei 60 Patienten untersucht, die operiert werden sollten. Die Hälfte der Gruppe bekam vor ihrer Operation eine 45minütige Massage und war danach weniger ängstlich als die Patienten, die keine Massage bekamen. Auch in einer kürzlich durchgeführten französischen Studie bei 116 Patienten sah man, daß die Massage die Schmerzen nach einer Operation reduziert.

Die Vorteile der Kinder & Massage

Die Vorteile der Berührung und Massage werden immer stärker auf Kinderstationen eingesetzt. Das hilft nicht nur den Kindern, sondern wirkt auch therapeutisch für die Eltern, weil es ihnen etwas Positives und Nützliches zu tun gibt, anstatt ängstlich am Bett ihres Kindes zu sitzen. Die Forschung zeigt, daß Berührung weit wirksamer ist als jede andere Form des Trostes.

1979 suchten Forscher der University of Iowa in USA nach Wegen zur Beruhigung weinender Kinder. Sie verglichen die Wirkung von Streichen, Klopfen und Halten mit angenehmen Tönen wie Summen oder sanftes Sprechen. In der Gruppe, die Tönen ausgesetzt wurde, hörten nur 12 % auf zu weinen, während dies bei 88 % der Kinder der Fall war, die eine tröstende Berührung bekamen.

Helfen Sie ihrem Kind im Krankenhaus mit sanftem, rhythmischem Streichen entlang des Rückens, während das Kind auf dem Bauch liegt. Kneten Sie sanft die Schultern, und wenden Sie Katzenstreicheln *(siehe Seite 30–31)* den Rücken hinunter an. Ihr Kind braucht sich dafür nicht auszuziehen, massieren Sie es durch die leichte Kleidung hindurch.

Massage von Schwerkranken

Bei der Massage eines Schwerkranken sollten Ihre Hände, wie der französische Chirurg Lucas Championniere schon im 19. Jahrhundert sagte, „nur etwas mehr als ein Streicheln sein". Auch wenn der Patient extrem zerbrechlich scheint und nur einfache Streichbewegungen angewendet werden, kann die Wirkung außerordentlich sein. Die Atmung wird tiefer, und Gesicht und Muskulatur entspannen sich.

Oft wissen Freunde und Verwandte nicht, was sie tun sollen, wenn sie Schwerkranke besuchen. Eine Massage ist hier äußerst sinnvoll, denn über die Berührung kann man kommunizieren, wenn Worte schwerfallen oder unangebracht sind. Eine Handmassage ist meist passend, da sie den Patienten nicht stört. Alternativ versuchen Sie es mit einer Massage der Schultern, des Gesichts oder der Füße.

Massage in Hospizen

In Hospizen wird die Massage immer häufiger eingesetzt, um Leiden zu lindern und die Lebensqualität zu verbessern. Es ist wohltuend, nur zu liegen und zu genießen, ohne darauf reagieren zu müssen. Die Patienten können sich gehen lassen und in den entspannenden Gefühlen schwelgen.

Viele Hospize lehren sogar Freunde oder Verwandten die einfache Massage der Hände und Füße. Die Belegschaft berichtet, daß Beziehungen gefestigt werden, wenn die Verwandten etwas Positives tun können, anstatt nur hilflos dazusitzen. Es ist erstaunlich zu sehen, welch tiefgreifende Wirkung sogar die sanfteste Massage haben kann.

Eine ältere, sterbende Dame war von ihrer Familie umringt, konnte aber nicht mehr sprechen. Eine Masseurin massierte ihre Hände, die eng zusammengepreßt waren. Als sie fertig war, bemerkte sie, wie die alte Dame zum Dank ihre Hand drückte. Dadurch sah ihre Familie, daß sie noch die Berührung erkennen konnte und auch noch hörte, was sie sagten. Die nächsten Stunden fuhren sie mit der Handmassage fort und sprachen über gemeinsame glückliche Erinnerungen. Die alte Dame starb spät in der Nacht, die Familie berichtete, daß sie sich der Verwandten durch die Massage viel näher gefühlt hatte. Sie konnten die Situation besser ertragen und die Dame konnte friedlich sterben.

Weitere Behandlungen

- ✦ *Handmassage* (siehe Seite 60–61)
- ✦ *Selbstmassage* (siehe Seite 48–61) Bei Steifheit versuchen Sie zu streichen, zu kneten und zu pressen (s. S. 20–39)
- ✦ *Shiatsu* (s. S. 94–97). Bei Schmerzen, Kopfschmerzen und Übelkeit die Punkte an Händen und Handgelenk pressen

> *„Berührung ist eine eigene Sprache mit einem großen Vokabular. Wir können vermitteln, was nicht aussprechbar ist, weil sie die wahre Stimme des Gefühls ist."*
>
> Ashley Montague, Touching, 1971

Handmassage
Die Massage der Hände entspannt den ganzen Körper und vermittelt der kranken Person Mitgefühl und Pflege.

DIE ANATOMIE

DIE KENNTNIS DER ANATOMIE unterstützt die Wirksamkeit der therapeutischen Massage. Ich glaube, daß es bei einer Massage enorm hilft, wenn man die Muskelstruktur und ihre Erkrankungen kennt. Man kann dann beispielsweise in der Streichbewegung die Fließrichtung des Blutes imitieren und damit den Kreislauf anregen und eine Steifheit mindern.

DER MUSKEL

Die Muskeln, die mit dem Skelett verbunden sind, sind „willkürliche" Muskeln, d. h. wir können deren Aktion kontrollieren. Sie bestehen aus Hunderten, manchmal Tausenden Muskelfasern, die auch Blutgefäße und Nerven enthalten. Die Fasern sind gebündelt, in Bindegewebe eingelagert, außen durch eine Muskelhülle gestärkt und formen so die Muskeln. Die Sehnen, die aus Bindegewebe und Muskelhülle bestehen, verbinden die Muskeln mit den Knochen.

MUSKELPAARE

Man sollte immer gleichmäßig massieren, da die Muskeln als Paare arbeiten und die Partnermuskeln gleich behandelt werden müssen. Wenn wir z. B. den Oberarm massieren, arbeiten wir an Bizeps und Trizeps, die sich an der Vorderseite bzw. Rückseite des Arms befinden. Diese Muskeln arbeiten bei der Armbewegung zusammen. Der Bizeps zieht sich bei der Beugung im Ellenbogengelenk zusammen, während sich der Trizepes entspannt und dehnt. Bei der Streckung vollzieht sich der umgekehrte Prozeß.

MUSKELSCHMERZEN

Es gibt sehr viele Ursachen für Muskelschmerzen. Während der Arbeit wird in der Muskulatur zur Energiegewinnung eine Mischung aus Glukose und Sauerstoff verbrannt. Die Stoffwechselprodukte (Wasser, Kohlendioxid, Milchsäure) werden größtenteils über den Blutkreislauf abtransportiert, sie können sich aber im Muskelgewebe anreichern und vorübergehend Schmerzen verursachen. Bei längerfristiger Inaktivität kann das Bindegewebe, das die Muskelfaser umgibt, „verkleben". Wenn der Muskel dann beansprucht wird, bilden sich mikroskopische Zerrungen, die zu Entzündung und Schmerzen führen. Letztendlich können Schmerzen auch bei gewohnheitsmäßig verspannter Muskulatur auftreten. Wenn Muskeln entspannt sind, kann das Blut frei fließen. Bei Verspannung jedoch sind die Blutgefäße in den Muskeln abgedrückt. Mit der Zeit wird die Durchblutung schlechter, und Substanzen wie Plasma, Kalzium und andere Mineralien können sich im Muskel ablagern.

Die Muskelfasern verkleben, und die Muskelhülle kann sich verdicken. Daraus

DIE SKELETTMUSKULATUR

Der Körper hat über 600 Skelettmuskeln. Jeder Muskel ist mit zwei Knochen verbunden. Wenn er sich zusammenzieht, bewegt sich ein Knochen, der andere bleibt stabil. Die Abbildung zeigt die in der Massage am häufigsten zu bearbeitenden Muskeln.

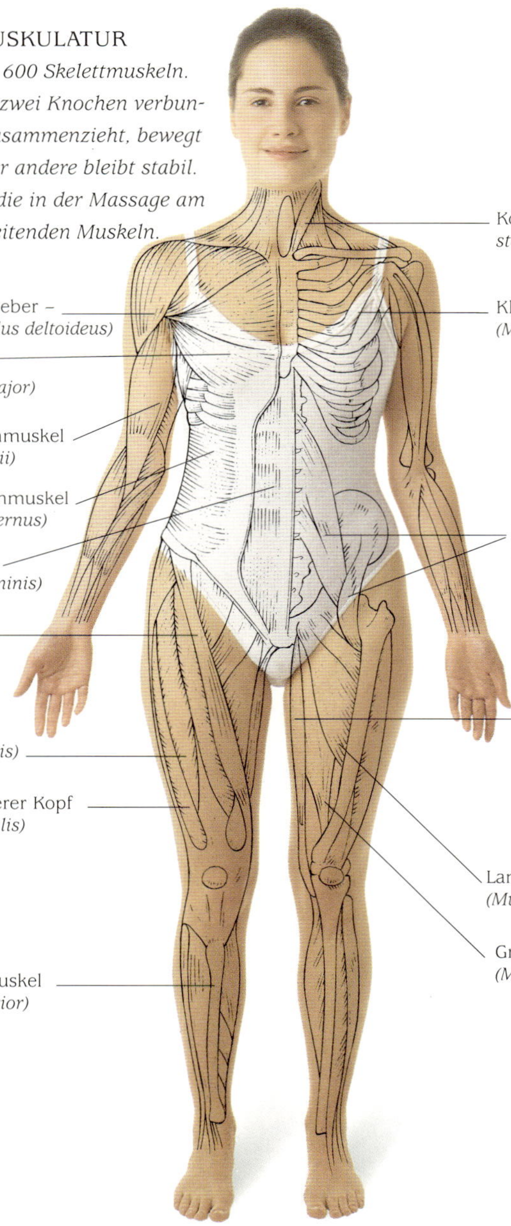

resultiert eine eingeschränkte Beweglichkeit des betroffenen Muskels.

Linderung der Schmerzen

Sanfte Übungen mobilisiert die Muskulatur und können lindernd wirken. Auch während einer Massage werden harte Muskelfasern entspannt und durchblutet. Dadurch werden Abfallprodukte, die Steifheit und Schmerzen verursachen, beseitigt.

Bei chronisch verspannter Muskulatur kann die Massage anfangs Schmerzen verursachen, denn es werden nicht nur Fasern voneinander getrennt; durch den tiefen Druck auf die Muskelbündel können auch mikroskopische Zerrungen auftreten, die Entzündung und Schmerzen verursachen. Allmählich werden die verklebten Fasern durch die Massage wieder verlängert und gelöst, und die Beweglichkeit wird wieder hergestellt.

Das Nervensystem

Die Massage hat eine sehr wohltuende Wirkung auf das Nervensystem, das wie ein Computersystem in jeder Sekunde den ganzen Körper kontrolliert. Abhängig von der Streichrichtung können Sie den Körper in kurzer Zeit entspannen oder stimulieren. Das Gehirn und das Rückenmark bilden das zentrale Nervensystem (ZNS). Das Gehirn verarbeitet die Informationen, und das Rückenmark fungiert als die Informations-Autobahn. Paare von sensorischen und motorischen Nerven verbinden das ZNS mit dem restlichen Körper (peripheres Nervensystem).

Die Sinnesorgane wie Augen, Ohren und Haut übertragen Informationen über die Sinnesnerven zum Gehirn, wo sie verarbeitet werden. Als Antwort schickt das Gehirn über motorische Nerven Befehle an die entsprechenden Körperregionen. Während der Massage werden Nchrichten an das Gehirn gesendet. Beruhigendes Streichen kann beispielsweise zerstreuend wirken und Wohlbehagen und Entspannung hervorrufen.

Das autonome Nervensystem

Das autonome Nervensystem kontrolliert innere Funktionen wie Blutdruck, Atmung, Herzfrequenz und Verdauung. Es besteht aus zwei Teilen: dem sympathischen und dem parasymphatischen System. Beide kontrollieren die gleichen Organe in gegensätzlichem Sinn. Das symphatische System aktiviert den Körper und dominiert während der Phasen von Streß, Angst oder Körperaktivität. Wenn Ihnen auf der Autobahn ein Auto entgegenkommt, fühlen Sie Ihr Herz heftig schlagen. Dies ist die direkte Auswirkung des Adrenalinausstoßes, der durch die sympathischen Nerven stimuliert wurde. Das parasymphatische System erlaubt dem Körper zu ruhen, so daß die Verdauung und andere Funktionen stattfinden können. Die Entspannung während der Massage läßt den Körper ruhen, spart Energie und unterstützt das parasymphatische System.

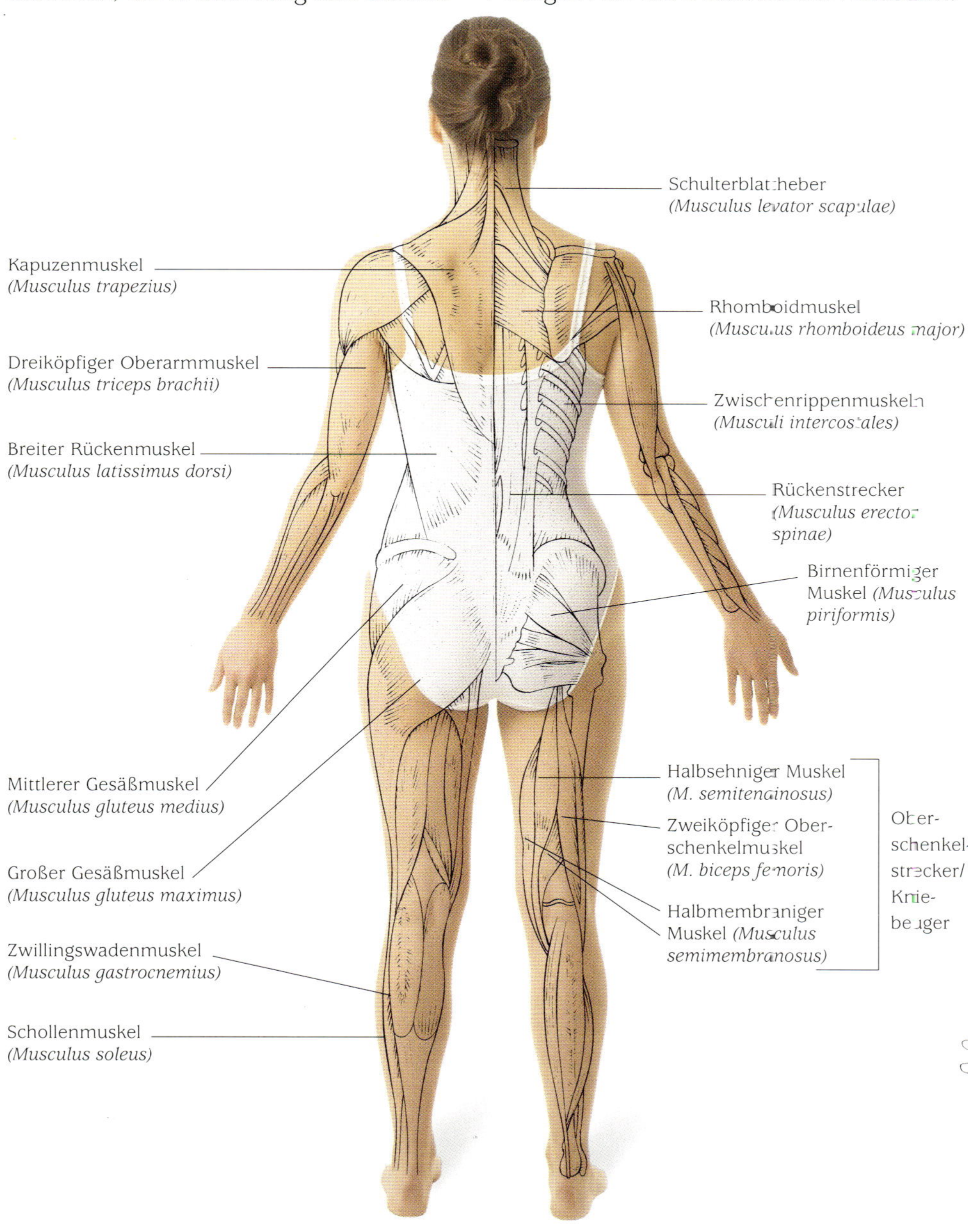

Sensorische Nerven
Dies ist die relative Verteilung der sensorischen Nerven auf der Haut. Gesicht, Hände und Füße haben weit mehr Nervenenden als der Körperstamm.

Der Blutkreislauf

Einer der Haupteffekte der Massage ist die Stimulierung des Kreislaufsystems, wodurch der Transport von Sauerstoff und Nährstoffen zu den einzelnen Zellen hin verbessert und der Rückfluß des Blutes zum Herzen unterstützt wird.

Das Blut

Das Blut besteht zu 45 % aus Zellen und zu 55 % aus Plasma. Die roten Blutkörperchen befördern Sauerstoff und Kohlendioxyd, die weißen Blutkörperchen schützen vor Infektionen, indem sie Antikörper produzieren und Bakterien und Viren abtöten. Die Blutplättchen helfen bei der Blutgerinnung und dichten Löcher an beschädigten Blutgefäßen ab.

Während das Blut durch die Leber fließt, wird es mit Glukose, Aminosäuren und anderen Nährstoffen angereichert, die der Körper benötigt. Die endokrinen Drüsen geben ihre Hormone zum Transport zu den Zielorganen in das Blut ab. Das Blut befördert all diese lebenswichtigen Substanzen zu den Körperzellen.

Herz und die Blutgefässe

Das Herz ist eine Muskelpumpe, die in eine rechte und linke Hälfte unterteilt wird. Jede Hälfte hat zwei Höhlen: einen Vorhof und darunter die Herzkammer. Das Blut wird aus der rechten Herzkammer zur Anreicherung mit Sauerstoff in die Lungen und über die linke Herzkammer in den großen Körperkreislauf gepumpt.

Ein stark verzweigtes System von Blutgefäßen versorgt das Gewebe mit Blut. Die Arterien, die Blut vom Herzen weg befördern, haben muskuläre, elastische Wände, die das Blut mit jedem Herzschlag unter hohem Druck weiterbefördern. Davon zweigen kleinere Gefäße ab, die Arteriolen, die sich erweitern oder zusammenziehen und so den Blutfluß und den Blutdruck kontrollieren. Von den Arteriolen zweigen die mikroskopischen Kapillargefäße ab, in denen das Blut durch semipermeable (halbdurchlässige) Wände (nur Wasser, Sauerstoff, Nährstoffe, Hormone und andere Substanzen gehen durch) zu den Zellen gelangt. Das Blut fließt über die Venen zum Herzen zurück, durch Klappen wird das Zurückfließen des Blutes verhindert. Es fließt hier langsamer als in den Arterien und wird unterstützt durch die Muskelaktivität.

Bessere Durchblutung

Durch die Massage wird nicht nur die Gewebedurchblutung verbessert. Das Drücken und Pressen der Massagegriffe stimuliert die Muskelarbeit und unterstützt den Rückfluß des Blutes zum Herzen. Durch die Massage der Glieder in Richtung Herz können Sie diesen Vorgang unterstützen.

Das Kreislaufsystem

In ungefähr einer Minute vollzieht das Blut eine volle Runde: aus dem Herzen über die Arterien (rot) in das Gewebe, und zurück über die Venen (blau) zum Herzen.

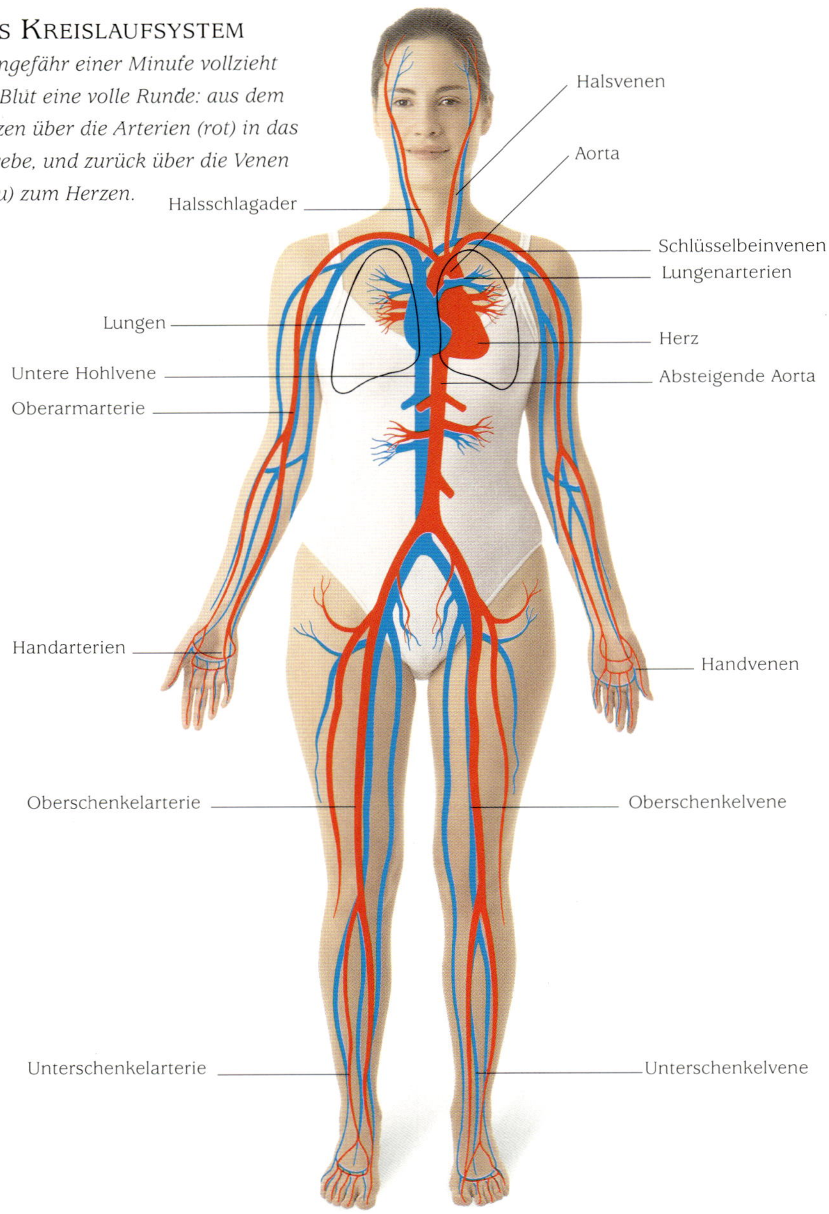

Lymphatisches System

Das lymphatische System hat eine Doppelfunktion: Es läßt überschüssige Gewebeflüssigkeit (Lymphe) in den Blutkreislauf zurückfließen *(siehe Seite 74)*, und die Lymphdrüsen (Milz, Thymus, Rachen- und Gaumenmandeln) produzieren Lymphozyten, die bei der Bekämpfung von Infektionen helfen.

Die Lymphe fließt aus dem Gewebe in kleinste, dann in größere Lymphgefäße, die Ventile besitzen und damit eine einzige Fließrichtung gewährleisten. Sie fließt dann über die Schlüsselbeinvenen in den Blutkreislauf zurück. Sanfte Massage wie die MLD *(siehe Seite 74–77)* unterstützt den Lymphfluß.

DIE HAUT

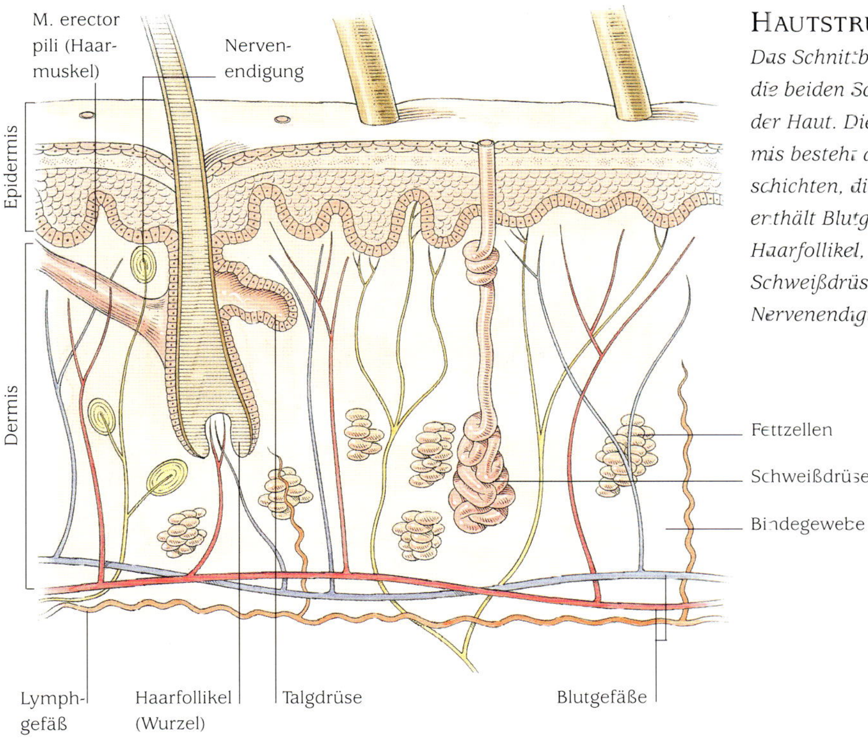

HAUTSTRUKTUR
Das Schnittbild zeigt die beiden Schichten der Haut. Die Epidermis besteht aus Zellschichten, die Dermis enthält Blutgefäße, Haarfollikel, Schweißdrüsen und Nervenendigungen.

Die Haut ist für die Massage das wichtigste Organ des Körpers. Mit einer Oberfläche von 1,5–2 qm und einem Gewicht von etwa 4,5 kg ist sie das größte Organ. Sie ist lebenswichtig, hält Flüssigkeit im Körper, schützt ihn vor Bakterien und reguliert die Körpertemperatur.

Die Haut hat zwei Schichten. Die äußere Schicht, die Epidermis, ist wasserundurchlässig und kann Bakterien zerstören. Sie enthält Melanin, das sich durch Sonnenlicht anreichert und eines von den drei Pigmenten ist, die für die verschiedenen Hautfarben verantwortlich sind (Karotin und Hämöglobin sind die anderen). Auch das für den Kalziumstoffwechsel notwendige Vitamin D wird in der Epidermis durch UV-Licht gebildet, das auf die Haut einfällt.

Die darunterliegende Schicht, die Dermis, enthält Nevenendigungen, die für Berührung, Druck, Schmerz und Temperaturempfindung verantwortlich sind. Ein Quadratzentimeter Haut enthält schätzungsweise 230 Nervenrezeptoren, die dem Gehirn Informationen über unsere unmittelbare Umgebung liefern. Die Sinneszellen der Haut sind so empfindlich, daß durch Massagetechniken Empfindungen von Heiterkeit bis zur wonnevollen Entspannung erzeugt werden können.

Die Dermis enthält außerdem Blut- und Lymphgefäße, zahllose Talgdrüsen, die eine ölige Substanz abgeben, die Haut und Haare geschmeidig hält und Bakterien zerstört, und daneben Schweißdrüsen, die zur Kontrolle der Körpertemperatur beitragen.

SCHMERZ & MASSAGE

Schmerz ist ein wichtiger Schutzfaktor für das Überleben. Wir ziehen unsere Hände blitzschnell von einem heißen Objekt zurück, um eine Verbrennung zu vermeiden. Diese Empfindung wird über Schmerzrezeptoren und das Rückenmark zum Hypothalamus im Gehirn geleitet und von dort weiter in die Hirnrinde, um interpretiert und lokalisiert zu werden. Es gibt zwei Arten von Schmerz: den akuten, schneidenden, lokalen Schmerz, den man bei Verletzungen spürt, und den chronischen Schmerz, der dumpf, stark und anhaltend sein kann.

Akuter Schmerz ist unangenehm, hält jedoch nur kurz an. Der Umgang mit chronischem Schmerz ist schwieriger, da die Ursache schwer zu finden ist. Er kann unser tägliches Leben jahrelang tiefgreifend beeinflussen. Menschen mit chronischen Schmerzen fühlen sich hilflos und leiden unter Depressionen, Ängsten, Schlaflosigkeit und Erschöpfung.

Viele Faktoren beeinflussen die Schmerzwahrnehmung und -toleranz. Die Erwartung eines Schmerzes, der Grad der Angst, frühere Erfahrungen im Umgang mit Schmerzen, aber auch die ethnische Herkunft haben Einfluß darauf, wie wir mit Schmerzen umgehen.

DIE GATE-THEORIE

Melzack und Wall berichteten 1965 über die *Gate Theory of Pain*, die Gate-Theorie des Schmerzes, die besagt, daß die Anzahl der Impulse, die über das Rückenmark an das Gehirn übermittelt werden, durch einen Mechanismus oder eine Sperre (Gate) zu jeder Zeit begrenzt werden können. Der Theorie zufolge übermitteln die Nerven Licht, Berührung und Druck schneller als die Informationen der Schmerzrezeptoren. Die Theorie hilft bei der Erklärung, wie Massage Schmerzen lindern kann.

Wenn Sie Ihren Ellenbogen reiben, nachdem Sie ihn gestoßen haben, lindert das gewöhnlich den Schmerz und zwar deshalb, weil das Reiben der Haut die Sperre am Rückenmark zuerst erreicht. Es wird dann für den Schmerzimpuls geschlossen, weil ein anderer Impuls das Gehirn bereits erreicht hat. In dieser Weise kann die Massage als alternativer Stimulus das Tor für die Übermittlung der Schmerzimpulse verschließen.

Massage wirkt als Ablenkung, bewirkt aber auch Entspannung, vermindert Erregung und gibt ein Gefühl des Wohlbefindens. Sie verstärkt die lokale Durchblutung und beseitigt Substanzen im verletzten Gewebe (Histamin, Prostaglandin und Milchsäure), welche die Schmerzrezeptoren empfindlicher machen. Alles dies hilft bei der Verminderung der Schmerzwahrnehmung.

Adressen

Vereinigung für die Physiotherapeutischen Berufe (VPT)
Landesgruppe Sachsen
Kändlerstraße 30
01129 Dresden
Tel. 0351/858 33 68
Fax 0351/858 48 87

Verband der Physiotherapeuten/Krankengymnasten (ZVK) e.V.
Landesverband Sachsen
Heinrich-Zille-Straße 1
01219 Dresden
Tel. 0351/472 11 75
Fax 0351/472 11 76

Berufs- und Wirtschaftsverband der Selbständigen in der Physiotherapie e.V. (VDB)
Landesverband Sachsen
Gerader Steg 12
01277 Dresden
Tel. 0351/254 97 67
Fax 0351/254 97 69

Mobiler Massage-Dienst
Golden Hands – Mobile Entspannungsmassage
Grit Weber
Thomasiusstraße 16
04109 Leipzig
Tel. 0341/980 58 88

Verband der Physiotherapeuten/Krankengymnasten (ZVK) e.V.
Landesverband Sachsen-Anhalt
Große Brauhausstraße 17
06108 Halle
Tel. 0345/202 16 72
Fax 0345/202 15 74

Verband der Physiotherapeuten/Krankengymnasten (ZVK) e.V.
Landesverband Mecklenburg-Vorpommern
Roald-Amundsen-Straße 24
18106 Rostock
Tel. 0381/121 41 35
Fax 0381/121 41 35

Berufs- und Wirtschaftsverband der Selbständigen in der Physiotherapie e.V. (VDB)
Landesverband Brandenburg
Dresdner Straße 18
03050 Cottbus
Tel. 0355/47 13 55
Fax 0355/47 13 56

Vereinigung für die Physiotherapeutischen Berufe (VPT)
Landesgruppe Thüringen
Frankenweg 24
07318 Saalfeld
Tel. 03671/51 06 50
Fax 03671/52 04 19

Mobiler Massage-Dienst
Fital Mobiler Massageservice
Berlin
Tel. 030/69 50 59 99

Berufs- und Wirtschaftsverband der Selbständigen in der Physiotherapie e.V. (VDB)
Landesverband Berlin
Cottbusser Damm 75
10967 Berlin
Tel. 030/69 40 90 54
Fax 030/69 40 90 56

Verband der Physiotherapeuten/Krankengymnasten (ZVK) e.V.
Landesverband Berlin
Müllerstraße 56–58
13349 Berlin
Tel. 030/451 79 57
Fax 030/451 82 31

Verband der Physiotherapeuten/Krankengymnasten (ZVK) e.V.
Landesverband Brandenburg
Föhrder Landstraße 11
14772 Brandenburg/Havel
Tel. 03381/75 32 30
Fax 03381/75 32 30

Vereinigung für die Physiotherapeutischen Berufe (VPT)
Landesgruppe Berlin-Brandenburg
Rennbahnallee 110
15366 Dahlwitz-Hoppegarten
Tel. 03342/30 20-74/-75
Fax 03342/30 20-79

Berufs- und Wirtschaftsverband der Selbständigen in der Physiotherapie e.V. (VDB)
Landesverband Mecklenburg-Vorpommern
Pfahlweg 1
18273 Güstrow
Tel. 03843/84 34 18
Fax 03843/84 34 18

Vereinigung für die Physiotherapeutischen Berufe (VPT)
Landesgruppe Mecklenburg-Vorpommern
Grunthalplatz 2
19053 Schwerin
Tel. 0385/550 79 89
Fax 0385/55 79 89

Vereinigung für die Physiotherapeutischen Berufe (VPT)
Landesgruppe Nordmark
An der Alster 26/II
20099 Hamburg
Tel. 040/24 55 90
Fax 040/280 24 63

Mobiler Massage-Dienst
Gesundheit Service 2000
Jörg Schiffner
Marckmannstraße 1
20539 Hamburg
Tel. 040/789 09 29

Vereinigung für die Physiotherapeutischen Berufe (VPT)
Bundesgeschäftsstelle
Hofweg 15
22085 Hamburg
Tel. 040/22 72 32 22
Fax 040/22 72 32 29

Verband der Physiotherapeuten/Krankengymnasten (ZVK) e.V.
Landesverband Hamburg/ Schleswig-Holstein
Sierichstraße 157
22299 Hamburg
Tel. 040/47 74 08
Fax 040/47 37 82

Mobiler Massage-Dienst
Stressbuster Hamburg
Marc Wittorf
Krochmannstraße 6
22299 Hamburg
Tel. 040/422 65 21

Mobiler Massage-Dienst
Magic Hands
Jan Zarske
Großheidestraße 43
22303 Hamburg
Tel. 040/27 80 54 73

Mobiler Massage-Dienst
Cura Sanitas
Hartmut Gusner
König-Heinrich-Weg 99
22459 Hamburg
Tel. 040/552 61 03
Fax 040/552 61 03

Berufs- und Wirtschaftsverband der Selbständigen in der Physiotherapie e.V. (VDB)
Landesverband Hamburg/ Schleswig
Wahmstraße 59
23552 Lübeck
Tel. 0451/70 40 06
Fax 0451/70 55 54

Verband der Physiotherapeuten/Krankengymnasten (ZVK) e.V.
Landesverband Niedersachsen
Bismarckstraße 65
26384 Wilhelmshaven
Tel. 04421/378 78
Fax 04421/337 89

Verband der Physiotherapeuten/Krankengymnasten (ZVK) e.V.
Landesverband Bremen
Schwachhauser Heerstr. 15
28203 Bremen
Tel. 0421/794 98 70
Fax 0421/794 98 71

Vereinigung für die Physiotherapeutischen Berufe (VPT)
Landesgruppe Weser-Ems
Kirchhuchtinger Landstraße 3
28259 Bremen
Tel. 0421/57 06 62
Fax 0421/58 22 70

Vereinigung für die Physiotherapeutischen Berufe (VPT)
Landesgruppe Westfalen-Niederrhein
Hafenweg 19
29192 Bergkamen
Tel. 02389/98 82 50
Fax 02389/98 82 58

Berufs- und Wirtschaftsverband der Selbständigen in der Physiotherapie e.V. (VDB)
Landesverband Sachsen-Anhalt
Karl-Marx-Straße 30
29410 Salzwedel
Tel. 03901/387 15
Fax 03901/387 15

Berufs- und Wirtschaftsverband der Selbständigen in der Physiotherapie e.V. (VDB)
Landesverband Niedersachsen/Bremen
Bahnhofstraße 14
29549 Bad Bevensen
Tel. 05821/426 42
Fax 05821/425 41

Vereinigung für die Physiotherapeutischen Berufe (VPT)
Landesgruppe Niedersachsen
Lavesstraße 71
30159 Hannover
Tel. 0511/30 60 25
Fax 0511/30 60 19

Berufs- und Wirtschaftsverband der Selbständigen in der Physiotherapie e.V. (VDB)
Landesverband Hessen
Stephanstraße 44
35390 Gießen
Tel. 0641/766 27
Fax 0641/773 76

Vereinigung für die Physiotherapeutischen Berufe (VPT)
Landesgruppe Sachsen-Anhalt
Coquistraße 19
39104 Magdeburg
Tel. 0391/401 17 15
Fax 0391/401 17 15

Mobiler Massage-Dienst
Relax & Pro Fit
Harald Muth
Werbsiepen 125
42287 Wuppertal
Tel. 0202/260 23 20
Fax 0202/260 23 21

Berufs- und Wirtschaftsverband der Selbständigen in der Physiotherapie e.V. (VDB)
Landesverband Nordrhein-Westfalen
Wambeller Hellweg 36
44143 Dortmund
Tel. 0231/56 14 60
Fax 0231/56 14 93

Zentralverband der Physiotherapeuten/Krankengymnasten (ZVK) e.V.
Postfach 21 02 80
50528 Köln
Tel. 0221/981 02 70
Fax 0221/98 10 27 25

Verband der Physiotherapeuten/Krankengymnasten (ZVK) e.V.
Landesverband Nordrhein-Westfalen
Im Sionstal 29
50676 Köln
Tel. 0221/931 87 80
Fax 0221/931 87 85

Mobiler Massage-Dienst
Pro Fit Köln
Susanne A. Ernst
Hermesstraße 5
50935 Köln
Tel. 0221/732 73 22

Berufs- und Wirtschaftsverband der Selbständigen in der Physiotherapie e.V. (VDB)
Prinz-Albert-Straße 41
53113 Bonn
Tel. 0228/21 05 06
Fax 0228/21 05 52

Vereinigung für die Physiotherapeutischen Berufe (VPT)
Landesgruppe Mittelrhein
An der Alten Eiche 10
53340 Meckenheim-Merl
Tel. 02225/921 90
Fax 02225/921 97

Vereinigung für die Physiotherapeutischen Berufe (VPT)
Landesgruppe Rheinland-Pfalz/Saar
Thebäerstraße 51
54292 Trier
Tel. 0651/299 90
Fax 0651/244 21

Berufs- und Wirtschaftsverband der Selbständigen in der Physiotherapie e.V. (VDB)
Landesverband
Rheinland-Pfalz/Saarland
Dierdorfer Straße 4
56564 Neuwied
Tel. 02631/298 05
Fax 02631/329 98

Verband der Physiotherapeuten/Krankengymnasten (ZVK) e.V.
Landesverband Hessen
Niederräder Landstraße 66
60528 Frankfurt a. M.
Tel. 069/67 94 67
Fax 069/677 13 01

Vereinigung für die Physiotherapeutischen Berufe (VPT)
Landesgruppe Hessen
Postfach 11 31
61273 Wehrheim
Tel. 06081/573 48
Fax 06081/573 41

Mobiler Massage-Dienst
Job fit
Ralf Mehl
Bieberaustraße 1
64397 Modautal/Raum Frankfurt
Tel. 06167/14 50
www.jobfit.de
E-Mail: jobfit @t-online.de
Gegen Rückporto von 1,10 DM versendet Ralf Mehl eine Adressenliste von bundesweiten Anbietern

Mobiler Massage-Dienst
Senergy Lehrinstitut und mobiler Massageservice
Sabine und York Hess
Waldstraße 1a
65329 Hohenstein
Tel. 06128/457 04
Senergy vermittelt bundesweit mobile Masseure per Telefon

Verband der Physiotherapeuten/Krankengymnasten (ZVK) e.V.
Landesverband Saarland
Mainzer Straße 172
66121 Saarland
Tel. 0681/81 79 05
Fax 0681/81 28 24

Verband der Physiotherapeuten/Krankengymnasten (ZVK) e.V.
Landesverband
Rheinland-Pfalz
Hauptstraße 67
67305 Ramsen
Tel. 06351/27 38
Fax 06351/32 43

Mobiler Massage-Dienst
Fit X Press
Stuttgart
Tel. 0171/765 74 92 oder 0171/649 14 02

Berufs- und Wirtschaftsverband der Selbständigen in der Physiotherapie e.V. (VDB)
Landesverband
Baden-Württemberg
Marienstraße 10d
70178 Stuttgart
Tel. 0711/61 02 90
Fax 0711/61 03 74

Verband der Physiotherapeuten/Krankengymnasten (ZVK) e.V.
Landesverband
Baden-Württemberg
Metzstraße 1
70190 Stuttgart
Tel. 0711/92 54 10
Fax 0711/925 41 44

Vereinigung für die Physiotherapeutischen Berufe (VPT)
Landesgruppe
Baden-Württemberg
Stauferstraße 13
70736 Fellbach-Schmiden
Tel. 0711/951 91 00
Fax 0711/51 90 12

Mobiler Massage-Dienst
Stressbuster München
Marga Reinke
Roßmarkt 6
80331 München
Tel. 089/26 70 73

Mobiler Massage-Dienst
Pro Fit München
Birgit Michels
Hohenzollernstraße 21
80801 München
Tel./Fax 089/34 47 65
Mobil 0171/952 89 51

Berufs- und Wirtschaftsverband der Selbständigen in der Physiotherapie e.V. (VDB)
Landesverband Bayern
Albert-Roßhaupter-Straße 65
81369 München
Tel. 089/760 70 57
Fax 089/760 31 42

Vereinigung für die Physiotherapeutischen Berufe (VPT)
Landesgruppe Bayern
Rosenkavalierplatz 18/II
81925 München
Tel. 089/999 97 43
Fax 089/91 04 96 27

Verband der Physiotherapeuten/Krankengymnasten (ZVK) e.V.
Landesverband Bayern
Ludwig-van-Beethoven-Straße 17
85540 Haar
Tel. 089/462 32 30
Fax 089/460 31 44

Mobiler Massage-Dienst
Werner Zender-Zenkel
Dr.-Zimmermann-Straße 14
88090 Immenstaad/Bodensee
Tel. 07545/94 93 93
Fax 07545/94 93 94
Mobil 0170/212 70 67

Verband der Physiotherapeuten/Krankengymnasten (ZVK) e.V.
Landesverband Thüringen
Dammweg 1
99310 Arnstadt
Tel. 03628/761 91
Fax 03628/64 00 04

Berufs- und Wirtschaftsverband der Selbständigen in der Physiotherapie e.V. (VDB)
Landesverband Thüringen
Kurpromenade 5b
99947 Bad Langensalza
Tel. 03603/83 44 13
Fax 03603/83 44 22

Manuelle Lymphdrainage

Zentrum für manuelle Lymphdrainage
Hans Pritschow
Goethestraße 17
79183 Waldkirch
Tel. 07681/242 66

Reflexzonenmassage

Verband Deutscher Heilpraktiker e.V.
Ernst-Grote-Straße 19
30916 Isernhagen
Tel. 0511/61 69 80
Vermittelt bundesweit Reflexzonen-Masseure am Telefon

Fachverband Deutscher Heilpraktiker e.V.
Bundesverband
Maarweg 10
53123 Bonn
Tel. 0228/61 10 49
Vermittlung von Reflexzonen-Therapeuten über die Landesverbände

Institut für Reflexzonen-Therapie
Hauptstraße 4
65779 Kelkheim
Tel. 06195/56 86

Ayurveda

Maharishi Ayur-Veda Gesundheitszentrum
Dr. Wachsmuth
Rothenbaumchaussee 26
20148 Hamburg
Tel. 040/45 20 80

Maharishi Ayur-Veda Gesundheitszentrum Akademie Schledehausen e.V.
Am Berg 2
49143 Bissendorf
Tel. 05402/754 51

Maharishi Ayur-Veda Gesundheitszentrum
Rita Mädche
Heilpraktikerin
Wilhelm-Busch-Straße 1
49661 Cloppenburg
Tel. 04471/56 54 oder 04471/812 18

Maharishi Ayur-Veda Gesundheits- und Seminarzentrum Bad Ems GmbH
Römerstraße 1–3
56120 Bad Ems
Tel. 02603/940 70

Deutsche Gesellschaft für Ayur-Veda e.V.
Wildbadstraße 201
56841 Traben-Trarbach
Tel. 06541/58 17
Information und Adressenliste gegen Rückumschlag und 2,20 Mark Porto

Maharishi Ayur-Veda Gesundheitszentrum
Eugen Lüchtefeld
Heilpraktiker
Geseker Straße 8
59590 Geseker-Mönninghausen
Tel. 02942/785 58

Maharishi Ayur-Veda am Starnberger See
Gesundheits- und Seminarzentrum
Verwaltungs GmbH
Hindenburgstraße 21
82343 Pöcking
Tel. 08157/71 52

Maharishi Ayur-Veda Gesundheitszentrum
Dr. Ernst Schrott
Hans-Sachs-Straße 9a
93049 Regensburg
Tel. 0941/267 71

Chinesische Massagen

Verband Deutscher Heilpraktiker e.V.
Ernst-Grote-Straße 19
30916 Isernhagen
Tel. 0511/61 69 80
Vermittelt bundesweit per Telefon auch Masseure nach chinesischer Tradition

Fachverband Deutscher Heilpraktiker e.V.
Bundesverband
Maarweg 10
53123 Bonn
Tel. 0228/61 10 49
Die Landesverbände vermitteln bundesweit Heilpraktiker, die zum Teil auch Tuina-Massagen anbieten

Chinesische Naturheilkunde Akademie e.V.
Hans-Dill-Straße 9
95326 Kulmbach
Tel. 09221/841 00
Informationen und Adressen von TCM (Traditionelle Chinesische Medizin)-Behandlern gegen 2,20 Mark Porto

Japanische Massagen

Gesellschaft für Shiatsu in Deutschland
Ulrike Haffke
Windterfeldstraße 97
10777 Berlin
Tel. 030/218 27 03
Fax 030/217 71 50
Gibt telefonisch Auskunft über Adressen von Shiatsu-Masseuren und verschickt auch eine Adressenliste

Spassbäder mit Massageangebot (Auswahl)

blub-Badeparadies
Buschkrugallee 64
12359 Berlin
Tel. 030/606 60 60

Thermen am Pichelsee
Am Pichelsee 5
13595 Berlin
Tel. 030/362 34 72
zur Massage-Anmeldung
Tel. 030/362 94 38

Die Therme im Harburg-Center
Harburger Ring 6
21073 Hamburg
Tel. 040/766 14 20

Aquafit
Paul-Ehrlich-Straße 2
22763 Hamburg
Tel. 040/880 26 11

Holstein-Therme
Am Kurpark 3
23611 Bad Schwartau
Tel. 0451/200 41 48

Nordsee Tropen-Parc
Strandallee 36a
26969 Tossens
Tel. 04736/928 94 39

Freizeitbad Bergische Sonne
Lichtscheider Straße 90
42285 Wuppertal
Tel. 0202/55 36 05

Die Sauna-Insel
Wierlings Busch 16
48249 Dülmen
Tel. 02594/30 14

Freizeit-Zentrum Siebengebirge
Dollendorfer Straße 106–110
53639 Königswinter
Tel. 02244/921 70

Sauna & Therapie Centrum
Lützeltaler Straße 1–4
63868 Großwallstadt
Tel. 06022/256 50

Schwaben-Quellen
Sauna- und Vitalbad
Plieninger Straße 100/101
70567 Stuttgart
Tel. 0711/72 52 53,
Massageanmeldung:
Tel. 0711/725 28 20

Stichwortverzeichnis

I–J

K

L

M

N

O

P–Q

R

S

DANKSAGUNGEN

DANKSAGUNG DES AUTORS

Ich möchte allen danken, die mir bei diesem Buch geholfen haben, besonders aber folgenden: Amina Shah, Gill Whitworth und Pat Williams für ihre Hilfe und ihr Engagement; Kira Balaskas für ihre Hilfe beim Kapitel Thai-Massage; Philip Beach für seine Hilfe beim chinesischen Teil; Carola Beresford-Cooke für ihre Hilfe beim Shiatsu-Kapitel; Lorna Dixon für ihre Hilfe beim Thema Aromatherapie; Tim Goullet für seine Hilfe beim Sportteil; Jackie Pietroni für ihre Hilfe in den Bereichen Anatomie, Physiologie und Medizin; Anne Vadgama für ihre Hilfe beim Thema Manuelle Lymphdrainage (MLD); meinen Bekannten, Patienten, Studenten und Lehrern für alles, was sie mir im Laufe der Jahre beigebracht haben; allen Leuten bei Dorling Kindersley, besonders Nell Graville, Carole Perks, Monica Chakraverty, Toni Kay, Tracey Clarke und zum Schluß Krystyna Mayer und Sandra Lousada für ihren Enthusiasmus und die wunderschönen Fotos.

DANKSAGUNG DES VERLAGS

Dorling Kindersley möchte sich bei folgenden bedanken: Kira Balaskas, Phil Beach, Tim Goullet, und Anne Vadgama für ihre Hilfe bei der Meisterklasse. Ein Dank geht auch an Penny Warren für ihre Hilfe bei der Gesundheitsmassage und an Brightside, Lightbox, Mariana Sonnenberg und Bridget Peirson.

Artwork John Woodcock und Lydia Umney.
Models Abdul Ahmed, Gustavo Aranha, Amanda Bibby (Nahaufnahmen), Stuart Binns, Salima Hirani; Laura Jackson, Heli Kauppila, Kate Loustau (Nahaufnahmen), Emy Manby, Inigo Manby, Susannah Marriott (und Olive), Amina Maxwell-Hudson, Jacqueline Phillips, Tim Pilcher, San San (MOT), Rachana Shah, Jo Smith, Laura Steinhart, Pollyanna Stokoe, Kaz Takabatake, Mark Teversham, Kwong Tse.

Make-up Artists Amanda Clarke, Barbara Jones und Jayne Robinson (Artistic Licence).

Picture Credits Der Verlag möchte sich bei folgenden Personen und Institutionen für die freundliche Erlaubnis bedanken, ihre Fotos nachzudrucken. Schlüssel: o = oben; u = unten; l = links; r = rechts; m = Mitte. AKG London, 100ol; Axiom Photographic Agency, 74ol; Bridgeman Art Library, 82ol; Andy Crawford, Steve Gorton & Gary Ombler, 6ol, 10ol, 85ml, 112ur, 118mr, 121ml & ur, 128mr, 153or; Mary Evans Picture Library, 96ol; Tim Ridley, 14; The Wellcome Institute Library, 70ol.